台湾における国語としての
日本語習得

台湾人の言語習得と言語保持、
そしてその他の植民地との比較から

甲斐ますみ 著

ひつじ書房

まえがき

　台湾へ行くと、親日的な年配の方が沢山いるのに驚く。レストランやバス停、お寺で年配の方が日本語を使っているのを耳にすることもある。彼らは戦前日本語による教育を受けた人々である。
　筆者は1992年から1994年の2年間、交流協会（日本の在外公館に相当する）の派遣で台湾に滞在した。その時は今日よりも多くの日本語を流暢に話す年配の方に会うことができ、皆、私が日本人だと言うととても親切にしてくれた。台湾政治研究者の若林正丈氏は、台湾の日本語を流暢に操る年配の方々を「日本語人」と呼び、台湾人は自分達を「日本語族」と称する。日本語人、日本語族は皆私と話をして「なつかしい」と言った。日本の過去の植民地統治について、台湾では中国、韓国などの他地域と異なる見解がよく示される。それは、日本の統治が長く、日本文化や言語が他の地域よりも深く入り込んだこと、戦後台湾が歩んだ悲しい歴史、異なるエスニックグループが居住する場所で言語的、政治的に統一国家でなかったこと、など様々な要因があるのだが、そのような要因が重なり合って、台湾には現在でも日本、日本語に哀愁の念を抱く人々が存在する。ただし、日本時代を生きたこれらの人々は、単に日本に対する懐かしみだけではなく悲しみの感情も抱いている。筆者が行った個人インタビュー、あるいは頂いた手紙の中で、「どうして日本は我々を捨てたのか」と何人からも問われた。天皇の赤子だ、立派な日本人になるのだと教育され、日本語を学び、戦争では日本の為に命をも掛けた。しかし戦争が終わった後、日本人は引き上げ、多くの台湾人が中国からの新政権の下で苦しんでいた時に、日本は何の手助けもしてくれなかった、我々はお国の為に命をも捧げようとしたではないか、日本人として生まれたのに何故日本は我々に何もしてくれないのか、といった悲しみである。
　筆者が台湾に滞在していた1990年代は、台湾の民主化が進み、自由に政治

批判を口にすることができるようになっていた。「日本教育」[1]を受けた人々は当時 55 歳以上、マジョリティーは定年を迎えた年齢で、自由な時間が増え、男性であれば政治集会、日本への抗議集会に関わる人が多くいた。彼らが日本との関わりで問題としていたのは賠償問題、旧日本兵の年金給付要求などである。筆者が頂いた手紙の中にも日本人として生まれて日本兵だったのだから年金をもらえるようにしてほしい、戦時中に消息不明になった人や昔の日本人知人を探してほしいという依頼があった。一個人の立場で筆者は何もすることができなかったのを非常に心苦しく思う。言語研究者として筆者ができることは、彼ら生き証人達が絶えてしまう前に、少しでも多く彼らの声、そして彼らの日本語を語り、彼らの歩んだ歴史を記録することではないか、そういう思いから、この研究をかつて日本教育を受けた全ての人々に捧げたいと思う。

　大切な会話データや写真などをいただき、数多くの人に協力していただきながら、研究の成果をまとめるのに何年もかかってしまった。その間に、筆舌に尽くしがたい程のご協力をいただいた黄富氏、台湾から手紙を送り続けて下さった李訓民氏を始めとする多くの方々が既にお亡くなりになったのは非常に残念なことである。1、2 年に 1 回は台湾に足を運んできたが、今日本語人、日本語族の人口は格段に少なくなった。この研究は、台湾の方々のご協力がなければ達成し得なかった。本研究にご協力いただいた多くの台湾の方に心より感謝したい。また、アンケートの配布収集を手伝っていただいた金慶來氏、佐藤理恵氏、小川正史氏、黄富氏、資料をお貸し下さった阮美妹氏、そして編集でお世話になったひつじ書房の森脇尊志氏にも感謝の意を表したい。

　　　　　　　　　　　　　　　　　　　　　　　　2012　ボストンにて

注
1　台湾では日本統治時代の教育を「日本教育」と呼ぶ。

目　次

まえがき ……………………………………………………………… iii

第 1 章　台湾の歴史的背景 ——————————————— 1
1. 台湾の歴史、民族、言語 ……………………………………… 1
2. 日本の統治と抗日行動 ………………………………………… 2
3. インフラ整備と医療 …………………………………………… 4
4. 日本時代の就学率と日本語理解率 …………………………… 5
5. 国語教育の歴史 ………………………………………………… 9
6. 教授法と教科書 ………………………………………………… 13
7. 同化教育と皇民化 ……………………………………………… 16
8. 戦後の台湾社会―二二八事件と白色テロの時代― ………… 18
9. 戦後のメディア ………………………………………………… 21
10. 言語習得と社会的距離 ………………………………………… 23
11. 台湾人と日本語 ………………………………………………… 24

第 2 章　台湾人の話し言葉の分析 ——————————— 37
1. バイリンガルと母語 …………………………………………… 37
2. 先行研究 ………………………………………………………… 39
3. データ収集方法と記述方法 …………………………………… 40
4. インフォーマントの属性と言語生活 ………………………… 42
5. 発音 ……………………………………………………………… 45
6. 母語の干渉と誤り ……………………………………………… 46

7. データ検証 ………………………………………………………………………… 49
　7-1. 語彙の誤り …………………………………………………………………… 49
　7-2. 語彙の習得 …………………………………………………………………… 67
　7-3. 意味不明又は不自然な IU ………………………………………………… 72
　7-4. 文法的形態素に関わる誤り ………………………………………………… 81
　　7-4-1. 受身・使役・可能表現 ……………………………………………… 81
　　7-4-2. 形態素や語の欠如 …………………………………………………… 86
　　7-4-3. アスペクト …………………………………………………………… 88
　　7-4-4. テンス ………………………………………………………………… 93
　7-5. 助詞 …………………………………………………………………………… 97
　7-6. 指示詞(コ・ソ・ア)の使用 ………………………………………………… 108
　7-7. 授受表現 ……………………………………………………………………… 115
　7-8. 述語の形式 …………………………………………………………………… 118
　　7-8-1. 普通体と丁寧体 ……………………………………………………… 118
　　7-8-2. 文末要素(Sentence Final Element: SFE) ………………………… 132
　　7-8-3. 不自然に聞こえる発話 ……………………………………………… 138
　　7-8-4. モダリティ …………………………………………………………… 143
　7-9. 複文と重文 …………………………………………………………………… 145
　7-10. 方言の影響 ………………………………………………………………… 151
　7-11. 台湾式日本語 ……………………………………………………………… 153
　　7-11-1. 「でしょ(う)」の使用 ……………………………………………… 153
　　7-11-2. 「らしい」の使用 …………………………………………………… 157
　　7-11-3. その他 ………………………………………………………………… 159
　7-12. 転移と相づち ……………………………………………………………… 165
8. ピジンとクレオール ……………………………………………………………… 170
9. 臨界期仮説 ………………………………………………………………………… 173
10. 言語の維持と衰退 ………………………………………………………………… 175
11. 日本語の発達段階とまとめ ……………………………………………………… 180

第3章　社会言語学的調査結果 ── 195
　1.　はじめに ……………………………………………… 195
　2.　先行研究 ……………………………………………… 196
　3.　調査方法 ……………………………………………… 197
　4.　被調査者の属性 ……………………………………… 197
　　4–1.　性別 ……………………………………………… 197
　　4–2.　年齢 ……………………………………………… 198
　　4–3.　学歴 ……………………………………………… 198
　　4–4.　日本語による教育年数 ………………………… 199
　　4–5.　居住地 …………………………………………… 199
　　4–6.　職業 ……………………………………………… 200
　5.　結果と分析 …………………………………………… 201
　6.　まとめ ………………………………………………… 217
　7.　資料―質問事項 ……………………………………… 220

第4章　その他の植民地における日本語との比較 ── 227
　1.　歴史的背景 …………………………………………… 227
　　1–1.　朝鮮における国語教育 ………………………… 227
　　1–2.　朝鮮の就学率 …………………………………… 228
　　1–3.　南洋群島の統轄 ………………………………… 229
　　1–4.　南洋群島の国語教育 …………………………… 231
　　1–5.　ヤップとパラオ ………………………………… 233
　2.　先行研究 ……………………………………………… 236
　3.　インフォーマント …………………………………… 237
　4.　結果 …………………………………………………… 239
　　4–1.　誤りと変異 ……………………………………… 239
　　4–2.　語彙の誤りと特殊な用法 ……………………… 241
　　4–3.　意味不明又は不自然なIU ……………………… 248
　　4–4.　テンスとアスペクト …………………………… 252
　　4–5.　可能、使役、受身 ……………………………… 254

		4-5-1. 可能表現	255
		4-5-2. 使役と受身	259
	4-6.	指示詞	260
	4-7.	助詞	261
	4-8.	複文と重文	263
	4-9.	述語形式	264
	4-10.	転移と相づち	275
5.	歌と文字		276
6.	まとめ―日本語の維持と衰退		277

第5章　台湾人高齢層からの意見・コメント・手紙 ── 287

1.	はじめに		287
2.	資料分類		287
3.	資料		288
	3-1.	自己の日本語学習及び日本語能力の保持について	288
	3-2.	日本時代の教育について	290
	3-3.	日本時代の思い出	294
	3-4.	日本語について	295
	3-5.	日本に対する評価	297
	3-6.	日本に対する要望	298
		3-6-1. 人的交流方面	298
		3-6-2. 政治方面	298
		3-6-3. 経済方面	301
		3-6-4. その他	301
	3-7.	日本に対する批判	303
	3-8.	戦後補償等についての要望	304
	3-9.	台湾独立、台湾の国連加盟等についての支持要請	305
	3-10.	中国大陸、国民党政権、外省人に対する反感	308
	3-11.	現在の台湾に対して	310
	3-12.	その他	310

3-13. 送られてきた手紙の一部 ··· 312
　4. まとめ ·· 316

第6章　巻末資料 ─────────────────────── 319

　1. 初等教育就学率—台湾籍児童と日本籍児童の比較— ························ 319
　2. 小学校と公学校数および児童数の比較 ·· 319
　3. 全児童数に対する台湾人児童の割合 ··· 320
　4. 1934年〜1937年の学校数、全学生数、教員数 ···································· 321
　5. 公学校本科卒業者及び中途退学者 ·· 321
　6. 公学校における日本人教員と台湾人教員の比率 ································· 322
　7. 書房数／生徒数と公学校数／生徒数の比較 ······································· 323
　8. 先住民在学者数と就学率 ··· 323
　9. 1929年(昭和4)時点の先住民、民族別就学率 ······································ 324
　10. 内地留学 ·· 325
　11. 1921年(大正10)の公学校教授程度及び毎週教授時間表 ······················· 325
　12. 社会教育 ·· 326
　13. 台湾島の住民 ·· 327
　14. 1939年(昭和14)末時点の主要都市人口内訳 ·· 327
　15. 1920年(大正9)時点の日本人出身県別人口 ··· 328
　16. 本島人で中国語を理解する者 ·· 328
　17. 南洋群島における公学校本科の就学率 ·· 329
　18. 1933年(昭和8)時点のチャモロ人、カナカ人を合わせた
　　　島民人口に対する公学校本科生及び卒業生数の割合 ························· 329
　19. 朝鮮における国語理解者 ··· 329
　20. 朝鮮における普通学校生徒数及び就学率 ·· 330
　21. 1936年(昭和11)時点の日本人及び朝鮮人各学校数と生徒数 ················ 331
　22. 記述記号 ·· 331

おわりに……………………………………………………………………… 333

参考文献……………………………………………………………………… 337

索引…………………………………………………………………………… 361

第1章
台湾の歴史的背景

1. 台湾の歴史、民族、言語

　本書は台湾を中心として、戦前国語として日本語を学んだ人々の日本語について考察する。一概に台湾の日本語と言っても、清朝時代中国大陸南部から移住して来た閩南人や客家人の日本語、先住民の日本語では母語背景、社会文化的背景が異なる。先住民については学校制度も異なっていた。先住民の日本語については社会言語学的アプローチ、人類学的アプローチ、教育史学的アプローチ等多数の先行研究があるが、本書では台湾の多数派を占める閩南人と客家人の話す日本語を主な研究対象とする。そして、日本語を国語として教育を受けた世代の人々の日本語について、その特徴を言語学的に探ることを主眼とする。しかし言語は社会の中で生きている。その社会的、歴史的背景を無視して、彼らの日本語を語ることはできない。そこで単に言語学的分析を行うのではなく、歴史的、社会文化的背景を考慮に入れるとともに、言語習得の観点からも考察を進めていきたいと思う。なお本書の中で使用する書名、人名の表記は、資料で旧字体が使われている場合それに従う。
　ではまず、台湾の歴史的、社会文化的背景から概説する。
　台湾は東京から約2,100キロ、日本最西端の与那国島からは約110キロの距離にあり、九州よりも若干小さい島である。台湾は外来政権による支配の歴史が長く、オランダが1624年〜1661年、鄭成功[1]とその子孫が1661年〜1683年、清朝が1683年〜1895年、日本が1895年〜1945年、戦後は中国国民党が台湾を統治した。
　台湾には現在、大きく分けて三つのエスニックグループがいる。本省人、外省人、そして先住民である。台湾にはもともとはマレー・ポリネシア系と

言われる先住民が散居していたのだが、17世紀から清朝の終わり(1895年)までに中国福建省南部、広東省から漢民族(泉州人と漳州人)が移民してきた。これらの人々が本省人(閩南人、福佬人とも呼ぶ)で、本省人は泉州人と漳州人、そしてその子孫であり、母語は閩南語(福佬語)[2]である。同じ時期に台湾に移民してきた少数派の客家人も本省人に含められるが、客家人の母語は客家語である。ただし客家人の多くは閩南語を理解する。先住民は10部族に分かれ[3]、それぞれ独自の言語をもつ。外省人は戦後蔣介石と共に台湾に移ってきた集団で、台湾で「国語」と呼ばれる中国語(北京語)を一般的に用い、基本的に閩南語は理解しない[4]。日本統治以前から台湾に住むグループは本省人と先住民であったわけだが、これらの人々はエスニックが異なれば、お互いの言葉を理解できなかった。その為日本時代日本語はお互いのコミュニケーションを可能とする共通語としての役割を担ったわけである[5]。しかし戦後は、日本語を理解し、日本式教育を受けた本省人と、日本語を理解しない、大陸の社会文化的背景をもった外省人との間で日本語、日本式社会規範と文化が摩擦の根源となり、それに加えて後述する本省人虐殺の政治的悲劇も重なって、その後省籍矛盾[6]と呼ばれる衝突を引き起こした。エスニックグループ毎の人口比は諸説あるが、黄宣範(1993: 21)によると1989年の時点で、本省人が全人口の85.3%、外省人が13%、先住民が1.7%で、本省人が多数派を占める。本書では以下便宜上、戦前から台湾に住む閩南人と客家人を合わせて「台湾人」、その人々の話す言語をまとめて「台湾語」と呼び、台湾人と日本語を中心に考察を進めていく。

2. 日本の統治と抗日行動

　台湾は日清戦争の結果、1895年(明治28)に下関条約によって日本へ割譲され、それから1945年(昭和20)までの50年間日本の統治下にあった。日本にとっては初めての海外領土の経営である。日本政府は台湾の扱いについて、単なる搾取の対象として利用するのではなく、台湾の近代化と日本への「同化」を目指し、「一視同仁」の方針を掲げた[7,8]。総督府[9]は台湾を大日本帝国の一部、植民地のモデルにしようという野望を抱いていたのである[10]。

写真1　六氏先生の墓（筆者撮影）

写真2　六氏先生の碑（筆者撮影当時倒れていた）

写真3　現在の芝山巌廟（筆者撮影）

　しかし、台湾統治は最初から円滑にいったわけではない。
　日本の台湾接収後、幾度も抗日行動が起こった[11]。その最初は芝山巌事件である。1895年（明治28）、台北近郊に位置する芝山巌に、総督府民生局の学務部、そして学堂が設けられ、伊沢修二が初代学務部長心得となった。ここで講習員養成と日本語伝習が始められ、学務部員は日本語伝習に従事する

と共に台湾語の研究を始めたのだが、翌年 1896 年 1 月 1 日に 6 名の学務部員が抗日派に殺害されてしまった。台湾ではこれら 6 名の教師は六氏先生と呼ばれ碑が建てられている。その後も幾つかの抗日行動があったが、大きなものとしては 1915 年 (大正 4) の西来庵事件 (約 100～200 人の台湾人が処刑されたと言われる)、1930 年 (昭和 5) のタイヤル族が中心となった霧社事件 (134 人の日本人が殺害されるがその数倍ものタイヤル族が生命を失う) 等がある。若林正丈他 (1990: 39) は、1898 年 (明治 31) から 1902 年 (明治 35) の間に 1 万 2,000 人が日本軍によって処刑又は戦死したと述べている。しかし 1915 年の西来庵事件以後、抗日行動の規模は縮小し、霧社事件以後目立った抗日事件は起きず、日本統治が浸透していった。その後 1920 年代に入り、政治・文化運動を通しての植民地統治に対する抵抗の動きはあったが、以前の武力抵抗とは異なり、台湾人エリートが日本語を通して得た台湾の近代化をベースに民衆啓蒙を果たそうとしたものであった[12]。

3. インフラ整備と医療

　何故台湾高齢層に親日派が多いのか幾つか理由があるが、彼らがよく口にすることの一つは、日本時代に総督府が行ったインフラ整備と医療の向上である。例えば、現在でも使われている鉄道路線の基礎は日本時代に作られたものである。1919 年には全島通信網が完成され、上下水道システムは東京よりも早く建設され、土地調査と税制の改定も実施された。総督府はまた、台湾に蔓延っていたアヘンの撲滅、女性の纏足の禁止も進め、台湾の近代化を図った。日本は台湾を南進拠点にしたいと考えていた為、かなりの投資を行ったようである[13]。

　かつて台湾には風土病、伝染病が多く、従来人々は病になると漢方の薬草、神への祈り、お祓いに頼るしかなかった。当時日本から赴任して 1 年も経たずに病死する役人が続出し、台湾人でさえ平均寿命は 30 歳前後であったと言う。そのような状況を改める為、総督府は衛生、医療の向上に力を注ぎ、台湾統治開始直後の 1895 年 (明治 28) には大日本台湾病院、1899 年 (明治 32) には医学校を開設した。日本時代、台湾人子弟と日本人子弟は

別々の学校へ通い、台湾人子弟が上の学校に進むことは難しかったが、総督府は直接住民の診療に当たる医師を養成する為、台湾人に近代医学の教育を施し、医師として民衆の衛生指導と医療行為のできる人材を育成しようとした[14]。医学への道は台湾人子弟にも開かれていた訳である。

4. 日本時代の就学率と日本語理解率

　台湾統治の司令塔であった総督府の第一の事業は日本語の普及にあった。台湾は日本統治前から既に書房などの伝統的教育があり、19 世紀には科挙の合格者が出るなど教育の土台があった。しかし、近代教育制度を確立したのは日本である。円滑に台湾統治を進めるには日本語の普及が必須であるとし、学務部長心得であった伊沢修二は、日本語講習員の育成と日本語の伝習を行い、台湾人と日本人の思想の疎通を図ることを緊急事業として挙げた。そして日本政府は日本語を普及させ、延いては台湾人に日本精神を養おうとするべく[15]、1895 年 (明治 28) に最初の国語伝習所を芝山巌に設置したのである。そして 1898 年 (明治 31) には台湾子弟に対して初等教育を行う公学校が開かれた。ただ下の表 1 に見るように、初め就学率はあまり高くなかった。

表 1　学齢台湾児童就学率
(『臺灣省五十一年來統計提要』1946: 1241 より部分抜粋)

年	合計	男	女
1917 年 (大正 6)	13.1%	21.4%	3.7%
1920 年 (大正 9)	25.1%	39.1%	9.4%
1925 年 (大正 14)	29.5%	44.2%	13.2%
1928 年 (昭和 3)	30.3%	45.0%	14.4%
1931 年 (昭和 6)	34.2%	49.5%	17.9%
1934 年 (昭和 9)	39.3%	54.7%	23.0%
1937 年 (昭和 12)	46.7%	62.0%	30.3%
1940 年 (昭和 15)	57.6%	70.6%	43.6%
1941 年 (昭和 16)	61.6%	73.6%	48.7%
1942 年 (昭和 17)	65.8%	76.6%	54.1%
1943 年 (昭和 18)	71.3%	80.9%	60.9%

社会における日本語の理解率も就学率に比例して当初高くなかった(表2)。総督府は1933年(昭和8)に国語普及十年計画を立て、これによって日本語理解率を50%に上げることを目指した。1937年(昭和12)からは皇民化運動を開始し、学校での台湾語の禁止、新聞の漢文欄の廃止、「国語常用家庭」[16]の表彰を行い、日本語を更に普及させる為、学校に行けない人達に日本語を伝習する国語講習所も開設した。そういった数々の政策によって、1943年には就学率が男子81%、女子61%に上昇している(表1)。そして表2に見るように、就学率の上昇に比例して日本語理解率も1944年には71%に上昇している。

表2　台湾人の日本語理解率
(中越1936: 67、『臺灣事情』1936: 202、黄宣範1993: 86–93を基に作成)

年	理解率
1905年(明治38)	0.38%
1915年(大正4)	1.6%
1925年(大正14)	6.0%
1927年(昭和2)	12.7%
1932年(昭和7)	22.7%
1933年(昭和8)	24.5%
1934年(昭和9)	27.0%
1935年(昭和10)	29.7%
1936年(昭和11)	32.9%
1940年(昭和15)	51.0%
1944年(昭和19)	71.0%

張良澤(1983: 17)は、1944年(昭和19)から終戦までの時期に少なくとも420万人以上の台湾人が日本語を理解し使用したと見積もっている。陳培豐(2001: 12–13, 2007: 23)は19、20世紀における欧米植民地と比べて台湾の就学率が高かった背景として、台湾は教育費の徴収に応じられる相対的に豊かな社会であった[17]、学問を重視する儒教の伝統があった、「同文同種」という文化上の近似性があったことなどを挙げている。ただ公学校の就学率は年々増加していったが、反面、家庭の事情などにより途中退学者も多かったようである[18]。

このように総督府は初等教育の普及に力を注いだが、日本統治後期、社会の中で実際どれ程日本語が普及していたのだろうか。台湾の著名な言語学者、呉守禮(1946)は下記のように台湾の状況を描写している[19]。

(前略)老年級、除了五十年來沒有機會學日本話的一部分不用提以外、智識人的話語雖然大都是臺灣話、生活語也是臺灣話。但是語彙裏已經摻入不少的日本語和語法了。
中年級除了一部分人沒有熟習日本話、大都能採日本話、看日本書寫日文、有的更因受的是日本教育、所以走思想路作思想都用日本語的語法。這一層的人、有的雖然會說一口還很流利的母語可恰因為母語已經由社會上退到家庭的一角落、他們不得不用日語想東西。臺灣話的根幹雖沒有搖動、枝葉的作用已經變了。
少年級、這一層、不但學會了日本語言、有的簡直不會說臺灣話、實際上最難脫離日本語的一層。

(筆者訳)
(前略)老年層は、50年来日本語を学ぶ機会がなかった一部分の人は言うまでもなく、知識人の使う言葉も主に台湾語であり、生活語も台湾語である。しかし、語彙の中には既に多くの日本語と語法が入っている。
中年層は、日本語をしっかり学ばなかった一部分を除き、ほとんどの者が日本語を使い、日本語の本を読み、日本語を書く。日本教育を受けた為思想をめぐらせ、ものを考えるのに全て日本語の語法を用いる者もいる。これらの人は、母語を流暢に話すことができる者もいるが、母語は既に社会から家庭の言葉となってしまっているので、彼らは日本語を使わずにものを考えることができない。台湾語の根幹は揺るいでいないが、枝葉の作用は既に変化している。
若い層は、日本語を習得したのみならず、台湾語を話せない者もいて、実際最も日本語から離れ難い層である。

この記述からすると日本統治の終盤には日本語がかなり浸透していたよう

である。また 1946 年出版の台湾の雑誌『新臺灣』には、「三十歳以上の知識層で漢文を理解し、書けるのは百人中十二人程である。三十歳以下の者になると駄目である。二十歳以下に至っては台湾語でさえも完全には話せず、日本語程流暢に話せない（筆者訳）」と書かれている (p. 16)[20]。この他台湾の著名な文学者、呉濁流は同じく 1946 年に発行された『新新』という雑誌の中に、「本省人が日文と別れを告げることは日人の娘と別れを告げるより更につらいらしい。（中略）日文廃止と云う政府の方針が決定され十月二十五日に實行すると發表するや、俄然、若き男女に大きなショクを與へた。大げさに云えば斷腸の思ひである。全省を挙げて非難轟々、それに反對してゐる。」と書いている[21]。

個人インタビューの中で、日本時代日本語はどこでも通じたという証言がある。1940 年代に台湾で日本語が普及していたのは事実であろう。しかし黄宣範（1993: 93）、李承機（2005: 270）、松永正義（2007: 91）等も指摘するように、台湾における当時の日本語理解率の数字というのは、学校で日本語教育を受けた人の人数に基づいて算出され、それには修業年数 3 年間の国語講習所も含められているので、先の記事の記述は、正確には台湾社会の全てを反映している訳ではないのではないかと考えられる。あるインフォーマントは学校を一歩出ると台湾語のみを使用したと言った。また他のインフォーマントは、年配の台湾人が日本語が分かると言っても単に日常会話の程度から小説や新聞を読める程度まで様々なレベルがある、と言っていた。中越榮二（1936）に、「誠に内地人家庭に本島人の女中を傭ふて一、二年もすると彼等は相当流暢に國語を話すのである。併しこれは多くは教育作業が行はれたのではない。自然の習熟に過ぎない。だからただその生活上の一部分の狭い範囲の言葉を流暢に用ふるに過ぎず、一般の廣範園の會話には忽ち行きづまつてしまふ（後略）」(p. 72)、「（公学校について）卒業後の實際的方面から考へてみると、決して充分とは言ひ得ない。試しに手紙を書かしてみても、算盤をはぢかして見ても、新聞を讀まして見ても、これが普通教育を受けて社會に一本立出來る人達かと考へると若干心細くなることすらある。」(p. 147)と記されている。川見駒太郎（1942: 33）も、国語理解者が 70％というのは曲がりなりにも国語が理解されるということで、その人々が全部完全に国語を

語り国語を常用しているという意味ではなく、かなり教養のある者でも母語を捨て全く国語生活をしている者はごく少数者に限られている、と記している。また川見は、「本島人と言っても、知識階級の者に対しては内地人と同様な態度を以て臨み、言葉使ひにも異る所はないのであるが、一般の苦力、女中、行商人等、低級で国語に習熟してゐない者に対すると、極端な省略法と、台湾語の混入を行ふのである」と当時の様子を記している (p. 34)。第2章で言語学的に詳しく分析するが、個人インタビューの結果を大まかに言うと、6年間の初等教育を終了していればインタビューが成立し得る日本語力を有する。では言語習得的に実際どのレベルであるかは本書の分析を通して明らかにしていく。

5.　国語教育の歴史

　1895年(明治28)芝山巌の王廟で始まった台湾における最初の日本語教育の場、「国語伝習所」には甲科と乙科があった[22]。甲科、乙科とも授業料は無償で、甲科生は妻帯者が多かった為食費、手当てが支給された。5月に6人の生徒を相手に始まったこの伝習所は、同年9月には21人の学生を有していた[23]。また翌1896年(明治29)には台北に「国語学校」が設けられ、語学部では台湾人に日本語、日本人に台湾語を教授し、師範部では教員養成を行った。そして日本の台湾占拠2年後には各地に国語伝習所と国語学校が設立されていった[24]。国語伝習所は創設初期、学生を集めるのに非常に苦労していたようだが、その後入学希望者が増加し、また地方が維持費を負担した分教所も増加の傾向にあったこと、国語伝習所という名称、規模、組織などが合わなくなったことなどから、1898年(明治31)には台湾人子弟の為の初等教育機関である公学校が設置された[25]。そして国語伝習所は公学校が設立されると専ら先住民教育の機関に変わり、1905年(明治38)に先住民の為の公学校が設立されると同時に廃止されるに至った。また1919年(大正8)の台湾教育令により国語学校は「台北師範学校」と改称された(表3)。

表3　初期の教育機関

	国語伝習所			国語学校	
	甲科	乙科		語学部	師範部
対象	15歳以上30歳以下	8歳以上15歳以下で、普通知識を備える者	対象	15歳以上25歳以下の高等小学校卒業以上の学力を有する内地人、或いは国語学校附属学校又は国語伝習所の卒業生以上の学力がある者	18歳以上30歳以下の内地人で尋常中学校の第4学年以上の学力がある者
期限	半年	4年	期限	3年	2年
内容	漢学の素養のある者を対象に通訳養成	初めて教育を受ける台湾人子弟に日本語、読書、作文、習字、算術などを教授	内容	台湾人に日本語、日本人に台湾語を教授	教員を養成

公学校	先住民教育の機関

台北師範学校	
予科	本科
期限 1年	4年

　公学校は 8 歳以上 14 歳以下を対象にし修業年限は 6 年であったが、この後 1904 年（明治 37）に入学年齢は満 7 歳以上 14 歳以下と改正された。そして 1922 年（大正 11）の台湾教育令の改正によって就学年齢は 6 歳に早められた。初等教育は義務ではなかったが、3 月 31 日の時点で 6 歳の児童は公学校に入学できたようである[26]。『臺灣年鑑　昭和十六年版上』(1940)に「村に不学の戸なく、家に不学の徒がないようにすることが現下の急務である。当局もこの点に留意して昭和十八年より本島に義務教育制度を実施する方針を決定し、昭和十五年、十六年、十七年の三年間をその準備期間とする」と 1943 年（昭和 18）から義務制の計画が言及されているが、終戦まで実現されなかった。

　台湾の初等教育はもともと、日本人子弟を対象とした小学校[27]、台湾人子弟を対象とした公学校、先住民子弟を対象とした蕃人公学校に分かれていた

写真 4　インフォーマントの公学校

写真 5　インフォーマントの公学校の体育授業

のだが[28,29]、後の 1922 年（大正 11）の改正で、これらの区別を取り除き、台湾子弟であっても日本語を常用する者は小学校、常用しない者は公学校に収容し、中等教育以上は日台共学となった。ただ小学校は台湾子弟のごく一部だけが入学を許可され、日本の統治終盤でも台湾子弟の比率は 10 分の 1 にも達していなかったようである[30]。中等以上の教育機関としては、中学校（男子用）、高等女学校（女子用）、実業学校、専門学校、大学があった[31]。台湾で最初の高等教育としては 1899 年（明治 32）に台湾總督府医学校、そして 1928 年（昭和 3）に台北帝国大学が設立されている[32]。しかし台湾の教育機関はいずれも、年限、程度から見て内地の学校と比べて低く、数が限られた中等学校以上に公学校出身の台湾子弟が合格することは容易でなかったようで

ある[33]。台湾子弟の入る公学校の6年間は大部分が日本語の学習にとられたのに比して、日本人の入る小学校はそのまま小学課程の学習が可能であり、両者の学力はすでに差があったと言われる。矢内原忠雄（1929/1988: 154-159）にも中等教育の入学について、本島人児童と国語を母語とする内地人児童とが小学校卒業程度で国語の入学試験を受け、その他の科目についても国語で解答する制度では、本島人の入学困難なのは明白である、と記されている。公学校以外は狭き門であった為、台湾内部で中等学校以上へ進めない児童は内地留学するしかなかった。『學次第三十六年報』（1938: 47）には「本島人の内地在学者人数は年に依り増減ありと雖も概ね増加の趨勢にあり」と書かれており、内地留学者は1937年（昭和12）には2,812人に達していた[34]。

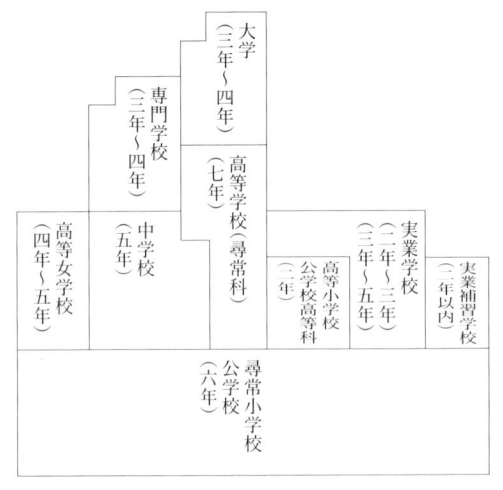

表4　1922年（大正11）の新台湾教育令による学校体系
（弘谷多喜夫・広川淑子 1973: 45 を基に作成）[35]

大学（三年～四年）	
専門学校（三年～四年）	高等学校（七年）（尋常科）
高等女学校（四年～五年）	中学校（五年）
	実業学校（二年～三年）（三年～五年） 高等小学校 公学校高等科（二年） 実業補習学校（三年以内）
尋常小学校 公学校（六年）	

　その後1941年（昭和16）に小学校と公学校は共に国民学校と改称されたが、制度としては日本語を常用する児童は第一号課程による国民学校、日本語を常用しない家庭の子弟は第二号課程による国民学校、そしてその上に2年間の高等科があり、先住民の子弟は初等科と高等科の区別のない修業年数

6年の第三号課程による国民学校へと入学した。

6. 教授法と教科書

台湾での最初の日本語教授は対訳法であった。鎮清漢(1993: 261)に対訳法の例がある。それによるとまず教師が「これはなにでありますか」と発音し、生徒が復唱する。そして教師はこの日本語が台湾語の「這個係甚麼東西」と同じ意味であることを教える。次に教師が「これはなにでありますか」と質問し、生徒が台湾語で「彼個係枕頭」と答え、日本語の「それは枕であります」と同じであることを教える、という方法である[36]。その後1900年(明治33)以後は子供が母語を自然に習得する方法を基礎としたグアン式教授法が紹介され[37]、そして鎮清漢(1993: 262)によると、1906年(明治39)頃には殆んど台湾語を用いない教授法が用いられたとある。山口喜一郎は雑誌『日本語』(1941年1–7号)の「華北に於ける日本語教育」と題された座談会記録の中で、台湾では対訳法はいけないということになり、グアンの方法を基にして日本語で日本語を教えていくことになったと述べている[38]。しかし、『日本語』に掲載されている教育者からの投稿を見ると、台湾統治後期の1940年代に入ってもまだ対訳法と比べた直接法の効果について議論が行われており[39]、教室では機械的な暗記と反復練習が行われていた様子も記録されている。教授内容については、国府種武(1931: 331–332)の資料によると、1898年(明治31)に開かれた第3回目の国語教授研究会[40]で、6学年通じて談話体を学び、4年、5年から文章語を加える。ひらがなは2学年の初めから課し、敬辞は1学年から適宜教える。6学年修業の学力は内地小学校の3年、4年の間位を標準にすることなどが決定されたとある。またこの頃の資料を見ると、国語教育と呼ぶか日本語教育と呼ぶか、国語教育なのか外国語としての教育なのかについても様々な主張が見られる。

公学校で使用された教科書は当初統一されたものがなかったが、1900年(明治34)に総督府が『臺灣教科用書國民讀本』を発行し、その後4回の改訂版が出された[41]。第1期から第5期までの発行時期と教科書名は以下の通りである(呉文星他 2003: 34、蔡錦雀 1999: 884 より)。

表5　公学校で使用された国語の教科書

	書名	巻数	初版発行時期
第1期	臺灣教科用書國民讀本	12巻	1901年(明治34)－1902年(明治35)
第2期	公學校用國民讀本	12巻	1913年(大正2)－1914年(大正3)
第3期	公學校用國語讀本(第一種)[42]	12巻	1923年(大正12)－1926年(大正15)
	公學校用國語讀本　第二種	12巻	1930年(昭和5)－1933年(昭和8)
第4期	公學校用國語讀本　第一種（改訂版）	12巻	1937年(昭和12)－1942年(昭和17)
第5期	コクゴ、こくご	4巻	1942年(昭和17)
	初等科國語	8巻	1943年(昭和18)－1944年(昭和19)

　教科書は東京の言葉を標準語とし、言文一致がとられた。例えば第4期の國語讀本を見ると、巻一はカタカナのみと「一」から「十」の漢字、巻三からひらがなが導入され、カタカナ混じり文とひらがな混じり文の二種類が使われているが、巻八以上は全てひらがな混じり文のみとなっている。内容は日本の地理や歴史的人物、昔話、皇室に関するものが中心だが、戦時期に入ると兵士や国防の話が出てきている[43]。

　漢文については、日本時代になってからも公学校で教え続けられていた。しかし1918年(大正7)にはそれまで毎週4～5時間あった授業が2時間に減らされ、1922年(大正11)には正規科目から選択科目になり、1937年(昭和12)日中戦争勃発後の皇民化運動の推進と共に正式に漢文科はなくなった[44]。そして同じ年に新聞における漢文記事も中止され、シナ語劇の上映も禁止されるに至った[45]。

　教師については、台北市内で行ったインタビューではほとんどの人が日本人だったと答えたが、低学年の時は台湾人の教師だったという人もいた[46]。巻末資料6に公学校における日本人教師と台湾人教師の人口比率を示しているが、領台当初台湾人教師の人数の方が多かったのが、1935年にほぼ同数になり、1936年から1943年までは日本人教師の方が多くなっている[47]。

　個人インタビュー及び柯旗化(1992)によると、公学校へ通う台湾人子弟の多くが、接触する日本人は教師に限られていたようである[48]。子供達は学校内では日本語を使うものの、多くは一歩外を出ると台湾語に切り替わった

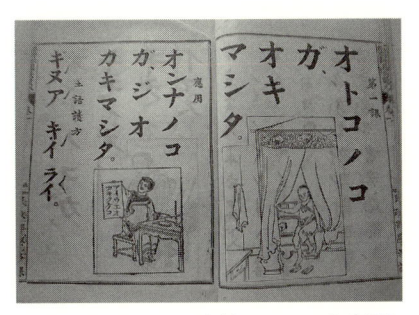

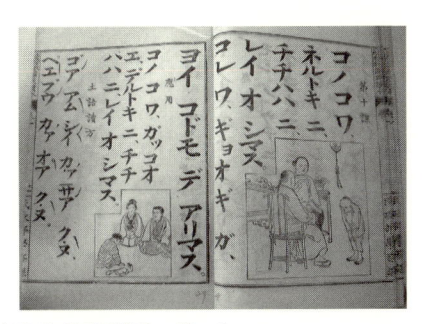

資料1　1912年(明治45)発行『國民讀本　巻一』

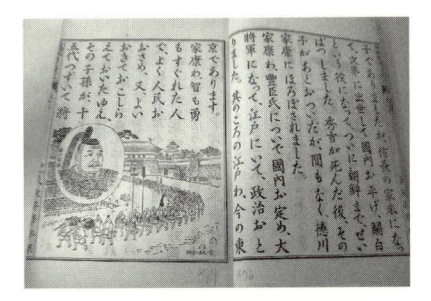

資料2　1903年(明治36)発行
『國民讀本　巻十二』

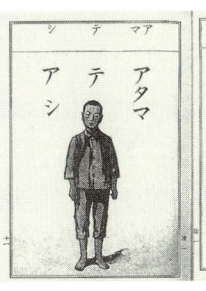

資料3　1937年(昭和12)発行
『國語讀本　巻三』

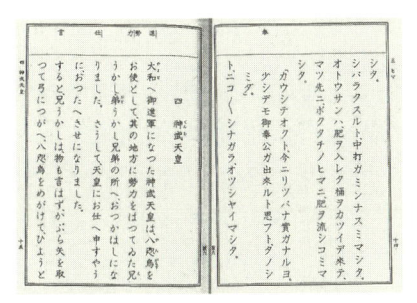

資料4　1939年(昭和14)発行
『國語讀本　巻六』

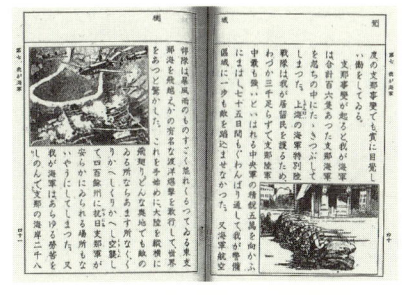

資料5　1942年(昭和17)発行
『國語讀本　巻十一』

と聞く。インタビューを行った際1人のインフォーマントは、公学校卒業後日本人経営のレストランで働き出して初めて教師以外の日本人と話をした

と述べ、またもう1人のインフォーマントは子供の時台北郊外に住んでおり、教師以外の日本人はあまり見なかったと語っていた。このように公学校に通う台湾の子供達は、公学校を出るまで日本人と日本語で話す機会があまりなかったようである。

7. 同化教育と皇民化

　日本の台湾統治は同化政策を掲げたものの、台湾人を初めから急激に同化させようとは考えていなかった。1898年（明治31）から台湾総督府民政長官であった後藤新平は、台湾の同化は80年かかると考えていた（王詩琅 1980: 181）。鎮清漢（1993: 91）は、日本の台湾統治の基本方針は、極端な政治同化主義或いは破壊主義というよりは、台湾の風俗習慣と社会組織を尊重する文化同化を優先させた、としている。また黄宣範（1993: 318）は、「同化」としての教育活動は当初それほど重視されていなかった。台湾教育令の中で、日本語教育の役割は「同化」を目標とすると明白に位置づけられたのは1919年である、と述べている。しかし1930年代の日中戦争後からは「皇民化」政策が強化され、住民の土俗的信仰の禁止、台湾神社の参拝が強制され、1940年代には改姓名が許可された。また歌仔戯（コーアーヒー）などの伝統芸能も禁止された[49]。台湾の社会統制の為に総督府は道徳教育を重視したのだが、学校教育では国語を教えるだけでなく、忠君愛国の思想を鼓舞し、台湾の子供達を忠良なる日本臣民に同化することを目標とした[50]。木村万寿夫（1966: 15）は教師の立場から、「わが国の台湾に対する態度は諸外国のように単なる植民地としてみたのではない。台湾を内地の延長と考え、内台一如をその理想とした。だから、台湾における国語（日本語）の教育は、本島人を善良な日本国民に育成する為の教育であった」と記している。それを示す一例として、右の資料6に見るように公学校の成績表の裏面には道徳を謳い、そして最後に「立派な日本国民になります」とある[51]。

　台湾の道徳教育、皇民化に重要な役割を果たしたものに教育勅語がある。教育勅語は明治天皇のお言葉で国民の培うべき徳行を説いたものであり、天皇制国家における思想、教育の基本理念を示している[52]。明治政府は1890

資料6　成績表の裏面

年（明治23）に教育勅語を発布した後、その流布に力を入れ、学校の朝会、集会、記念式典などの行事儀式に於いて教育勅語を奉読し、御真影に敬礼することによって皇民意識を養成した。インフォーマントの中にはいまだに教育勅語を暗誦できる人が何人もいた[53]。

　台湾人は日本統治によってもたらされた社会の規律と教育の普及によって徐々に皇民化されていったのだが[54]、しかし同化という表面的スローガンの下に確固としてあった差別的扱いに完全に満足していていたわけではない。そのような一例として、1921年（大正10）に成立した台湾文化協会がある。台湾文化協会は民族独立の世界的な潮流を背景に、林献堂を中心とする台湾知識人の集まりによって1921年（大正10）に創立され、日本人に強制される言語同化政策に不満をもち、漢文復興運動、白話文運動、台湾語ローマ字運

動、台湾語文運動などの反日本語普及運動を進めた[55]。また内地留学していた台湾人留学生が、1920年（大正9）日本で「新民会」を発足し、台湾人知識階級の言論機関を任ずる月刊誌『臺灣青年』を発行した。『臺灣青年』は1922年（大正11）に『臺灣』と改称され、翌年には同メンバーが月刊『臺灣民報』を東京で刊行し始めた。『臺灣民報』は同年9月には週刊になり、1925年（大正14）には発行部数一万部にまで上っている。その後1930年（昭和5）に『臺灣民報』は『臺灣新民報』と改称され、1932年には日刊紙となった[56]。このように大正期には日本語による教育を受けた世代が抗日運動、民族運動の中心となったが、彼等は日本語の知識を通して日本の支配下における差別に不満を抱き、白話文あるいは日本語を用いて支配者を批判、啓蒙活動を行ったのである。

8. 戦後の台湾社会―二二八事件と白色テロの時代―

黄宣範（1993: 29）によると、1943年（昭和18）における人口比率は、先住民16.2万人、漢人613.8万人、日本人39.6万人であった[57]。しかし第二次大戦後日本人は台湾から去り、その後蒋介石の率いる国民党と共に、大陸から中国人が台湾に入ってきた[58]。台湾にやってきた移民は150万から200万人（当時の台湾人口の約4分の1から3分の1に当たる）と言われる。台湾人は終戦後祖国への復帰に歓呼し、自主的に中国語を学び、中国国旗を飾り、中国大陸からの軍人を歓迎して迎えたと言う[59]。しかし、その興奮と期待はすぐに台湾人の悲劇へと変わってしまった。1945年に元台湾総督府所属の公有財産の接収が行われ、翌46年から47年前半にかけて日本人私有財産の接収及び処分が進められた。そして国民党が米とタバコを買い占め、米は中国大陸へ運ばれた為、物価が高騰し、治安は悪化した。阮美姝（1992a: 117–120, 2006a: 121–126, 2006b: 12）に、中国大陸からやってきた軍人の貧しい身なりや略奪行為、政府の汚職や賄賂に台湾人がひどく落胆した様子が描かれている[60]。若林正丈（2001: 64）もかつての日本人に代わり外省人が本省人職員の上に二倍の給料をもらってふんぞり返ったと記しており、蔡錦堂（2006: 33）には戦後泥棒や強盗が増えたと書かれている。台湾人は「犬が

去って豚が来た。犬は家を守ってくれたが、豚はただ食べて寝るだけだ」と外省人の悪口を言ったと聞く[61]。そして台湾人の怒りが頂点に達したのは終戦2年後の官民衝突、「二二八事件」が起こった時である。これは1947年（昭和22）2月27日台北市で、専売局の取締官が闇タバコを販売していた未亡人の台湾人女性からタバコを取り上げた事件に端を発する。翌28日民衆のデモに行政長官公署警備兵が発砲したことから、民衆は放送局を占拠し決起を呼びかけ、混乱は全土に広がった。しかし事態は武力によって鎮圧され、台湾人エリート達を中心に、5千とも2万人とも言われる市民が虐殺され[62]、この事件はその後長い間本省人と外省人の間に軋轢を生じ、中国本土そして中国語への反感などを生み出した。また1950年代に入ると白色テロと呼ばれる思想犯の取り締まりと逮捕、虐殺が行われ[63]、台湾人の国民党政府に対する怒り、過去の日本時代への懐古は増す一方になったと言われる[64]。

　国民党による台湾統治の基本方針は、台湾を中国大陸反攻の基地にし、中国統一を目指すことであった[65]。そして国民党は台湾に移ってきた1949年（昭和24）5月から1987年（昭和62）7月までの38年間戒厳令を施行し続けた。また日本語を新聞、雑誌から排除し、公的な場から追い出そうとした。日本語教育が再開されたのは1963年になってからのことである[66]。ただしそれは私立大学であり、国立大学に日本語科が設置されたのは1990年代に入ってからのことである。また台湾語も学校の中で使ってはならず[67]、1980年代まで台湾研究さえタブーであった。それが緩まったのは1987年に戒厳令が解除され、1988年に台湾人の李登輝氏が総統になり民主化が始まってからのことである[68]。蔡錦堂(2006: 20)は、日本語を話せることを他人にひけらかすように大衆の面前で弁舌を振るう光景は1990年代から多く見られるようになった。その理由は台湾の本土化（90年代半ばから急速に強まった、台湾に愛着をもち台湾の文化や言葉を大事にする社会的変化）や民主化、そして1988年に台湾人の李登輝が台湾総統に就任したことなどから、長期にわたった日本語や日本に対する抑圧から台湾人が解放されたことによると述べている。また学校教育の中に母語教育が取り入れられたのも1990年に入ってからのことである[69,70]。母語教育が開始された学校及び地域名を次に示す。

表6　台湾の母語教育

学校名／地域名	言語名と開始年度	実施状況
台北市金華国民小学	閩南語 1990 年	5、6年生の希望者を対象に週1回、2時間実施
台北市国語実験国民小学	閩南語 1992 年	5、6年生の希望者を対象に課外活動の時間に週2時間実施
台北県立烏来国民中小学	タイヤル語 1990 年 閩南語 1992 年	タイヤル語の授業は週2回、幼稚園から9年生(中学3年)までの全ての学年で実施
宜蘭県	閩南語 1991 年	原則として小学校、中学校1、2年の全学生を対象に課外活動で実施
屏東県	閩南語、客家語、パイワン語、ルカイ語 1991 年	毎週土曜日の課外活動の時間に実施
高雄市明徳国民小学	閩南語 1992 年	3年生から6年生まで毎週水曜日の団体活動の時間に実施

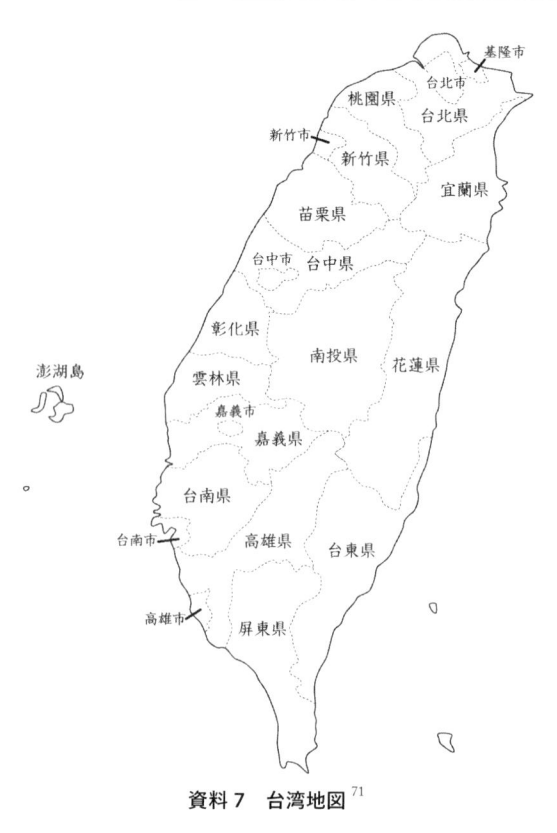

資料7　台湾地図[71]

9. 戦後のメディア

　日本時代の 1932 年(昭和 7)、台湾総督府は『台日大辞典』を出版している[72]。また先に述べたように、新聞の漢文欄は 1937 年(昭和 12)まで続けられ、漢文を学ぶ書房も存在した。一方、国民党政府は台湾接収後日本の文化、教育に大きな警戒心を抱き、公の場での日本語の使用や日本の新聞、映画を禁止し[73]、中国語への転換は急速に行われた。例えば次ページの資料 8、9 に見るように、台湾の新聞『臺灣新生報』は、1946 年 5 月には中国語の記事と日本語の記事が半々だが、同じ年の 8 月にはほとんどの記事が中国語によって書かれており、日本語は僅か広告部分に見られるのみである。そして同年 10 月 25 日に新聞の日本語欄は完全に禁止された[74]。また台湾の作家が日本語で本を書くのも禁止された。何義麟 (2007: 63) は 1946 年 2 月 13 日付の『臺灣新生報』を引用し、台北市内で 836 種類、7300 冊の図書が没収され、その他の 7 県市で約 1 万冊の図書が処分されたと記している。台湾語でさえも、テレビ局の制限が解除され CM 部分にある程度の自由が許されたのは 1990 年に入ってからである[75]。しかし台湾語は文字が整備されていなかったこともあり[76]、特に高等教育を受け、それまで日本語で読み書きしていた台湾人エリート達は戦後突然文盲と化したのと同じになってしまった。

　インタビューによると、日本語による教育を受けた人々の多くは戦後、本屋で手に入る日本の雑誌を読んだり、友人を通して日本から雑誌や本を取り寄せていたようである[77]。そして 1960 年代後半からは日本語による短歌や俳句を作る会もできている[78]。国民党政府は日本語の影響を取り去ろうと書物や映画の取締りに躍起になったが、裏腹に日本と台湾は地理的近さもあり経済的には親密さを保持し、台日間の貿易活動は 1950 年代以降拡大していった。現実は日本語能力がある台湾人が商業活動で成功したと言われる。

　70 年代以降になると、1968 年に始まった「第四台」と呼ばれるケーブルテレビ[79]やビデオが人気となり、日本のドラマも数多く見ることができるようになった。そして 1987 年の戒厳令解除を契機に NHK 衛星放送の受信が解禁となると、有線放送やパラボラアンテナを使って NHK の視聴が広

資料 8　1946 年 5 月 21 日付
『臺灣新生報』

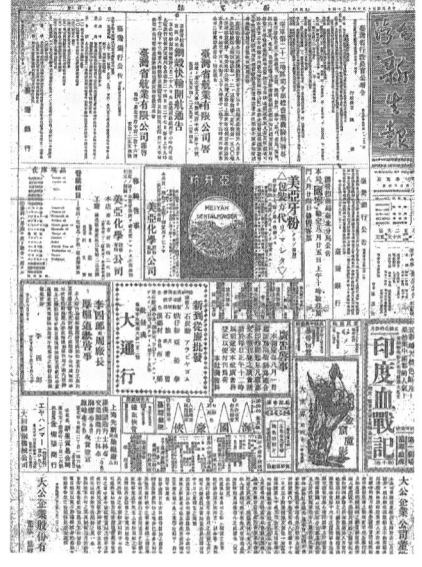

資料 9　1946 年 8 月 24 日付
『臺灣新生報』

がっていき[80]、そして1990年代に入ると、文化統合政策によって以前公には放送を禁止されていた閩南語その他の使用も可能になり、テレビやラジオで閩南語の歌も自由に聞けるように変わっていった。

10. 言語習得と社会的距離

　以上歴史的、文化的背景を概観したが、ここで社会と言語習得との関係について少し述べる。

　第二言語習得の成否を決定する個人差要因は、年齢だけでなく、認知要因や、自我、アイデンティティ、動機などの情意要因も複雑に絡み合っているという議論がある (Schumann 1975, 1976, 1978)。Schumann (1978: 77) は、異なる言語を用いる二つの集団間で社会的連帯を推進または抑制する要因があり、これは第二言語学習者集団が目標言語を習得する方法に影響すると述べている。この要因は二つの集団間の社会的距離(social distance)を形成するが、社会的距離が小さければ、第二言語学習者集団の目標言語習得は促進され、社会的距離が大きければ目標言語習得は抑制される(表7)。

表7　社会的距離の要因

1.	目標言語集団との関係で第二言語学習者集団は政治的、文化的、技術的、経済的に優勢的か、非優勢的か、従属的か。
2.	第二言語学習者集団の統合パターンは、同化か、文化変容か、保存か。
3.	第二言語学習者集団の囲い込み(enclosure)の度合いはどうか。
4.	第二言語学習者集団は結束か。
5.	第二言語学習者集団のサイズはどうか。
6.	二つの集団の文化は一致しているか。
7.	二つの集団はお互いにどんな態度をとっているか。
8.	第二言語学習者集団は目標言語地域にどれだけ長く住むつもりか。

　日本統治時代の社会背景を見ると、第1の要因に関して、台湾における目標言語(日本語)集団は優勢的であり、第二言語学習者集団(台湾人)は非優勢的であった。すなわち社会的距離が大きかった。しかし第2の要因に関して、目標言語集団は第二言語学習者集団が自分達の価値観や生活様式を変

え、目標言語集団に融合することを強く期待し、また日本統治後期には第二言語学習者集団の多くがそう変わっていった。第3の「囲い込み」というのは例えば別集団との婚姻が許されるか、二つの集団が同じ学校、教会などへ通うか、二つの集団が異なる職業や工芸、取引を行っているか、といった社会制度に関わるものであるが、目標言語集団と第二言語学習者集団は融合し、社会的距離は縮まろうとしていた。また第4、第5の要因について、第二言語学習者集団は規模は大きかったが、多言語多民族であり、集団としての結束力はなかった。第6、第7について、日本式教育によってもたらされた文化と価値観は台湾人に受け入れられ、評価されていた。また一般的に台湾の子供達は日本人教師や日本人に対して否定的感情よりも肯定的感情の方をもっていた。第8の永続性については、日本統治後期台湾人は自己の文化を認識し始め、自分達の権利の拡張を望んではいたが、日本が第二次世界大戦に参戦し、敗北の後に台湾を去ることになるなど予想していなかったはずである。こうして見ると、第二言語学習者集団と目標言語集団の社会的距離は全体的に近く、目標言語、すなわち日本語の習得に肯定的に影響していたと言える。

11. 台湾人と日本語

　1943年の時点で台湾に在住していた日本人数は凡そ40万人であるが[81]、戦後は国民党が必要とする技術者や牧師といった人達を除き殆どが日本へ帰国した。その為台湾人は日本時代ほど日本人と日常的に接触する機会がなくなった。にも拘らず台湾には日本語を使ったり、懐かしんだりする親日派が数多くいる。図書館へ行けば日本語の新聞や雑誌を読んでいる年配の人達を目にし、年配の人が日本語で会話をしているのを耳にすることもある。また喜んで日本語で話しかけてくる人々にも会う。本章で紹介した歴史的・社会的背景から考察すると、それは次の要因によると考えられる。

　1) 二二八事件、白色テロ時代、また国民党による台湾人の扱いや政治が、その後の台湾人の国民党、延いては中国大陸や中国語に対する否定的感情

をもたらした。

2) 公学校は義務教育ではなく、家庭の事情で学校に行けなかった児童や途中退学者も多くいた。日本語が出来る、上の学校に進めたということは教育を受けた証、家庭の経済事情が良かったことの象徴でもある為、日本語ができる人はそれを肯定的に捉えている[82]。

3) 国語教育を受けた台湾人の多くは、1945年の終戦時に既に小学校入学年齢を過ぎており、学校で中国語を学ぶことはなかった。その為戦後知的欲求を満たすには日本語を通してでなければならなかった。また中国語の文献からは知的欲求を満たすような情報を得ることはできず、日本語が理解できる人々は日本語の雑誌や本を通して世界の情勢や知識を得ようとした。

4) 教師の質が比較的よく、また教育熱心な人が多かった為、台湾人の多くは日本人教師に対してよい印象をもっており、それが日本語の習得や対日観に肯定的に働いた[83]。

以上は主に閩南人、客家人が直面した歴史的背景である。これに加えて、先住民も含めた台湾全土の状況としては、日本が台湾を統治し日本語が普及する以前台湾は統一された国家ではなく、閩南人、客家人、そして10部族ある先住民はお互いに異なる言語を用いていた。エスニックが異なる人々が接触する場面では日本語が共通語の役割を果たし、リンガフランカとして使われた為、日本語は台湾社会の中に生き続けたという背景もある[84]。

注

1　鄭成功は中国人の父と日本人の母の間に生まれ、明末期に明朝復興を為した中心的人物。

2　閩南人（福佬人）の母語について、日本で発表されている論文では「福佬語」よりも「閩南語」、「福佬人」よりも「閩南人」という用語の方が用いられている。しかし、松永正義（2007: 89）が述べているように、閩南語という言葉は大陸とのつながりを強

く意識させるし、台湾における閩南語は大陸のものとは異なる変化を遂げてきたという議論もあり、台湾内ではあまり使われず、福佬語あるいは端的に台湾語と言ったりする。
3 現在台湾では先住民を「高山族」や「山地人」と総称しているが、言語、風俗習慣の相違から平地原住民のパイワン、アミ、ヤミ、ピュマ、山地原住民のタイヤル、ブヌン、ツオウ、ルカイ、サイセット、タロコの10族に分かれる。ただし、タロコを分けずに9族とする分類もある。台湾の先住民には高山族に加え「平埔族」あるいは「熟蕃」と称される人達もいたが、平埔族は今から少なくとも2、3千年前に台湾に渡って来て、その風俗習慣など漢民族に近似し、一見区別し難いほどであった。明鄭時代には4、5万人いたと推定されるが、現在は消滅している（黄宣範1993: 34、李寛子1993: 102）。
4 閩南語と北京語はドイツ語と英語以上に異なると言われている（松永正義2007: 9）。
5 植民地当初から、台湾や南洋諸島のように複数のエスニックグループが存在し其々の言語が異なる地域では、共通語としての日本語という観点が意識されており、また政府はその役割の為に日本語を普及させようとした（川村湊1994: 17）。
6 本省人と外省人の人口比率の差、そして両者の社会的な権力配分の不均衡から生じる矛盾でエスニック的な対立関係。
7 黄文雄（2003: 16–21）は台湾を植民地と考えるか新領土と考えるかを巡っての政府の論争について言及している。
8 「同化」と言っても日本人と台湾人の対等な関係を意味するのではなく、あくまで差別化を保持しながら台湾人を日本人化しようとした。同化問題についての議論には陳培豐（2001, 2007）がある。
9 総督が長官として政務を行う役所のこと。台湾と朝鮮に置かれた。
10 詳細はTsurumi（1977: 2）。
11 詳細は史明（1962）、王詩琅（1988）。
12 詳細は李承機（2007: 43）。
13 日本が行ったインフラ整備と医療については、李承機（2005: 248）、若林正丈（2001: 43–44）、黄文雄（2003: 75-87, 74, 77, 87-88）に詳しい。
14 台湾における医療政策については（黄文雄2003: 75-87, 74, 77）に詳しい。
15 日本の統治と日本語について石剛（1993: 20–23）は、日本は近代科学、技術に代表される物質文明、キリスト教などの普及に堪えるだけの世界宗教、近代社会に適応した精神面の文化など何一つもち合わせていなかったので、日本語が日本精神そのものとなり、「国体と相即関係になるもの」にされた、と述べている。

16 「国語常用家庭」とは家族全員が日本語によって生活し、神棚を祀り、国民精神を基調とした皇民生活を営む家庭である。国語常用家庭には、小学校の入学の許可、中等学校入学の優先的取り扱い、官公署吏員への採用、内地視察派遣申し込みに対する特別考慮、食物・実用品の配給の優遇等の特典が与えられた。1942年4月時点での国語常用家庭は9,604軒で、これは当時の台湾人口の約1.3%であった。国語家庭については鐘清漢(1993: 207–208)、黄宣範(1993: 94)に詳しい考察ある。
17 公学校の費用は地方税、街庄費でまかなわれた(陳培豐2001: 16、李園會2005a: 62–63)。
18 鎮清漢(1993: 177–199)及び巻末資料5を参照のこと。
19 1946年5月21日付の台湾の新聞『臺灣新生報』に「臺灣人語言意識的側面觀」と題して掲載された記事の一部抜粋である。
20 1946年2月15日出版の『新臺灣』に掲載された「燕京台灣國語普及會創辦意見書」と題された記事で、原文は「卅歲以上的智識份子懂漢文並會寫的百人之中還可以找出十二個。卅歲以下的就不行了。到了廿歲以下的連台語都説不完全、還不如説日本語流利。」。
21 1946年10月出版の『新新』第七期に掲載された「日文癈止に對する管見」と題する記事。
22 国語伝習所に関しては、弘谷多喜夫・広川淑子(1973: 21)、石剛(1993: 29)、Tsurumi (1977: 15)、黄宣範(1993: 86)、公学校に関しては李園會(2005a: 62)、鐘清漢(1993: 146, 157, 236)に詳しい記述がある。
23 1895年の台湾の人口は推定で約300万人、推定学齢児童数は約60万人だったとされるが、その中の21人である。1897年6月末の調査で、国語伝習所の生徒数は1,581名、うち甲科を卒業した者は303名だった(弘谷多喜夫・広川淑子1973: 20-21)。
24 当初設立された国語伝習所、国語学校等は総督府直轄学校で授業料無償の他食費や手当て等を支給していた。しかし公学校は、教員給付が国庫負担だった以外は、街、庄、社の各行政単位による経費負担で授業料も徴収した。それに対し日本人の為の小学校は授業料は徴収したが、大部分の経費は国庫負担だった。先住民の公学校は1905年(明治38)から1919年(大正8)まで授業料無償、学資支給であったが、それ以降は授業料を取ることになり、貧困な者は免除された。同じく先住民の教育機関である教育所については、授業料無償であった(阿部宗光・阿部洋1972: 230)。
25 『臺灣教育沿革誌』(1939: 217–218)に「國語傳習所開設以來、各地競うて分教場の設置を希望したので、限りある豫算では、その經費を支辨する方法が立たたなくなった。併も一方民衆は漸く教育の必要を認め、資を捐て財を投じて、之が設立を希望す

る者が續出するに至つたので、總督府に於ても從來分教場設置の際、教員俸給・旅費以外は地方民の寄附に依らしめた點等を考慮し、此の際地方費に依る公學校の設立を企圖し、(後略)」とある。学生が増えた理由は『臺灣事情　昭和十一年版上』(1936: 160)に、国語学校や医学校のような上級学校入学希望者や各官庁に勤務を希望する者は概ね国語伝習所の関門を通過しなければならない実情であり、その為台湾人の中でこの必要を認める者が次第に増加した、とある。

26　公学校の教授内容、時間表は巻末資料 11 を参照されたし。

27　小学校では交通が不便な所に住んでいる子弟の為に寄宿舎が設けられ、授業料はあるものの、免除や免額の措置があり、一家に 2 人以上通学する場合には減額された。鉄道沿線に散在する児童には無料乗車券が発行されるなど様々な便宜が図られた(『臺灣事情』1936: 158、『臺灣年鑑　大正十三年度版上』1924)。日本人児童数と台湾人児童数の就学率、学校数の比較については巻末資料 1 〜 4 を参照されたし。

28　先住民子弟の教育は 1896 年(明治 29) 9 月より恒春国語伝習所チロソ分教場で始まった。当時山地は開化程度が高い行政区内の場所と、まだ人頭狩りの習慣を残す未開化地区の差があり、行政区内の先住民子弟の教育は最初「国語伝習所」で、後に「高山族公学校」で行われた。行政区域外の先住民子弟の教育は「教育所」で行われ、警察署員が教育を任っていた。高山族公学校の修業年限は 1928 年(昭和 3)以降 4 年であったが、昭和期、平地に住む先住民の中に漢人と共に同じ公学校で学んだ子弟もいたようである。先住民の教育については、阿部宗光・阿部洋(1972: 243)、石剛(1993: 36)、松田吉郎(2004a, b)、李園會(2005a: 85)、西村一之(2006: 160)に詳しい言及がある。

29　先住民の教育は初め児童を集めるのに苦労し、子供を学校に連れてくる代わりに銃を貸し与えるという策略を使ったようである(廖英助 1994: 93)。しかし後に先住民子弟の就学率は本省人子弟より高くなった(先住民の就学率は巻末資料 8、9 を参照)。李園會(2005a: 603)は先住民子弟の就学率が高い理由について、先住民は通常皆部落酋長の命令に従い団体生活をする為、酋長が助言すれば子供たちは皆学校へ入って勉強したからだろうと述べている。

30　台湾人で初めて小学校へ入学したのは柯文徳である。柯は 1903 年(明治 36)から 4 学年まで小学校で教育を受けたが、規則違反である為発覚と共に大問題となった。その後 1910 年(明治 43)に台湾人と日本人を親とする子が小学校へ入学を志願したことで問題が複雑になり、それをきっかけに家庭における生活状態その他の事情が参酌され、事情がある者は入学を許可することになった(『臺灣教育沿革誌』1939: 349–350)。各教育機関における日本人と台湾人児童の比率は巻末資料 3 を参照のこと。

31 台湾人の中等教育は1915年（大正4）に始まり、修業年限は4年、入学資格は公学校の4年課程を修了した者、或いは4年生の公学校の卒業者であった。女子の教育は1897年（明治30）国語学校第一附属学校の女子部において始まるが、もとは一般常識や技芸のみを教えていた。高等女子普通学校となったのは1919年（大正8）で、本科と師範科（1年）があり、師範科は本科の卒業生を収容し、卒業すると教員資格が与えられた（『臺灣省五十一年来統計提要』1946: 1222–1223、植野弘子 2006: 122–126）。高等女学校に進学できた女子は家庭が裕福な上層階層の子女である。なお、山本禮子（1999）に、高等女学校を卒業した女性を対象にしたアンケート調査の結果とインタビューの様子が報告されている。

32 学校数、学生数、教師数は『學次第三十六年報』に記録がある。巻末資料4を参照されたし。また師範教育については呉文星（1983）に詳しい。

33 あるインフォーマントは中学受験に合格する為、小学生なのに夜中の1時まで勉強したと語っていた。

34 内地留学についての研究には坂根慶子（1998）がある。1937年以前の内地留学人数については、巻末資料10を参照のこと。

35 実業教育には、農林学校、工業学校、商業学校、実業補修学校、水産学校などがあった。表には含まれていないが、1905年（明治38）より幼稚園や私立学校、1915年（大正4）より盲唖学校も設置された。1898年（明治31）以降書房の教科目は公学校に準じていたが（『臺灣事情　昭和十一年版上』1936: 182）、書房は漸次減少の傾向にあり、1917年（大正6）には533校あったのが、1922年（大正11）には96校、1938年（昭和13）には23校と、公学校の普及と共に減っていった（『臺灣年鑑』1924: 147, 1938: 106）。インフォーマントの中に、学生時代書房で漢文、漢詩を学んだという人がいた。この人の趣味は漢詩を作ることで、インタビュー時に自分が作った漢詩を見せてくれた。書房数については巻末資料7を参照のこと。

36 関正昭・平高史也（1997: 64–65）にもこれと同じような授業の一例が紹介されている。

37 『臺灣教育沿革誌』（1939: 256–257）に、ゴアン式の教授法は観念連合の法則を利用し、言語の習得と記憶を容易にしようとするものであるが、欠点としてある事項を教えるのにそれが時間的に継起する順序を追って進むので、順序に拘泥しすぎて不必要な言語も教える弊害があった。しかし代案がないので明治37、8年頃迄この方式が行われていた、と記されている。グアンの紹介、グアン式教授法、著書内容、台湾でのグアン式教授法の実践方法は国府種武（1931: 340–450）に詳しい。

38 この時山口は国立新民学院教授であり、実際の現場で教育していた訳ではない。

39 一例として加藤春城（1941、1942a）、益田信夫（1942）、日野成美（1942）がある。日野

は「世間には似て非なる直接法が相当多い。日本語のみで指導しさえすればそれが直接法だというもの、直感物を見せるのが直接法と言うものなど様々な理解がある」と述べている。一方篠原利逸(1942)には、国語や算数を日本語で教える教師と生徒とのやり取りの様子が詳述に記されている。

40 国語教授研究会は、初めは国語学校国語学科の教官が教授打ち合わせの為に開かれたものであるが、それが後に本島人に対する国語の教授の様々な問題についての研究を行う会合に変わった。

41 日本人の教科書は日本国内から支給されていたが、公学校の教科書は台湾總督府から供給され、程度の差があった。先住民の児童に対しては1915年(大正4)より独自の教科書が作られていた。教科書については鎮清漢(1993: 110)、呉文星他(2003: 35)に詳しい考察がある。

42 1930年以降は書名に「第一種」が付く

43 日本時代に使われた教科書の分析は、主に台湾内で数多く行われている。例えば蔡錦雀(2002)は戦争の色が強まってきた第5期の教科書の内容について考察している。中田敏夫(2003)は台湾で出版された『國民讀本』の中のカナ表記方法について分析している。

44 松永正義(2007: 96)は、書房や公学校の漢文の授業では古典の読み書きを行っており、日本時代の言語状況は、「話す、聞く」のレベルでは日本語と台湾語、「読む、書く」のレベルでは日本語、白話文、漢文といった多用な言語の混ざり合う複雑なものだったと考えられると述べている。ただし、漢文ができる台湾人は知識人であった。黃宣範(1993: 88)に公学校における漢文の教育についての考察がある。

45 林正寛(1997a: 141)参照。

46 柯旗化(1992: 18)は台南(台湾の中部)の生まれであるが、著書の中で最初の教師は台湾人で、生徒達はまだ日本語が分からないので教師は台湾語を交えて教えていたと記している。

47 前田均(1993)は日本時代の台湾人教師に対して行ったインタビューの内容を紹介している。

48 柯旗化(1992: 25-26)はその著書の中で、中学校へ入学し、初めて日本人児童と同級生になり、差別感を味わい、日本人とはあまり親しくなかったと書いている。

49 台湾の改姓名の状況については近藤正巳(1996)に詳しい。伝統芸能の禁止については若林正丈他(1990: 42-43, 206)を参照のこと。

50 この頃の政策については鐘清漢(1993: 246-247)に詳しい。また許時嘉(2008)は当時の台湾人が日本語に対する思いを題材にした小説を紹介し、日本語を理解することの

優越感と差別感について考察している。

51 インフォーマントの1人が公学校の成績表を保存していたものをお借りして撮影した。

52 内容は次の通りである。「朕惟フニ我カ皇祖皇宗國ヲ肇ムルコト宏遠ニ德ヲ樹ツルコト深厚ナリ。我カ臣民克ク忠ニ克ク孝ニ億兆心ヲ一ニシテ世世厥ノ美ヲ濟セルハ此レ我カ國體ノ精華ニシテ教育ノ淵源亦實ニ此ニ存ス。爾臣民父母ニ孝ニ兄弟ニ友ニ夫婦相和シ朋友相信シ恭儉己レヲ持シ博愛衆ニ及ホシ學ヲ修メ業ヲ習ヒテ智能ヲ啓發シ德器ヲ成就シ進テ公益ヲ廣メ世務ヲ開キ常ニ國憲ヲ重シ國法ニ遵ヒ一旦緩急アレハ義勇公ニ奉シ以テ天壤無窮ノ皇運ヲ扶翼スヘシ。是ノ如キハ獨リ朕カ忠良ノ臣民タルノミナラス又以テ爾祖先ノ遺風ヲ顯彰スルニ足ラン。斯ノ道ハ實ニ我カ皇祖皇宗ノ遺訓ニシテ子孫臣民ノ俱ニ遵守スヘキ所。之ヲ古今ニ通シテ謬ラス之ヲ中外ニ施シテ悖ラス。朕爾臣民ト俱ニ拳々服膺シテ咸其德ヲ一ニセンコトヲ庶幾フ」。ちなみに、国民道徳教育協会による現代語訳は次のようになっている。「私は、私達の祖先が、遠大な理想のもとに、道義国家の実現をめざして、日本の国をおはじめになったものと信じます。そして、国民は忠孝両全の道を全うして、全国民が心を合わせて努力した結果、今日に至るまで、見事な成果をあげて参りましたことは、もとより日本のすぐれた国柄の賜物といわねばなりませんが、私は教育の根本もまた、道義立国の達成にあると信じます。国民の皆さんは、子は親に孝養を尽くし、兄弟・姉妹は互いに力を合わせて助け合い、夫婦は仲睦まじく解け合い、友人は胸襟を開いて信じ合い、そして自分の言動を慎み、全ての人々に愛の手を差し伸べ、学問を怠らず、職業に専念し、知識を養い、人格を磨き、さらに進んで、社会公共の為に貢献し、また、法律や、秩序を守ることは勿論のこと、非常事態の発生の場合は、真心を捧げて、国の平和と安全に奉仕しなければなりません。そして、これらのことは、善良な国民としての当然の努めであるばかりでなく、また、私達の祖先が、今日まで身をもって示し残された伝統的美風を、さらにいっそう明らかにすることでもあります。このような国民の歩むべき道は、祖先の教訓として、私達子孫の守らなければならないところであると共に、この教えは、昔も今も変わらぬ正しい道であり、また日本ばかりでなく、外国で行っても、間違いのない道でありますから、私もまた国民の皆さんと共に、祖父の教えを胸に抱いて、立派な日本人となるように、心から念願するものであります。」

53 産経新聞1994年4月16日付の夕刊に、台湾高雄市郊外にある工商専科学校の学長が教育勅語を額に入れている写真と記事が載っている。

54 インフォーマントの中には「私は1945年まで日本人だった」と笑顔で言う人達がい

た。多くは「差別はあったが社会の規律は日本時代の方が良かった」と言った。何人かは今でも天皇家を敬っていて、インタビューをした中の3人が筆者に天皇家の写真や雑誌の記事の切り抜きを見せてくれた。

55　1920年代の抗日運動の代表的な人物3人として林献堂、蒋渭水、蔡培火が挙げられる。この時代の台湾白話文作品の翻訳が陳逸雄(1988)に収められている。反日本語普及運動、啓蒙運動については黄宣範(1993: 88, 91)、陳培豐(2001: 195–202)、若林正丈(2001: 47–48)、松永正義(2007: 94)に詳しい。

56　『臺灣民報』『臺灣新民報』については陳培豐(2001: 203–206)、李承機(2005: 245)の考察がある。

57　若林正丈他(1990: 20)によると、1942年(昭和17)の時点での台湾住民の内訳は、先住民族16万人、本省人583万人、日本人38万人とあり、少々数字が異なる。その他の年、また人口内訳については巻末資料13〜15も参照されたし。

58　中国国民党政権は中国大陸での中国共産党との内戦に敗れ台湾島に逃げ込んできた。ほとんどが漢族であり、出身地は中国大陸の東西南北全域にわたっていた(若林正丈 2001: 20, 80)。

59　阮美姝(2006a: 85, 2006b: 11)にその当時の様子が描かれている。

60　阮美姝(2006b: 16)には、台湾元を中国の通貨と固定相場制でリンクさせた為に、当時の中国が陥っていた極度のインフレが台湾に及んでしまい、人々の生活は困窮し、また終戦当時600グラム0.2元(二銭)だった米価が同じ年の11月には60倍の12元に跳ね上がったと記されている。

61　若林正丈(2001: 68)にもこれについての記述がある。

62　5千、2万人と言う数字は若林正丈他(1990: 46–48)によるが、正確な数字は分かっていない。228事件を調査したある人は筆者との個人的談話の中で、国民党はこの機会を使って敵国日本の教育を受けた「日本式台湾人」である台湾のエリートと一般市民を一掃し、財産や土地を奪おうとしたのが二二八事件の真相であると語っていた。

63　白色テロ時代を描いた自伝、自伝的小説に柯旗化(1992)、蔡徳本(1994)などがある。共産党員、台湾独立派、そしてこれに関係すると濡れ衣を着せられた多くの人々が捕らえられ、処刑された。政府の方針は「寧可冤枉九十九人・也不可放過一個匪諜」(九十九人の冤罪者を出しても、共産党のスパイを一人たりとも逃すな)であり(柯旗化 1992: 124、蔡徳本 1994: 22)、無実の罪を着せられ、捉えられたり処刑された人が数多くいた。

64　インタビューを行ったインフォーマントの中には故意に中国語を使わない人達が何人もいた。彼等は「国民党は悪い。中国語なんて習いたくない」と口を揃えて言った。

65 黄文雄(2003: 67)参照。

66 中国文化大学に東方語文学系日文組という名称で設立された。ちなみに韓国の大学で戦後最初の日本語学科が開設されたのは1961年である。

67 1960年代には罰金、体罰などによって学校内での台湾語使用を禁止する政策が採られた(松永正義2007: 99)。

68 李前総統は日本時代に教育を受け、京都帝国大学を出ており、日本語に非常に長けている。1994年5月6–13日号の『週刊朝日』では司馬遼太郎との日本語での談話が掲載されているが、この時点で李総統は現職の総統であり、総統が日本語で話し、それが日本で発行されたということは、台湾のかつての歴史(国民党による弾圧)から鑑みると台湾がかなり自由化されたことを物語っている。

69 学校で台湾語を話すことが長い間禁止されており、またメディアの言語も中国語である為、台湾語や客家語、先住民の言語を中国語ほど上手に話せない若者がたくさんいる。

70 1994年9月29日付けの新聞『中國時報』に台北縣烏來(ウーライ)郷の烏來中小附設幼稚園で烏來語(ウーライ)(先住民の言語の一つ)を学ぶ子供たちの記事が載っている。記事には1991年から台北縣政府の規定で、烏來中小学校において母語教育が始まり、1994年からは台北の全ての小学校で団体活動の時間に母語教育が始められた、と記載されている。その後1996年に始まった郷土教育の中で台湾語は正式に授業科目の中に取り入れられた。松永正義(2007: 102)に詳細あり。

71 2010年12月25日、台北県は直轄市に昇格され、新竹市と改称された。また台中県は台中市、台南県は台南市、高雄県は高雄市に統合された。

72 林正寛(1997a: 141)参照。

73 黄宣範(1993: 55)は1987年に日本の女優、古手川裕子が台湾を訪問しテレビインタビューを受けたが、その時の日本語が放送時には全て無声化された出来事を紹介している。公の場での日本語の禁止は1990年中頃まで続いた。

74 これに対して、市参議会や市民代表から新聞の和文欄廃止反対の意見が殺到したようである(許時嘉2008: 115)。その後政治的策略で、『臺灣新生報』と『中華日報』の新聞2紙が1948年から2年間日本語欄の附刊を発行し、1950年から1952年までは日本語の新聞『軍民導報』を発行した。しかし内容は中国語を理解しない民衆に対する政令伝達、国策宣伝であった(何義麟2007: 59, 65, 68)。

75 1987年11月2日、3社のテレビ局が毎日20分間の閩南語ニュースを昼12時あるいは午後5時と6時の間に放送することを決定したが、これは国民党の言語政策の一大譲歩であった。そして1990年5月18日、行政院新聞局(国内の言論や政府広報に関

する業務を所管)は「電視節目製作規範」(テレビ番組制作基準)の中でテレビ局の台湾語の制限を解除し、廣電法(放送法)の直接規範によることに改めると同時に、CM部分もある程度の自由を許した。これについては黃宣範(1993: 57, 60)に詳しい考察がある。
76 蔡培火(1936)は台湾の国字問題と白話字について議論している。また篠原正巳(1999: 275)に、古来台湾で文章は文言で書き、白話音で書く習慣がなかった為、白話文の体系的な表記法は確立されておらず、その伝統もない。しかし必要に応じて文字で記すことがある場合は定まった表記法がないので文言を頼りにそれぞれの考えで書いた、とある。
77 李寛子(1993: 116)にも、『文芸春秋』『中央公論』などを定期購読し、また外来語を日本人並みに使用する台湾人高齢層についての言及がある。
78 これについては染川清美(2009)に言及がある。筆者もアンケート調査をお願いする際こうした会の人にお会いした。
79 民放が3局であることから、第4番目の放送局という意味である。基隆という町のポップコーン屋がビデオを有線放送で流したことに始まり、長い間非合法的な民間ケーブルテレビ局であった。ヤミではなく正式解禁となったのは1993年からである(宮本孝1995: 46, 90–91)。若林正丈他(1990: 230)は1990年時点台湾で「小耳朵」「中耳朵」と呼ばれるパラボラが合わせて5万台普及していると述べている。また蔡茂豐(2003: 26)によると、2002年6月時点の内政部の告示では、ケーブルテレビの普及率が57.35%と報告されている。
80 1994年1月8日付の新聞『中國時報』には、ケーブルテレビ合法後の違法なケーブル線と電話線がアパート間に張り巡らされ景観を損ねている問題について書かれている程である。ただし近年は日本同様に韓流ブームで、ドラマや映画は韓国ものの方が多くなっている。
81 巻末資料13、14参照。
82 合津美穂(2002)は、10人のインフォーマントを対象としたインタビューの分析から、中等以上の教育を受けた人々は自らのアイデンティティを象徴する為に、そして仲間意識・連帯意識を確認し共有し合えるので、中学校・高等女学校の同級生や配偶者に対しては日本語が混じった「「台湾人」俗日本語」というコードを選択すると述べている。上水流久彦(2006: 208)は、人間関係の構築に見る日本語の機能について分析し、高学歴者の間では日本語は他者と自分を差異化する道具として作用し、日本語が話せる程度の違いが学歴の問題として理解されていると述べている。また、台湾人が中学、高校時代の話をするのは日本時代が懐かしいというよりも、学歴エリートとし

ての懐かしさや仲間意識である可能性が高いと分析している。
83 台湾で教鞭を取った日本人教師が、台湾人の生徒と密接な関係を築いていた話はインタビューからよく耳にしたが、例えば木村万寿夫(1966: 12)は、台南二中で教育を行っていた際、生徒を5、6名ずつ自宅訪問させたり、適宜生徒宅を家庭訪問したりして交流を図ったと記している。
84 これについては簡月真(2000, 2005, 2011)、真田信治・簡月真(2008a, b)の考察がある。

第 2 章
台湾人の話し言葉の分析[1]

　一般的に日本教育を受けた世代の台湾人は日本語ができる、台湾では日本語が通じる、と言われる。しかし人は何をもってそう判断しているのだろうか。よく外国人が日本語を少しでも話すと「日本語が上手ですね」と感心したり褒めたりするのがいい例であるように、「できる」「話せる」という判断は聞き手の期待度によって異なるものである。そこで本章では、台湾人高齢層の話し言葉を文法と言語習得の観点から分析し、実際彼らの日本語能力がどのようなレベルであるかを言語学的に明らかにしたいと思う。

1. バイリンガルと母語

　かつて日本語による教育を受けた人達は、今でも日本語が流暢でバイリンガルだという一文が、国語教育や植民地研究の文献に見られることがある。しかし、バイリンガルという用語は非常に議論を呼ぶ概念であり、その定義は一定ではない。緩やかな定義では、二つの言語を使って何らかの意思疎通ができればバイリンガルだという考え方もあるし、二つの言語どちらも同じ程度の熟達度(proficiency)に達している場合のみをバイリンガルだという考え方もある[2]。またそもそも人は二つ以上の言語を、どちらも同じ程度の熟達度に達することができるのかということ自体も議論がある。例えば Harley & Wang (1997: 44) は、(何歳であっても)バイリンガル話者がどちらの言語も単一言語話者並みに熟達するのは神話だ、と述べている。そこで二つの言語の熟達度の差によってバイリンガルを定義することがある。例えば Duncan & De Avila (1979) は、バイリンガルを「完全バイリンガル(proficient bilingual)」「部分的バイリンガル (partial bilingual)」「制限的バイリンガル

(limited bilingual)」に分けている。完全バイリンガルは二言語とも年齢相当のレベルに到達している場合で、部分的バイリンガルは一言語のみ年齢相当のレベルに達している場合、制限的バイリンガルは二言語とも年齢相当のレベルに達していない場合である[3]。戦前日本語による教育を受けた人達は、日本語を使って何らかの意思疎通ができるという意味で、少なくとも緩やかな定義のバイリンガルには当てはまる。それでは具体的に、完全か部分的か制限的か、三つのうちのどのタイプのバイリンガルなのだろうか。それは本章でのデータを通して明らかにしていく。

ところで、多民族多言語社会に生き、少なくとも緩やかな定義のバイリンガルに当てはまる台湾人高齢層の母語は何なのだろうか。山本雅代(1996: 14–24)は、バイリンガルにとっての母語はモノリンガルの場合ほど単純ではないとし、Skutnabb-Kangas(1981: 12–57)の挙げる母語判定の四つの基準を紹介している。それによると、バイリンガルの母語は以下の複合体であり、バイリンガルの母語はどの基準を用いるかによって、示される言語が異なる可能性があると言う。

1) 起源(最初に学んだ言語)
2) 能力(最もよく知っている言語)
3) 機能(最も頻繁に用いる言語)
4) 態度(自分が一体感を持つ言語、他者が当該者の母語はこれであると判断している言語)

戦前戦後、台湾語を主に使ってきた人がいたとしたら、その人の母語は一つ、すなわち台湾語であろう。しかし本書のインフォーマントの中で、台湾語は日本語程話せない、台湾語で論理的なことは表現できないと言う人がいた。そのような人にとって起源は台湾語かもしれないが、現在の機能は台湾語と日本語の両方で、能力と態度は日本語と考えられる。

また母語の他に「第一言語」という用語もある。第一言語は母語と同じ意味で用いられる場合が多いが、Skutnabb-Kangasの基準の2)と3)の意味で用いられることもある。台湾人高齢層の多くにとって1)の起源は台湾語で

あるが、2)、3)、4)に関しては個々人によって異なる可能性がある。そこで本書では母語と第一言語のどちらの用語も用いるが、便宜上母語は主に最初に学んだ言語の意味で、第一言語は母語と同じ意味だが、第二言語との比較を含意したものとして用いることにする。

2. 先行研究

　これまで台湾における日本及び日本語については、教育学、歴史学、社会学、社会言語学等の観点から数多くの研究がなされてきた。例えば言語意識の問題については合津美穂（2001）、松尾慎（2006）、許時嘉（2008）などの研究がある。また合津美穂（2000, 2002）は、日本語ベースの会話に台湾語が混入するコードスイッチについて考察している。日本語の語彙は閩南語や先住民の言語の中に多く取り込まれているが、この問題については村上嘉英（1979）、張良澤（1983）、前田均（1989）、佐藤圭司（1997）、中野裕也（1998）、許文文（2003）、陳麗君（2004）、杉谷實穂（2005）、徐汶宗（2006）などの考察がある。

　管見で知る限り、台湾の多数派である台湾人を対象として、彼らが使用する日本語を言語学的に分析した先行研究は多くないが、台湾先住民を対象とした研究は数多くなされている[4]（廖英助 1994、酒井恵美子 1996、中野裕也 1998、松澤員子 1999、簡月真 2000, 2005, 2011、西村一之 2003, 2006、松田吉郎 2004a, b、真田信治・簡月真 2008a, b など）。廖英助（1994: 100）はタイヤル族による日本語使用状況について調べ、人口統計資料から計算すると（1994 年時点で）6 万人程の台湾原住民は日本語が話せると考えられる、と述べている。松田吉郎（2004b: 145）はツオウ族を対象とした調査から、先住民の子供の方が漢族の子供より就学率が高く[5]、「（漢族の子供より）まず間違いなく先住民の方が日本語能力が上であった」と記している。先住民の使う日本語の特徴を考察した研究としては、酒井恵美子（1996）がタイヤル族の使う日本語に見られる方言の影響、松澤員子（1999）がパイワン社会でのカタカナの受容について紹介している。また中野裕也（1998）は、7 歳から 85 歳までの 61 人のルカイ族を調査し、丁寧体と普通体の切り替えが目立

つ、文末詞やムードは限定されたバリエーションと特定の用法の範囲内で使用されている、テンス・アスペクトについてタ形の未使用が多い、などの特徴を挙げ、各カテゴリーにおける簡略化、もしくは単純化がなされた上で日本語が定着していると述べている。簡月真（2000, 2005）はアタヤル族、アミ族を中心とした調査から、彼らの日本語の特徴として「デキル」の汎用、受身・使役の非派生、西日本方言の使用、台湾諸語の混入、普通体と丁寧体の混用、などを挙げている。簡はこれを「言語構造面の単純化」が起きた為だとしている。また簡月真（2011）は先住民の使う日本語バリエーションについて考察し、台湾日本語の変容プロセスとして説明を試みている。中野と簡に共通するのは、簡略化、単純化、言語能力の衰退が起こったという主張である。

では台湾の多数派を占める台湾人高齢層の使用する日本語は、先住民の使う日本語の分析で挙げられた特徴と共通する点があるのだろうか。或いは日本語母語話者が使う標準的日本語と同じ、又はそれに近いものであるのだろうか、もしくは学習者が目標言語として習得する日本語に似た特徴をもつのだろうか。こうした点を明らかにすべく、以下台湾人高齢層から得られたデータを分析していく。

3. データ収集方法と記述方法

本書で使用するデータは、1995 年から 2009 年にかけて行った個人インタビューを通して得られたものである。インタビューは非形式的面接法で、発話開始の刺激を与える為にまず名前、生年月日、現在日本語を使う機会があるかといった質問から始め、その後日本時代の思い出、戦後の言語生活などについて語ってもらった。そして話が途切れた場合には面接者が質問を行い、話を継続する刺激を与えた。インフォーマント数は 17 人で、健康や個人的事情により長く話ができなかったケース 4 人以外は最大 2 時間程度のインタビューを行った。そして各人最大 30 分のデータを分析対象として抽出した。（なお、実際の音声データは本書付属の CD-ROM に収録している）

本章のインフォーマントは、知人、知人の知り合いを紹介してもらう、同

窓会や集会に出向き、そこでボランティアを募る、お寺、公園、図書館でインタビューを申し込む、といった方法により得た。台湾は気候が温暖で、また健康状態のいい高齢者が比較的多い為、お寺や公園、また早朝の山に集まり、友人と会話を楽しむ人々が数多く見られる。図書館の日本書籍コーナーに行けば必ず日本の雑誌や新聞を読んでいる高齢者の姿がある。このような人々に直接話しかけインタビューを申し込むと、用があり急いでいなければ、皆快く承諾してくれた。また1人にインタビューをしていると周りに人が集まり、次に自分に聞いてくれるのを待つ、ということもあった。

　自然発話の記述分析を行う際、録音性能のいい機材で録音し、聞き取り分析には質のいいヘッドフォンを使用する必要がある。さもなければ助詞や文末要素などの比較的小さな声で発音される部分がうまく録音されなかったり、あるいは聞き取れなかったりする。実際最初に記述作業を始めた時、安価なヘッドフォンで大まかな記述を行ったのだが、その後高品質のヘッドフォンで再度聞くと、話の内容が違って記述されていたということがあった。また安価なヘッドフォンでは聞こえないが、性能のいいもので聞くと文末に「ん」が発音されているのが分かるといったこともあった。そこでヘッドフォンは一度ソニーの stereo headset DR-220 を使い、その後今度はBOSE のノイズキャンセル機能付きである Quiet Comfort 15 を使用して再確認した。2種別のヘッドフォンを使ったのは、ヘッドフォンにはそれぞれ特徴があり、別のヘッドフォンを使うと聞こえなかった音が聞こえる場合がある為である。録音機材は、以前は最良の選択であったソニーの DAT (Digital Audio Tape) レコーダーを使用し、DAT に記録、またインフォーマントが同意した場合はビデオカメラでも記録した。ただ3例に関してはDAT レコーダーの不都合によりうまく録音されておらず、バックアップの為に使用していたソニーの IC レコーダ (ICD-R200) にて録音したデータを使用した（インフォーマント HU、CHO、SAI-f）。

　本書の記述方法は Du Bois 他 (1992, 1993) を基にする（記述記号は巻末資料22を参照のこと）[6]。この記述方法は発話者間の音声の重なり（子音の部分まで）、吐く息や吸う息、笑う声の数まで細かく書き取っていく。至極詳細に記述していく為、難点は時間がかかることであるが[7]、音声を立体的に文

字化するのに非常に有効なフォーマットである。以下本書のデータはヘボン式ローマ字を主体とし、下にかな交じり文を付ける。ローマ字を使用するのは、かな交じり文だと子音のみが延ばされている場合や音韻の途中から会話が重複している場合、またインフォーマントの発音などを正確に記述できない為である。

ところで、発話の記述を行う上で発話には句読点が存在しないので、書き言葉で言うところの文の区切りをどう捉えるかというのは大きな問題である。自然発話においてどこを文の区切りと考えるかは、データを数量的に分析する際非常に重要となる。例えば文末形式や複文形式を分析する際、そして発話数を数えるのにも発話が単文か複文かを判断するにはその判定基準が必要となる[8]。そこで本書では Chafe (1987, 1994)、Du Bois 他 (1992) の「Intonation Unit (以下 IU)」という概念を採用する。Chafe (1987: 22) によると、話者は発話の際一時的に活性化された情報の断片を言語化するが、この断片が IU である。IU は単一の、結束性をもつ音調で繋がった一連の語であり、その認定基準は、ピッチが変わる、音節や語が延びる或いは短くなる、強度が変わる、ポーズがある、声質が変わる、などがある (Chafe 1987: 22, 1994: 58–62、Du Bois 他 1992: 17)。以下データは IU 単位で区切る。

4. インフォーマントの属性と言語生活

本章で分析するデータは 17 人の台湾人インフォーマントから得られたものである。表 1 にインフォーマント各々の簡単な属性を示す。各インフォーマントはコード名を用いている。

表1　インフォーマントの属性

	コード名	性別	インタビュー時の年齢	インタビューの年	生まれた年	学歴	データの長さ(分)
1	MOTO	女	67	1995	1928	高等女学校	30
2	KOU	男	80	2004	1924	医学校	30
3	GI	男	80	2009	1929	陸軍少年飛行兵学校	30

第2章　台湾人の話し言葉の分析　43

4	SAI-m	男	79	2009	1930	陸軍少年飛行兵学校	30
5	TO	男	60	1995	1935	中学	30
6	CH-b	男	76	2007	1931	大学	30
7	RYO	男	79	2004	1925	公学校高等科	30
8	CHO	男	87	2006	1919	公学校高等科	30
9	LEE	男	81	2004	1923	公学校高等科	30
10	TAKA	男	75	2007	1932	公学校高等科	8.2
11	KYU	女	82	2009	1927	公学校	30
12	RO-f	女	79	2004	1925	公学校高等科	30
13	HU	女	78	2006	1928	公学校	30
14	SAI-f	女	85	2006	1921	公学校	8.3
15	OH	男	79	2006	1927	公学校	30
16	LIN	男	70	2006	1936	公学校	9.5
17	RO-m	男	79	2006	1927	国民学校	13.3

次の表2に、各人の特筆すべき言語生活、日本語との接触を簡単に紹介する。

表2　インフォーマントの言語生活

	コード名	言語生活
1	MOTO	幼少から家庭で日本語を使用。現在もNHKのテレビを見、日本の書籍を読む。日本語のできる友人とは日本語で話をする。日本人の友人も多く、現在も日本へ足を運ぶことがある。
2	KOU	貿易会社を営んでいたこともあり、日本人との交流が多い。中国語もできる。
3	GI	NHKのテレビを見、日本の書籍を読む。月1回の同窓会の集まりでは友人と日本語で話をする。インターネットで日本の記事を読む。
4	SAI-m	NHKのテレビを見、日本の書籍を読む。月1回の同窓会の集まりでは友人と日本語で話をする。
5	TO	5歳から家庭教師について日本語を学ぶ。小学4年生で空襲がひどくなり学校に行けなくなるが、自分で日本の雑誌を読んだり、テレビを見たりした。
6	CH-b	日本の教育は公学校までで、その後は中国語による教育を受けたが、仕事で日本に滞在する。現在は友人の会社で日本語の翻訳の手伝いをする。
7	RYO	毎朝山登りで会う友人と台湾語の中に日本語を交ぜて会話し、日本の歌をカラオケで歌う。日本語が上手なので仲間から「校長先生」と呼ばれている。

8	CHO	日常日本語を使用することはあまりないが、毎朝山登りをする際に、日本語のできる友人と台湾語の中に日本語を交ぜて使用することがある。配偶者も日本語ができ、子供を日本へ留学させる。幼少から塾で漢詩を学ぶ。
9	LEE	日常日本語を使用することはあまりないが、毎朝山登りをし、そこで友人と台湾語の中に日本語を交ぜて使用することがある。毎朝友人と日本の歌をカラオケで歌う。
10	TAKA	図書館で日本の本や雑誌を読み、NHK を見る。
11	KYU	毎日 NHK を見たり、日本の本を読んで気に入った文章を写本している。
12	RO-f	配偶者も日本語ができるので、配偶者や毎朝山登りで会う友人と台湾語の中に日本語を交ぜて会話し、日本の歌をカラオケで歌う。
13	HU	日本の教育は公学校までだが、卒業後電話交換手として働き、そこで日本語を使用した。現在日本語を使う機会はあまりないが、カラオケが趣味で日本の歌をよく歌う。
14	SAI-f	現在日本語を使う機会はあまりないが、カラオケが趣味で日本の歌をよく歌う。配偶者も日本語ができ、子供を日本へ留学させる。
15	OH	毎日公園で会う友人達との会話の中で台湾語の中に日本語を交ぜて使用することがある。日本語ができることを非常に自慢に思っている。
16	LIN	現在日常生活の中で日本語を使用することはあまりない。
17	RO-m	現在日常生活の中で日本語を使用することはあまりない。

　概観として本書のインフォーマント達は、戦前ほど日常的に日本語を使用する機会がなくなったにも拘らず、公学校を卒業していれば程度の差はあれ日本語を理解し、発話の産出を行うことができた。特にインフォーマントの 1 人 KOU は 1993 年からの知り合いであったのだが、2004 年にインタビューを行った時には認知症を患っており、同じことの繰り返しはあったものの、日本語能力自体に大きな変化は感じられず、豊富な語彙や正確な文法で高度な日本語を操っていたのは特筆に価するだろう。

　インタビューから、多くの台湾人高齢層が台湾語や中国語と比べ日本語の方に社会的、経済的、文化的、教育的に高い価値を認めていた為、戦後意識的に日本語を保持しようとした人が多く[9]、戦後も日本の雑誌や本から新しい言葉を積極的に学ぼうとした人もいたことが分かった。インタビューを通して得られた最初の大まかな印象として、各人の日本語熟達度は、公学校卒業後更に上の学校でどの程度勉強し続けたか、公学校卒業後どの程度日本語を使用したかといった言語生活に大きく影響されているのではないかと思わ

れた[10]。そこで議論の便宜上、インフォーマント17人を仮グループ分けしてみる。グループ分けの基準は、学歴、戦後の日本語接触頻度、そして大まかな日本語の特徴である。

表3　インフォーマントグループ分けと共通要素

インフォーマント			共通要素
G1	1	MOTO	・中等教育以上を日本語で受ける。 ・現在でも日常生活の中で日本語を使用している。 ・会話の中に外来語や難しい語彙が出てくる。 ・聞き手は文法的、意味的修復をほとんどしなくていい。
	2	KOU	
	3	GI	
	4	SAI-m	
G2	5	TO	・公学校高等科卒業かそれ以上。その後日常的に生活の中で日本のテレビや文字に接したり、仕事や交友関係で日本語を使用することがある。 ・会話の中に時々外来語が出てきて、語彙の種類が多い。 ・活発な会話のやり取りができる。しかしたまに聞き手は文法的、意味的修復を行いながら聞かなければならないことがある。
	6	CH-b	
	7	RYO	
G3	8	CHO	・公学校卒業かそれ以上。 ・生活の中で日本の歌或いは文字に接することがある。 ・継続的な会話のやり取りができるが、時々意味が分からない発話があり、聞き手が文法的、意味的修復を行いながら聞かなければならないことがある。
	9	LEE	
	10	TAKA	
	11	KYU	
	12	RO-f	
	13	HU	
	14	SAI-f	
G4	15	OH	・公学校卒業又は卒業前に終戦。 ・現在あまり日本語を使わない。 ・会話のやり取りはできるが、意味が分からない発話が見られる。
	16	LIN	
	17	RO-m	

5. 発音

　データを検証する前に発音について少し述べる。本書では発音の問題を詳しく取り上げないが、これまでの研究から音韻習得は年齢と関係があることが明らかになっている。Long（1990）はこれまでの先行研究を考察し、第二言語習得には一期以上の「敏感期（sensitive period）」がある可能性があるが、多くの人が6歳から母語話者のような音韻に達成する能力が低下し、

12歳以降に第二言語の学習を開始した人はどんなに動機や機会があっても母語話者のような音韻能力には到達しないと述べている。Werker & Tees (1984) や Kuhl (2004) は6ヶ月の幼児は世界の言語の音を区別できるが、12ヶ月の幼児は母語の音韻能力が増し、この頃には外国語の音韻を弁別することがもはやできなくなるとしている。また音韻習得は文法に比べて困難で母語からの干渉が多いと言われるが、母語の影響はかなり小さな子供にも見られるようである。例えば Genesee, Paradis & Crago (2004: 121, 131) は、4歳半から7歳のアメリカ移民子弟を対象とした調査から、小さな子供でも第一言語の音韻素性を第二言語に転移させた外国語アクセントが見られると述べている。

音韻習得の困難さは日本統治時代の教育者からの報告でもいくつか指摘されている。金丸四郎（1941）は、台湾人児童の発音には長音、促音、撥音、母音の無声化などの誤りが非常に多く、また不必要な音を挿入・添加したり、大切な音を脱落・省略したりし、発音の誤りの数が極めて多いと述べている。春山行夫（1942）は台湾語の音韻にダ行音がないことから、「かいだん」が「かいらん」、「そうです」が「そうれす」になるといったダ行とラ行の混乱が見られる例を挙げている[11]。木村万寿夫（1966: 13–14）も、台湾人は「ダ」「デ」「ド」を「ラ」「レ」「ロ」に転訛することが多く、生徒のために「発音矯正練習読本」を作ったと記しており、台湾の子供達にとって日本語の音韻習得は困難であった様子が描かれている。本書のインフォーマントの日本語にも、台湾語のイントネーションの影響が見られた。また広範囲に現れた発音の問題を一つ挙げると、「マダ」の濁音「ダ」が「タ」になり「マタ」と発音する例があった。台湾人の発音の問題は、当時日本語教授法が音声教育の域にまでまだ発展していなかったことも関係があるかもしれないが[12]、それにも増して言語習得における音韻習得の困難さを示している。

6. 母語の干渉と誤り

本書の目的は台湾人高齢層の日本語能力と日本語の特徴を明らかにすることであるが、彼らの日本語に日本語母語話者の日本語と異なる逸脱があるか

どうかが議論の出発点となろう。

　言語習得研究において、外国語ないしは第二言語の学習者が目標言語を使用する際に産出する言語項目上の欠陥を「誤用」というが、誤用には「間違い (mistake)」と「誤り (error)」があるとされる (Corder 1967: 167)。「間違い」は偶発的に既に知っている体系をうっかりして間違うタイプで、母語話者にも見られる言語運用上の誤りを指すが、「誤り」は体系的な間違いである。母語、第二言語、或いは外国語の別に拘わらず、人は言語を習得する過程において、誤りを犯すことはよく知られている。第二言語や外国語学習者の犯す誤りについて例えば Richards (1971) は、「異言語間誤り (interlingual error)」「言語内誤り (intralingual error)」「発達上の誤り (developmental error)」があると述べている[13]。「異言語間誤り」は学習者の母語からの干渉 (interference) によって生じるが、「言語内誤り」は学習者の言語背景に関係なく、目標言語の学習過程で起き、過剰一般化、制限規則の無視、規則の不完全な適用、間違った概念の構築などによる。「発達上の誤り」は学習者が限られた経験から目標言語について仮説を立てることによって起こる誤りである。近年の研究では、母語の干渉を受ける誤りは発音には多く見られるものの、形態素や統語的な要素に関してはむしろ母語と関係なく起きる場合の方が多いことも明らかになっている (Dulay and Burt 1974、SLA 研究会 1994: 6 など)。また第二言語学習者特有に見られる中間言語 (interlanguage)[14]という概念があるが、Seilinker (1972: 215) は中間言語の形成に影響を及ぼす要素として、1) 第一言語からの転移、2) 言語規則の過剰一般化、3) 訓練の転移、4) 伝達ストラテジーの使用、5) 第二言語の学習ストラテジー、の五つを挙げている。1) は正の転移も負の転移もあり、3) は教え方が適切でない為生じる誤りである。4) は言語能力が不十分な場合身振りや言い換えを使ったり、使用を回避したり、コードスイッチングしたりするストラテジー、5) は学習者が規則の一般化を行ったり、単純化を試みたりする要素が絡み合って、学習者それぞれの文法体系が築かれたものである。

　では台湾人高齢層の日本語には以上のような誤りや台湾語の干渉があるのだろうか。結論から述べると、彼らの日本語には標準的日本語には見られない逸脱が幾つか検出された。逸脱には、誤り、そして幾つかの台湾特有の使

い方とみなされる体系的な変異 (variation)[15] が見られた。誤りと変異には、1) 語彙、2) 意味不明又は不自然な Intonation Unit (IU)、3) テンス、4) アスペクト、5) 活用、6) 使役、7) 可能、8) 受身、9) 形態素や語の欠如、10) 指示詞、11) 助詞、に関係する大きく 11 項目が見られた。ちなみに、自然発話には先に述べたような言い間違いがあると述べたが[16]、本書においてデータを分析する際、話者が訂正をしている場合は言い間違いと考え、誤り数の中に入れなかった。表 4 に誤りと変異の出現数を示す。

表4　誤りと変異数

インフォーマント	誤り・変異	語彙	意味不明・不自然 IU	テンス	アスペクト	活用	使役	可能	受身	形態素や語欠如	指示詞	助詞
G1	MOTO	10		1						1		3
	KOU	14	12			1				1		
	GI	13	8	6							3	2
	SAI-m	7	2	2		2					1	2
G2	TO	58	20	80	1	2				4	3	16
	CH-b	42	27	62	1	9		4	2	8	16	20
	RYO	46	18	15		6				5	8	10
G3	CHO	46	36	86	2	3	1	4	1		6	11
	LEE	45	10	14	7	3		1		4	9	19
	TAKA	15	9	3		2				1	8	2
	KYU	9	8	6				2		7	5	1
	RO-f	38	18	12	2	2				2	5	9
	HU	68	51	56	1	1				1	4	11
	SAI-f	5	11	12	1							3
G4	OH	47	37	7	4	9		6	3	5	7	6
	LIN	10	10	4	2	2		1		3		7
	RO-m	27	6	22	4	5				1	3	6

表 4 の結果を単純に数値だけから見ると、目立つ項目は語彙、意味不明・不自然な IU、テンスである。Burt & Kiparsky (1974) はコミュニケーションの観点から見て、誤りが文の全体構造に影響し、内容の理解を妨げる「全体的誤り (global mistake)」と、活用の誤りなど文中の特定要素に起こり、内容

の理解には影響しないタイプ「局所的誤り(local mistake)」とに分けているが、本書のインフォーマントの誤りにはどちらのタイプも見られた。使用頻度が増して誤りが増える、反対に使用自体を回避するので表面上は誤りが少ないということもあり得る。これについては出現数との比較で詳しく見ていく。

7. データ検証

7-1. 語彙の誤り

　台湾人高齢層の日本語に見られる逸脱のうち、まず語彙の誤りから考察する。

　第二言語習得における語彙の意味領域の習得は、微妙なニュアンスや意味の境界線などを含めると最後まで第一言語の影響が残り、形態素や統語が習得された後も習得が難しい領域だという意見がある(小柳かおる 2004: 85)。Tanaka & Abe (1984: 102) は、第二言語習得での語彙意味発達において、学習者が第一言語の中で知っている物、出来事、関係を第二言語上にマップさせるメカニズム、「言語間の意味マッピング(interlingual semantic mapping)」が行われ、第二言語の語彙意味領域内で言語転移は持続的に広く使われるとしている。

　日本語学習者が具体的にどのような語彙の誤りを犯すかについて、例えば小林典子(1998)は、留学生の作文に見られる副用語(副詞、副詞的用法の形容詞、ナ形容詞、名詞＋助詞、数量詞)の誤用を抽出分析した結果から、1)発音からの誤用、2)漢字の意味に誘発された誤用、3)数量、程度、比較の誤用、4)時の誤用、5)発想の不理解からくる誤用、6)文法機能的誤用、7)文型に絡む誤用、の七つのタイプが見られるとしている。小林は、1、2、4には単なる覚え間違いや初歩的文法ミスと考えられるものが多く、3、5、6は文法機能の理解不十分に起因すると述べている(p. 44)。小林の分類のうち5、6、7は本書では意味不明・不自然なIUに含まれるものが入っている。また漢語圏学習者の場合、間違った推測による漢語の誤用が多いという報告もある(安龍洙1999)。品詞別の誤りでは、松本恭子(1999)が来日2年

目の中国人児童の1年間に亘る語彙習得の変遷を調査した結果から、発話、作文とも名詞、動詞、助詞に誤用が多く、発話では特に助数詞に誤用が多いと報告している。語彙の誤りが生じる主な要因として、第一言語の語彙を第二言語に転用するケース、第二言語の語彙の意味や使用可能な文型の不理解に基づく語彙選択誤りのケースがよく挙げられるが、本データを分析した結果、語彙の誤りとしては次のタイプが抽出された。

(a) 言語間転移
(b) 基本語彙の意味拡張的使用
(c) 近似語の使用（ペア／グループになった語の誤った選択、意味の類似した語、上位語、総称語の使用、意味又は発音に関連して引き出された、或いは誤って覚えた語の使用、など）
(d) 過剰一般化
(e) 台湾特有の用法

(a)は先のRichardsの分類の「異言語間誤り」に属する。(b)と(c)は語彙選択の誤りであるが、目標言語に対する知識が不十分であることから起こるいわば「発達上の誤り」に属し、話者の知っている、或いは覚えている語彙の種類が限られていることと関係することが多い。そして(b)は使用頻度の高い基本語彙、動詞であれば授受動詞、存在動詞などの意味拡張的使用が見られた。(c)は全く関係のない語が使用されるのではなく、何らかの意味的繋がりが連想され得る語が使用されていた。(d)は「言語内誤り」に当てはまるが、特に日本語熟達度が高い話者に見られ、目標言語に対する知識があることから生じていると考えられる。(e)は例えば台湾語の「thiaⁿ ū(聴有)」が反映された「聞いて分かる」のように、多くの台湾人が使用し、台湾特有の用法となっているものが見られた。本書のインフォーマントに見られる特徴の一つとして、日本語を外国語や第二言語として学ぶ学習者と比べて、言いよどみやポーズが少ない点があり、話者はコミュニケーションを継続させる為のストラテジーとして(a)から(e)を巧みに使用していた。以下五つの型の語彙の誤り例を詳しく見ていく。

(a) 言語間転移

以下は、言語間転移の例である。

(1)〈もう目が見えなくなったが、それでも外へ出かけるという話をして〉
  1 LEE: sore,... soto wa,.. yappashi=,.. yukkuri a% aruka-nakucchaikenai.
        それ,... 外は,.. やっぱし=,.. ゆっくりあ%歩かなくちゃいけない.
  2 KAI: demo koko wa baiku ga at-tari takushii ga ki-tari= [abunai] desho=?
        でもここはバイクがあったりタクシーが来たり=[危ない]でしょ=?
  3 LEE: [(TSK)]
→ 4 LEE: iya=, sonna koto wa,.. a% **shuukan** desu kara.
        いや=, そんなことは,.. あ%習慣ですから.

(2)〈RYO は最近の日本語は変わっていると言って〉
  1 KAI: hu=[n].
        ふ=[ん].
  2 RYO: [a\].. toshiyori no iu Nihon-go to wakai hito no iu Nihon-go wa ne, sono Nihon-jin ga%, to Nihon-jin ga iu, kotoba ni oite mo
→   **sabetsu** ga aru-n desu yo.
        [あ\].. 年寄りの言う日本語と若い人の言う日本語はね, その日本人が%, と日本人が言う, 言葉においても差別があるんですよ.

(3)〈228 に関する調査していた時、情報を提供してくれた人から言われたことについて〉
  1 MOTO: anata ga kore o happyooshi-chau-to,
        あなたがこれを発表しちゃうと,
  2 KAI: un.
        うん.
→ 3 MOTO: (TSK)(Hx).. kono=, **shoosoku** wa, doko kara de-ta no ka, tto iu koto ni nat-te ne,.. choosa-sare-tara, jibun ga taihen dakara.. happyoo shi-naide-kure to. demo atashi ne, kono hon ne, moo shiage-nakuchaikenai-n desu yo.
        (TSK)(Hx).. この=, 消息は, どこから出たのか, っていうことになってね,.. 調査されたら, 自分が大変だから.. 発表しないでくれと. でも私ね, この本ね, もう仕上げなくちゃいけないんですよ.

(4)〈日本時代に中学に入学できた人達について〉
  1 GI: ano Ic-chu #### San-chuu it-ta hito wa, (H) moo ore wa ano=, ano semai mon kugutte-ki-ta tte yuu kedo ne,

```
              あの一中 #### 三中行った人は, (H) もう俺はあの =, あの狭い門くぐって来たって言う
              けどね,
    2  KAI:   <P>un</P>.
              <P>うん</P>.
→   3  GI:    ano= kyoosoo shi-te-nai-n desu yo. ano [kankee de hait-te ne].
              あの = 競争してないんですよ. あの [関係で入ってね].
    4  SAI-m:                                              [ano ne=],
                                                          [あのね =],
```

(5)〈日本、台湾、韓国の三カ国会議で通訳をした時のことについて〉
```
→   1  CH-b:  aruiwa kankokugo de hanasu-to=, ano hon'yaku ga at-te=,
              或いは韓国語で話すと =, あの翻訳があって =,
    2  KAI:   <P>un</P>.
              <P>うん</P>.
→   3  CH-b:  (0) ano=, Kankokugo,.. Chuugoku-go mo,.. an hon'yaku suru.
              (0) あの =, 韓国語,.. 中国語も,.. あん翻訳する.
```

(6)〈以前、早朝運動しにこの山に来る人はもっと多かったが、今は少なくなったという話をして〉
```
    1  RO-f:  ima wa,.. toshi desho/.
              今は,.. 年でしょ /.
    2  KAI:   [an].
              [あん].
    3  RO-f:  [ashi] no warui hito toka ne= ten%--.. ano= juusho= kawat-ta hito
→             toka ne= iroirona= geein de ne ima, ni-san-nin shika nokot-tei-
              nai.
              [足] の悪い人とかね = 転%--.. あの = 住所 = 変わった人とかね = 色々な = 原因でね
              今, 二三人しか残っていない.
```

　(1)～(6)の例は全て理解はできるが、下線の語彙はその意味から不適切である。

　日本と台湾では同じ漢字圏であることから他の言語よりも第一言語の影響を受け易く、また話者はそれが誤りとは気付いていない場合も少なくないと予想される。安龍洙(1999)は、日本語の漢語の習得に関して、日本語学習歴8ヶ月以上の韓国人学習者と中国人学習者を比較した結果、中国人学習者は間違った推測による誤用が多いが、韓国人学習者は母語の影響による誤

用と間違った推測による誤用の両方が多いと述べている。本書のインフォーマントの語彙例を見ると、日本語による教育を受けた年数の長いインフォーマントである MOTO や GI にも、台湾語からの転移と考えられる例がほんの数例だが見られた。ただこうした言語間転移は、誤りタイプ(b)の基本語彙の意味拡張的使用や、タイプ(c)の近似語の使用に比べて、多くはなかった。

(b) 基本語彙の意味拡張的使用

次に基本語彙の意味拡張的使用の例を見てみる。Genesee, Paradis & Crago (2004: 130)は、第二言語として英語を学ぶ子供の中間言語は発達上のパターンがあり、「general-all-purpose (GAP)」と呼ばれる単語を過剰に使うと述べている。GAP 単語とは例えば「He punched him」の意味で「He do that to him」というような「do」の過剰使用のようなタイプである。簡月真(2000)はアタヤル族とアミ族を調査した結果、「ハナシ」を「言語」の意味に使う、語の意味の外延を拡張した使用が見られると述べている。本書の台湾人インフォーマントにも似たような語彙の使い方が見られた。意味を拡張して使用された語彙の典型的なものは、「ある」「ない」などの存在動詞を始めとし、「もらう」「できる」「言う」などの動詞、「安い」「高い」などの形容詞、また「全部」という数量詞であった。使われているこれらの語彙は、日本語教育で言えば初級で学習する基本語彙である。

(7)〈RO-m の学歴を聞く〉
```
  1 KAI:   .. ■ san wa kokumin-gakkoo o, sotsugyoo shimashi-ta ka?
           .. ■さんは国民学校を, 卒業しましたか？
  2 RO-m:  .. kokumin gakko/.
           .. 国民学校/.
  3 KAI:   sotsugyoo shimashi-ta? owarimashi-ta?
           卒業しました？ 終わりました？
→ 4 RO-m:  arimasu.. roku-nen.
           あります.. 六年.
```

(8)〈戦争から帰ってきてから何をしていたか聞く〉
```
  1 KAI:   kaette-kite kara nani o shi-temashi-[ta ka]?
```

```
                        帰って来てから何をしてまし [ たか ]?
→2    RO-m:                                        [nanimo] nai.
                                                   [ 何も ] ない .
```

(9)〈日本時代、タクシー会社で働いた時のことを話して〉
```
  1   LEE:   kuruma= shuuzen toka kuruma= arau toka ne,
             車 = 修繕とか車 = 洗うとかね ,
  2   KAI:   fu\n.
             ふ \ ん .
  3   LEE:   a\. ni it-ta-n <PP>da</PP>.
             あ \. に行ったん <PP> だ </PP>.
  4   KAI:   fu=n.
             ふ = ん .
  5   LEE:   (0) de asoko de=,.. (TSK) wasure-ta, nan-nen ka%,.. nana-nen ka
→            hachi-nen,.. morat-teru.
             (0) であそこで =,..(TSK) 忘れた , 何年か %,.. 七年か八年 ,.. もらってる .
```

(10)〈日本のテレビは外来語が多いからあまり見ないと言うので[17]〉
```
  1   KAI:   a=, kii-te wakara-nai [desu ka]?
             あ =, 聞いて分からない [ ですか ]?
  2   KYU:                         [wakara]-nai.
                                   [ 分から ] ない .
→3    KYU:   ano=,.. Oshin. Oshin nara dekiru. O[2shin no yoo2]na anna=, anna=
→            geki dat-tara dekiru.
             あの =,.. おしん . おしんなら出来る . お [2 しんのよう 2] なあんな =, あんな = 劇
             だったら出来る .
      KAI:                                        [2a=2].
                                                  [2 あ =2].
```

(11)〈現在日本語を使うか聞くと〉
```
  1   TAKA:  e=,.. Nihon-go te= Nihon%,.. Nihon-jidai wa= daibu Nihon-go
             tsukat-ta-n de n= koku= wa, kokugo ne=,
             え =,.. 日本語て = 日本 %,.. 日本時代は = だいぶ日本語使ったんでん = こく = は , 国
             語ね =,
  2   KAI:   un.
             うん .
→3    TAKA:  anmari==, i-e-ru hito wa suku%, dandan-to sukunat-te ne,
             あんまり ==, 言える人はすく %, 段々と少なってね ,
```

第 2 章 台湾人の話し言葉の分析

```
    4  KAI:   u[n].
                う[ん].
→  5  TAKA:  [i]ma ii-masen.
                [い]ま言いません.
```

(12)〈以前にも日本人に話しかけられたことがあるという話をして〉
```
    1  OH:    a=  boku  nanka  moo,..  hajimete  koko  ni,..  ki-te  ne=  Nihon-jin
              to=,.. issho-ni ne,.. ano= hanashi= shi-te= ni-do da mon.
                あ＝僕なんかもう,..初めてここに,..来てね＝日本人と＝,..一緒にね,..あの＝
                話＝して＝二度だもん.
    2  KAI:   u=n.
                う＝ん.
    3  OH:    a%,.. ne%,... ni% nenree--.. ano= chotto s%, anta mitai-ni,..
→             hikui,.. ojoochan da mon.
                あ％,..ね％,...に％年齢--..あの＝ちょっとす％,あんたみたいに,..低い,..
                お嬢ちゃんだもん.
```

(13)〈日本時代の役所の制度を説明して〉
```
    1  CHO:   Taiwan an toki ne,.. gun-yakusho.
                台湾あん時ね,..郡役所.
    2  KAI:   <PP>un</PP>.
                <PP>うん</PP>.
→  3  CHO:   .. tsugi wa, ga%, gaiyakuba... yakusho wa=, gaiyakuba yori takai.
              a% ano=,.. sono=,.. kaikyuu wa ne.
                ..次は,が％,外役場...役所は＝,外役場より高い．あ％あの＝,..その＝,..
                階級はね．
    4  KAI:   <PP>un</PP>.
                <PP>うん</PP>.
→  5  CHO:   .. mo% motto takai.
                ..も％もっと高い．
```

(14)〈北京語は生活上の簡単な言葉しかできないと言って〉
```
    1  KYU:   muzukashii,.. tokoro de wa deki-nai no yo.
                難しい,..ところでは出来ないのよ．
    2  KAI:   u==[n].
                う==[ん].
→  3  KYU:      [n] ano= shoosetsu=,.. (H) yasui tokoro wa= dekiru kedo ne.
                [ん]あの＝小説＝,..(H)安いところは＝出来るけどね．
```

例(7)では「卒業する／終わる」の意味で「ある」が使われている。例(8)は「何もしていない」の意味で「ない」、例(9)は「働く、修行する」の意味で「もらう」、例(10)は「分かる、理解できる」の意味で「できる」が使われている。例(11)のように「喋る、話す、(～語を)使う」の意味で「言う」を使用する用法は、表5に示されるように複数のインフォーマントに見られた。

表5 「言う」の意味拡張的使用による誤り

	G1			G2			G3						G4		
	MOTO	KOU	GI	SAI-m	TO	CH-b	RYO	CHO	LEE	TAKA	KYU	RO-f	HU	SAI-f	OH	LIN	RO-m
使用数							8	13		3	1		13		18	8	

形容詞に関しては、例(12)のように「若い」の意味で「低い」、例(13)では「(階級が)上の／上のランクの」という意味で「高い」が、例(14)では「簡単な／易しい」の意味で「安い」が使われていた。なお他のインフォーマントにも「易しい」の意味で「安い」を使っている例が見られたので、これは発音誤り、つまり「やさしい→やすい」ではないと考えられる。この他、小林典子(1998)は日本語学習者が「全員」の意味で「全部」を使用する誤りの例を挙げているが、本書のデータの中にも「全部」という数量詞の意味拡張的使用が複数のインフォーマントに見られた。次はその例の一つである。

(15)〈孫とは中国語、息子とは台湾語で話し、日本語は使わないという話をして〉
 1 HU: a watashi no, musume yon-mei.
    あ私の,娘四名.
 2 KAI: <PP>un</PP>.
    <PP>うん</PP>.
→3 HU: musuko mo yon-mei.. **zenbu**,.. Chuugoku-go to Taiwan-go.
    息子も四名.. 全部,..中国語と台湾語.

HUは「全部」が30分のデータ中26回出現しており、正しい使用はその内17回、誤った使用は9回で、「皆」の意味での使用が7回、「どこでも」「何でも」の意味での使用が各1回ずつあった。HUは特に「全部」の誤使

用が多いが、他のインフォーマントにも同様の誤りが見られた。表6は各インフォーマントによる「全部」の出現数と、下の段はその内誤って用いられた数である。

表6 「全部」の出現とその中の誤り数

	G1				G2			G3						G4		
	MOTO	KOU	GI	SAI-m	TO	CH-b	RYO	CHO	LEE	TAKA	KYU	RO-f	HU	SAI-f	OH	LIN	RO-m
使用数	4		5		11	14		3	1		1	2	26	1	2		3
誤り数			1		8	5		3				2	9		2		3

(c) 近似語の使用

次に近似語を使用した誤りを見る。近似語には「行く／来る」や「いる／ある」、自他などのいわば意味的にペアやグループとなっている語の一つを誤って用いたもの、意味の類似した語、上位語、総称語を用いた誤り、意味或いは発音に関連して引き出されたり、誤って覚えた語の使用が見られた。まずペア／グループ語の誤選択の例を見てみよう。

(16)〈日本時代、日本人の同僚が沢山いたという話をして〉
```
  CHO: sore mina, natsukashii ima=, Nihon e,.. Nihon no=,.. mukashi no=,..
       sono Taiwan ni ot-ta toki ne,.. a= boku-ra to issho-ni nanika,.. u=n
→      sono=, tsutome-teru,.. sono=,.. tomodachi aru deshoo/. yapp% Nihon-
→      jin mo aru yo. Honsin% Honshoo-jin mo aru kara ne. issho-ni
       <F>sono,.. tsutome-ta</F>, sono=,... sono nanika ano=,.. an toki nan
       to iu dooryoo, dooryoo ne, dooryoo to iu deshoo/.. onaji dooryoo
       dakara ne.
```
それ皆、懐かしい今=, 日本へ,.. 日本の=,.. 昔の=,.. その台湾におった時ね,.. あ=僕らと一緒に何か,.. う=んその=, 勤めてる。 その=,.. 友達あるでしょう/. やっ%日本人もあるよ。 本しん%本省人もあるからね。 一緒に<F>その,, 勤めた</F>, その=,... その何かあの=,.. あん時何と言う同僚, 同僚ね, 同僚と言うでしょう/.. 同じ同僚だからね.

(17)〈日本を旅行した際、淡路島から船に乗って神戸へ行ったという話をして〉
```
  1 KAI: un un [u=n].
         うんうん [う=ん].
→ 2 RYO:      [a=] asoko kara ferii de ne, Koobe ki-ta.
         [あ=] あそこからフェリーでね, 神戸来た.
```

例(16)は「いる」の意味で「ある」、例(17)は「行く」の意味で「来る」を用いている。「いる／ある」「行く／来る／帰る」の誤選択は、1人1回のみの単発的誤りではなく、他のインフォーマントにも同じ誤りが見られた。

　ペア／グループ語の誤りの中には、出現数は多くないものの、自動詞と他動詞の誤りも見られた。日本語で「開く―開ける」などの自他ペアは唯一の音韻規則によって一方から他方を導くことができないので、日本語の学習者には習得困難な項目の一つと考えられている。Morita(2004)は、英語を第一言語とする中・上級日本語学習者89人を対象にした調査から、学習者の日本語能力による差はなく、他動詞は自動詞よりも習得しやすいと述べている。その理由として、1)英語に比べ日本語は自動詞が豊富である、2)日本語は「なるタイプ」の言語であり、英語と異った状況の描き方をする、3)教師の指示や教科書に出てくる動詞は他動詞が多い、の三つを挙げている。本書におけるインフォーマントが犯した自他動詞選択誤りの数は、TOが4例、LEEが2例、OHが1例であった。そもそも30分の会話の中で、自他動詞がペアとなっている動詞を使うことはそう多くないので、誤り数も多くないが、誤りがある場合は、先行研究で言われているように他動詞の方が習得しやすいという傾向は見られなかった。むしろ他動詞形を使うべきところで自動詞形が使われる誤りが7例中4例あった。

　次に例を二つ挙げる。

(18)〈幼い頃家が裕福だったので身なりが良かったという話をして〉
```
  1  TO:   .. dakedo= sore dake <#>ibui</#> desu kedo=,.. cha=n to shi-te,..
            sono gakkoo toko, sensee no yookyuu de (H),.. kimono wa kichin to,
            Taiwan no hito yori wa kichin to,
           ..だけど=それだけ<#>いぶい</#>ですけど=,..ちゃ=んとして,..その学校と
            こ,先生の要求で(H),..着物はきちんと,台湾の人よりはきちんと,
  2  KAI:  <P>u[n</P>].
           <P>う[ん</P>].
→ 3 TO:       [to]tonot-te,
              [と]とのって,
  4  KAI:  <P>un</P>.
           <P>うん</P>.
  5  TO:   kutsu made hai-te,
```

```
            靴まで履いて,
    6  KAI:  <P>un</P>.
            <P> うん </P>.
    7  TO:   sore= kutsushita made haka-nakyaikenai-n dakara.
            それ＝靴下まで履かなきゃいけないんだから.
```

(19)〈友達ではない他の台湾人とは日本語で話をしたくないと言って〉
```
    1  OH:   osora%--.. betsuna= hito boku ii-taku-nai no.
            おそら％--.. 別な＝人僕言いたくないの.
    2  KAI:  hu=n dooshite/?
            ふ＝んどうして/?
 → 3  OH:   iya koko no=, na%--.. kotoba ooka-reba ne=, ji=%, jiko= ga okosu.
            いやここの＝, な％--.. 言葉多かればね＝, じ＝％, 事故＝が起こす.
```

　この他,正確な意味での自他の組み合わせではないが,次のように「(戦争が)終わる」という自動詞構文を使うべきところで他動詞の「やめる」を使うという例もあった。「(戦争を)やめる」の使用は例(20)以外の他のインフォーマントにも見られた。

(20)〈戦後公学校時代の先生と会ったか,同窓会はなかったか聞くと〉
```
    HU:   .. n% a= doosookai nai yo. juuhas-sai no toki ne,.. sensoo, sensoo
  →       yame-ta toki moo Nihon-jin zenbu kaet-ta yo.
            .. ん％あ＝同窓会ないよ. 十八歳の時ね,.. 戦争,戦争やめた時もう日本人全部帰った
            よ.
```

　次に意味の類似した語を使った誤りを見てみる。

(21)〈KAI が蓋がまだ開けられていない栄養補助食品の瓶を見ていると〉
```
 → 1  LEE:  ...(.4) hazushi-te ii yo.
            ...(.4) 外していいよ.
 → 2  LEE:  ha[zu]shite-mi-nasai.
            は[ず]してみなさい.
    3  KAI:  [@].
```

(22)〈頭が良くても経済的に進学できなくて、丁稚小僧に行った人が沢山いたという話をして〉

```
     SAI-m:kaette ima ne <@>ano decchi-kozoo yat-ta no ga ne ima ne=, (H) minna
→           hattatsu shi-teru% hatten shi-teru wake yo=. boku nanka ne=, (H)
            erasoo-ni ne, (H) jibun-tachi eriito da tte it-teru yatsu ga ne ima
            ne, minna koo nat-teru wake yo</@>.
            返って今ね<@>あの丁稚小僧やったのがね今ね=,(H)皆発達してる%発展してるわけよ=.
            僕なんかね=,(H)偉そうにね,(H)自分達エリートだって言ってる奴がね今ね,皆こうなっ
            てるわけよ</@>.
```

(23)〈最近目が見えなくなったという話をして〉

```
  1  SAI-f: terebi wa mi-emasu.
            テレビは見えます.
  2  KAI:   <P>hu[=n</P>].
            <P>ふ[=ん</P>].
→ 3  SAI-f:      [hai]. tadashi megane tsukeru no yo.
                 [はい]. ただし眼鏡つけるのよ.
```

(24)〈最近している仕事は、日本の雑誌を中国語に訳し上層部の会議に持って行くという話をして〉

```
  1  CH-b:  (0) a ko%, insatsu shi-te ne,
            (0)あこ%,印刷してね,
  2  KAI:   ha[=n].
            は[=ん].
→ 3  CH-b:     [sono] erai kaigi de miseru wake yo.
               [その]偉い会議で見せるわけよ.
  4  KAI:   he=[2=2].
            へ=[2=2].
  5  CH-b:     [2go2]juu-nin gurai no.
               [2五2]十人位の.
```

(25)〈日本に旅行したことがあると言うので〉

```
  1  KAI: itsu desu ka=/ sore?
           いつですか=/それ?
  2  HU:  ano toki==,.. e= ima nanajuukyu-sai an toki= go%, rokujus-sai,..
→         atari. rokujus-sai atari. gojuuhas-sai, e rokujus-sai atari.. moo
          juu-nan-nen-mae. nijuu-nen-mae.
          あの時==,..え=今七十九歳あん時=ご%,六十歳,..辺り.六十歳辺り.五十八
          歳,え六十歳辺り.. もう十何年前.二十年前.
```

(21)は「開ける」の意味で「外す」、(22)は「成功する」の意味で「発展する／発達する」、(23)は「(眼鏡を)かける」の意味で「つける」、(24)は「上層部」の意味で「偉い」、(25)は「位」の意味で「辺り」を使っている。「数字＋辺り」は複数のインフォーマントに使われていた(CHO 3例、HU 6例、LIN 2例)。

　次の例は意味又は発音に関連して引き出された、或いは誤って覚えた語を使用した誤りである。

(26)〈RYO と RO-f は中国大陸へ行ったことがないと言って〉
 1 RYO: Tairiku ni iku ####,.. ichio,.. dokka no [##%]--
          大陸に行く####,..いちお,..どっかの[##%]--
 2 RO-f: [Tai]riku watashi
          ikita-kunaku-[2te2]--
          大陸私行きたくなく[2て2]--
 3 RYO: [2boku2] mada itta koto nai.
          [2僕2]まだ行ったことない．
 4 RO-f: (0)itta koto nai.
         (0)行ったことない．
 5 KAI: <@>u=n</@>.
         <@>う＝ん</@>.
 6 RO-f: [dai]-kirai nan desu yo.
         [大]嫌いなんですよ．
 7 RYO: [<PP>e\<PP>].
         [<PP>え\<PP>].
→8 RYO: **ki= [2kuwa2]nai**-n da.
         気＝[2食わ2]ないんだ．
 9 KAI: [2<PP>un</PP>2].
         [2<PP>うん</PP>2].

(27)〈公学校入学前から日本語を学んでいたことについて〉
 1 KAI: .. <P>u=[n</P>].
         .. <P>う＝[ん</P>].
 2 TO: [ma] kekkyoku=, (H) a ano Nihon-go seezee=, katakoto=
→   sono=,.. oyaji toka haha toka aruiwa ojiisan no, it-teru=
        shabet-teru hanashi o=, **nomikon-de** ne,
        [ま]結局=,(H)ああの日本語せいぜい=,片言=その=,..親父とか母とか或いはお祖父さんの,言ってる=喋ってる話を=,飲み込んでね,

```
3  KAI:  u=[2n2].
          う=[2ん2].
4  TO:   [2o2]boe-ta= sono katakoto shika wakara-nai= sono jootai de,
          [2お2]ぼえた=その片言しか分からない=その状態で,
5  KAI:  u=[3n3].
          う=[3ん3].
6  TO:   [3so3]rede= Nihon-jin no sensee kara hajimat-te,.. osowa####.
          [3そ3]れで=日本人の先生から始まって,..教わ####.
```

(28)〈228で連れ去られ行方不明になった人達の記録をずっと探していたMOTOは他の人と話をした際に言われたことについて〉

```
1  MOTO: .. kakushi-te,..  <F>kakushi-te</F>-reba,..  <CRK>mada mada mada
          mada, nanka</CRK> no hoohoo de,.. ne hyottoshi-tara hinome o miru
          ko%, koto ga dekiru-kamoshire[nai].
          ..隠して,..<F>隠して</F>れば,..<CRK>まだまだまだまだ,何か</CRK>の
          方法で,..ねひょっとしたら陽の目を見るこ%,ことができるかもしれ[ない].
2  KAI:                                    [<P>un</P>].
          [<P>うん</P>].
3  MOTO: de <F>yai-tari</F> shi-te-tara moo anata wa dame da to.
          で<F>焼いたり</F>してたらもうあなたは駄目だと.
4  KAI:  un.
          うん.
5  MOTO: ne.. soo sshi-teru-uchi ni watashi iroiro kone o tsukat-te,
→         sott%,.. tocchimemashi-ta.
          ね..そうっしてる内に私色々コネを使って,そっ%,..とっちめました.
```

　例(26)で、「気(に)食わない」は本来人や物に対してしか使わず国には使わない。RYOは「嫌いだ」を意図して「気(に)食わない」を使っている。また例(27)でTOは「丸覚えする」を意図して「飲み込む」を、例(28)は「(政府に)問い詰める、追求する」という意味で「とっちめる」が使われている。これらの誤って使われた語と本来使われるべき語の間には意味的な繋がりが連想でき、また発音が近い場合もある。

　近似語を用いた誤りの中で、ペア／グループ語の誤選択は複数の話者に見られた。加藤春城(1942b: 58)は、台湾人児童の語法の誤りとして「ある／いる」や自他の混同が沢山あると記しているので、ペア／グループ語の誤選択については学習初期から不完全習得のままである可能性が強い。しかしそ

れ以外の、意味の類似した語、上位語、総称語、意味或いは発音に関連して引き出された語を使った誤りは、インフォーマント間で共通した特徴やパターンは見られなかった。これらは一回きりで産出された誤りとも考えられるが、誤って覚えてしまっている可能性もある。

(d)過剰一般化

次は過剰一般化による誤りを見てみる。これには、名詞を他の品詞として使用したり、造語規則を過剰適用するといった次のi)～v)の下位タイプが見られた。

i) 名詞に「な」をつけて形容詞化
ii) 名詞に「する」をつけて動詞化
iii) 名詞を動詞的に使用
iv) 名詞＋動詞連用形の複合名詞化
v) 名詞に「的」「に」などをつけて副詞化

では例を見てみよう。例(29)はi)、例(30)(31)はii)、例(32)(33)はiii)、例(34)はiv)、例(35)はv)のタイプである。

(29)〈日本の小説と中国語の小説は違うという話をして〉
  1 TAKA: Nihon, Nihon-bun wa= nandaka,.. ha=,... \<C\>xinrongzi\</C\> ne, e==,
         日本, 日本文は=何だか,.. は=,...\<C\>形容詞\</C\>ね, え==,
  3 KAI: [keeyooshi]?
         [形容詞]?
→3 TAKA: [**keeyoo]na** hanashi-kata wa aru-n desu kedo Chuugoku-go wa nai-n desu.
         [形容]な話し方はあるんですけど中国語はないです．

(30)〈KAIが満州のことはあまり分からないと言うと〉
  1 KOU: kondo wa anta,.. Manshuu-ryoodo ni,
         今度はあんた,...満州領土に,
  2 KAI: un.
         うん．

→3　KOU: 　motto **kanshin se-nyaikan** # na.
　　　　　　もっと関心せにゃいかん # な.

(31)〈現在若い人の中で台湾語を話せる人は少ないという話をして〉
　1　GI: 　yappari ne Pekin-go su% moo= kanzen-ni moo osae-rare-chat-teru.
　　　　　やっぱりね北京語す % もう = 完全にもう押さえられちゃってる.
　2　KAI: 　\<PP>un\</PP>.
　　　　　\<PP>うん\</PP>.
　3　GI: 　to iu no wa kyoosee=-sare-te desu ne, guntai hait-temo ne, sono
→　　　　　Taiwan-go hanasu-to kane o **bakkin suru** toka yut-te anna koto yat-
　　　　　te-ta desu kara.
　　　　　と言うのは強制 = されてですね, 軍隊人ってもね, その台湾語話すと金を罰金するとか言ってあんな事やってたですから.

(32)〈台湾の年配の人は今でも教育勅語を覚えているという話をして〉
　　CH-b: watashi mo ima oboe-teru no yo.. shikashi ne,.. Shoowa-tennoo e=,..
→　　　　　ano sensenfukoku no=,.. taishoo ga at-ta desho/. juuni-gat%,.. juuni-
　　　　　gatsu yooka ni= **sensee yo**.
　　　　　私も今覚えてるのよ.. しかしね,.. 昭和天皇え =,.. あの宣戦布告の =,.. 大詔があったでしょ/. 十二が %,.. 十二月八日に = 宣誓よ.

(33)〈終戦時公学校五年生で、その後中学から中国語を勉強した話をして〉
　　CH-b: kekkyoku san-nen/=, san-nen no Chuugoku-go benkyoo shi-ta=, yon-
　　　　　nen-me=, kootoogakkoo ichi-nen. kootoogakkoo ichi-nen no=,.. kaki-
→　　　　　kata, are zenbu=, **masutaa desho**.
　　　　　結局三年 /=, 三年の中国語勉強した =, 四年目 =, 高等学校一年. 高等学校一年の =,.. 書き方, あれ全部 =, マスターでしょ \.

(34)〈もう高齢だから日本へ旅行に行くのは怖いという話をして〉
　1　RO-f: man'ichi @@@(H)=. [man'ichi ne=],
　　　　　万一 @@@(H)=. [万一ね =],
　2　RYO: 　　　　　　　　　　[hachijus-sai dakara] ne.
　　　　　　　　　　　　　　　[八十歳だから] ね.
　3　KAI: u[2=n2].
　　　　　う [2= ん 2].
　4　RO-f: [2ee\2].
　　　　　[2 ええ \2].
　5　RYO: nani[3mo hoshoo deki-masen yo3].
　　　　　何 [3 も保障できませんよ 3].

6 RO-f:　　[3toshi dakara ne=3].
　　　　　　　　　[3年だからね=3].
　　　7 KAI:　u=n.
　　　　　　　　う=ん.
→8 RYO:　**kaze-hiki** toka ne,
　　　　　　　　<u>風邪引き</u>とかね,

(35)〈ラジオ放送について聞く〉
　　　1 KAI:　i% ima wa moo= ano=, rajio=-- rajio yat-teru tte yut-te-ta desho/.
　　　　　　　　い%今はもう=あの=, ラジオ=-- ラジオやってるって言ってたでしょ/.
　　　2 KAI:　rajio de=, nan ka=.
　　　　　　　　ラジオで=,何か=.
　　　3 KOU:　... e... are wa ima=,
　　　　　　　　... え... あれは今=,
　　　4 KAI:　moo yat-tei-masen?
　　　　　　　　もうやっていません?
→5 KOU:　ee.. soo **hinpan-teki-ni** wa yat-tei-masen kedo.
　　　　　　　　ええ.. そう<u>頻繁的に</u>はやっていませんけど.

　過剰一般化の誤りのタイプのうちi)の、名詞に「な」をつけて形容詞化した誤りは、「自由な、高価な」のように「漢語名詞＋な」で形容動詞が作られる規則を過剰一般化したものである。このタイプの誤りは、本書のデータからは例(29)の1例のみであった[18]。ii)は「する」を後接できない漢語名詞を動詞として使っている誤りである。簡月真(2000)もアタヤル族とアミ族の話者に、「福音する」のように「漢語＋スル」による動詞の造語が見られると述べている。iii)のタイプは「する」を後接させなければ動詞述語として使えない名詞を動詞的に使っているが、例(33)のように外来語を動詞的に使う例も1例見られた。ii)の「名詞＋する」による過剰一般化及びiii)の名詞を動詞的に使用した文の産出は第二言語としての日本語学習者にもよく見られるタイプである。iv)は複合名詞化、v)は副詞化規則の過剰一般化であるが、iv) v)は文法的知識をもっていなければ産出しない誤りだろうし、実際このタイプの誤りは日本語による教育年数や日本語との接触期間の長いグループ1と2のインフォーマントのみに見られた。例(35)の「～的」を後接させたKOUの副詞的用法は1回のみではなく、「実際的には～貧乏

しとる」「環境的には〜頻繁じゃない」と生産的であった。

(e) 台湾特有の用法

次は台湾特有の用法である。台湾特有の用法で特に目立つのは、「聞いて分かる」「話し合う」という表現であった。

台湾語で「ū(有)」という補助動詞は動詞に後接し、動作・行為がその結果達せられることを表す。例えば「chiah ū(食有)」「bóe ū(買有)」「khòaⁿ ū(看有)」は夫々日本語に訳すると「食べられる」「買える」「見て分かる」となる。「thiaⁿ ū(聴有)」「thiaⁿ bô(聴無)」というのは台湾語でよく使われる表現だが[19]、これらは日本語で「聞いて分かる」、「聞いて分からない」と表現されていた。この表現は日本語熟達度にかかわらず、複数のインフォーマントが使用していることから、台湾式日本語として定着していると考えられる。「話し合う」も「二人以上の人がお互いに話す」という意味で幾人かのインフォーマントが使用していた。

表7　台湾特有の表現

	G1					G2			G3							G4		
	MOTO	KOU	GI	SAI-m		TO	CH-b	RYO	CHO	LEE	TAKA	KYU	RO-f	HU	SAI-f	OH	LIN	RO-m
聞いて分かる／分からない			2				5		1		2			6		12	2	
話し合う		1					1						2					

次に例を挙げる。

(36)〈KAI は公学校卒業だけでどうして日本語を覚えているかを聞こうとして〉
```
 1  KAI:    dooshite[=]--
             どうして[=]--
→2  OH:            [gu%]-- ha=/. boku nanka ima kiite-wakaru yo. @@@@. nani-
             goto nimo. anta donna koto it-tatte kii-tatte boku ie%, @@ boku,..
→            kiite-wakarimasu. @[2@@@@2]@@H,@@(H).
```

```
               [ぐ%]-- は=/．僕なんか今聞いて分かるよ．@@@@．何事にも．あんたどんな
               こと言ったって聞いたって僕言え%,@@僕,..聞いて分かります．@[2@@@@2]@@
               H,@@(H)．
     3 KAI:                        [2ha==n2]．
               [2は==ん2]．
```

(37)〈RO-fは配偶者とも日本語で話をすると言って〉
```
     1 RO-f: sorede ano=, Nihon-go mo= watashi=, soo ne=, itsumo shujin to ne=,
               それであの=,日本語も=私=,そうね=,いつも主人とね=,
     2 KAI: un．
               うん．
→    3 RO-f: hanashi-at-teru．
               話し合ってる．
```

7-2. 語彙の習得

　発話数が少なければ語彙数は少なくなり、語彙の誤りも少なくなる可能性がある。限られた語彙を繰り返し使用している場合も語彙の誤り数が少なくなるだろう。言語能力は単純に語彙の誤り数だけでは判断できず、使われた語彙の内容も見なければならないが、データを検証すると、IUの長さと語彙の質とは関係があるようである。次の例に見られるように、IUが短い、或いは一回の発話ターンでIU数が少ないインフォーマントの発話では、語彙のタイプが日常生活用語に限られていた。しかしIUが長い、或いは一回の発話ターンでIU数が多いインフォーマントは、多用な語彙を駆使している傾向がある。ちなみに、日本人の話し言葉における一文平均文節数は、公的場面で3.78、私的場面で2.81、平均3.44という報告がある（野本菊雄他 1980: 39）。例(38)(39)と比べて例(40)(41)はIU内の音節数が長く、語彙も豊富である。

(38)〈RO-mは中学校へは行かず、公学校だけだと言う〉
```
     1 KAI: <P>hu=/[=n</P>]．
               <P>ふ=/[=ん</P>]．
```

→2 RO-m: [ima] chuugakkoo aru yo. (TSK) Nihon-jidai ne=,(TSK)
              chuugakkoo nai.. (TSK) Kokumingakkoo dake.. na%, sono toki
              sotsugyoo shi-tara ne mada=,.. ano= nan%, kootoo-ka... kootoo=
              sorekara daigaku.. ima hi%, ano ima ne=, ano=, chuugakkoo aru.
              Nihon-jidai,.. chuggakkoo nai. Taiwan chuugakkoo nai.
              ［今］中学校あるよ．(TSK) 日本時代ね=, (TSK) 中学校ない.. (TSK) 国民学校だ
              け.. な%, その時卒業したらねまだ=,.. あの=なん%, 高等科... 高等=それから
              大学.. 今ひ%, あの今ね=, あの=, 中学校ある．日本時代,.. 中学校ない．台湾
              中学校ない．

(39)〈若い時の日本語について聞く〉
  1 KAI: wakai toki wa Nihon-go joozu deshi-ta ka?
             若い時は日本語上手でしたか？
→2 LIN: .. wakai toki/.. wakai toki watashi= wakai toki ni= wa= sono toki
             wa moo Daitoowa-sen da yo.. Daitoowa-sen.
             .. 若い時/.. 若い時私=若い時に==はその時はもう大東和戦だよ.. 大東和戦．

(40)〈日本時代、台湾の新聞社と日本の新聞社が合併して台湾新報という新聞社になった
という話をして〉
  1 KAI: u=[n].
             う=[ん]．
→2 MOTO: [de] Taiwanshinpoo ni nat-ta kedo, kabu wa hanbun-hanbun desu
             yo ne hanbun-hanbun ni shi-ta-n desu. Nihon-jin ga hanbun Taiwan-
             jin ga hanbun.. sore ga Taiwan<F>shinpoo</F>. tokoroga Dai-niji-
             sekaitaisen de ni% Nihon ga make-te Kokumin-too ga <F>sesshuu</F>
             ni ki-ta toki ni,.. kekkyoku,..u% Taiwan/-- Nihon-jin no bun o
             <F>sesshuu</F> shi-ta-n desu. <F>sesshuu</F> shi-ta kara Taiwan no
             <F>bun wa</F>, gappusaku ni nat-ta-n desu yo. demo jinjiken wa
             kekkyoku, mochiron mukoo ga mot-temasu.
             ［で］台湾新報になったけど，株は半分半分ですよね半分半分にしたんです．日本人が
             半分台湾人が半分.. それが台湾<F>新報</F>．ところが第二次世界大戦でに%日
             本が負けて国民党が<F>接収</F>に来た時に,.. 結局,.. う%台湾/-- 日本人の
             分を<F>接収</F>したんです．<F>接収</F>したから台湾の<F>分は</F>, がっ
             ぷ策になったんですよ．でも人事権は結局，もちろん向こうがもってます．

(41)〈GI は自分達の思想は日本人的で日本の政治をよく見ているという話をして〉
  1 KAI: <PP>u[=n</PP>].
            <PP>う[=ん</PP>]．
  2 GI: [wa]tashi-tachi [2no= shisoo2] wa desu ne,
            ［わ］たし達 [2の=思想2] はですね，
  3 SAI-m: [2<P>u=n</P>2].

```
                        [2<P> う = ん </P>2].
→4  GI:     mo dakara ne=, moo ano=, Taiwan Nihon wa ne= ano= nan-paasento nan
            chuu koto na%, soo iu koto ja-naku-te, (H) uya% uyoku nan desu yo.
            to yuu no wa, Nihon no aru= ## mi-teru to=, ima demo omou no wa,
            (H) Abe-san mitaina=, wakai hito dewa ne, moshimo= karada ga motto
            gennki yat-tara=, ookii koto suru daroo chuu. mo Kyoosan-too no
            yatsura nanda=, (H) ano Shakai-too wa nan da= ano onna no Kushima
            nanka=, ba=ka mitaini, (H) moo hyoo ga, dandan naku-nat-teru
            kuseni tte. hoide ano[3= mi% Minshu-too nanka an dete-ki3]-tara,
            kabu ga sagac-chau chu, [4soo yuu koto mi%, yoku shi% mi-teru-n
            desu yo4].
            もだからね=, もうあの=, 台湾日本はね=あの=何パーセントなんちゅうことな%, そ
            ういうことじゃなくて, (H) うや%右翼なんですよ. と言うのは, 日本のある=##見
            てると=, 今でも思うのは, (H) 安倍さんみたいな=, 若い人ではね, もしも=体がもっ
            と元気やったら=, 大きい事するだろうちゅう. も共産党のやつら何だ=,(H) あの社
            会党は何だ=あの女のクシマなんか=, 馬=鹿みたいに, (H) もう票が, 段々無くなって
            るくせにって. ほいであの[3=み%民主党なんかあん出て来3]たら, 株が下がっちゃ
            うちゅ, [4そうゆうこと見%, よくし%見てるんですよ4].
5  SAI-m:                       [3<@>na% a,.. ano, ## ##</@>3].
           [3<@>な%あ,..あの,####3].
6  SAI-m:                       [4ano o% o% o% o%4]--
           [4あのお%お%お%お%4]--
```

　母語における語彙の習得については、日本語の場合、生後10ヶ月から15ヶ月の間に初めて言葉を発し、その後大体1歳半ぐらいの時期に語彙の爆発的増加(vocabulary spurt)が起こると言われる[20]。そして就学前期までに凡そ3千から1万語を獲得する(岩立志津夫・小椋たみ子 2005: 38–41)。林大(1982: 183)によると、日本人の語彙数は小学生レベルで6千〜2万語、中学生レベルで2万〜4万語、高校生レベルで4万〜5万語、となっている[21]。そして日常生活に使用される日本語の語彙数は3万〜4万(佐藤武義 2002)或いは4万前後(加藤影彦 1990)だと言われる。習得される語彙の種類については小椋たみ子(2007)が、「日本語マッカーサー乳幼児言語発達質問紙(JCDIs)標準化データ」を調べた結果から、子供の初期の語彙は名詞が一番多く、また2人の子供の縦断データからは、語彙急増期の後は名詞優位、その後文法発達に伴い動詞優位になる、と述べている。こうして子供の時に急激に語彙が増加した後は、人は様々な媒体や機会を通して語彙を増やしていくと言われる(Read 2000: 43–44)。第二言語習得においても同様に、基本

的な数千語以外は多くが読解や聴解などの活動を通して学ばれるとされている (Nagy, Herman & Anderson 1985、Huckin & Coady 1999 他)。読みの中での語彙の学習は「偶発的語彙の学習 (incidental vocabulary leaning)」と呼ばれ、読書量の多い人と語彙量は関係があるというが意見あるが (Ellis 1995)、更に読書量と知能レベルも関係があるという主張もある (Sternberg 1987)。

　台湾の初等教育における語彙の習得がどのようなものであったかについては小林正一 (1941) の報告がある。小林によると、入学後 1 年の公学校生徒を対象に語彙調査を行った結果、1) 名詞の習得が最も多く (総習得数のうち 52％)、遊戯、装身具に関する語彙が 71 語、人物に関するものが 73 語、動物に関するものが 71 語、と学校遊戯に関するものが多い、2) 男児よりも女児の習得能力が大きく、男児の最高語彙習得数が 1,857 語、最低が 1,737 語に対し、女児は最高が 2,360 語、最低が 1,884 語であった、3) 習得語彙のうち教科書外の名詞は累計 491 語見られた、と記している。この結果を、日本人の場合就学前期までに凡そ 3 千から 1 万語を獲得するという報告と比べると、台湾人子弟の語彙習得数は少なかったと言えよう。とすると、語彙の豊富なインフォーマントは公学校以降も語彙の習得をし続けたことが示唆される。これを裏付けるのは外来語の使用である。戦後外来語は増えており[22]、戦前公学校の国語教育では多くの外来語を学ばなかったはずである。

　外来語の使用が見られたのは 17 人中 7 人で、表 8、9 に見るようにグループ 1、2 のインフォーマントほど外来語を使用していることが分かる。またそれだけでなく、英語の使用も見られた。語彙の豊富さに加え、外来語をうまく駆使しているという事実は、特にグループ 1、2 のインフォーマントが戦後も日本語に接触し続けたことの証である。

表 8　外来語の使用数

	G1				G2			G3						G4		
	MOTO	KOU	GI	SAI-m	TO	CH-b	RYO	CHO	LEE	TAKA	KYU	RO-f	HU	SAI-f	OH	LIN	RO-m
外来語使用数	9	2	4	6	7	4	2										

表9 外来語と英語の使用例

インフォーマント	外来語使用例	英語使用例
MOTO	ブラックリスト、リスト、スパイ、ニュースペーパー、ケース、リンゲル、コネ、ストーリー、マスク	No
KOU	チャンス、スムース	
GI	チェンジ、プライド、インターン、アップ	XP
SAI-m	レベル、エリート校、アップされている、ランク、パンクする、プライド	Chemical (2)
TO	クローズ、プログラム、ニュース、イデオロギー、レベル、パトロール、デモをする	
CH-b	サラリー、マスター、テスト、サジェスチョン	name card、South Korea
RYO	オーバーブリッジ、ドライバー、	

下は外来語が使用された例である。

(42)〈ミッドウェイ海戦、日本が負けた原因について話をして〉

```
1  CH-b:(0) ano <#>Kangai-ji</#> no dai-gekitai ne=, gyorai o hazushi-te
       sa= bakudan ni= tsumekae-te=,.. ano= saido= bakugeki ni ik-e..
       soo,.. it-tara dooka= kengishi-ta wake.
       (0) あの<#>かんがいじ</#>の大撃退ね=,魚雷を外してさ=爆弾に=積めかえて
       =,..あの=再度=爆撃に行け..そう,..言ったらどうか=建議したわけ.
2  KAI:  <P>un</P>.
       <P>うん</P>.
3  CH-b:.. Namuo Tadao wa= <F>baka</F> dat-ta-n da. ma= zannen dakedo.
       ..南雲ただおは=<F>馬鹿</F>だったんだ. ま=残念だけど.
4  CH-b:.. to iu no wa ne=,...(.4) sono toki no kaisen to iu no wa ne,
       ip-pun ib-byoo no s%, no koto deshoo/.. sonna= o%, mechakuchana,..
→      na=% an nanda=,.. sajesuchon dekiru no ka.
       ..というのはね=,...(.4) その時の海戦というのはね,一分一秒のす%,のことで
       しょう/..そんな=お%,滅茶苦茶な,..な=%あん何だ=,..サディスチョンできる
       のか.
```

(43)〈台湾人の日本語能力について〉

```
1  SAI-m:ano ne=, Nihon-go no ne, Nihon-go no sono= reberu tte no wa ne,
       mazu ne, sun-deru tokoro no kankyoo.
       あのね=,日本語のね,日本語のその=レベルってのはね,まずね,住んでる所の環境.
2  KAI:  <PP>un</PP>.
       <PP>うん</PP>.
```

```
 3  SAI-m:ne.. sore kara=, ano==, keezai,.. keezai-kankyoo to ne, sore kara,
        ano== ma== iroiro= o=,.. ma sore= fu%, sore ni fuzuisuru ne, ma
        keezai-teki-na kankyoo da toka, ano= ma= shakai-teki-na ne, chii,
→       reberu no ne, kankyoo da ie de at-tara,.. de sore de, kekkyoku ne
        ano Nihon-go no ne, ano== deki ga ne, ii warui wa=,.. aru-n desu
        yo.
        ね..それから=,あの==,経済,..経済環境とね,それから,あの==ま==色々=
        お=,..まそれ=ふ%,それに付随するね,ま経済的な環境だとか,あの=ま=社会的
        なね,地位,レベルのね,環境だ家であったら,..でそれで,結局ねあの日本語のね,
        あの==出来がね,良い悪いは=,..あるんですよ.
```

(44)〈MOTO は資料を手にとって見せながら、政府と関係のある大学において 228 について調べていると言うので〉

```
 1  KAI:  demo, koo iu koto o yatte,.. [daijoubu/]?
           でも,こういう事をやって,..[大丈夫/]?
 2  MOTO:                             [iya, ano],.. daijoubu tte iu yorimo
→          ne=, kore o miru-to sutoorii ga aru-n desu.
           [いや,あの],..大丈夫って言うよりもね=,これを見るとストーリーがあるんです.
```

(45)〈疎開して田舎の学校に通っていたある日、米軍の爆撃があった後〉
```
→TO:    .. de sore igo, gakkoo ga kekkyoku a= mo, (H), zenbu kuroozu to.
        ..でそれ以後,学校が結局あ=も,(H),全部クローズと.
```

7-3. 意味不明又は不自然な IU

　では次に「意味不明又は不自然な IU（以下「I・F 文[23]」)」を考察する。I・F 文は語彙の選択と構文が絡んだ逸脱である。先に見た「語彙の誤り」も、語彙の選択に関わるという意味で I・F 文と繋がりがあるのだが、語彙の誤りは、IU 内においてある語彙が意味的に誤って使われているタイプであるのに対し、I・F 文は単に一つの語彙の問題ではなく、IU 全体に関わる全体的誤りである。このタイプには全く意味不明なものから、意味解釈はできるものの、日本語母語話者には不自然に感じられる表現まで程度の差が見られた。

　各インフォーマントの発話における I・F 文数をもう一度次に示す。

第 2 章　台湾人の話し言葉の分析　73

表10　I・F 文数

	G1			G2			G3						G4		
	MOTO	KOU	GI	SAI-m	TO	CH-b	RYO	CHO	LEE	TAKA	KYU	RO-f	HU	SAI-f	OH	LIN	RO-m
I・F 文数		12	8	2	20	27	18	36	10	9	8	18	51	11	37	10	6

　これらの数と日本語の熟達度は正比例の関係にある訳ではない。というのは、発話の産出が少なければ I・F 文数が減る可能性があるからである。ただ、I・F 文が全くない場合は意味のある結果だと考えられる。MOTO はそのようなケースであるが、MOTO は日本語の熟達度が非常に高かった。テンス、アスペクト、活用などの文法的形態素の誤りがない KOU も、日本語熟達度の高いインフォーマントであった。しかし KOU には I・F 文が12例見られた。それに対して例えば文法的形態素の誤りの多い LEE は I・F 文が10例であったが、二人の I・F 文には質の違いがあった。KOU の I・F 文は全て、日本語母語話者では恐らく違った表現をするだろうと思われるような少々不自然な発話であるが、理解可能なものであった。一方 LEE の場合は、聞き手が文の意味の補修作業を行わなければ理解困難な発話が多かった。例(46)と例(47)を比べてみよう。

(46)〈中国大陸と台湾の関係についての情報は新聞で読むのか、テレビで得るのか尋ねると〉
  1　KOU:　terebi yorimo shinbun yorimo ne,
　　　　　テレビよりも新聞よりもね,
  2　KAI:　un.
　　　　　うん.
  3　KOU:　tokaku mainichi seekatsu shi-teru uchi ni ne,
　　　　　とかく毎日生活してる内にね,
  4　KAI:　un.
　　　　　うん.
→5　KOU:　.. chantto koo obite-kuru-n-<PP>da</PP>.
　　　　　.. ちゃんとこう帯びてくるん<PP>だ</PP>.
  6　KAI:　fu=n.
　　　　　う＝ん.
→7　KOU:　soo iu koto ga ne mi ni shimi-tekuru.

そう言うことがね身にしみてくる．

(47)〈LEEの誕生日と年齢を聞く〉
```
 1  KAI:   Taishoo juuni-nen/.
           大正十二年/．
 2  LEE:   juu-gatsu nijuu-yokka.
           十月二十四日．
 3  KAI:   a== @@[@@@]@[2<@>de2] hachijuusan-sai/</@>?
           あ==@@[@@@]@[2<@>で2]八十三歳/</@>?
 4  LEE:            [@@@@].
 5  LEE:                    [2un2].
                    [2うん2]．
 6  LEE:   <@>aa</@>.
           <@>ああ</@>．
 7  KAI:   @@[@H].
 8  LEE:   [mo]=, su% s% ano== seenen--, u% ano=, nani/ nan% nan to <@>iu=
 →         ka</@>, umare-ta hi= o, sugoshi-ta no mo s% yokee i% is-sai mon..
           hontoo wa yonjy% hachijuuni-sai.
           [も]=，す%す%あの==生年--，う%あの=,何/なん%何と<@>言う=か</@>．
           生まれた日=を，過ごしたのもす%余計い%一歳もん．．本当はよんじゅ%八十二歳．
```

 例(47)でLEEは、年齢は83歳だが、台湾では生まれた時に既に1歳と数えるので、満で数えると82歳だと説明しようとしている。背景知識がなければ、LEEの発話を理解することは困難であるし、背景知識があったとしても発話の意味を理解するには文法的、意味的補修作業が必要である。一方KOUの例(46)は発話の意味は理解できる。このような理解可能であるが不自然なIUの例を更に挙げる。

(48)〈戦前、GIが卒業した中学は競争が激しく入学するのが難しかったという話をして〉
```
 1  GI:    dakara tensai-teki-na= hito ga oru-n desu yo.
           だから天才的な=人がおるんですよ．
 2  KAI:   <PP>un</PP>.
           <PP>うん</PP>．
```

```
  3  GI:  mo Niho% a Nihon-go hetakuso dakedo ne, moo kiso daiga%, ano
→          dai%,.. kika toka daisuu wa ne moo hyaku-ten desu yo. atama no
           <@>ookii yatus ga ot-te ne</@>, mo rakudaishi-chat-ta kedo ano o
           no, are dakara.
```
　　　もにほ%あ日本語下手糞だけどね，もう基礎だいが%，あの代,..幾何とか代数はねもう百点ですよ．頭の<@>大きい奴がおってね</@>,も落第しちゃったけどあのお，あれだから．

(49)〈SAI-m は幼稚園へ行ったが、その頃幼稚園へ行けた台湾人は経済的に裕福でエリートであった。しかしそれは自分達のプライドであって、社会的に認められていた訳ではないという話をして〉

```
  1  SAI-m: ma tada jibun-tachi ga ne,
```
　　　ま只自分達がね，
```
  2  KAI:  un.
```
　　　うん．
```
  3  SAI-m: omae doko no shusshin ka tte ore wa doko soko no shu%, yoochien to
            it-tara a, kora eri% eriito da na [tte yuu koto ne].
```
　　　お前何処の出身かって俺は何処そこのしゅ%，幼稚園と言ったらあ，こらエリ%エリートだな[っていうことね].
```
  4  KAI:                                                    [u==n].
```
　　　　　　　　　　　　　　　　　　　　　　　　　　　[う＝ん].
```
  5  SAI-m: <@>maseta, Hx@ ano= are</@>,.. are a it-ta ne, [2kan2]nen gurai de
            ne,
```
　　　<@>ませた,Hx@ あの＝あれ</@>,..あれあ言ったね,[2観2]念ぐらいでね,
```
  6  KAI:                                                  [2<P>un</P>2].
```
　　　　　　　　　　　　　　　　　　　　　　　　　　[2<P>うん</P>2].
```
  7  KAI:  un.
```
　　　うん．
```
→8  SAI-m: ma shake%, shakai-teki-ni wa anmari= daijina, sonna daiji ni
           toriage-tei-nai kara=.
```
　　　ましゃけ%，社会的にはあんまり＝大事な，そんな大事に取り上げていないから＝．

　不自然な IU と意味不明な IU はいわば二極で繋がっており、中には中間タイプも見られるのだが、例(47)のような発話の意味を理解するのに聞き手の労力を必要とする意味不明な IU の原因の一つは、文の単純化である。では単純化はどのように起こるのだろうか。本書のインフォーマントに見られる単純化には次の構造が見られた。

i) 重要概念の単純構造組み込み型：話者が発したい概念の中で重要な情報を「X + Y」に組み込む。この際他の幾つかの必要な語彙や文法的形態素が欠如し、単純な「X + Y」構造となる。

次の2例もこの重要概念の単純構造組み込み型である。

(50)〈RO-fは毎朝山に運動しに来ており、その山でインタビューをしている。ご主人の話題が出たが、その場にいないので今どこにいるのか聞くと〉

1　KAI:　ja eto=, go-shujin wa mainichi nani sare-teru-n [desu ka3]?
　　　　じゃえと =, ご主人は毎日何されてるん [ですか]?

2　RO-f:　　　　　　　　　　　　　　　　　　　　　[e mai]nichi ano= ima, chotto, chikai tokoro= dake ne,
　　　　[え毎]日あの = 今, ちょっと, 近い所 = だけね,

3　KAI:　un.
　　　　うん.

4　RO-f: ano=, ikiki%, chotto,
　　　　あの =, 行き来 %, ちょっと,

→5　RO-f: .. chabu%, ma ichi-jikan=, oofuku gurai [no= teedo ra\].
　　　　.. 差不 %, ま一時間 =, 往復ぐらい [の = 程度ラ \].

6　KAI:　　　　　　　　　　　　　　　　　　　　　[u=n]. un un.
　　　　[う = ん]. うんうん

(51)〈HUはかつて下駄屋があり、台湾人も下駄を履いていたと言って〉

1　HU:　a geta hai-teiru. a Nihon-jin wa Nihon no kimono ki-teiru.
　　　　あ下駄履いている． あ日本人は日本の着物着ている．

2　KAI:　a=\. n de Taiwan-jin wa?
　　　　あ =\. んで台湾人は？

3　HU:　Taiwan-jin wa=, Taiwan no kimono.
　　　　台湾人は =, 台湾の着物．

4　KAI:　Taiwan no kimono= tte Nihon no kimono to chigau-n desu ka?
　　　　台湾の着物 = って日本の着物と違うんですか？

→5　HU:　<F>Nihon-- Nihon ne=, wafuku, wafuku= chigaimasu yo. a, futsuu, futsuu kore onaji yo</F>.
　　　　<F>日本 -- 日本ね =, 和服, 和服 = 違いますよ．あ, 普通, 普通これ同じよ </F>.

6　KAI:　un.
　　　　うん．

7　HU:　a futsuu o%, ima, ima, ano ana% ana% anata no fuku ne=,

```
                    あ普通お%, 今 , 今 , あのあな% あな% あなたの服ね =,
    8  KAI:  un.
              うん .
    9  HU:   .. Nihon-jin to wakara-nai desho=/.
              .. 日本人と分からないでしょ =/.
   10  KAI:  un.
              うん .
   11  HU:   <F>wafuku na%,  wafuku hai-tara=</F>  minna=  wakaru  yo=  [ko]re
              Nihon-jin </F>.
              <F> 和服な %, 和服履いたら =</F> みんな = 分かるよ =[ こ ] れ日本人 </F>.
   12  KAI:                                                              [un].
                                                                       [ うん ].
   13  HU:   <F>a wafuku ga= hai-tei-nai-nara=</F>,.. wakara-nai.
              <F> あ和服が = 履いてないなら =</F>,.. 分からない .
```

　例(50)の5段目でRO-fの発話は、「主人は往復一時間くらいのところへ行って運動している」という意味である。例(51)の5段目でHUは、KAIの4段目の質問を勘違いして答えているが、「日本人は和服を着ていたら台湾人と違って見えるが、普通の洋服を着ていたら見分けが付かない」と言いたかったのが、単純化されている。

　意味不明なIUにはその他次の四つの型が見られた。

ⅱ）近似語の単純構造組み込み型：意味の似ている語、上位語、総称的語彙を単純な「X + Y」構文に組み込む。

ⅲ）複数語彙誤り型：一つのIUの中に語彙選択の誤りが複数個所あり、語彙の選択誤りは名詞や動詞等の内容語だけでなく機能語（接続語、補助動詞など）もある。

ⅳ）構造変化型：IU内で語彙項目のかき混ぜや二つ以上の句を一つに統合する。

ⅴ）複合型：語彙選択誤り、かき混ぜ、文型の単純化などが一つのIU内に発生する。

　夫々のタイプの例を見てみる。まず次の例(52)はⅱ)の近似語の単純構造

組み込み型である。

(52)〈LEE の同級生は日本語を話せるかと聞くと〉
 1 LEE: ima amari=,.. hanashi-te-nai kara=,.. mina wasure-teru.
    今あまり=,..話してないから=,..皆忘れてる．
 2 KAI: a=[=].
    あ=[=]．
→3 LEE: [hai\]. <u>sono akusento dera-nai</u>. @@@@ [2@2],
    [はい\]．<u>そのアクセント出らない</u>．@@@@[2@2],
 4 KAI: [2aku2]sento/?
                [2アク2]セント/?
 5 LEE: e%,.. kono= hanashi-kata ga,
    え%,..この=話し方が,
 6 KAI: un.
    うん．
→7 LEE: un.. <u>aiueo no= sono=,.. junjo ga chigau-n</u>.
    うん..<u>あいうえおの=その=,..順序が違うん</u>．

 例(52)の3段目でLEEは「アクセント」によって「日本語の文」或いは「日本語の発音」を意図し、7段目の「あいうえおのその順序」によって「文法」又は「語順」を意図していると思われる。
 次の例(53)はiii)の複数語彙誤り型である。

(53)〈自分の娘の旦那さんのお父さんは今日本に住んでいる。昔娘と日本旅行した時の話をして〉
 1 KAI: <PP>u=[n</PP>].
    <PP>う=[ん</PP>]．
→2 HU: [mu]sume ima gojuuhas-sai. <u>demo musume-san ga watakushi o otsure-te ne, hito-mawari</u>,
    [む]すめ今五十八歳．<u>でも娘さんが私を連れてね，一回り</u>,
 3 KAI: <PP>un</PP>.
    <PP>うん</PP>．
 4 HU: .. hito-mawari.
    ..一回り．
 5 KAI: <PP>un</PP>.
    <PP>うん</PP>．

→6　HU：　a musume-san no,.. musume-san no=, ano, ano hoo ne=, ano=, danna-san no otoosan no=, ano hoo no=, Nihon-jin ne=, o= watashi-tachi yori kuwashii ne=.. Taiwan kara ki-te= doko=, dokomo jibun de iku jibun de hito=mawari.
　　　　　あ娘さんの,..娘さんの=,あの,あの方ね=,あの=,旦那さんのお父さんの=,あの方の=,日本人ね=,お=私達より詳しいね=..台湾から来て=どこ=,どこも自分で行く自分で一＝回り.

　HUの2段目は「(自分の)娘が私を連れて色々な所に行った」、6段目は「娘の旦那さんの方のお父さんは(今)日本人に(帰化したけれども)、私たちより(日本に)詳しい。台湾から(日本へ)行って、どこでも自分で行って、自分で色々な所へ行く。」ということを言いたかったのだと思われる。ここでは「娘さん→私の娘」「一回り→色々な所へ行った／行く」「あの方→あっちの方」「来て→行ったのに」と幾つかの語彙や機能語が不自然に使用されていたり、必要な語彙が欠けていて文の理解を困難にしている。
　次はiv)の構造変化型である。

(54)〈RYOは日本人の演歌歌手が好きだという話から、彼女たちが若く見えることについて〉
　1　RYO：　[kashu wa ne,.. kono] o-keshoo ga aru%, [2aru kara <PP>ne</PP>2],
　　　　　　[歌手はね,..この]お化粧がある%,[2あるから<PP>ね</PP>2],
　2　RO：　[wakaku, totemo wakaku miemasu].
　　　　　　[若く,とても若く見えます].
　3　KAI：　　　　　　　　　　　　　　　　　　　　[2@@2]@[3@3].
→4　RYO：　　　　　　　　　　　　　　　　　　　　　　　[3i3]roiro kono=, kao biyoo%, biyooin no kane de itsumo kayot-toru kara.
　　　　　　[3い3]ろいろこの=,顔美容%,美容院の金でいつも通っとるから.

　RYOは「お金を使って、美容院にいつも通っているから。」ということが言いたかったのだと思われるが、「美容院」が先に出てきてしまっている。寺尾康(2002: 41-42)は日本語母語話者の犯す言い間違いの一つとして、例(54)と同じような「移動型」があることを指摘している。移動型は例えば、「外車専門の会社が」と言いたいところで「外車」が他の場所に移動し、「専門のがいしゃ会社が」と言ってしまうような間違いである。
　次はv)の複合型である。I・F文のうち最も意味解釈が困難なケースは、

意味的に関連がない語彙が使われており、接続語等の機能語も論理的に意味が繋がらないものが使われている、そしてこれらが単純な構造をもつ IU の中に同時に起こっている複合型である。次の例(55)を見てみよう。

(55)〈日本語でインタビューを受けていることについて〉
→1　OH:　<u>kyoo wa= bok%,.. anta= boku to= a% hajimete shiriat-te ne=</u>,
　　　　　今日は＝ぼく％,..あんた＝僕と＝あ％初めて知り合ってね＝,
　2　KAI:　un.
　　　　　うん.
→3　OH:　<u>kon%,.. kotoba issho-ni= konna no, hanashiburi o,.. cho% moo=,
　　　　　han-jikan bakari ya moo soo deshoo/?</u>
　　　　　こん％,..言葉一緒に＝こんなの,話しぶりを,..ちょ％もう＝,半時間ばかりやもうそうでしょ/?

(56)〈OU は以前にも日本人に話しかけられたことがあるという話をして〉
　1　OH:　att boku=,.. izen no= <C>you yii-ge</C> hazu, Nihon ka%, kara=, koko ni ki-te,.. ano=, ki-te ason-da=,.. ryo%, ryokoo shi ni ki-ta hito.. boku mo ichi-do are to= Nihon-go shi%,.. hanashi,.. shi-te=,.. tara,.. yappari boku no= namae mo kaite=-kaet-ta-n-da yo.
　　　　　あっ僕＝,..以前の＝<C>有一個</C>はず,日本か％,から＝,ここに来て,..あの＝,来て遊んだ＝,..りょ％,旅行しに来た人‥僕も一度あれと＝日本語し％,..話,..して＝,..たら,..やっぱり僕の＝名前も書いて＝帰ったんだよ.
　2　KAI:　hu=[n].
　　　　　ふ＝[ん].
　3　OH:　　　[bo]ku kon=%,.. <C>you de shi-hou</C>,
　　　　　　　[ぼ]くこん＝％,..<C>有的時候</C>,
　4　KAI:　<PP>un</PP>.
　　　　　<PP>うん</PP>.
→5　OH:　ho=\,.. daun%,.. <u>nandaka,.. denwa kake-te, ki-ta, tomodachi toshite ne=, soo desho/. kaisha hutari de ka%, tsuuwa shi-te nani-goto nani-goto, kiku dat-tara ne= boku, osoraku,.. aha=,.. are ni, haishaku, suru.</u> @@@@.
　　　　　ほ＝\,..だうん％,..何だか,..電話かけて,きた,友達としてね＝,そうでしょ/.会社二人でか％,通話して何事何事,聞くだったらね＝僕,恐らく,..あは＝,..あれに,拝借,する.　@@@@.

OU は発話量は多いものの、以上のような意味解釈が困難な文が多かった。例(55)で OH は「今日(あなたと)初めて会ったけれども、もう半時間も日本語で話ができている」、例(56)では「前にも日本人の旅行者に話しか

けられて、その人から電話があった。そして幾つか質問された」といったことが言いたかったのではないかと思われる。しかし推測でしか発話の意味を理解できない。

　以上 I・F 文を i)～v) の五つの型に分類したが、意味解釈はできるものの日本語母語話者には不自然に感じられる IU から、全く意味不明な IU まで程度の差がある。不自然な IU というのは表現方法、発想方法の違いから生じるのだが、意味不明な IU はそれに加えて文法的、語彙的知識や運用力が不足することに起因する。文法的誤りと語彙選択の誤りが一つの IU 内に複数存在する場合は意味解釈が非常に困難になり、聞き手は発話の意味を推測するしかなくなる。I・F 文はテンスやアスペクト、助詞のように文法規則を知れば防げる問題ではない。公学校卒業以降も日本語によるインプットを得続けていたグループのインフォーマントには意味不明な IU が少なく、多いのは公学校か高等科卒業、或いは公学校在学中に終戦となったグループ 3、4 のインフォーマントである。

7-4. 文法的形態素に関わる誤り

　Genesee, Paradis & Crago (2004: 130) は、子供の第二言語としての英語学習者が会話の中で犯す誤りは、文法的形態素が初期の段階では 75％以上あり、その後英語が上達していくにしたがって減っていくと述べている。日本時代の公学校教育に従事した春山行夫 (1942) は、台湾人児童の日本語には自他動詞の区別の他に、「私はうれしそうに飛び上がりました」のように一人称主語に「そうに」という接尾語をつけて副詞を作る誤用、受身、使役の誤用が見られると述べている。誤用分析が脚光を浴び、これまで日本語学習者の受身、使役などの文法的形態素に関わる誤りの分析、そして文法的形態素や助詞の習得順序についての研究が盛んに行われているが、次に台湾人高齢層の日本語にはどのような文法的形態素の誤りがあるのか見てみる。

7-4-1. 受身・使役・可能表現

　先の表 1 で示したように、本書のインフォーマントによる受身、使役、可能の三つの文法的形態素の誤り数は多くなかった。しかしそれは使用が回

避されたのか、或いはインタビューの中でこのような文法的形態素を使うような話をしなかったことが要因の可能性があるので、出現数との比較が必要であろう。表11を見てみよう。ちなみに可能表現は、動詞語幹に「-eる」「られる」を付加してできる可能形[24]だけでなく、「する」の可能形や能力の「できる」、「～ことができる」等、可能を表す表現を全て含める。

表11 受身形、使役形、可能表現の誤りと出現数比較

		G1				G2			G3						G4		
		MOTO	KOU	GI	SAI-m	TO	CH-b	RYO	CHO	LEE	TAKA	KYU	RO-f	HU	SAI-f	OH	LIN	RO-m
受身	誤り						2		1							3		
	出現	24	1	10	4	11	4											
使役	誤り								1									
	出現	6		1	8	3		3	1									
可能	誤り						4		4	1		2				6	1	
	出現	11		14	22	11	15	11	16	15	12	12	2	13	9	2	5	2

　まず受身について考察する。結果から、グループ1とグループ2のインフォーマント（RYOを除く）は受身構文を積極的に使っており、特にグループ1には誤りも見られない。

　坂本正（2005）は、日本語母語話者であれば自動詞または他動詞を用いるところを第二言語学習者が受身構文を多用している例、使役形を誤って使用している例を用いて、それは学習者が談話の流れに沿って一貫した視点で語ることが難しいためであると述べている。そして第二言語学習者は自他動詞の使い分けや視点の習得の困難さから受身形を多用する傾向があると述べている。しかし、本書でのインフォーマントには坂本の言うような受身形の多用は見られなかった。反対に誤りが見られたCH-b、CHO、OHの使用例を見ると、受身形を使うべきところで使っていない不使用が誤りの原因であった。

(57)〈CH-bはかつて役人だったという話をして〉
```
 1  CH-b: sore  ■■ hai%, hait-te= ano,.. ano=,.. daitai moo=,.. n n
            ■■ -kunrensho.
            それ■■はい%, 入って=あの,..あの=,..大体もう=,..んん■■訓練所.
```

```
    2  KAI:   u=n.
               う＝ん．
→   3  CH-b:  soo iu kunrensho ga,.. a= setsuji shi-te watashi,.. dai-ik-ki na
                                                                        L
               no.
               そういう訓練所が,..あ＝設立して私,..第一期なの．
```

(58)〈戦後の言語使用について〉

```
    1  CHO:   a## Pekin-go o iu no. Peki% Pekin-go tsukawa-nakyanaranai.
               あ##北京語を言うの．ペキ％北京語使わなきゃならない．
    2  KAI:   (0)a=.
               (0)あ＝．
→   3  CHO:   .. soreto, Taiwan-go be% yu% yurusa-nai kara.
               ..それと,台湾語べ％ゆ％許さないから．
```

(59)〈日本時代、父親として慕っていた日本人が帰国の途で亡くなったことについて〉

```
    1  OH:    (TSK) are= nanka=, Takachihomaru de,.. ano=,.. Nihon kara Taiwan
→              ni kaeru toki ni=,.. Amerika ni, ano=, are ni, ut-te=,.. chinbotsu
               shi-ta,.. fu% shoosen ra=\.
               (TSK)あれ＝なんか＝,高千穂丸で,..あの＝,..日本から台湾に帰る時に＝,..アメ
               リカに,あの＝,あれに,打って＝,..沈没した,..ふ％商船ラ＝\．
    2  KAI:   [hu=n].
               [ふ＝ん]．
    3  OH:    [u==n]. so%, soko de= shin-da-n desu yo. @@@.
               [う＝＝ん]．そ％,そこで＝死んだんですよ．@@@．
```

　全体的に受身形は誤り数が少ないものの、誤りがある場合は、連続する発話の中で話者の文法処理能力が追いつかず受身形を使えなかった、或いは話者の頭の中には別の動作主が存在するが、談話規則上主語を省略できないところで省略してしまい、結果的に受身の不使用として現れた、の二つの可能性が考えられる[25]。

　次に使役形について見てみる。使役が出現したのは主にグループ1とグループ2のインフォーマントで、また使役の誤り例は、次の1例のみであった。

(60)〈戦後公の場で日本語は使えなかったという話をして〉
```
  1  SON:  yappari ano [##]--
            やっぱりあの[##]--
  2  CHO:            [ue] wa ne, kinree shi-teru kara ne. ha\, Nihon-go wa
            iwa-nai-de ii. iwa-nai, yurusa-nai yo <P>an toki</P>.
            [上]はね，禁令してるからね．は\,日本語は言わないでいい．言わない,許さな
            いよ<P>あん時</P>．
  3  KAI:  <PP>un</PP>.
            <PP>うん</PP>．
→ 4  CHO:  .. Nihon-go mo iwa% iwa-sa-nai da. Taiwan-go= mo shabe%, shabera-
            nai kara ne.
            ..日本語も言わ%言わさないだ．台湾語=もしゃべ%,喋らないからね．
```

4段目の最初の発話で省略された主語は「国民党政府」で、そして使役形を使っているので、談話の自然な流れからは続く文でも使役形「喋らせない」を使用すべきだろう[26]。

　受身形や使役形は話の内容によっては全く使われない場合もあり得る。結果に見るようにインフォーマントの日本語の中にも出現数は少なかったが、これらの形式が使用される場合はグループ1かグループ2のインフォーマントにより多く、またグループ1のインフォーマントは全て正しく使用していた。

　続いて可能表現について考察する。表11に見たように、可能表現はKOUを除いて全ての話者の会話の中に出現している。表12に内訳を示す。

表12　可能表現の正用数と逸脱数そしてその内訳

		G1				G2			G3						G4		
		MOTO	KOU	GI	SAI-m	TO	CH-b	RYO	CHO	LEE	TAKA	KYU	RO-f	HU	SAI-f	OH	LIN	RO-m
	正用	11	—	14	22	11	15	11	16	15	12	12	2	13	9	2	5	2
内訳	可能形	5		11	6	8	11	9	8	14	8	4	2	12	6			2
	「-aれる」付加	2				1			2									
	〜ことができる	1									2						5	
	能力/「する」の可能形「できる」	3		3	16	2	4	2	6	1	4	6		1	3	2		
	逸脱	—	—	—	—		4	—	4	1	—	2	—	—	—	6	1	—

内訳	不使用					3				
	使用(可能形)				1		1	1		
	活用誤り									1
	二重可能				3				6	
	「できる」の汎用							2		

　正用内にある「-aれる」付加は、五段動詞やカ行変格動詞に「-aれる」をつけたものである。このタイプには「行かれる」(MOTO 2例、TO 1例)「言われる」(CHO 2例)の5例が見られた。これを正用欄に入れているのは、特に「行かれる」などは現代日本語の中で広く可能表現として使用されていることによる。

　逸脱の中で「不使用」というのは可能表現を使うべきところで使っていない誤りで、「使用(可能形)」というのは可能形を使う必要のないところで可能形を使った誤りである。「活用誤り」は「言う」を「言られる」としたような活用の誤りを含んだ可能形であり、二重可能というのは「書けれる」のように可能形に更に「れる」を付けたものである。「「できる」の汎用」は「(おしんなら)できる」(「理解できる」の意味)のように、「できる」で可能の意味を表したものである。

　最も逸脱数が多かったのはOHであるが、全て、二重可能、すなわち動詞に「-e＋れる」という形態素を付加するタイプであった。産出されたのは「言えれる／言えれない」(前者2例と後者1例)、「話せれる、言い出せれない」(各1例)である。OHは正用の可能形を産出していないので、「-e＋れる」で覚えてしまっている可能性が高い。二重可能形はもう一人のインフォーマントCH-bにも3例見られた。CH-bが産出したのは「書けれる、見れれる、読めれる」(各1例)である。ただ、日本語母語話者にもこのような「-e＋れる」による可能形を産出する人や、またそのような方言があるので、TOとCH-bの二重可能形は誤った規則で覚えているのか、日本時代に日本人がそう言うのを聞いて覚えたのか、どちらの可能性もある。ちなみに簡月真(2005)は7人のアミ族を中心とする先住民を調査した結果、「泳グデキル」のような分析的な構造の使用があると述べているが、本研究のインフォーマントにはこのような形式は見られなかった。結果から言えること

は、KOU 1人を除き、どのインフォーマントの会話にも可能表現が出現し、うち2人のインフォーマント以外は可能形も産出した。そして OH 以外は正用数の方が逸脱数よりも多かった。つまりインフォーマントは可能形を知っており、使える。しかし日本語熟達度が低い人の場合誤りを産出することもあるとまとめられる。

7-4-2. 形態素や語の欠如

データを観察すると、発話の中に必要な形態素や語が欠如する例が幾つか見られた。それはほんの小さな形態素であるケースから、複数の必要な語が言語化されず、文が簡略化されているケースまであった。表 13 は形態素や語が欠如された IU 数である。

表 13　形態素や語の欠如数

G1				G2			G3						G4		
MOTO	KOU	GI	SAI-m	TO	CH-b	RYO	CHO	LEE	TAKA	KYU	RO-f	HU	SAI-f	OH	LIN	RO-m
1	1			4	8	5	4	1	7	2	1			5	3	1

次に例を挙げる。形態素が欠如している部分は「ø」で示している。

(61)〈MOTO は自費で活動することについて〉
```
  1 KAI: u[n].
         う[ん].
  2 MOTO: [<F>da]re=nimo</F> tasuke mo,.. hakugai uke-nagara,
         [<F>だ]れ=にも</F>助けも,..迫害受けながら,
  3 KAI: fun.
         ふん.
→4 MOTO: sore nanoø naze ima goro,.. kore kara kono undoo okosu no ni no
         ni%, ano, ne tanin-sama no kane o, enjo o ne motome-nakuchaikenai
         ka tte no sore ga watashi no shuugi [nan desu].
         それなの何故今頃,..これからこの運動起こすのにのに%,あの,ね他人様の金を,援
         助をね求めなくちゃいけないかってのそれが私の主義[なんです].
  5 KAI:                                              [u=n].
                                                     [う=ん].
```

(62) 〈TO は、かつて日本人の人口は台北よりも台中の方が多かったのではないかと言って〉
```
    1 KAI:    u=[n].
              う=[ん].
→   2 TO:     [oso]raku Taihoku yori=, ooi-ø janai ka na tomo kangae-rare%,
              ma= mochiron boku no soozoo desu yo.
              [おそ]らく台北より=, 多いじゃないかなとも考えられ%, ま=勿論僕の想像ですよ.
```

(63) 〈卒業した公学校について〉
```
    1 KYU:    .. sono uchi= no, uchi sotsugyoo shi-ta toki wa ano an toshi ne,
              .. そのうち=の, うち卒業した時はあの=あん年ね,
    2 KAI:    hai.
              はい.
    3 KYU:    fu-takumi dake.
              二組だけ.
    4 KAI:    .. he=.
              ..へ=.
    5 KYU:    sukunai no.
              少ないの.
    6 KAI:    nande desu ka?
              なんでですか?
→   7 KYU:    u sukunai no ano= gakkoo chiisai gakkoo ø kara.
              ん少ないのあの=学校小さい学校から.
```

(64) 〈ベトナムへ行った時の話をして〉
```
    1 RYO:    .. asoko it-te ne,.. Nihon no anta-gata mitaina wakai ano= dantai
              ga ot-tari kono=,.. Betonamu ni ryokoo it-tari.
              ..あそこ行ってね,..日本のあんた方みたいな若いあの=団体がおったりこの=,..
              ベトナムに旅行行ったり.
    2 KAI:    u=n.
              う=ん.
→   3 RYO:    .. soreø hirumeshi o onaji basho de tabe-ta ato,
              ..それ昼飯を同じ場所で食べた後,
    4 KAI:    un.
              うん.
    5 RYO:    sukoshi jikan ga at-ta mon dakara,
              少し時間があったもんだから,
```

例 (61) は「なのに」の「に」、例 (62) は「んじゃないかな」の「ん」、例 (63) は賓辞の「だ」、例 (64) は「それで」の「で」が欠如している。欠如しているのが 1 音節の場合、単に所謂口が滑っただけの可能性もあるが、欠如した形態素の例としてこの他には「か」、副詞化の「に」、準体助詞の「の」、などが見られた。インフォーマントに共通の特定パターンというのはないが、賓辞「だ」と「それで」の「で」の欠如が複数のインフォーマントに見られた。

7–4–3. アスペクト

日本語母語話者の場合、早い段階で「〜ている」形を習得すると言われるが (堀口 1979: 59)、第二言語としての日本語学習者にとってはアスペクト形式は習得が難しい項目の一つだと考えられている。学習者のアスペクト形式習得順序については、「動作の持続」(例：子供が遊んでいる) よりも「結果の状態」(例：床にペンが落ちている) の方が習得が困難であり (黒野敦子 1995、許夏珮 1997, 2000、Shirai & Kurono 1998)、これは、言語の習得初期にはその動詞が語彙的にもつ意味に合ったテンス・アスペクト形態素を結び付けやすいという「アスペクト仮説」に一致するという主張がある (Shirai & Kurono 1998)。菅谷奈津恵 (2002) は「動作の持続」に相応する用法の中でも、「状態の変化」(例：増えている、多くなっている等) の習得は難しく、こうした「状態の変化」は「知っている」などの「結果の状態 B/C[27]」よりも出現が遅いと述べている。許夏珮 (2000) は中国語、韓国語、英語を母語とする学習者を対象とした調査から、「持続性」「現存性」「運動性」という三つの要素が典型的なテイルを形成しており、それら三つを全て備えているプロトタイプ性が高いものほど習得が早くなり、低くなるに従って習得が遅れると述べている。また許夏珮 (2002) では、ルとタは初級、中級のレベルから正しく使われることが多いが、上級レベルになった学習者でもテイルとテイタを正しく運用できないことがあると述べ、テイルとテイタの習得順序を表 14 のように想定している。

表14 テイルとテイタの習得順[28]

	テイルの習得順序	テイタの習得順序
易 ↑ ↓ 難	運動の持続（＋長期）：山田はA社で働いている 運動の持続（－長期）：今テレビを見ている 性状（＋可変性）：頭が混乱している	性状（＋可変性）：昔淡水川は汚れていました 運動の持続（＋長期）：彼女は十年間日本に住んでいた
	性状（－可変性）：弟は母と似ている	繰返し：私は昔プールで毎朝5時から6時まで泳いでいた 運動の持続（－長期）：ちょっと近くの公園を散歩していたの 性状（－可変性）：子供の時私の家と学校はだいぶ離れていた 直前までの持続：ちょうど田中さんに電話しようと思っていた
	繰返し：毎日テレビを見ている	
	結果の状態：ランプが壊れている 状態の変化：環境問題が段々深刻になっている 運動効力：その本なら、一度読んでいる	運動効力：着いた時講演会はもう始まっていた 結果の状態：彼女は前に結婚していた 状態の変化の結果：三年ぶりに姪に会ったら大きくなっていた

では、各インフォーマントのアスペクト誤り数をもう一度見てみよう。

表15 アスペクト誤り数

	G1				G2			G3						G4		
	MOTO	KOU	GI	SAI-m	TO	CH-b	RYO	CHO	LEE	TAKA	KYU	RO-f	HU	SAI-f	OH	LIN	RO-m
アスペクト誤					1	1		2	7			2	1		4	2	4

　この結果を見ると、アスペクトの誤りは多くないように思われる。ただ、アスペクトの使用を回避していれば誤り数は減るので、アスペクト出現数も考慮する必要があろう。またアスペクトの誤りには、アスペクトを使用すべきところで使用していないアスペクト不使用の誤りと、使用する必要がないところでアスペクト形式を使っている使用誤りがある。次の表16の1段目はアスペクト不使用の誤り、2段目はアスペクト使用の誤り数であり、3段目は正しいアスペクトの使用数である。なおアスペクト形式には、「～ている」だけではなく、方言形の「～とる」「しよった」や、縮約形の「ちゃ

う」、「～ておる」なども見られた。

表16 アスペクト誤り内訳とアスペクト使用数

		G1				G2			G3						G4		
		MOTO	KOU	GI	SAI-m	TO	CH-b	RYO	CHO	LEE	TAKA	KYU	RO-f	HU	SAI-f	OH	LIN	RO-m
誤り	不使用					1	1		2	4			2	1		3	2	4
	使用									3					1	1		
	正用	96	20	78	78	35	55	36	42	26	13	21	36	34	14	22	12	

⇧

結果から分かることは、1）RO-m1人を除いて、アスペクトを正しく使用している数が誤り数に比べて断然多く、2）アスペクトの誤りは全体的に少ないが、誤りがある場合はアスペクトを使うべきところで使っていない不使用の誤りの方が多い、3）グループ1のインフォーマントにはアスペクトの誤りが全く見られない、という3点である。

次はアスペクト不使用の誤り例である。

(65)〈兵隊に行った時、LEEが日本人上官の弟に似ているので、自分に日本名を付けてくれたという話をして〉

```
  1  LEE:  e\.. are ga ne= watashi ga, are no otooto ni ni-teru.
            え\.. あれがね=私が,あれの弟に似てる.
  2  KAI:  @@@@[@].
→ 3  LEE:        [e=]. sorede= watashi ni=,.. sono toki Taiwan de kaiseemee
            suru no.. sono toki ne, sono jidai ne.
            [え=]. それで=私に=,..その時台湾で改姓名するの..その時ね,その時代ね.
  4  KAI:  a=\.
            あ=\.
→ 5  LEE:  kaiseemee suru.
            改姓名する.
```

(66)〈日本語は懐かしいという話をして〉

```
     CHO:  natsukashii,.. nani kanga% ano=, kanji ga suru. Nihon-go o tsukau-
            to mukashi ne. bokura wa ima,.. tabitabi=,.. ##ai ne, issho-ni=,
            atsumat-te,... yappashi kainen suru ano=, natsukashiku,.. omo-e-ru-
→          n da. mukashi ne, mukashi no koto ne,.. yoku oboeru.
```

懐かしい , .. 何かんが ％ あの =, 感じがする .　日本語を使うと昔ね .　僕らは今 , .. 度々 =, ..## あいね , 一緒に =, 集まって , .. やっぱし懐念するあの =, 懐かしく , .. 思えるんだ .　昔ね , 昔の事ね , .. よく覚える .

　永野賢 (1960: 406) は、日本語母語話者の幼児は最初のうち一つ一つの活用語の特定の活用形を個別的に覚えると述べている。インフォーマントの日本語にアスペクトの誤りが少ないのは、彼らもアスペクトが付いた塊表現として習得した可能性が考えられる。第一言語話者、第二言語学習者が特定の表現を非分析的に丸ごと覚えて使用する例は Krashen & Scarcella (1978) を始めとしてその他多く報告されている。特定の塊表現には「未分析の連続 (underanalyzed strings)」と「融合した連続 (fused string)」がある (山岡俊比古 1999[29]、Wray 2002、菅谷奈津恵 2004)。前者は学習初期に未分析のまま記憶されたタイプで、後者は最初は規則に基づいて形成されたいたものが繰り返し使用されることにより全体として記憶されるようになったタイプである。菅谷奈津恵 (2003) も、ある自然習得の成人日本語学習者が、まずテンス・アスペクト形態素の付いた形でそれぞれの動詞を習得した可能性が考えられるケースを紹介している。菅谷奈津恵 (2004: 119) は動詞活用について、日本語学習者は文法規則を適用させるトップダウン、日本語母語話者は個々の動詞活用を塊として処理するボトムアップという異なる対処の仕方を取っている可能性があると述べているが、台湾人インフォーマントは日本人母語話者と同じようにアスペクト付きの塊としてボトムアップで習得した可能性がある。

　先に動作性アスペクトは状態性アスペクトよりも習得しやすいという先行研究を紹介したが、次の表 17 は許夏珮 (2002) を基にしたインフォーマントのアスペクト不使用による誤りの内訳である。誤り数自体正用数に比べて少ないのだが、結果を見ると、許の予想する難易度のスケールにきっちり当てはまらないことが分かる。

表17　アスペクト不使用誤りの内訳

			TO	CH-b	CHO	LEE	RO-f	HU	OH	LIN	RO-m	計
～している	易	運動の持続(＋長期)	1		1				2			4
	↑	運動の持続(－長期)									2	2
		性状(＋可変性)										―
		性状(－可変性)			1							1
		繰り返し		1								1
		結果の状態								1		1
	↓	状態の変化										―
	難	運動効力					2	1	1			4
～ていた	易	性状(＋可変性)										―
	↑	運動の持続(＋長期)				2				2	1	5
		繰り返し										―
		運動の持続(－長期)										―
		性状(－可変性)										―
		直前までの持続										―
		運動効力										―
	↓	結果の状態				2						2
	難	状態の変化の結果										―

　この結果から考えられることは、1)許の習得順仮説が違っている、2)外国語習得と国語としての日本語習得では習得順が異なる、3)許の想定する習得順は正しいかもしれないが、言語運用においてアスペクト不使用の誤りは習得難易度に関係なくあるレベルまで起こる、の三つの可能性が考えられる。言語の習得初期にはその動詞が語彙的にもつ意味に合ったテンス・アスペクト形態素を結び付けやすいという「アスペクト仮説」が正しいとし、また日本語母語話者でも幼児のアスペクト使用には誤りが見られるという報告からすると、第3番目の可能性が高いかもしれない。細かい習得順序については今後の研究結果を待たなければならないが、ここで言えるのは、台湾人高齢層にとってアスペクト形式の習得及び使用はさほど大きな問題ではない、誤りがある場合には不使用によるものが多い、誤りには規則性が見られない、ということである。

7-4-4. テンス

　次の表 18 に見るように、アスペクトに比べテンスの誤りは数多く見られた。迫田久美子 (2001: 36) は、日本語学習者は最初は多くの場合未完了で完了を表すパターンが多く、タ形 (完了形) で表すべき場合にル形 (未完了形) を用いることが多いと述べている。坂本正・町田延代・中窪高子 (1995: 81) も、3 人の超上級話者の日本語を分析した結果、アスペクトよりテンスの間違い、特に過去形を用いるべきところで現在形を用いる間違いが多いと報告している。テンスの誤りには、タ形を使うべきところにル形を使う誤りと、ル形を使うべきところにタ形を使う誤りがあり得るが、内訳は前者が断然多かった。インフォーマントによっては一貫してル形を使う話者もいた。表 18 は 1 段目がル形を使った誤り数、2 段目がタ形を使った誤り数を示す。日本語では、例えば臨場感を表す為に過去の出来事であってもル形を使うことがある。ル形でも不自然ではないが、過去の出来事を語っている為論理的にはタ形になるべきものを誤りに含めた数は括弧内に示す。

表 18　テンス誤り

	G1					G2			G3					G4		
	MOTO	KOU	GI	SAI-m	TO	CH-b	RYO	CHO	LEE	TAKA	KYU	RO-f	HU	SAI-f	OH	LIN	RO-m
ル形使用誤り	1		6 (34)	2 (15)	80 (102)	62	14	86	14	3	5	12	56	12	7	4	22
タ形使用誤り							1			1							

　例えばグループ 3 の TAKA、グループ 4 の LIN のテンス誤り数は少ないが、彼らが他のインフォーマントよりもテンスを正確に習得していると単純に結論付けることはできない。この結果は正用数との比較から見なければならないだろう。テンスの誤りはタ形を使うべきところにル形を使用したものがほとんどであるが、タ形はどの程度正しく使用されているのだろうか。表 19 に主節末テンスと複文・重文内のテンスに分けてその正用数を示す。グラフ 1 は正用数と誤り数の比較である。

表19 タ形正用（主節と複文・重文内）

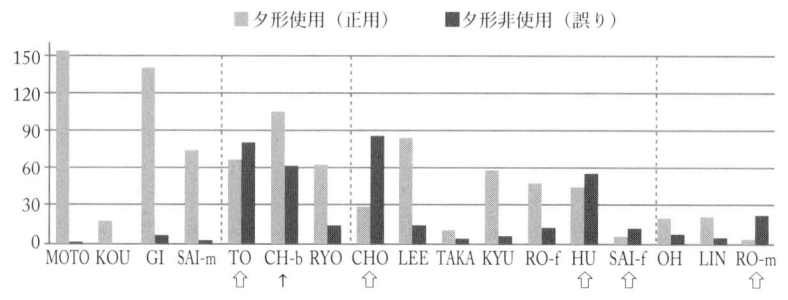

	G1				G2			G3						G4		
	MOTO	KOU	GI	SAI-m	TO	CH-b	RYO	CHO	LEE	TAKA	KYU	RO-f	HU	SAI-f	OH	LIN	RO-m
主節正用	111	14	96	39	50	74	41	21	72	8	44	38	32	5	6	16	3
複重内正用	44	4	45	36	29	32	22	8	13	2	15	10	13		14	5	

グラフ1　タ形の正用数（主節と複文・重文内合計）とタ形非使用誤り数の比較

　グラフ1から、TO、CHO、HU、SAI-f、RO-m は正用よりも誤りが多く、CH-b もかなりの頻度で誤りがあり、ル形を多用していることが分かる。
　誤り頻度数の結果から見ると、テンスの誤りと日本語熟達度の関係は完全な正比例だとは言えないようである。例えば CH-b は発話量も語彙量も多いインフォーマントで、教育勅語を5分間ほど独唱し続け、また何故日本が太平洋戦争に負けたかを歴史的観点から滔々と述べることができた。TO も小学校入学以前から家庭教師について日本語を学んでおり、過去の出来事の描述を多様な語彙を使って詳細に表現していたが、この2人はル形の使用が多かった。次はその例である。

(67)〈戦中戦後日本のラジオ放送を聞いていたという話をして〉
```
  1 TO:   a wareware nanka= sono toki= itsumo=,.. mukashi no rajio desu
          ke=do,
          あ我々なんか=その時=いつも=,..昔のラジオですけ=ど,
  2 KAI:  <P>un</P>.
```

```
              <P>うん</P>.
→ 3   TO:    tanpa-hoosoo de Enu-echi-kee yo=ku kii-teru-n desu yo.
              短波放送でNHKよ=く聞いてるんですよ.
  4   TO:    bo[ku] no oyaji to= ojisan nanka,
              ぼ[く]の親父と=叔父さんなんか,
  5   KAI:   [##%]-
→ 6   TO:    .. itsumo Enu-echi-kee== no nyuusu toka nanka, soo yuu Banzai
              toka ironna soo yuu=, (H) puroguramu itsumo= kii-teru-n desu
              yo. mochiron, (H) boku no ie wa=,.. saiwaini= soo yuu,.. ano=
              rajio ne,
              .. いつもNHK==のニュースとか何か,そうゆうバンザイとかいろんなそうゆう=,(H)
              プログラムいつも=聞いてるんですよ.  勿論,(H)僕の家は=,..幸いにそうゆう,..
              あの=ラジオね,
  7   KAI:   <P>u=[n</P>].
              <P>う=[ん</P>].
→ 8   TO:         [ii] rajio mot-teru kara,
                  [いい]ラジオ持ってるから,
  9   KAI:   <P>u[2=n</P>2].
              <P>う[2=ん</P>2].
→ 10  TO:        [2hoka2] no hito rajio mot-te-nai te no ga takusan aru mon.
                 [2他2]の人ラジオ持ってないてのが沢山あるもん.
```

(68)〈以前の仕事の内容について〉
```
      CH-b:  .. un, ano= bokura no tantoo wa= Nihon no= kokkai-giin toka, iroiro
              dantai no=, Nikka-shinzen-kyookai i%, moromoro=, hito ga Taiwan ni
→             ki-te hoomonsuru to=ki= ni=, ano settaishi-tari annai-yaku yat-teru
→             no. annai no shigoto yat-teru-n.
              .. うん,あの=僕らの担当は=日本の=国会議員とか,色々団体の=,日華親善協会い%,
              諸々=,人が台湾に来て訪問すると=き=に=,あの接待したり案内役やってるの.  案内の
              仕事やってるん.
```

　先に日本語の場合、例えば臨場感を表す為に過去の出来事であってもル形を使うことがあると述べたが、GI、SAI-m、TO の3人は、過去を語る中でル形の使用があっても、完全な誤りと言いきれないようなものも多かった。明らかなテンスの誤りはGIが34例中6例、SAI-mが15例中2例、TOが102例中80例であったが、その他は次の例(69)〜(71)に見るように、ル形でもおかしくないものであった。

(69)〈日本人と共学の小学校に入学した時の話をして〉

1　KAI:　　fu=[=n].
　　　　　　ふ=[=ん].

2　GI:　　　[sore], sore de, are de shi-ta-n desu a mo= roku-nen-kan.
　　　　　　dakara, hai% hait-ta toki wa desu ne,.. moo= <@>chinpun kanpun de
　　　　　　mo</@>, (H) i-e-nai-n desu yo, Nihon-go= de, (H) ano, kii-temo
→　　　　　**wakara-n** kara. dakara, kenka shi-te nagu-rare-temo sensee ni ne,
　　　　　　[それ], それで, あれでしたんですあも＝六年間. だから, はい％入った時はです
　　　　　　ね,..もう=<@>チンプンカンプンでも</@>,(H) 言えないんですよ, 日本語=で, (H)
　　　　　　あの, 聞いても分からんから. だから, 喧嘩して殴られても先生にね,

3　KAI:　　un.
　　　　　　うん.

4　GI:　　　na% nan te i-oo to <@>omou-n desu kedo, (H) ano doo% doo yuu no ka
→　　　　　**i-e-nai</@> waka-ran**. [(H). da]kara moo shooganai ijime-rare-te-
　　　　　　ta-n desu yo. (H). tokoroga (H), yo-nen gurai ni naru-to karada ga
　　　　　　ookii kara,
　　　　　　な％何て言おうと<@>思うんですけど, (H) あのどう％どう言うのか言えない</@>分
　　　　　　からん. [(H) だ]からもうしょうが無いいじめられてたんですよ. (H) ところが
　　　　　　(H), 四年位になると体が大きいから,

5　KAI:　　　　　　　　　　　　　　　　　　　　[u=n].
　　　　　　　　　　　　　　　　　　　　　　　　[う=ん].

6　KAI:　　u[2n2].
　　　　　　う[2ん2].

→7　GI:　　[2mo2], soshite Nihon-go **hanas-eru-n** desu yo.
　　　　　　[2も2], そして日本語話せるんですよ.

(70)〈SAI-mは、戦前台湾に来ていた日本人は公務員が多かったと言った後〉

→SAI-m:ne. sore kara,.. sore igai no ne, Taiwan ni **ki-toru** Nihon-jin te no
　　　　　　wa ne,.. ano==,.. Okinawa toka, Kagoshima toka,.. Miyazaki,.. ano
　　　　　　atari no ne, ma= ano= hora Nihon=, jinkoo ga ne, moo, pankushi-
→　　　　　sooni nat-ta kara ne, imin ni **ki-teru** wake yo. de sore ga Taiwan e
　　　　　　kuru-to ne, Taiwan-jin ga mo sudeni su% ano=, osae-teru, sono=
→　　　　　basho wa ne, moo **ik-e-nai** kara. dakara, ano hito-tachi wa ne minna
　　　　　　ne, (H) Taiwan-jin no it-te-nai ne iwayuru Taiwan no, hi% toobu-
　　　　　　kaigan,.. asuko ga ne=, Nihon-jin no ne, imin no ne, imin-mura ga
→　　　　　takusan **aru** toko nan su yo.
　　　　　　ね. それから,..それ以外のね, 台湾に来とる日本人てのはね,..あの==,..沖縄とか,
　　　　　　鹿児島とか,..宮崎,..あの辺りのね, ま=あの=ほら日本=, 人口がね, もう, パンク
　　　　　　しそうになったからね, 移民に来てるわけよ. でそれが台湾へ来るとね, 台湾人がも既に
　　　　　　す％あの=, 抑えてる, その=場所はね, もう行けないから. だから, あの人達はね皆
　　　　　　ね, (H) 台湾人の行ってないねいわゆる台湾の, ひ％東部海岸,..あすこがね=, 日本人の
　　　　　　ね, 移民のね, 移民村が沢山ある所なんすよ.

(71)〈幼稚園で日本人に差別されなかったかと聞く〉
1　KAI:　hu=n. ja sono naka de wa sabetsu nanka wa sare-na-katta-n #?
　　　　　ふ＝ん．じゃその中では差別なんかはされなかったん #?
2　TO:　<F>na-katta-n desu yo</F>.
　　　　　<F>なかったんですよ</F>．
3　TO:　dakedo=, kojin-teki-ni Nihon-jin wa=,
　　　　　だけど =, 個人的に日本人は =,
4　KAI:　<P>u=n</P>.
　　　　　<P>う＝ん</P>．
→5　TO:　sono toki wa iwa%, ano yuuetsukan ga aru-n desu yo.
　　　　　その時はいわ %, あの優越感があるんですよ．

　日本語では談話効果の為にル形が使われることもあるし、また語りの最初に時について言及することにより、過去の出来事だと一旦時設定されれば、ル形を使用しても意味解釈が不可能になることはあまりない。その意味でテンスは情報伝達の重要度が低い。ここでの結果は、重要度の低い文法的形態素は習得が後回しにされる、或いは運用上あまり注意が払われない可能性を示唆している。

7–5.　助詞

　では次に助詞の使用について考察する。Clancy（1985）によると、日本語母語話者の子供は助詞省略の頻度が高いものの、簡単に格助詞を習得し、1 ～ 2 歳で格助詞が出現する（p.387）、ただ「名詞＋助詞」が典型的な表層構造の設定だと気付く頃には、どんな助詞を使うべきかまだよく分かっていなくても名詞の後に助詞を付けることがある（p.505）、ということである。大久保愛（1967: 101）は 2 歳半までには大人使用のものが全部現われ、固定し確実なものとして使用されると述べている[30]。岩立志津夫・小椋たみ子（2005: 46–48）によると、生後 22、23 ヶ月に「助詞の爆発」と呼ばれる助詞の発達の急激な高まりが見られ、最も早く出現する格助詞は、所有格「の」[31]、行為者格「が」、道具格・場所格「で」、目標格「に」、仲間格「と」であるとされている。ただ幼児の助詞の使用は最初は誤りも見られるようである（堀口純子 1979）。また初期の段階では助詞はよく省略され、省略率は

高いとされる(Ito & Tahara 1985、Clancy 1985)。

よく問題とされる「は」と「が」については、日本人の子供は「は」「が」を2歳頃から使い始めると報告されている(大久保愛 1967)。ただIto & Tahara (1985)は、「は」の使用は8歳で増え、10歳に減りその後また増えるというU字型発達を見せたという報告をしている。またIto & Tahara は、聞いた文が絵に合っているかを判断するテスト結果から、5歳位で対比の「は」と排他の「が」を判断するが、それは語順が影響し、どんな語順にも拘わらず判断できるようになるのは13歳頃だとしている。そして4〜5歳は「は」「が」の談話機能(新旧情報)の違いが分からず、コンテクストに拘わらず「が」を使用し、談話機能の違いが分かるようになるのは14歳頃だと述べている。「は」と「が」のどちらが早く習得されるかについては、Nakamura (1990)が子供と大人を比べたテストから、子供の語りでは「は」よりも「が」の方が早く出現するが、3歳児はほとんど助詞を使用せず省略し、4歳から5歳の間に「は」の使用が増え、その後「が」の過剰産出が起こる、一方大人は「は」の使用が「が」よりも多い、と報告している。

これら日本語母語話者による助詞の習得研究を概観すると、幼児は省略や誤りを犯すが、2歳位までに殆どの助詞が出現する、「は」と「が」については「が」の方が早く出現し、二つの機能の違いを理解するのは時間がかかり、13〜4歳頃になる、と言えるようである。

以上日本語母語話者の助詞の習得についてであるが、日本語学習者による助詞の習得順序の研究も数多く行われている(土居利幸・吉岡薫 1990、石田敏子 1991、Yoshioka 1991、Yagi 1992、Sakamoto 1993、八木公子 1996, 1998、森本順子 1998、高木眞美 2001 など)。先行研究の多くは「は、が、を」の習得順序について考察しており、「を」の習得順位は各研究者によって異なるものの、主題の「は」と主格の「が」の比較では「は」の方が「が」よりも早く習得されるとまとめられる。また「は」「が」の中でも主題の「は」が対比の「は」よりも正用率が高く、対象の「が」の方が主語の「が」よりも正用率が高いという報告もある(土井利幸・吉岡薫 1990、Sakamoto 1993、八木公子 1996、森本順子 1998)[32]。その他の助詞を含めた研究では、Yagi (1992)が日本語学習者の書いた作文の分析から、「が(接)、から

(接)」は最も正確な使用が多く、次に「に、は」そして三番目が「が(格)」とグループ分けされるとしている。八木公子(1996)は同じく作文の分析から、「は、を、に、の」の助詞は比較的使用例が多いが、「へ、まで、が(接)、ので、だけ、や」は極端に少ないと述べている。この他岩崎典子(2001)は英語を母語とする初級日本語学習者の殆どが場所の助詞は「に」と認識しており、動詞ではなく名詞の意味によって「に」と「で」を選択していると述べ、迫田久美子(2001)も韓国人と中国人話者を対象とした調査から、位置を示す名詞には「に」が伴われやすく、地名や建物を示す名詞には「で」が導かれやすいと指摘している。高木眞美(2001)は、学習者のレベルが上がるにつれ助詞の誤用が減るが、「は」に比べ「が」の習得は困難であり、「に」と「で」の誤用については母語の影響によって誤用率が異なると報告している。では、台湾人高齢層の助詞の使用はどのようなものであるのだろうか。次の表を見てみよう。助詞の正用、省略、誤り数の比較とそれをグラフで示した結果である。

表20　助詞の正用、省略、誤り数

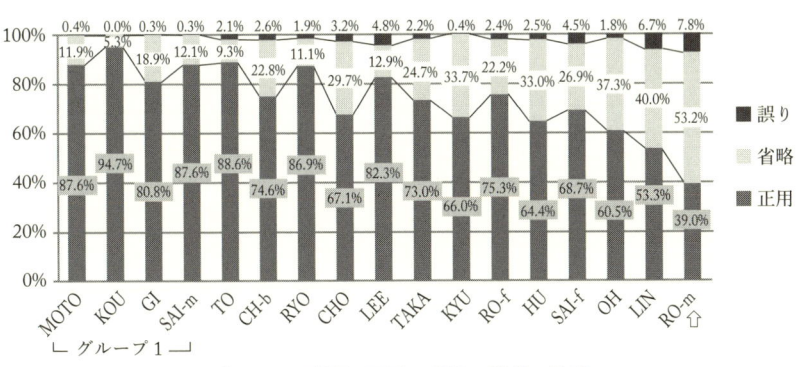

	G1				G2			G3						G4			計
	MOTO	KOU	GI	SAI-m	TO	CH-b	RYO	CHO	LEE	TAKA	KYU	RO-f	HU	SAI-f	OH	LIN	RO-m	
正用	594	288	619	557	622	563	446	230	326	65	186	278	279	46	199	56	30	5,384
省略	81	16	145	77	65	172	57	102	51	22	95	82	143	18	124	42	41	1,333
誤り	3		2	2	15	20	10	11	19	2	1	9	11	3	6	7	6	127
計	678	304	766	636	702	755	513	343	396	89	282	369	433	67	329	105	77	6,844

グラフ2　助詞の正用・省略・誤りの比率

結果から、インフォーマントの助詞は誤りが少ない、特にグループ1のインフォーマントは皆誤りが0.4%以下である、また、RO-m 1人を除いて皆省略よりも正用の方が多く、グラフ2からは左側のインフォーマント(つまりグループ1寄り)程省略の割合が低い、と言える。

Traphagan(1997)は、小学校で日本語を第二言語として学ぶ子供を対象にしたテストから、文を作るタスクでは助詞の誤用がまれで、また省略や助詞の前のポーズが少ないとしている。Traphaganによると助詞の省略は大人の学習者の場合の省略率に比べても低く(松田由美子・斎藤俊一(1992)と比較)、また大人の学習者はどの助詞を使うか考えて助詞の前にポーズを置くことが一般的に観察されるが、こうした報告と相反しており、子供は述部にくる語のいくつかを助詞と共に塊として覚えている可能性があると述べている。本書のインフォーマントの日本語にも助詞の前にポーズは見られず、誤り数も少ない。これはTraphaganの第二言語として日本語を学ぶ子供達の結果と似ており、本書の結果は大人の学習者か子供の学習者か、或いは外国語学習者か国語としての第二言語学習者かによって助詞の習得が異なる可能性が示唆され得る。

台湾高齢層は助詞をかなり正確に使用しているが、次の表21は正しく使用された各助詞の総数、表22はいくつか見られた誤りの内訳を示している。表22の中の「助詞の省略誤り」は、省略すると不自然な箇所で助詞を省略している誤りである[33]。

表21　各助詞の総正用数(全インフォーマント合計)

は	主格が	対象が	を	に				で			から	の
				場所	時間	与格	他	場所	道具	他		
1,132	720	73	351	252	111	35	217	94	75	81	105	1,450

へ	も	と	まで	でも	より	には	では	その他
60	272	123	26	41	16	30	47	73

表22　助詞の誤り内訳（誤って使った助詞）

	助詞	は	が(主格)	が(対象)	を	に	で	から	の	へ	も	と	その他	小計	助詞の省略誤り	計
G1	MOTO				1	1			1					3		3
	KOU													—		—
	GI		1	1										2		2
	SAI-m					2								2		2
G2	TO		1	3	2	5						1		12	3	15
	CH-b	2			1	5	1		2		1			12	8	20
	RYO	2			1		4		1				とは(1)	9	1	10
G3	CHO	2	1		2								には(1)	7	4	11
	LEE		6	1	3	1	2		3				にも(1)	17	2	19
	TAKA	1												1	1	2
	KYU					1								1		1
	RO-f		1		1	2				1	3		でも(1)	9		9
	HU	1		1	2	3	1							8	3	11
	SAI-f		2			1								3		3
G4	OH	2			1		2						にも(1)		5	1	6
	LIN	1								1				2	5	7
	RO-m					2								2	4	6
	計	11	12	6	12	21	13	—	7	1	6	1	5	95	32	127

表22を見ると、助詞の誤りで最も多いのは「に」、続いて「で」「が(主格)」「を」である。しかし表21の総使用数と比べると、これらは使用数も多い助詞である。次の表23は、誤って使われた助詞と使われるべきだった助詞の関係である。なおこの表には助詞の省略誤りは含まない。

表23　誤って使われた助詞と使われるべき助詞

正しい助詞＼助詞誤り	は	が(主格)	が(対象)	を	に	で	から	の	へ	も	と	その他 とは	には	にも	でも	計
は		5		1	5	1			5				1			18
が(主格)	1			1	2	1		1								6
が(対象)				1												1
を	3	5	5		6	1		3	1							24
に(場所)	1	1				6		1								9

に(時間)	1	1					1								3
に(与格)				1											1
に(目的)					1										1
に(その他)			1	3	1										5
で(場所)				1											1
で(手段)				2				1							3
で(賓辞)				2											2
で(その他)															—
から					1		1								2
の	2			1											3
へ				2		1									3
も	1												1	1	3
と				2	1				1						4
しか	1														1
でも													1		1
か(疑問符)				1											1
ø	1														1
不明				1	1										2
計	11	12	6	12	21	13	—	7	1	6	1	1	1	2	1	95

　誤り数自体少ないが、表23の結果から誤りがある場合は、「は」を使用すべきところで「が(主格)」「に」「も」を使った誤り、「を」を使うべき箇所で「が(主格)」「が(対象)」「に」を用い、「に(場所)」を使用すべき箇所で「で」を使用した誤りが多いことが分かる。「は」に関係する誤りが見られるのは、先行研究で主題の「は」は習得しやすいという報告とは異なる結果である。これに関係して、超上級話者3人の「は」と「が」の誤りについて考察した坂本正・町田延代・中窪高子(1995: 83)も、最も多いのは「は」を使うべきところで「が」を使った誤りで、主題の「は」は最終的に一番最後まで残る難しい用法なのかもしれないと述べている。また日本語学習者による助詞の習得研究で「に／で」や「は／が」の使い分けが問題になることが多いが、管見で知る限り「を／が」や「を／に」などの使い分けはあまり問題とされていない。表23の結果は、実は「を」の習得、或いは「を、に、が」の使い分けも難しいのかもしれないという可能性を示唆して

いる。ただ先の表21で見たように、「に」「が」は使用数も特に多い助詞である。次の表24の正用を100とした場合の対正用の誤り比率を見ると、多いのは「が(対象)」、続いて「で」「を」「に」である。誤り出現数も対正用誤り比率も共に多いのは「で」「に」のようである。

表24 対正用の誤り比率

は	が(主格)	が(対象)	を	に	で	から	の	へ	も	と
1.0%	1.7%	8.2%	3.4%	3.4%	5.2%	—	0.5%	1.7%	2.2%	0.8%

次に助詞の誤り例を幾つか挙げる。

「は、が、を」の誤り

(72)〈中学から急に北京語による教育になった時のことについて〉
  1 CH-b: Chuugoku-go Pekin-go a\. Pekin-go o manabu desho/. de Pekin-go o manabu no wa ii keredo,
      中国語北京語あ\．北京語を学ぶでしょ/．で北京語を学ぶのはいいけれど,
  2 KAI: fun.
      ふん．
→3 CH-b: ano= nikki **wa** kaku no yo.
      あの=，日記<u>は</u>書くのよ．

(73)〈靖国神社の戦没者協会は献金を一年分しか受け取らないので、来年また献金しに日本へ行く予定だという話をして〉
→1 LEE: (TSK) de= watashi **ga** rainen iku-tsumori, Nihon ni ne.
      (TSK) で=私<u>が</u>来年行くつもり，日本にね．
  2 KAI: a[=].
      あ[=]．
  3 LEE: [kore] o katazuke ni.
      [これ] を片付けに．

(74)〈戦争に行った時、日本人上司が自分に日本名を付けてくれたという話をして〉
  1 LEE: kaiseemee suru.
      改姓名する．
  2 KAI: (0) a=\.
      (0) あ=\.

→3 LEE: sorede ■■-san ga ne, watashi o namae tsukete-kure-ta-n.
          それで■■さんがね, 私を名前付けてくれたん.

例 (72) は「を」、例 (73) は「は」、例 (74) は「に」を使用すべきところで各々「は」「が」「を」が使われている。

「に、で、へ」の誤り

(75)〈大学生の時に太平洋戦争関係の本が沢山出版されたという話をして〉
  1 KAI: fu=[n].
            ふ=[ん].
  2 CH-b: [da]kara sonna= kono hon zenbu Nihon-go dakeredo=, ano= ha%
            hu% yon-bun no ichi shika ne= Nihon-jin ga kai-te-nai. nokori
→   no= yon-bun no san <A>zenbu</A> Amerika-jin ni= kai-ta-n ya.. hai,
            muron=,.. n Eigo=, hon'yaku shi-ta mono de,
            [だ]からそんな=この本全部日本語だけれど=, あの=は％ふ％四分の一しかね=日
            本人が書いてない. 残りの=四分の三<A>全部</A>アメリカ人に=書いたんや..
            はい, 無論=,.. ん英語=,翻訳したもので,
  3 KAI: fun.
            ふん
  4 CH-b: ke% kekkyoku wa Nihon-go desho/.
            け％結局は日本語でしょ/.

(76)〈一緒にいる人とはずっと前からの知り合いか聞くと〉
  1 KYU: iya moto=%,.. tomodachi <@>ja-naku-te</@>, kekkon shi-te=kara koko
            de, (CLAP HANDS), shi[ri]at-ta no yo.
            いやもと=%,.. 友達<@>じゃなくて</@>, 結婚して=からここで, (手を叩く), 知
            [り]合ったのよ.
  2 KAI: [un].
                                [うん].
  3 KAI: [2<P>un</P>2].
            [2<P>うん</P>2].
  4 KYU: [2o2]naji= ano, <#>ninka</#> no, <#>koozoku</#> ni=,.. kono hito
            mo,
            [2お2]なじ=あの,<#>ニンカ</#>の,<#>コウゾク</#>に=,..この人も,
  5 KAI: un.
            うん.

→6　KYU：　koko **de** oyome ni ki-ta no yo.
　　　　　　ここ<u>で</u>お嫁に来たのよ．

(77)〈戦後、公学校時代の恩師を台湾へ招待した時の話をして〉
　1　RO-f：etto Taiwan ne= ano [wata]shi-tachi ga ne,
　　　　　　えっと台湾ね＝あの［わた］し達がね，
　2　KAI：　　　　　　　　　　　　[un].
　　　　　　　　　　　　　　　　　［うん］．
　3　KAI：un.
　　　　　　うん．
　4　RO-f：ano shootai shi-te ne,
　　　　　　あの招待してね，
　5　KAI：u=n.
　　　　　　う＝ん．
→6　RO-f：e Nihon **e**= irashi-ta no.
　　　　　　え日本<u>へ</u>＝いらしたの．

　　例(75)は「が」、例(76)は「に」が使われるべきところで各々「に」「で」が使われている。「へ」格の誤りは(77)の一例のみだが、ここでは「から」を使用すべきところに「へ」が使われている。

「の、も、と」の誤り

(78)〈漢字を説明して〉
→RYO：hari to iu no wa, kono, ie **no** tsukuru ano hari dearimasu.
　　　　　梁というのは，この，家<u>の</u>作るあの梁であります．

(79)〈家で主人とも日本語で話すと言って〉
　1　KAI：un [un].
　　　　　　うん［うん］．
→2　RO-f：　[##%], uchi no shujin mo, e=,.. Nihon-go **mo** daibu oboe-teru kara,
　　　　　　［##%］，うちの主人も，え＝,..日本語<u>も</u>だいぶ覚えてるから，
　3　KAI：u[2n2].
　　　　　　う［２ん２］．

```
  4  RO-f:  [2fu2]tari de ne ano[3=3],
            [2ふ2]たりでねあの[3=3],
  5  KAI:                        [3un3].
                                 [3うん3].
  6  RO-f:.. itsumo=,.. Nihon-go o= chotto,.. hanashi-at-teru.
          ..いつも=,..日本語を=ちょっと,..話し合ってる.
```

(80)〈日本時代の日本人警察官は台湾語が話せ、よく冗談を言い合ってお喋りをしていたという話をして〉

```
  1  TO:   ##### no ano= Taiwan-go tsukau-n desu  yo.
           #####のあの=台湾語使うんですよ.
  2  KAI:  (0) <P>u=[n</P>].
           (0)<P>う=[ん</P>].
  3  TO:         [de] wareware kodomo dakara wazato, (H) soo yuu
→                yooni=,.. sono Taiwan-go to hanashi-te [2ma=, ma2]=, ano hitotsu
                 no tanoshimi to iu ka [3joodan no huu-ni ne3].
                 [で]我々子供だからわざと,(H)そうゆうように=,..その台湾語と話して[2ま=,
                 ま2]=,あの一つの楽しみというか[3冗談の風にね3].
  4  KAI:                                              [2<P>u=n</P>2].
                                                      [2<P>う=ん</P>2].
  5  KAI:                                 [3<P>hu u=n</P>3].
                                          [3<P>ふう=ん</P>3].
```

例(78)は「を」を使うべきところで「の」、例(79)は文脈から論理的に「も」を使えないところで「も」を使用している。例(80)は「で」を使うべきところで「と」が使われている。

以上助詞の誤り例を紹介したが、助詞は正しく使われることが断然多く、一回きりの誤りも多い。それは言い間違いとも考えられ、国語として日本語を学んだ台湾人高齢層はかなり正確に助詞を習得しているようである。ただ、「も」の誤りについては前後の文脈から論理的に「も」を使えないところで使っているインフォーマントが4人おり(CH-b、RO-f、OH、LIN)、彼らは「も」による含意を誤って使っている、或いは誤って習得している可能性がある。しかし、こうした「も」の誤りはグループ1のインフォーマントには見られなかった。

ちなみに、中国語から日本語への転移によって起きる母語の干渉として取

り上げられることが多い誤りの一つに、「形容詞＋の＋名詞」(例：新しいの本)という連体修飾構造がある。しかしこの「の」の過剰使用の現象は日本語母語話者の幼児の言語発達にも見られ(永野賢 1960: 417[34]、大久保愛 1967: 107–109、Clancy 1985 他、横山正幸 1990[35])、また中国語からの母語の影響だけでなく第二言語学習者に普遍的に見られる現象だとも指摘されている[36]。ただ中国語話者による「の」の過剰使用は、中上級まで残り(山田真理・中村透子 2000)、他の言語話者に比べ頻度が多い(奥野由紀子 2001)という報告もある。本書のインフォーマントの助詞の誤りの内「の」の過剰使用は見られなかった。この結果は山田・中村等の「中上級まで残る誤り」という言及とは異なっており、子供の第二言語習得では母語話者と同じように、このタイプの誤りが出現しても早く消える可能性がある。一方山田真理・中村透子(2000)は、日本語学習者中級・中上級の作文を分析した結果、付加より脱落の誤用の方が多く、「名詞＋の＋名詞」における「の」の脱落が最も多用される誤用であると述べている。本書のインフォーマントは、助詞を省略できない箇所で省略する誤りが数例見られたが、その中には「の」の脱落も含まれていた。表 25 を見てみよう。

表 25　助詞省略誤りの内訳

使われるべき助詞	G1				G2			G3						G4			計
	MOTO	KOU	GI	SAI-m	TO	CH-b	RYO	CHO	LEE	TAKA	KYU	RO-f	HU	SAI-f	OH	LIN	RO-m	
の					1	6	1	1	2				2		1		1	15
は					1													1
で					1	1		2							4	3		11
に						1		1										2
と									1		1				1			3

　結果を見ると、最も多い省略誤りは「の」である。山田・中村の指摘と同じように「の」は脱落の誤りの方が多いと言える。ただグループ 1 のインフォーマントには助詞省略誤りは見られないので、日本語熟達度が非常に高くなると産出されない誤りのようである。

7-6. 指示詞(コ・ソ・ア)の使用

　日本語学習者の誤りの一つとして注目される項目にコソアの使用がある。コソアの習得と使用については日本語学習者についてだけでなく、母語話者を対象とした研究も幾つかある。

　日本語母語話者は、2歳後半にはコソアドのほとんどの指示詞が使えるようになり、最も早く出現するのはコ系だと言われる(大久保愛1967、久慈洋子・斉藤こづゑ1982[37])。大久保の調査よると、幼児は指示代名詞を早く習得し、よく使うが、全体的には近称「こ」の類が早く使われ、次いで遠称「あ」の類、中称「そ」の類は遅れ、出現は2歳後期だと述べている(p.14, p73)。また久慈洋子・斉藤こづゑは、「これ」に対するはずの「あれ」や「それ」、「あそこ」や「そこ」はなかなか出現しない、ソ系に対して「ここ」「あっち」の方が習得が圧倒的に早いと記している(p.233, p242)。

　日本人児童と日本語学習者を比較した研究としては迫田久美子(1998: 104-126)が、両者とも現場指示用法は最も早く日本人成人のレベルに達し、日本人児童は小学校3年生までに、日本語学習者は中級レベルまでに習得されるが、両者とも日本人成人に比べると指示詞コ・ソ・アの使用頻度が低い。単純照応用法[38]は、日本人児童は小学校6年生までに、日本語学習者は中級から上級レベルの間で習得される。両者が異なるのはア系文脈指示用法、ソ系文脈指示用法、観念CS用法[39]で、日本人児童にとってはソ系文脈指示用法の習得が困難であるが、日本語学習者はア系文脈指示用法や観念CS用法の方が習得が困難だと考えられる、と述べている。また迫田久美子(2001: 207)は母語話者と成人の日本語学習者の習得順序は異なるとし、指示詞用法の出現順序を次のように想定している。

【母語の場合の出現順序】：ア・コ系観念＞ソ系文脈≧ア系文脈＞(コ系文脈)[40]
【外国語の場合の出現順序】：コ系文脈≧ソ系文脈＞ア系文脈＞ア系観念

　日本語学習者のみを対象とした研究もこれまで数多くの考察があるが、先行研究をまとめた孫愛維(2007: 83)によると、正しく「ソ」を選べず「ア」

を選択した「ソ→ア」[41]の誤りが数多く指摘されており、学習者は上級になっても「ソ」「ア」の使い分けに困難を示すようである。そしてその原因について迫田久美子(1997, 2007)は、学習者が抽象的な事柄にはソ系指示詞、具体名詞にはア系指示詞という独自の規則を作っている可能性を指摘している。「コ」「ソ」の使い分けについても迫田久美子(2001)は、後接する名詞の種類によってコ系(具体的名詞)かソ系(抽象名詞)かを選択しているようだと述べている。更に迫田は、成人学習者は「あの人」「そんなこと」などを一つの塊として覚えて使っている可能性があると示唆している(p. 211)。迫田と共に金智英(2004)も、名詞によって指示詞が選択される可能性を指摘している。金は3人の在日コリアン一世を対象とした調査から、「その」は人よりも事物と結合する割合が高く、人が指示対象になる場合はソ系よりもア系が多く使われるが、身近にいない人、一時的な出会いの人はソ系で指示され、身近な人はア系を使用するという心理的要因が観察されると述べている。また、同じ文脈指示対象にソ系とア系の両方が使用される場合があり、文脈指示では「コ：ソ(ア)」の二項対立になることと、ある話題の時間的背景を表す定型表現として「その時」が使われることを指摘している。この他台湾人中級日本語学習者の語りを分析した川合理恵(2006)は、文脈指示で「ソ」が多く使用され、ソ系で最も多いのはコ系で示すべきところをソ系を用いる誤用である、ソ系を使うべきところでア系を使う例も多く見られた、と述べている。そして「その時」「あの時」と「ソ、ア」を時を表す言葉と共に使う例が多いことも特徴だと示している。ただ川合の、ソ系の最も多い誤りは「コ→ソ」であるという指摘は、迫田久美子(2001)が韓国語話者と中国語話者各3人ずつを3年間かけて調査した結果、学習開始の1年目までは「ソ→コ」の誤りが多い、という報告とは逆である。

　以上の先行研究をまとめると、日本語母語話者の場合2歳位までに指示詞が現れるが、正確な用法を習得するには小学校高学年までかかり、ソ系は習得が難しいと言える。日本語学習者の場合は、後接する名詞によって指示詞を選択するという独自の規則を活用するため誤りを犯すことがある。最も習得が困難なのは「ソ」「ア」の使い分けで、ソ系指示詞を使うところでア系を使った誤りが多く、また学習者は「その時」「あの時」「あの人」「そん

では台湾人高齢層の指示詞の用法はどうなっているのだろうか。最初の表4で示したように、幼い時から日本語を学び始めた彼らにも幾つかの指示詞の誤りが見られる。次の表26は指示詞の誤り内訳である。なお表内で「☆」印がついた項目はコソア間の選択誤りではないのだが、指示表現の誤り又はそもそも指示詞がつかえない箇所で指示詞を使った誤りである。このようなタイプの誤りは、坂本正・町田延代・中窪高子 (1995) が超上級者の発話に見られることを報告している。なお表内の「X→*Y」という表記は、Xを使うべきところでYを使った誤りを意味する。

表26 指示詞に関する誤り

	G1				G2			G3						G4			計
	MOTO	KOU	GI	SAI-m	TO	CH-b	RYO	CHO	LEE	TAKA	KYU	RO-f	HU	SAI-f	OH	LIN	RO-m	
これ→*それ										1								1
それ→*あれ			1		2	5	1		1	2					2		1	15
その→*あの				1				1		1		1						4
そこ→*あそこ						1			7			1						9
そんな→*あんな			1			1									1			3
それ→*これ									1									1
その→*この						1						1						2
そんな→*こんな															3			3
あれ→*それ								2										2
あの→*その																	2	2
あそこ→*そこ												1						1
あそこ→*向こう						1		2			4	1						8
そこ→*向こう						1			1									2
☆こう言うN→*これ									1			3						4
☆そこ→*これ				1								1						2
☆そう言うN→*この						1												1
☆そう言うN→*あれ					4	1												5
☆あそこ→*あれ						1												1
☆あの辺→*あそこ						1												1
☆ああ言うN→*あの						1												1
☆ああ言うN→*あれ					1													1
☆ああ言うN→*あんなの						1												1

☆ ø→*あれ					1	1		2			1		5
☆ ø→*それ				1			1		1				3
計	—	—	3	1	3	16	8	6	9	8	5	5	4	—	7	—	3	78

　表 26 から最も多い誤りは「それ→*あれ」であり、この誤りは多くのインフォーマントに見られることが分かる (17 人中 8 人)。この結果は第二言語としての日本語学習者と同じ傾向を示しており、また「それ」が正しく出現しないというのは、日本語母語話者の「そ」系が最も遅く出現するという報告と繋がるところがある。次に多いのは合計数から見れば「そこ→*あそこ」であるが、この誤りの多さは 1 人のインフォーマント (LEE) が繰り返し産出したためである (9 例中 7 例)。3 番目に多いのは「あそこ→*向こう」で、8 例中 4 例は 1 人のインフォーマント (KYU) によるものであるが、4 人のインフォーマントにこの誤りが見られる。先行研究では、日本語学習者は上級になっても「ソ」「ア」の使い分けに困難を示すと述べられているが、本書での結果もこれに一致している。また迫田久美子 (1998) の分類に従って見ると、「それ→*あれ」の計 15 の誤りのうち、単純照応用法が 7 例 (TO：1 回、CH-b：3 回、RYO：1 回、LEE：1 回、TAKA：1 回)、文脈指示用法が 5 例 (GI：1 回、TO：1 回、OH：2 回、RO-m：1 回)、観念 CS 用法が 3 例 (CH-b：2 回、TAKA：1 回) であった。また語形が関係する誤り (表中☆印) は、ア形指示詞を誤って用いたものが多いのと、「こう／そう／ああ言う N」を使うべきところで単純指示詞の「これ、それ、あれ」を用いているものが多い。そしてこうした語形が関係する誤りは、日本語熟達度の高いインフォーマントにはほとんど見られず (GI の 1 回のみ)、特定のインフォーマント (CH-b と RYO) に多いことが分かる。

　以上の結果から、たとえ国語として日本語を学んだ人達であっても、指示詞の誤りが見られる、台湾高齢層が犯す指示詞の誤りは成人の日本語学習者と同じく、最も多い誤りは「それ→*あれ」で、次に同じく「そ」「あ」間の誤り「そこ→*あそこ」である、「こう／そう／ああ言う＋名詞」とタイプを語るべきところで「これ、それ、あれ」を使う誤りも多い、ということが分かる。次に指示詞の誤り例を示す。

(81)〈GI は台湾語はあまり出来ないと言うので〉
1 GI: [hai ##].
[はい ##].
2 KAI: [ja doo]yat-te= ano= kazoku no hito to=,.. [2komyunikeeshon suru-n desu ka2]?
[じゃどう]やって = あの = 家族の人と =,..[2コミュニケーションするんですか2]?
→3 GI: [2ya= <@>**are** wa onnaji desu yo</@>2]. Taiwan-go dakara.
[2や =<@>あれは同じですよ</@>2]．台湾語だから．

(82)〈兵隊から戻ってきて、運輸会社に入社したという話をして〉
1 LEE: ano Karen-koo kara Taihoku no, aida no kamotsu o, un%,.. ano unpan suru torakku ni=,
あの花蓮港から台北の , 間の貨物を , うん%,.. あの運搬するトラックに =,
2 KAI: <P>un</P>.
<P> うん </P>.
3 LEE: hait-ta-n da.
入ったんだ．
4 KAI: fu[=n].
は [= ん].
→5 LEE: [(TSK)] **asoko** de, gijutsu o mo% na%, morat-ta yo.
[(TSK)] あそこで , 技術をも % な %, もらったよ．

(83)〈孫を碁盤教室に連れて行って、迎えに行くまでの間、図書館に来るという話をして〉
→1 TAKA: ha= **mokoo** ni tsure-te=, [are], <#>hasachi=%</#>, <c>nega=</c> ku-ji kara/,
は = 向こうに連れて =,[あれ],<#> はさち =%</#>,<c> ネガ =</c> 九時から /,
2 KAI: [un].
[うん].
3 KAI: un.
うん．
→4 TAKA: Ku-ji kara= ju=ichi-ji-han made, [**ano** aida],
九時から = 十 = 一時半まで ,[あの間],
5 KAI: [u=n].
[う = ん].
6 TAKA: watashi koko ni kuru-n desu.
私ここに来るんです．

例(81)は「それ→*あれ」、例(82)は「そこ→*あそこ」、例(83)は「そこ→*向こう」「その→*あの」の誤りである。
次の例(84)(85)は「こ／そ／あんな」「こう／そう／ああ言う〜」とタイプを述べるところで単純指示詞を用いている誤りと、例(86)(87)は指示詞を使えないところで使っている誤りの例である。

(84)〈今の若い人の歌は面白くないが、年配の演歌歌手の歌は好きだと言って〉
   RYO: are ## Ishihara Sayuri toka ne, e=to sorekara, Nakamura Mitsuko toka
→   ne, ano enka wa boku wa suki yo.
       あれ##石原さゆりとかね, え=とそれから, 中村三律子とかね, あの演歌は僕は好きよ.

(85)〈HUに今日本語には新しい外来語があるだろうと聞かれて〉
  1 KAI: ma, ironna katakana/, katakana no, gaikoku no kotoba/. tatoeba
         stereo toka=,
         ま, いろんなカタカナ/, カタカナの, 外国の言葉/. 例えばステレオとか=,
  2 HU: a=.
         あ=.
  3 KAI: compuutaa toka/.
         コンピューターとか/.
→4 HU: <F>mukashi kore nai yo=</F>.
         <F>昔これないよ=</F>.

(86)〈LEEは毎日朝は山登りして、食事は自分で作ると言うので〉
  1 LEE: @@[@].
  2 KAI: [a=], dakara genki nan da.
         [あ=], だから元気なんだ.
  3 LEE: <@>he\ he\</@>. (xH).
         <@>へ\へ\</@>. (xH).
  4 KAI: fu=[=n].
         ふ=[=ん].
→5 LEE: [so]re watashi omiage,.. mo, anta ni ageru-tsumori <P>desu
         yo</P>.
         [そ]れ私お土産,..も, あんたにあげるつもり<P>ですよ</P>.

(87)〈以前は日本のテレビドラマをよく見たという話をして〉
  1 KAI: <P>u\=</P>. [terebi desu ka]?

```
  2  3rd:        <P>う\=</P>．［テレビですか］?
                          [wataru seken wa] [2##2].
                [渡る世間は][2##2].
  3  KYU:                            [2wata2]ru seken wa oni bakari.
                [2渡2]る世間は鬼ばかり．
  4  KAI:    a te[3rebi de, ##3].
             あテ[3レビで,##3].
  5  KYU:    [3are mo yo3]-katta. are mo yo-katta.
             [3あれも良3]かった．　あれも良かった．
  6  KAI:    .. ja= anmari saikin wa terebi [4o mi-masen ka4]?
             ..じゃ=あんまり最近はテレビ[4を見ませんか4]?
→7  KYU:                                  [4**sore** Kaori4]. Kaori mo at-ta.
             [4それカオリ4]．　カオリもあった．
```

例数が少ないので規則性は見出せないが、指示詞を使えないところで使われている「それ」は例(86)(87)に見るように、フィラー的に使用されているようであった。

この他、コソア選択の誤りではないので先の表26には含めていないが、第三者を「これ、あれ」で指示する用法が見られた。次の表27に見るように、最も多いのは「あれ」による指示であり、「それ」による指示はなかった。

表27　コソアによる人称指示

	G1				G2			G3						G4		
	MOTO	KOU	GI	SAI-m	TO	CH-b	RYO	CHO	LEE	TAKA	KYU	RO-f	HU	SAI-f	OH	LIN	RO-m
これ			1														1
あれ			1			2		4	4	1		1	1		12		

次に例を示す。

(88)〈SAI-mは以前観光ガイドの仕事をしていた。戦後も日本の雑誌や本を本屋から借りれたと言うので、話す練習はどうしたのか聞くと〉

```
  1  GI:    mo sore jubun [de hana%]--
            もそれ自分[で話%]--
  2  SAI-m:                    [hana]su ren[2shuu mo sho% sho%2] [3shooshoo ne
                                boku-ra ne3]--
```

```
          [話]す練[2習もしょ%しょ%2][3少々ね僕らね3]--
→ 3  GI:                     [2a kore= gaido dakara2].
          [2 あこれ=ガイドだから2].
  4  KAI:                                 [3hai hai. #,
          ■■-san3] [4wa ne4].
          [3 はいはい. #, ■■さん3] [4 はね 4].
  5  GI:           [4bo4]ku wa [5zen5]zen tsukat-te nai.
          [4 ぼ 4] くは [5 全 5] 然使ってない.
  6  SAI-m:                    [5ee\5].
          [5 ええ \5].
```

(89)〈CHOは時々日本語を使うというので〉
```
  1  KAI: de,.. ja, ano=, musuko-san to wa Nihon-go de hanashi o shimasu
          ka/?
          で,..じゃ,あの=,息子さんとは日本語で話をしますか /?
  2  SON: ##. @@[@@].
  3  CHO:        [are] Nihon it-ta yo, Nihon, ichi-nen, ichi-nen-kan it-ta,
          Nihon it-ta.
          [あれ] 日本行ったよ, 日本, 一年, 一年間行った, 日本行った.
```

(90)〈公学校の時の日本人教師はどこから来た人か聞いて〉
```
  1  KAI: doko no hito desu ka?
          どこの人ですか?
  2  OH:  are=,.. Hakone no tokoro no hito.
          あれ=,..箱根の所の人.
```

　以上指示詞に関する誤りを考察したが、「それ→*あれ」の誤りが一番多いという日本語学習者と同じ傾向が見られたこと、タイプを言うべきところで単純指示詞を使う、人を指示詞で指示する、という大きく三つのタイプの逸脱が観察された。ただ、迫田や金が主張するような指示対象や後接する名詞とのはっきりした関連性は本データからは見られなかった。

7-7. 授受表現

　堀口純子（1979: 57）によると、日本語母語話者の授受表現は大体1歳後半から2歳前半に出現するようである。堀口は1人の幼児を2歳0ヶ月から3

歳1ヶ月まで縦断調査した結果から、授受動詞の習得順について「あげる→もらう→くれる」、授受補助動詞の場合は「てあげる→てもらう→てくれる」の順だとしている。そして使用頻度が最も多いのは「(て)あげる」(72.9%)であり、「(て)あげる」「(て)くれる」は補助動詞の方が本動詞よりも使用数が多い、日本人幼児に見られる誤りで一番多いのは、「(て)くれる」の43%を「(て)あげる」の意味に使用したものである、と述べている。一方藤原与一(1977)は、2歳2ヶ月の子供が「くれる」の意味で「あげる」を使っている例を挙げている(p171, p198)。

　日本語学習者による授受表現の習得については、堀口純子(1983)が中級日本語学習者に「あげる」と「くれる」の混乱、「あげる」「てあげる」の過剰使用が見られると述べている。大塚淳子(1995)は「(～て)あげる」は学習初期から出現率が高く、過剰使用も見られるが、「(～て)くれる」は「(～て)あげる／もらう」に比べて出現率が低いとしている。岡田久美(1997)も初級終了レベルで「あげる」の過剰使用があり、「くれる」構文は初級では回避されると述べている。そして「あげる」の習得は「くれる、もらう」構文に比べ早い段階で進むと考えられるとしている。また坂本正・岡田久美(1996)は、初級終了レベルの学習者では母語によって正答率が異なり、中国語母語話者が最も習得が進むが、中国語母語話者は上級でも「～てもらう」を使うべきところで誤って「くれる」を用いる可能性が高いと述べている。田中真理(1997)は、母語が英語などの「事実志向」型の場合、「てくれる」が「てもらう」よりも早い段階から生成され、数量的にも多く生産されると報告している。これまでの先行研究をまとめた尹喜貞(2004)は、授受本動詞では「もらう」が「くれる」より早く習得されることは一致しているが、「あげる」が「もらう」や「くれる」よりも早く習得されるという結果もあれば、最も遅く習得されるという結果もあり一致していない、授受補助動詞については「てもらう→てくれる」という結果と「てくれる→てもらう」の順があり、「てあげる」は「てくれる、てもらう」よりも前か後か一致していないとまとめている。一方水谷信子(1985: 28–29)は、誤用は実は数としては比較的少なく、むしろ非用の方が問題であるとし、授受補助動詞「てくれる」の非使用例を挙げている。また水谷は、授受表現の習得が困難

な理由を、英語は「事実志向型」であるが日本語は「立場志向型」であるためだとしている (p. 25)。

以上の先行研究を概観すると、日本語学習者による授受表現の習得順は次の可能性があるようである。そして日本語学習者は「あげる」「てあげる」を過剰に使う、「てもらう」「てくれる」の出現順は母語によって異なる、ということが言える。

あげる → もらう → くれる → あげる

～てあげる → ～てもらう → ～てくれる → ～てあげる ：事実志向型言語
          ～てくれる   ～てもらう

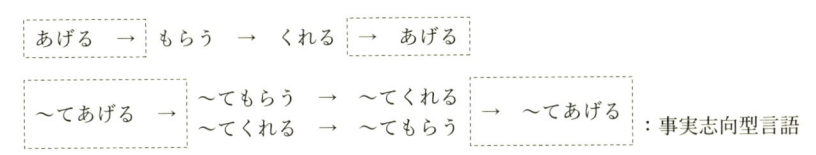

図1　考えられる授受表現習得順

では台湾人高齢層は授受表現をどのように使用しているのだろうか。結果を見ると、データには授受表現の誤りが見られなかった。ではどれだけ授受補助動詞を使用したのだろうか。表28を見てみよう。

表28　授受補助動詞の使用頻度

	G1				G2			G3				G4				計
	MOTO	KOU	GI	SAI-m	TO	CH-b	RYO	CHO	LEE	TAKA	KYU	RO-f	HU	SAI-f	OH	LIN	RO-m	
てあげる	6				1						1							8
てもらう	1		1	2			2		1		1							8
てくれる	6		5	8	3	3	3		2		1							31
計	13	―	6	10	3	4	5	―	3		1	2	―	―	―	―	―	47

大まかな傾向としては、グループ1のインフォーマント、次にグループ2のインフォーマントによる授受補助動詞の使用頻度が高い、3種の内「てくれる」の使用頻度が最も高い、ということが言えよう。

では日本人の授受補助動詞の使用頻度というのはどれ程多いのだろうか。次の四つのコーパスから得られた日本語話者の授受補助動詞使用状況を見てみよう[42]。データの長さは本書のインフォーマントのものよりも短いが、日本語母語話者の大まかな傾向は見てとれるだろう。

表29　日本人の授受補助動詞使用頻度

話者コード名(性)	TAK(男)	MAT(女)	K(女)	TOM(女)
データの長さ(分)	9分	10分	18分03秒	21分50秒
てあげる				
てもらう			1	
てくれる		2	1	
計	—	2	2	—

　表29の結果を見る限りにおいて、四つのコーパスの中での授受補助動詞の使用頻度は多くない。授受補助動詞の使用如何は談話の内容と関係があるからだろう。しかしそうとしても、日本語母語話者の場合、四つの異なるコーパスから合計四つの授受補助動詞しか見られなかったことからすると、特にグループ1と2のインフォーマント（KOUを除く）は授受補助動詞をよく駆使していると言えるだろう。また誤りは全く見られないが、特にグループ4のインフォーマントが全く授受補助動詞を使用していないという結果は、習得が遅い或いは難しい項目の一つで、使いこなすか非使用かの二極に分かれていく可能性も示唆される。

7-8. 述語の形式

　では次に述語の形式に着目する。誤りではないのだが、何人かの台湾高齢層の日本語には述語にある特徴が見られた。それは裸の述語形式の使用及び「普通体＋不適切な終助詞」である。

7-8-1. 普通体と丁寧体

　日本語母語話者は幼児期に普通体から学び、その後丁寧体を習得していくわけだが、Clancy(1985: 442-443)は2歳児のごっこ遊びの中での発話で「〜ます」の形が現れた例を報告し、「〜ます」の習得は2歳頃に始まるようであると述べている。普通体と丁寧体を習得した日本語母語話者は、書き或いは話しの中で普通体か丁寧体かのどちらかを選択するのだが、しかしこの二つが混用されることがある。これまで日本語母語話者の普通体と丁寧体の混用については、三尾砂(1942: 191-203)、金田一春彦(1982: 46-50)等古くか

ら言及されている。メイナード・K・泉子(1991)、Maynard(1992)は、日本人同士の会話、随筆、推理小説の中の会話部分という3タイプを分析し、どのタイプの文章・談話にも二つの文体の混用があると指摘している。近年、丁寧体から普通体、またその逆への移行は「スピーチレベル・シフト」と呼ばれ研究が進められているが[43]、生田少子・井出祥子(1983)は発話の敬語レベルを決定する三つの要因として、1)社会的コンテクスト、2)話者の心的態度、3)談話の展開、を挙げている。そして談話においてはまず主体となる敬語レベルが社会的コンテクストによって決定され、社会的コンテクストによる制約がさほど強くない場合、2)と3)の要因が機能する、と仮定している。話者の心的態度と談話の展開という要因についてはMaynard(1992)が、普通体の使用は1)急に思い出したり、感情を直接そのまま表現する場合、2)話者が物語の世界に入り、とっさに反応する場合、3)話者が談話構造の中で意味的に従属する背景情報を伝える場合(情報の背景化)、4)話者が聞き手を近く感じ、自己に向けた発話と似たスタイルを使う場合に行われる、と述べている。陳文敏(2003)は初対面同士の会話におけるスピーチレベルを分析し、丁寧体から普通体へのスピーチレベル・シフトは、1)情報の受信を示す(相手の発話の一部を繰り返す、先取りをする)、2)情報の整理を表す(自己の発話に対する補足・例示をする、情報内容の自己訂正を行う、何かを思い出しながら話す、適切な表現を模索する)、3)感情の表出を行う(相手の発話内容に感嘆を示す、自分の信条を吐露する)、という大きく3種類の状況で生起しやすいと述べている。また談話の構造を考慮した観点からは、野田尚史(1998)がていねい調の文章・談話の中にていねいさを考慮しない中立形が混用される構造があるとし、それが現れるのは、聞き手を意識しない心情文と、前後の文に従属した従属文であると述べている。三牧陽子(1993)は、待遇レベル・シフトが「談話の展開標識」として機能する場合、「新しい話題への移行」「重要部分の明示」「注釈などの挿入」といった三つの機能を果たすと示している。そして、待遇レベル・シフトの方向については、談話展開上の機能よりも談話内容によって既定される傾向がある(例えば深刻な内容か楽しい内容、ふざけた調子かなど)としている。

これらの議論を大まかにまとめると、次の表30・31のように各研究者で大きく共通しているのは、話者の心的態度に関わる機能では聞き手を意識しない場合、談話の構造に関わる機能では背景情報や従属した情報を伝える場合に、丁寧体から普通体になるということである。丁寧体から普通体になるその他の条件については、どのような会話や文章を扱ったかなどによって各研究者異なる機能を提唱している。

表30　話者の心的態度に関わる機能（丁寧体から普通体へのシフト）

	聞き手の非意識化・背景化		聞き手との一体化	聞き手との心理社会的関係
金田一春彦(1982)	独り言的			
三尾砂(1942)	独り言を言う		家族や親しい友人と話す	社会的に低い地位にいる人に話をする
Maynard(1992)	急に思い出したり、感情を直接そのまま表現	話者が物語の世界に入り、とっさに反応		話者が聞き手を近く感じ、自己に向けた発話と似たスタイルを使う
陳文敏(2003)	感情の表出（相手の発話内容に感嘆を示す、自分の信条を吐露する）	情報の整理（自己の発話に対する補足・例示をする、情報内容の自己訂正を行う、何かを思い出しながら話す、適切な表現を模索する）	情報の受信（相手の発話の一部を繰り返す、先取りをする）	
野田尚史(1998)	聞き手を意識しない心情文			

表31　談話の構造に関わる機能（丁寧体から普通体へのシフト）

	従属的情報	談話の切れ目	ハイライト化
金田一春彦(1982)		文章が短く切れているところ	
Maynard(1992)	話者が談話構造の中で意味的に従属する背景情報を伝える（情報の背景化）		
野田尚史(1998)	前後の文に従属した従属文		
三牧陽子(1993)	注釈などの挿入	新しい話題への移行	重要部分の明示

これらの議論は、スピーチレベル・シフトの機能や生起条件についてであるが、ただ、条件が揃えばスピーチレベル・シフトが必ず起こるというわけではない。相手との上下関係や性差という要因にも影響を受けるという指摘もある(宇佐美まゆみ 1995: 37)。

　以上日本語母語話者に関する考察を紹介したが、日本語学習者の普通体と丁寧体の混用についても多くの議論がなされている。メイナード・K・泉子(1991)、Maynard(1992)は日本語学習者が作文の中で「だ体」と「です・ます体」を混用している例を挙げており、迫田久美子(2002: 14)もアメリカ人日本語学習者の発話の中で「～です」は使用されているが、「～ます」は使用されていない例を紹介している。陳文敏(1998)は、初対面同士の会話におけるスピーチレベルを分析し、母語話者同士は「です・ます」体が基本だが、台湾人学習者の場合「です・ます」体を基本とする者、「だ」体を基本とする者、どちらとも決められない者がいる、台湾人学習者で「です・ます」体を基本とした会話の中に「だ」体を混合させるケースは、レベルシフトを十分にコントロールできていない為だと述べている。三牧陽子(2007)は、日本語母語話者同士の会話では基本的スピーチレベルが丁寧体か普通体かが明確に示されるが、日本語学習者と母語話者の接触場面では、特に初級と中級の学習者について基本的スピーチレベルが不明確な例が顕著であると指摘している。また母語話者同士の会話においては、言い切り型より文末助詞の付加等によってややレベルを下げた形式が多く使用される傾向があるのに対し、第二言語としての日本語学習者の場合、初・中級では終助詞の使用が極端に少なく、こうした形式は未習得であることが明白であるとしている。

　これらの先行研究をまとめると、日本語学習者の普通体と丁寧体の混用の問題は、社会的コンテクストから丁寧体が基本的スピーチレベルとなるところで普通体が多用される、日本語母語話者のスピーチレベル・シフトとは異なるパターンで普通体と丁寧体が混用される、という大きく2点にあると言えるだろう。

　では台湾人高年層の述語形式について見てみる。第1章で紹介したように、台湾で使用された教科書には丁寧体が導入されているので、丁寧体は公

学校で学んでいるはずである。ちなみに「行ったです」のように「動詞のタ形＋です」の形式が見られたが（GI に 6 例、SAI に 3 例）[44]、これは丁寧体に含んでいる。

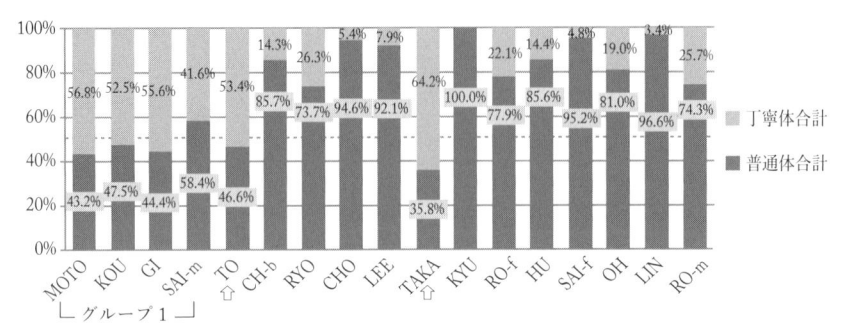

グラフ3　各インフォーマントによる普通体と丁寧体の使用比率

グラフ3を見ると、本書のインフォーマントは普通体と丁寧体のどちらも使用しているが、左から順にグループ1の話者と TO まで、そして TAKA は丁寧体を多く使用している。しかしそれ以外の話者は普通体の使用比率が断然高いことが分かる。簡月真（2000, 2005, 2011）も、先住民の丁寧体と普通体の混用について言及しているが、先に述べたように丁寧体と普通体のスピーチレベル・シフトは日本人の会話にも見られるものであり、混用自体は不適切だとは限らない。問題はどこでスピーチレベル・シフトが起こるか、またどのような文末形態で起こるかにある。例えば次の例における普通体と丁寧体の混用には何ら不自然さは感じられない。

(91)〈日本時代台湾に『台湾新民報』という新聞があった話をして〉
```
  1  MOTO: sore=, de sono Taiwan-shinmin-poo no hakkoo-busuu ga amari ooi
→       node Nihon-seefu ga, sono namae kae-sase-ta-n desu yo.
        それ=,でその台湾新民報の発行部数があまり多いので日本政府が,その名前変えさせたんですよ.
  2  KAI: u[=n].
        う[=ん].
  3  MOTO: [Koo]nan-shinbun to.
        [興]南新聞と.
```

```
    4  KAI:  u[2=n2].
              う[2=ん2].
→   5  MOTO: [2Tai2]wan te iu no yose tto. de Koonan-shinbun ni nat-ta. sore
→             demo, Taiwan-nichinichi-shin-poo o shinogu-n desu yo. ne. datte=
→             Taiwan-jin no hoo ga jinkoo ga ooi kara.
              [2台2]湾て言うのよせっと．で興南新聞になった．それでも，台湾日日新報を凌ぐ
              んですよ．ね．だって＝台湾人の方が人口が多いから．
    6  KAI:  u=n.
              う＝ん．
→   7  MOTO: Taiwan-nichinichi-shin-poo to <F>gassaku</F>-sase-rare-ta-n desu.
              台湾日日新報と<F>合作</F>させられたんです．
```

(92)〈毎月集まっている、かつての少年飛行兵の会について〉

```
    1  KAI:  <PP>u[=n</PP>].
              <PP>う[=ん</PP>]．
→   2  GI:        [da]kara= Nihon-go hanas-eru no wa atarimae de ne. dakara=
→             ano=, koko ni juu-nin= kuru-n desu ga ne itsumo ano= kai de, (H)
→             mo koko kyu% kyuujuk-kai desu ga ne.
              [だ]から＝日本語話せるのは当たり前でね．だから＝あの＝,ここに十人＝来るんで
              すがねいつもあの＝会で,(H)もここきゅ％九十回ですがね．
    3  KAI:  <PP>un</PP>.
              <PP>うん</PP>．
→   4  GI:   ano=, are wa,.. shoonen-hikoohee de=, an zenbu=, ano= dooki no
              sakura de desu ne, hoide ano=, ma ano=,.. moo hito-tsuki <@>ki-
              tara moo sotsugyoo suru</@> to iu toko dat-ta-n desu kedo, ma
              ano=, teesen ga haya-katta kara,
              あの＝,あれは,..少年飛行兵で＝,あん全部＝,あの＝同期の桜でですね，ほいであ
              の＝,まあの＝,..もう一月<@>来たらもう卒業する</@>というとこだったんですけど,
              まあの＝,停戦が早かったから,
    5  KAI:  <PP>un</PP>.
              <PP>うん</PP>．
→   6  GI:   sotsugyoo shi-na-katta kedo.
              卒業しなかったけど．
    7  KAI:  u=[n].
              う＝[ん]．
→   8  GI:        [so]ko de, ano= ma= tokkootai ni ika-na-katta wake desu yo.
              [そ]こで,あの＝ま＝特攻隊に行かなかったわけですよ．
```

(93)〈SAI-mは日本時代の後藤新平の台湾統治について話をする〉

```
    1  SAI-m: de sono= Gotoo Shinpee wa, ano Kodama,.. [sootoku] no ne,
```

```
                 でその=後藤新平は，あの児玉，..[総督]のね，
     2  GI:                                          [sootoku].
                 [総督].
→ 3  SAI-m:oyobi de ne, kocchi= kita-n desu yo.. ma soo it-ta= ano= at-te ne,
            kekkyoku ano=, ma= shoojiki it-te ano koro no ano= Taiwan-sootoku
            no yari-kata tte wa ne,.. ma, infura no=, men wa ne sugoku yoku
→           yatte-kure-ta.
                 お呼びでね，こっち=来たんですよ..まそう言った=あの=あってね，結局あの=，
                 まあ=正直言ってあの頃のあの=台湾総督のやり方ってはね，..ま，インフラの=，面
                 はねすごく良くやってくれた．
     4  KAI:    <P>un</P>.
                 <P>うん</P>.
     5  SAI-m:sono kawari,.. ano== ma seeji-teki-na are wa ne, tashoo ne,..
→           Tawan-jin to ne sabetsu,.. taiguu ga at-ta wake.
                 その代り，..あの==ま政治的なあれはね，多少ね，..台湾人とね差別，..待遇があっ
                 たわけ．
     6  KAI:    <PP>un</PP>.
                 <PP>うん</PP>.
→ 7  SAI-m:infura wa i% ii-n desu yo. infura wa [ne].
                 インフラはい％いいんですよ．インフラは[ね].
     8  KAI:                                            [<PP>un</PP>].
                 [<PP>うん</PP>].
```

　これらの例を見ると普通体へのシフトは必ずしも必須なわけではない。ただシフトしていても不自然には感じられない。

　野田尚史（2001）は日本語学習者にとって「書きました」「読みました」のような丁寧体の過去形は習得が易しいが、「書いた」「読んだ」のような普通体の過去形は習得は難しい。その理由は、丁寧体の場合全ての動詞について「ーす」の部分を「ーした」に変えればいいが、普通体の場合動詞の種類によって過去形を作る規則が異なるためだと述べている（p.106）。また、適切な普通体の語形は、日本語能力があまり高くない学習者には難しいとしている（p.137）。しかし教室学習において普通体が導入された後の初級レベルの学習者、そして日本のドラマを見たり日本人の友人がいる日本語学習者の発話には、丁寧体が基本的スピーチレベルであるべきところで普通体が不適切に混入される例がよく見られる。また先のグラフ3で示されるように、公学校では丁寧体が導入されているにも拘らず、特にグループ3、4のイン

フォーマント（TAKAを除く）は普通体の使用頻度が高い。

　KOU、LEEの2名を除き、15人のインフォーマントとはインタビューの日に初めて会った。またインタビューはフォーマルな状況であるので、通常丁寧体が基本的スピーチレベルとして選択されるであろう。しかしインフォーマントはインタビューアーよりも年上なので普通体を使用したことに何ら問題はない。問題は、どのように普通体が使われたか、そしてどのような述語形式であったかである。次の表32とグラフ4は品詞別の述語形式数とその比較を示している。

表32　品詞別述語形式

		普通体			丁寧体		
		名詞	形容詞	動詞	名詞	形容詞	動詞
G1	MOTO	91 (21.4%)	6 (1.4%)	87 (20.4%)	66 (15.5%)	5 (1.2%)	171 (40.1%)
	KOU	24 (14.8%)	13 (8.0%)	40 (24.7%)	41 (25.3%)	2 (1.2%)	42 (25.9%)
	GI	72 (17.5%)	16 (3.9%)	95 (23.1%)	61 (14.8%)	21 (5.1%)	147 (35.7%)
	SAI-m	84 (32.1%)	8 (3.1%)	61 (23.3%)	26 (9.9%)	13 (5.0%)	70 (26.7%)
G2	TO	41 (17.2%)	10 (4.2%)	60 (25.2%)	49 (20.6%)	16 (6.7%)	62 (26.1%)
	CH-b	89 (28.3%)	10 (3.2%)	171 (54.3%)	20 (6.3%)	4 (1.3%)	21 (6.7%)
	RYO	93 (33.5%)	20 (7.2%)	92 (33.1%)	24 (8.6%)	11 (4.0%)	38 (13.7%)
G3	CHO	164 (44.2%)	21 (5.7%)	166 (44.7%)	6 (1.6%)	0 (0.0%)	14 (3.8%)
	LEE	98 (32.3%)	13 (4.3%)	168 (55.4%)	10 (3.3%)	4 (1.3%)	10 (3.3%)
	TAKA	14 (14.7%)	1 (1.1%)	19 (20.0%)	18 (18.9%)	0 (0.0%)	43 (45.3%)
	KYU	169 (54.5%)	26 (8.4%)	115 (37.1%)	0 (0.0%)	0 (0.0%)	0 (0.0%)
	RO-f	105 (43.8%)	18 (7.5%)	64 (26.7%)	2 (0.8%)	6 (2.5%)	45 (18.8%)

G3	HU	190 (47.1%)	33 (8.2%)	122 (30.3%)	1 (0.2%)	0 (0.0%)	57 (14.1%)
	SAI-f	29 (34.5%)	13 (15.5%)	38 (45.2%)	1 (1.2%)	1 (1.2%)	2 (2.4%)
G4	OH	109 (44.0%)	20 (8.1%)	72 (29.0%)	7 (2.8%)	3 (1.2%)	37 (14.9%)
	LIN	46 (38.7%)	9 (7.6%)	60 (50.4%)	0 (0.0%)	0 (0.0%)	4 (3.4%)
	RO-m	55 (40.4%)	6 (4.4%)	40 (29.4%)	20 (14.7%)	2 (1.5%)	13 (9.6%)

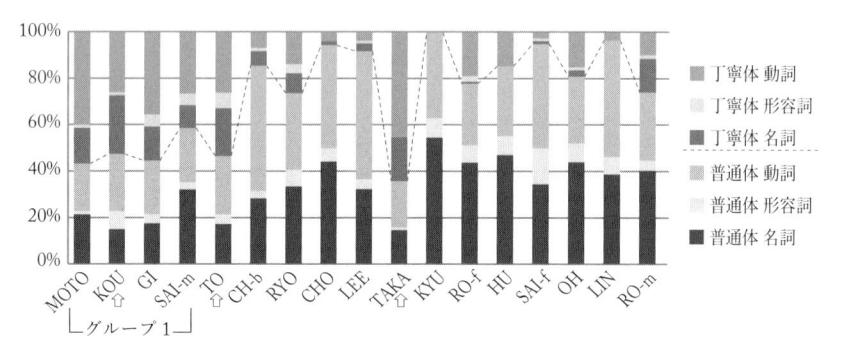

グラフ4　品詞別述語形式

　表32とグラフ4から言えるのは、名詞述語はKOU、TO、TAKAの3人を除いて、丁寧体よりも普通体とともに用いる方が多く、そして17人中7名は全述語形式のうち約40%以上が普通体の名詞述語である、ということである。動詞述語については、グループ1のインフォーマント全員とTO、TAKAは丁寧体と用いる方が多い。形容詞述語は出現数自体少なく、はっきりした傾向は見られない。

　以下普通体の例である。特に名詞述語文はIUが短かったり、「XはY」の単純な構造をもつものが多かった。

(94)〈戦争が終わった時の年齢を聞く〉
```
  1  KAI: nan-nen/-- a hachijus-sai dat-tara, sensoo ga owat-ta no nan-sai
           no toki desu ka?
           何年/--　あ八十歳だったら，戦争が終わったの何歳の時ですか？
```

→2 HU: sensoo owat-ta toki **juuhas-sai**.
           戦争終わった時十八歳.
 3 KAI: a=[=].
           あ=[=].
→4 HU: [**juu**]**has-sai**. ano toki ichioo no tsutome-saki wa=,.. Taihoku=,..
           shuuchoo.
           [十]八歳. あの時一応の勤め先は=,台北=,..州庁.

(95)〈LIN は子供について話し始める〉
 1 LIN: .. [mo kodo%]--
           .. [もこど%]--
 2 KAI: [###%]--
→3 LIN: o% [2oru2] kodomo=-- omo% minna **onna**.
           お%[2おる2]子供=-- おも%皆女.
 4 KAI: [2##2].
→5 LIN: .. **go-nin**.. <P>go-nin</P>.. musume= a= ima=, Beekoku **it-ta**.
           .. 五人.. <P>五人</P>.. 娘=あ=今=,米国行った.
 6 KAI: a hontoni=. hu[==n].
           あほんとに=. ふ[==ん].
→7 LIN: [(TSK)] <#>raiki</#> no musume= wa= **Beekoku**..
→   (TSK).. kono go-nin na\. go-nin no= m% **onna da**. minna **onna**. otoko
→   **nai**.
           [(TSK)]<#>らいき</#>の娘=は=米国.. (TSK).. この五人な\. 五人の=む
           %女だ. 皆女. 男無い.

(96)〈バスの運転手をしていた時、技術競争大会に参加したことがあると言って〉
 1 LEE: ano=, jidoosha no untenshu no ne,
           あの=,自動車の運転手のね,
 2 KAI: <P>un</P>.
           <P>うん</P>.
 3 LEE: gi=jutsu, gijutsu-kyoosoo,
           ぎ=じゅつ,技術競争,
 4 KAI: <P>un</P>.
           <P>うん</P>.
→5 LEE: watashi **sanka shi-ta**. ni-kai **sanka shi-ta**.
           私参加した. 二回参加した.

先の普通体と丁寧体の混在した例(91)～(93)に対して、例(94)～(96)は

全て裸の普通体である。これらは非文法的ではないものの、特に例(95)などは少しぶっきら棒にも聞こえる。

インフォーマントの用いる普通体は裸の形式だけでなく、文末要素を伴う形式も見られた。各述語がどのような形式で使われたのか、次の表33、34に示す。表は普通体と丁寧体各々の、名詞／形容詞／動詞止め、終助詞や文末の接続助詞など何らかの文末要素(Sentence Final Element：以下 SFE)を伴う述語、モダリティ形式を伴う述語数の比較である。普通体で何ら SFE を伴わない名詞止め述語(表内「φ」)には、例えば「三年前に。」のように助詞付きの賓辞なし IU も含んでいる。文末詞の「の／ん」やそれに終助詞が付いたものは本書では SFE に含めている。そしてここでのモダリティ形式(MDL)は、「かもしれない」「らしい」などの蓋然性や証拠性などに関わる認識のモダリティと(「でしょう」を除く)、「なければならない」「てもいい」などの義務や許可などに関わる義務モダリティを指す。

表33　各インフォーマントの述語形式数(普通体)

		普通体									計
		名詞			形容詞			動詞			
		φ	+SFE	+MDL	φ	+SFE	+MDL	φ	+SFE	+MDL	
G1	MOTO	74	17		—	5	1	37	40	10	184
	KOU	9	14	1	2	11		6	28	6	77
	GI	42	29	1	6	10		30	59	6	183
	SAI-m	46	38		2	6		3	42	16	153
G2	TO	24	17			10		13	33	14	111
	CH-b	65	24		1	9		60	92	19	270
	RYO	76	16	1	8	9	3	51	35	6	205
G3	CHO	140	24		15	6		96	55	15	351
	LEE	70	27	1	7	6		76	77	15	279
	TAKA	12	2			1		7	10	2	34
	KYU	135	33	1	6	20		41	74		310
	RO-f	88	17		8	10		26	38		187
	HU	152	38		15	18		46	76		345
	SAI-f	25	4		6	7		8	30		80
G4	OH	62	47		9	11		23	48	1	201

G4	LIN	39	7		2	7	48	12	115
	RO-m	50	5		4	2	25	15	101

表34　各インフォーマントの述語形式数（丁寧体）

		丁寧体								
		名詞			形容詞			動詞			計
		φ	+SFE	+MDL	φ	+SFE	+MDL	φ	+SFE	+MDL	
G1	MOTO	36	30			5		44	116	11	242
	KOU	30	10	1	1	1		16	24	2	85
	GI	11	50		5	14	2	3	131	13	229
	SAI-m	3	23			13		5	63	2	109
G2	TO	7	42		1	12	3	1	57	4	127
	CH-b	9	11			4			20	1	45
	RYO	15	8	1	3	8		15	20	3	73
G3	CHO	4	2					8	6		20
	LEE	5	5		1	3		5	2	3	24
	TAKA	13	5					13	29	1	61
	KYU										0
	RO-f		2			6		39	6		53
	HU		1					26	31		58
	SAI-f		1		1			2			4
G4	OH	4	3		3			28	9		47
	LIN							1	3		4
	RO-m	18	2		1	1		9	4		35

*SFE＝Setnence Final Element（文末要素）、MDL＝Modality（モダリティ）

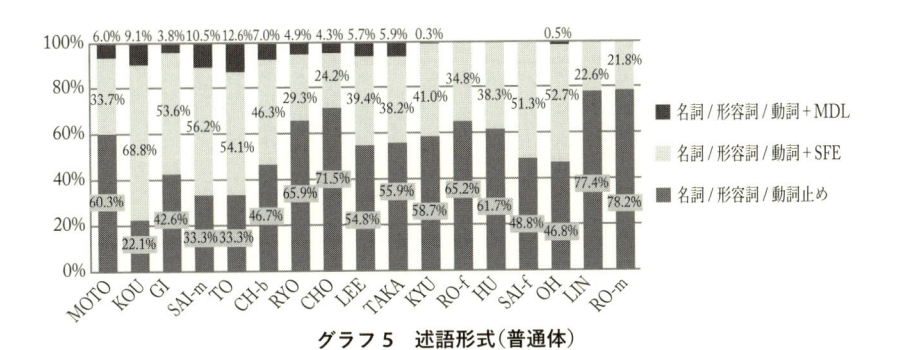

グラフ5　述語形式（普通体）

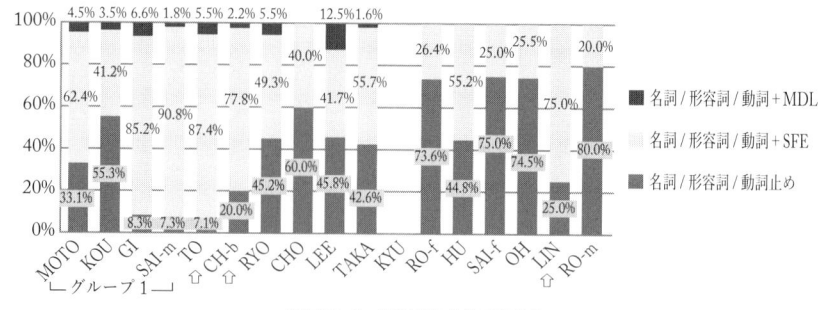

グラフ6　述語形式（丁寧体）

　表33、34 とグラフ5、6 の結果から、普通体の場合、何ら SFE もモダリティも伴わない裸の名詞／形容詞／動詞の使用割合が 40％以上の人は 17 人中 14 人もいて、裸の形式の使用が多いことが分かる。裸の形式は丁寧体の場合、10 人と少し減る。一方 SFE がつく割合が 40％以上の人は普通体の場合 17 人中 8 人なのが、丁寧体では 12 人に増える。つまり丁寧体の方が SFE を多く伴っている。KOU を除くグループ1のインフォーマントと TO、CH-b、LIN は丁寧体に SFE を伴う頻度が高く（なお KOU は SFE を伴う普通体の使用頻度が高い）、これらのインフォーマントは SFE を駆使していると言える。またモダリティの使用が全くないインフォーマントがいるが、普通体にモダリティを付けないインフォーマントは丁寧体にも付けていない。

　では本書のインフォーマントが用いた述語形式と、日本語母語話者のものとを比較してみよう。以下五つのコーパス[45]から得られた日本語話者の述語形式である。どのコーパスも友人同士の会話であるため、基本的スピーチレベルは普通体である（つまり台湾人インフォーマントと同じく普通体が多い）。データの長さは本書のインフォーマントのものよりも短いが、日本語母語話者の大まかな傾向は見てとれるだろう。

表35　日本語母語話者の述語形式（普通体）

	性別	名詞 ø	名詞 +MDL	名詞 +SFE	形容詞 ø	形容詞 +MDL	形容詞 +SFE	動詞 ø	動詞 +MDL	動詞 +SFE	合計 ø	合計 +MDL	合計 +SFE
SHUN	男	10 (18.5%)		9 (16.7%)	5 (9.3%)		5 (9.3%)	2 (3.7%)		13 (24.1%)	17 (31.5%)	―	27 (50.0%)
TAK	男	14 (18.4%)		8 (10.5%)	4 (5.3%)	1 (1.3%)	3 (3.9%)	5 (6.6%)	3 (3.9%)	26 (34.2%)	23 (30.3%)	4 (5.3%)	37 (48.7%)
MAT	女	15 (16.3%)		19 (20.7%)	2 (2.2%)		2 (2.2%)	5 (5.4%)	9 (9.8%)	39 (42.4%)	22 (23.9%)	9 (9.8%)	60 (65.2%)
K	女	41 (19.6%)		23 (11.0%)	10 (4.8%)	1 (0.5%)	21 (10.0%)	42 (20.1%)	8 (3.8%)	62 (29.7%)	93 (44.5%)	9 (4.3%)	106 (50.7%)
TOM	女	10 (25.6%)		1 (2.6%)			2 (5.1%)	4 (10.3%)	1 (2.6%)	2 (5.1%)	14 (35.9%)	1 (2.6%)	5 (12.8%)

表36　日本語母語話者の述語形式（丁寧体）

	性別	名詞 ø	名詞 +MDL	名詞 +SFE	形容詞 ø	形容詞 +MDL	形容詞 +SFE	動詞 ø	動詞 +MDL	動詞 +SFE	合計 ø	合計 +MDL	合計 +SFE
SHUN	男						2 (3.7%)			8 (14.8%)	―	―	10 (18.5%)
TAK	男			4 (5.3%)						8 (10.5%)			12 (15.8%)
MAT	女						1 (1.1%)			1 (1.1%)			―
K	女						1 (0.5%)			1 (0.5%)			―
TOM	女	2 (5.1%)		3 (7.7%)			2 (5.1%)			12 (30.8%)	4 (10.3%)	―	15 (38.5%)

　日本語母語話者の普通体を見ると、何らSFEを伴わない裸の文末形式は、台湾人話者同様名詞述語文に多い。しかし裸の形式の割合は台湾人インフォーマントよりも少ない（特にグループ3、4の話者と比べて）。つまりこの日本人話者との比較から特にグループ3、4のインフォーマントはSFEをあまり使っていないことが分かる。モダリティ形式についてはあまり使用しておらず、むしろグループ1、2の台湾人インフォーマントの方が使用が多い位である。

　興味深いことにインフォーマントは、名前、生年月日、年齢を聞かれた際、その答えの発話に、何のSFEも付けない裸の名詞述語文を用いて答えることが多かった。インタビューの中で名前、生年月日、年齢を聞いている

箇所がある場合、その答えの文末形式は次の表 37 の通りであった。「-」印はインタビューアーがそのような質問をしていないか、或いはインフォーマントがインタビューの中で聞かれなくとも談話の中で自ら名前や誕生日、歳などを述べていた場合である。「φ」は何の SFE も付けない裸の名詞述語文である。なぜ名前、誕生日、年齢が裸の形式で産出されるのか明確な理由は分からないが、戦前の言い方であるか、或いは公学校でそう言っていたかの可能性がある。

表 37　裸の名詞述語文

	G1				G2			G3						G4		
	MOTO	KOU	GI	SAI-m	TO	CH-b	RYO	CHO	LEE	TAKA	KYU	RO-f	HU	SAI-f	OH	LIN	RO-m
名前	—	—	—	—	というの	です	申します	—	です	φ	φ	—	φ	φ	φ	φ	φ
生まれた年/誕生日	—	φ	—	—	—	—	—	φ	φ	—	φ	—	φ	—	—	だよ	φ
年齢	—	—	—	—	—	—	—	φ	—	φ	φ	φ	φ	φ	φ	だよ	φ

7-8-2. 文末要素（Sentence Final Element: SFE）

　文末要素（SFE）についてもう少し詳しく考察してみる。大久保愛（1967: 101）、Clancy（1985: 427-428）によると、日本人の子供の言語習得において終助詞は早い段階で現れることが観察されている。岩立志津夫・小椋たみ子（2005: 47）は助詞の中で最も早く出現するのは終助詞、特に「ね」だと述べている[46]。同じように永野賢（1960: 408）も、2歳頃に最初に現れる助詞は「ね」「の（終助詞）」「て」だと報告している。また Sakata（1991）は、3組の日本人の2歳の子供と母子のペアの会話から性差に関係する終助詞の習得を調べており、考察の結果、2歳でも子供は終助詞の性差に敏感に気付いており、性差のある終助詞を正しく習得していると報告している。

　大人の終助詞の使い方については、国立国語研究所（1980: 49-60）によると、日本語母語話者が「です・ます」で終わる断定の表現を使うことは少ないようである。国立国語研究所（1980）の資料を分析した水谷信子（1985: 62）は、日本語の発話は「けど」「けれども」「けども」「から」「～て」で終わることが圧倒的に多く、「です・ます」で終わる場合もその後にほとんど「ね」

「が」を伴うと述べている。メイナード・K・泉子 (1993: 119–124) も日本語母語話者の会話には終助詞がよく使用され、終助詞を伴わない裸の文末形式はあまり使われないとしている。しかし、丁寧体ベースの会話の中でスピーチレベル・シフトが起こることがあるが、その場合普通体に終助詞「よ／ね」が付いた発話は見られないようである (伊集院郁子 2004、陳文敏 2005)[47]。

　日本語母語話者の発話にスピーチレベル・シフトが起こる場合、SFE の付かない裸の形式が用いられるということであるが、これに関係して次の説明がある。メイナード・K・泉子 (1993: 121–124) は、日本語会話の中で「裸のダ体」が使われる頻度は極端に少ないが、使われた場合は、話者が他に向けて形を整える余裕がなく、又は必要がなく、思考や経験をそのまま表現した「裸」のままの姿のようであると述べている。上原聡・福島悦子 (2004) も丁寧体、普通体が裸の文末形式で用いられる例を考察し、話者が意図や情報を表明したり伝達したりするだけで足りる (それ以外の聞き手に対する含みなどを加えない) 場合に裸の文末形式が用いられると述べている。そしてスタイル的には普通体の場合、聞き手を意識しない状況での独話や回想、その場の状況などにとっさに対応して瞬時に行う発話など聞き手に対する待遇意識が一時的に消える状況で用いられる、丁寧体の場合、指示とそれに対する了承の伝達、問いに対する返答、話者が自ら情報を表明・伝達する場合に用いられるとしている。

　これに対し、日本語学習者は初対面同士という丁寧体が基本のスピーチレベルとなるようなコンテクストにおいて、母語話者には見られない普通体＋終助詞の形式が見られることが報告されている。陳文敏 (2005) は、母語話者が初対面同士の会話の中では普通体とは使用しない「よ、ね」「けど、からね、しね」「かな、な」の終助詞を、台湾人学習者は普通体と共に使う現象を示し、上級学習者でもスピーチレベル・シフトに合わせて適切な終助詞を使用することが難しいと述べている。終助詞のうち「ね、よ」については佐藤勢紀子・福島悦子 (1998: 35) が、母語話者では普通体に「ね、よ」が付く場合の方が付かない場合より不自然とみなされており、それは「ね、よ」が相手への働きかけの機能を持つことで待遇レベルの低い普通体表現を相手

に直接投げかけることになるからではないかと説明している。すなわち、「ね、よ」を付けなければ普通体の発話でも—たとえそこで「〜ちゃう」などの縮約形や省略形が用いられていても—独り言に近いものとしてあらたまった会話でも許され得るが、これらの助詞が付くと普通体のぞんざいさがそのまま相手に差し向けられることになってしまうからだと言う。白川博之(1992)は、スピーチレベルとの関連で考察したわけではないが、「よ」は付加された文の発話が聞き手に向けられていることをことさら表明する、よって当該の文が何らかの意味で「聞き手めあて」性を失い、その結果、話し手—聞き手の相互作用たる対話文の性質を逸脱している場合には「よ」を付けいないほうが座りがいい、と述べている。

　以上をまとめると、日本語母語話者は終助詞をよく使用し、断定表現で文を終えることは少ない。しかし丁寧体ベースの会話に普通体のスピーチレベル・シフトが起こる時は、何ら終助詞を伴わない裸の形式が用いられる。一方日本語学習者はスピーチレベル・シフトした普通体、つまり聞き手目当てでない文に終助詞をつけるという不自然な発話が見られる、と言えよう。では台湾人インフォーマントはどのようなSFEを用いたのだろうか。まず普通体の方から見てみる。なお先にも述べたが、「の／ん」、それに「よ、ね」などの他の終助詞が付いた「の／ん〜」はここではSFEに含めている。

表38　SFEの項目別使用数（普通体）

		G1				G2			G3						G4			計
		MOTO	KOU	GI	SAI-m	TO	CH-b	RYO	CHO	LEE	TAKA	KYU	RO-f	HU	SAI-f	OH	LIN	RO-m	
普通体	名詞	ね	2		2	2	0	6	4	2	3		13	4	20	1	8	6	1	74
		よ	8	8	12	29	4	7	2	6	14	1	9	5		2			2	109
		の／ん	2		1			2	2		1		8			1			1	18
		の／ん〜		2	1	1		2	2				1	2			2			13
		から、からね	4	1	10	4		5	1	3	2		2	3			2			36
		ra, a, ho, ma, o, a-ra, ha, ba, o, e, ro						2	2	13	3			3	10		23	1		57
		その他	1	3	3	2	9	4	2	1	5	1		8			12		1	52
		小計	17	14	29	38	17	24	16	24	27	2	33	17	38	4	47	7	5	359
	形容詞	ね			1	3			4		11	4	10	1	5	3	2			50
		よ		1		1	3		1	1			3		2	1				13

形容詞	の／ん			1			4	1				3		1	2		12
	の／ん〜		4	3	1	3	1	1		1		6	3	3	5	1	1	33
	から, からね	4	5	4	1		1	2	1			2				1		21
	けれど, けどね		1				1											2
	その他	1		2	2	1	2	2		1	1		1		4			17
	小計	5	11	10	6	10	9	9	6	6	1	20	10	18	7	11	7	2	148
普通体 動詞	ね			15	6	1	4		5		1		2	1	2		1		38
	よ		1	1	2	3	6	1	10	8		14	3	27	3	26	4	10	119
	の／ん	20	1	3	4	4	39	10	12	52	3	12	10	13	7	3	3	5	201
	の／ん〜	9	15	6	2	11	24	7	10	12	3	39	9	24	10	3	1		185
	もん		1		1	3			2			2			11				20
	から, からね	2	2	14	15	3	2	8	12	3	1		4	9	7	5	4	3	94
	けど, けれど, けどね	1	2	2	7	6	6				1	1	4		1				31
	ho, ro, o, a						1	1						2					4
	その他	8	6	18	5	2	11	8	5		1	2	1	2	2	1			72
	小計	40	28	59	42	33	92	35	55	77	10	74	38	76	30	48	12	15	764
	総計	62	53	98	86	60	125	60	85	110	13	127	65	132	41	106	26	22	1,271

　表中の「その他」は使用者数が少ない形式だが、「よね、わね、たりね、や、やから、やら、（か）な、わな、し、もん、と引用、て引用、だっけ、じゃ、ねん、てこと、たり、ちゅう、よる、のか」などが見られた。

　中野裕也（1998）はルカイ族を調査した結果、全てのインフォーマントに使用された文末詞は「ヨ」「ネ」「カ」であると記している。また簡月真（2000）はアタヤル族とアミ族を対象とした調査から「ネ」「ヨ」の多用が見られると述べている。上に示されるように、本書のインフォーマントの場合普通体述語に付ける SFE の中で使用頻度が多いのは、名詞は「よ＞ね」、形容詞は「ね＞の／ん〜」、動詞は「の／ん（〜）＞よ」である。インフォーマントによっては動詞に「よ」を付ける頻度が多い者もいた（HU と OH）。台湾人高齢層に見られる特徴として、日本語の述部に台湾語の SFE を付ける例があり、これは特にグループ 3 と 4 のインフォーマントに見られた。この台湾語 SFE は特に普通体名詞述語に付き、種類も多い。動詞述語にも数例あったが（RYO、CHO に各 1 例ずつ、HU に 2 例）、形容詞には見られなかった。グループ 1 のインフォーマントには台湾語 SFE の使用は全く見ら

れなかった。次に台湾語 SFE の使用例を挙げる。

(97)〈戦後の仕事を聞く[48]〉
```
  1  KAI:  de, u=n u%, kokuta=%, ano=, ato mo=,... sono denwa-kookanshu de
            shigoto shi-te-ta-n desu ka?
            で,う＝んう％,こくた＝％,あの＝,後も＝,...その電話交換手で仕事してたんですか？
  2  HU:   ano=, chigaimasu... koofuku shi-ta ato ne=,
            あの＝,違います...　光復した後ね＝,
  3  KAI:  <PP>un</PP>.
            <PP>うん</PP>.
  4  HU:   moo denwa-kookanshu,.. yame-ta.
            もう電話交換手,..辞めた.
→5  HU:   hai yame-te,.. a=, Taihoku, jooseefu ba\.. Taihoku-shooseefu de=,
            はい辞めて,..あ＝,台北,省政府バ＼..　台北省政府で＝,
  6  KAI:  u[n].
            う[ん].
→7  HU:   [tsu]tome-teru= ra\.
            [つ]とめてる＝ラ＼.
```

単純に考えると、SFE の数が多ければそれだけ聞き手目当ての会話ストラテジーを駆使していることになろうが、どんな SFE が使われたか、そして種類の多少も見なければならないだろう。例えば先の表 38 に見るように OH は SFE の総使用数が 106 と他の話者より多いが、名詞述語に付いた SFE の「その他」に含まれる 12 例中 10 例が「もん／らもん／だもん」、形容詞述語の「その他」の 4 例が全て「もん／んだもん」、動詞述語でも 11 例が「もん」で、異なり語数は少ない。そして CHO と HU は台湾語の SFE の使用が多い。台湾語の SFE を除く、文末要素の異なり語数を表 39 に示す。これを見ると異なり語数は動詞に多いことが分かる。そして傾向としては、動詞に付く SFE の異なり語数は、グループ 4 のインフォーマントよりグループ 1 と 2 のインフォーマントの方が多いと言える。

表 39　普通体 SFE の異なり数（台湾語 SFE を除く）

	G1				G2			G3					G4		
	MOTO	KOU	GI	SAI-m	TO	CH-b	RYO	CHO	LEE	TAKA	KYU	RO-f	HU	SAI-f	OH	LIN	RO-m
名詞	6	7	7	7	7	9	10	4	8	2	7	6	5	3	6	1	4

| 形容詞 | 2 | 6 | 6 | 6 | 6 | 8 | 3 | 3 | 1 | 4 | 5 | 5 | 3 | 5 | 4 | 1 |
| 動詞 | 13 | 18 | 17 | 13 | 19 | 25 | 10 | 13 | 9 | 7 | 9 | 8 | 12 | 11 | 8 | 6 | 3 |

では次に丁寧体述語に付いた SFE を見てみよう。

表 40　SFE の項目別使用数（丁寧体）

			G1			G2			G3					G4			計
			MOTO	KOU	GI	SAI-m	TO	CH-b	RYO	CHO	LEE	TAKA	KYU	RO-f	HU	SAI-f	OH	LIN	RO-m	
丁寧体	名詞	ね	8	6	13	17	22	6	6	1	3			2	1		1			86
		よ		2	12	3	5					5					1		2	30
		ん	13	1	2		1	1												18
		ん〜	5		14	2	7	4		1							1			34
		から,からね		1	5						2									8
		けど,けどね			3		3													6
		その他	4		1	1	4		2						1					13
		小計	30	10	50	23	42	11	8	2	5	5		2	1	1	3		2	195
	形容詞	ね	2		3	7	2	3	4		2									23
		よ			2			1											1	4
		ん	1		2		2		1					2						8
		ん〜	2	1	7	6	8	1	2		1			4						32
		小計	5	1	14	13	12	4	8		3			6					1	67
	動詞	ね	4	5	8	1					2			1					1	22
		よ	5	2	6	8	8	2	11	1	2			2	23		7		2	79
		ん	52		14		6	11	3	1		19		2			—			108
		ん〜	38	2	80	50	39	7	3	1		8		1			2			231
		から,からね		3	7				2	1					1			2		16
		けど,けどね	4	2	4		3			1										14
		e, o, ra												3						3
		その他	13	10	12	4	1		1	1				1	3			1	1	48
		小計	116	24	131	63	57	20	20	6	2	29		6	31		9	3	4	521
	総計		151	35	195	99	111	35	36	8	10	34	—	14	32	1	12	3	7	783

表中の「その他」には「よね、がね、わ、と引用、て引用、かな、がね」などが見られた。

丁寧体の場合、述語に付く SFE で頻度が多いのは、名詞は「ね＞ん〜」、形容詞は「ね＞ん〜」、動詞は「ん（〜）＞よ」であり、比較的高い頻度で現れているのは「ん〜」形と「ね」である。台湾語の SFE は、一人のインフォーマント HU を除いて、丁寧体には付けない傾向が見られた。先のグラフ 3 で示したように、左端の MOTO から順に TO までの 5 人は丁寧体の使用が多かったが、次の表 41 の異なり語数を見ると、この 5 人は他のインフォーマントと比べて SFE も多様であることが分かる。グループ 3 の TAKA も丁寧体を主に使用していたインフォーマントであるが、SFE の種類はグループ 1 のインフォーマント程多くない。

表 41　丁寧体 SFE の異なり語数（台湾語 SFE を除く）

	G1				G2			G3						G4		
	MOTO	KOU	GI	SAI-m	TO	CH-b	RYO	CHO	LEE	TAKA	KYU	RO-f	HU	SAI-f	OH	LIN	RO-m
名詞	6	4	10	5	8	3	3	2	2	1		1	1	1	3		1
形容詞	4	1	4	2	6	2	4		2			2					1
動詞	14	14	18	7	9	4	5	6	1	5		4	6		2	2	2

先の表 32 で示したが、各インフォーマントとも名詞述語文の割合が比較的高かった。しかし表 33、34 に見たように動詞述語文に付く SFE の数は、名詞述語文に比べて多い。これは名詞述語文は裸で用いられる割合が高いことを示している。

7-8-3. 不自然に聞こえる発話

これまで述べたように、例え初めて会ったというコンテクストでも、インフォーマントはインタビュアーよりも年齢が上であるので、普通体を使うことに問題はない。スピーチレベルが普通体に設定されていれば、それに終助詞が後接することも問題ではない。またこれまで先行研究で述べられているように、聞き手を考慮しない場合の発話であれば裸の形式も産出され得る。しかしデータを考察していくと、不自然に聞こえる発話があることに気付く。その不自然に聞こえる発話の要因は、どのような SFE を使用したかにあるようである。次の例を見てみよう。

(98)〈公学校卒業後何をしていたか聞く〉
   1 KAI: de koogakkoo sotsugyoo shi-te nani shi-te-ta-n desu ka?
          で公学校卒業して何してたんですか？
   2 HU: .. koogak%, koogakkoo= sotsugyoo shi-ta ato ne,
          .. 公がっ%,公学校=卒業した後ね,
   3 KAI: un.
          うん.
→4 HU: mada ue no gakkoo ni ika-nai **yo**. ano toki okaasan ga ne, onna wa ne=, o-ie no naka no shigoto suru kara ne=,
          まだ上の学校に行かない**よ**. あの時お母さんがね, 女はね=, お家の中の仕事するからね=,
   5 KAI: <P>un<P>.
          <P>うん<P>.
→6 HU: benkyoo shi-nai de ii **yo**, [@@@]@@,@H.
          勉強しないでいい**よ**,[@@@]@@,@H.
   7 KAI: [u=n].
                            [う=ん].
→8 HU: dakara ne=, shikata-ga-nai, an toki tsutome-saki. tsutome ni de-ta **no yo**. a tsutome-saki wa=, Taihoku-shuuchoo no denwa-koukanshu.
          だからね=,仕方がない,あん時勤め先. 勤めに出た**のよ**. あ勤め先は=,台北州庁の電話交換手.

(99)〈RO-fは、皆年を取って、毎朝山に運動しに来る人が減ったという話をして〉
→1 RO-f: i% izen wa juu-nan-nin mo ot-ta **yo**.
          い%以前は十何人もおった**よ**.
   2 KAI: [fun].
          [ふん].
   3 RO-f: [da]kedo ima su%, dandan ano=, hette-ki-te ne,
          [だ]けど今す%,段々あの=,減ってきてね,
   4 KAI: [2un2].
          [2うん2].
   5 RO-f: [2ima2],.. fu%, san-nin. san-nin gurai nat-teru.
          [2今2],..ふ%,三人. 三人ぐらいなってる.
   6 KAI: ho=.
          ほ=.
→7 RO-f: daibu het-ta **yo**.
          だいぶ減った**よ**.

(100)〈RO-mに公学校時代の先生の名前を聞く〉
```
  1 RO-m: ano=, (COUGH) ma, gakkoo no sensee no namae/?
         あの=,(COUGH)ま,学校の先生の名前/?
  2 KAI: un.
         うん.
  3 RO-m: ■■-sensei.. ■■-sensei.
         ■■先生.. ■■先生.
  4 KAI: un.
         うん.
→ 5 RO-m: (TSK).. <#>uki</#> ne=, ma ima mada shashin aru yo.
         (TSK).. <#>うき</#>ね=,ま今まだ写真あるよ.
```

　例(98)の4段目で、質問に対する答えとして情報を聞き手に与える場合には、背景情報や事情をあらわす「の」を使うか、「の」をつけて「のよ」にしなければ、「よ」だけでは不自然に聞こえる。6段目は引用句であり、相手に働きかける必要のないところで「よ」を使うといった、「よ」の不自然な使い方が発話を不自然にしている。8段目は背景情報を伝える「の」を付けた「のよ」である為不自然に聞こえない。例(99)の1段目と7段目の「よ」、例(100)の5段目の「よ」は例(98)と同じく、聞き手の知らない背景情報を伝えているのに、「の」が付けられていない形式である為不自然に聞こえる。

　次に、文末に「ね」が付いた例を見てみよう。

(101)〈HUは50代後半の時に日本へ行ったことがあると言うので〉
```
  1 KAI: ima wa moo=, ryokoo e iki-masen ka?
         今はもう=,旅行へ行きませんか?
→ 2 HU:  ..ima=,.. e chotto abunai ne=.
         ..今=,..えちょっと危ないね=.
  3 KAI: u=n.
         う=ん.
  4 HU:  .. genki ga nai kara ne=, chotto= chotto kowai.
         ..元気がないからね=,ちょっと=ちょっと怖い.
```

(102)〈TOは彰化市の出身である。日本時代彰化市にはあまり日本人がいなかったと言うので〉

```
  1  KAI:  ja Shooka-shi wa Nihon-jin sukuna-katta kara amari Nihon no sono
            toochi ga kibishiku-na-katta-n desu/?
            じゃ彰化市は日本人少なかったからあまり日本のその統治が厳しくなかったんです/?
→ 2  TO:   na-katta yoo desu ne=.
            なかったようですね=.
  3  KAI:  <P>u=n</P>.
            <P>う=ん</P>.
→ 4  TO:   ano= nandaka= Taiwan no hito ga ooku-te ne=.
            あの=何だか=台湾の人が多くてね=.
  5  KAI:  <P>u=n</P>.
            <P>う=ん</P>.
→ 6  TO:   Nihon no soo yuu bunka no eikyou wa= amari usu-katta ne.
            日本のそうゆう文化の影響は=あまり薄かったね.
```

(103)〈SAI-fの写真を撮った後、SAI-fに見せると〉

```
  1  SAI-f: ... mittomonai, me= ga ne, tottemo ake-te.
              ... みっともない,目=がね,とっても開けて.
→ 2  SAI-f: me mo waruku-na[tte]-shimat-te ne.
              眼も悪くな[って]しまってね.
  3  KAI:                  [<P>un</P>].
                           [<P>うん</P>].
```

例(101)〜(103)に見られる「ね」を伴った発話は不自然に聞こえない。宇佐美まゆみ(1997)は「ね」の機能として、会話促進、注意喚起、発話緩和、発話内容確認、発話埋め合わせ、の五つを挙げている。宇佐美の分類に従うと、上記の例の「ね」は発話緩和の機能を担っていると考えられる。表38で見たように、普通体に付くSFEの中で「よ」は使用頻度が多いが、「よ」の適切な使用は「ね」と比べて難しい。このように特に「よ」の過剰使用と裸の形式の不適切な併用が、インフォーマントの日本語を不自然に聞こえさせている。

言語形式の多様さは別として、日本語以外の言語にも命題部分やモダリティを表す形式はある。しかしスピーチレベルを表す言語形式や終助詞のような文末要素をもたない言語は数多くある。中国語や台湾語などは、例えば

「呢、啊、吧」などの文末語気と呼ばれる要素があるが、スピーチレベルを表す丁寧体と普通体の別はない。グループ1のインフォーマントはスピーチレベルも SFE もうまく扱っているが、特にグループ3と4のインフォーマントは日本語の述語に台湾語の SFE を付ける例があり、母語の干渉が見られた。文の構造において、母語にもある項目は習得され易いが、ない成分は習得されにくい或いは習得が遅れると想定すると、台湾語にないスピーチレベルは抜け落ち易いが、SFE は台湾語にもあるので台湾人高齢層は SFE を使う。しかしインフォーマントによっては SFE の不適切な使用や台湾語からの転移が起こる、という構造が考えられる。転移に関しては、「リーさん私行く a」「これ美味しい ho n」のように普通体に台湾語の SFE を付けたプロソディーは台湾語のプロソディーと近く、それが転移が起こる原因ではないかとも考えられる。

　普通体の使用に関しては一つの可能性として、戦前の教科書で丁寧体が導入されていたにも拘わらず、学校に通った年月の短いインフォーマントに普通体の使用が多い理由として、U字型カーブ習得が考えられるかもしれない。母語習得における言語発達ではU字型のカーブを描くことが報告されている (Bowerman 1982)。これは例えば子供が「come, break, go」などの不規則動詞において、第一段階では誤りのない言語形式を産出するが、第二段階では他の動詞と同じように「-ed」を付けるという逸脱した言語形式を産出したり、使用が減少したりする、しかし第三段階では再び誤りのない言語形式が出現する、というU字型振る舞い (U-shaped behavior) を見せる現象である。第二言語習得に関しても Kellerman (1985) が英語とドイツ語を学習するオランダ語話者に同じ現象が見られることを報告している。

　日本語の学習において教室では丁寧体を学ぶ。学んだ当初は丁寧体を産出する (ステージ1)。しかし普通体がインプットされるとスピーチレベルをコントロールすることが困難になる (ステージ2)。だが言語学習を続けるとスピーチレベルをうまく操れるステージ3に到達できるというU字型発達が文末形式の習得に起こるのかもしれない。そして日本語を学習した年数の少ない台湾人高齢層はステージ2で止まってしまった可能性がある。

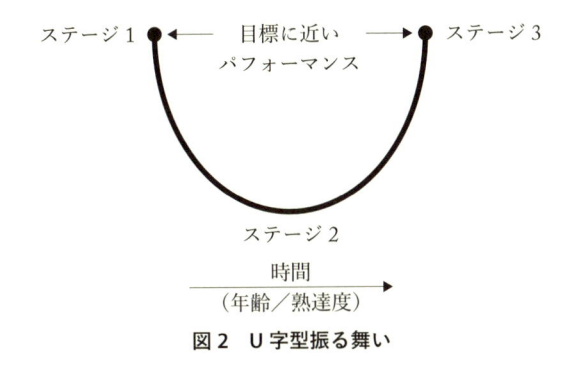

```
ステージ1 ●←――目標に近い――→● ステージ3
              パフォーマンス

            ステージ2
              時間
           (年齢／熟達度)
```
図2　U字型振る舞い

7-8-4. モダリティ

では次にモダリティ形式について見てみる。

岩立志津夫・小椋たみ子(2005: 49)では、日本人の子供の言語発達で助動詞は助詞より1、2ヶ月遅れて活性化し始め、基本的な助動詞の大半は2歳までに観察されると述べられている。

日本語学習者のモダリティ習得に関しては、佐々木恭子・川口良(1994)が、中上級日本語学習者と日本語母語話者の作文を比較し、日本人母語話者の場合、小学校低学年では全体の7割近くを命題で終わらせるが、学年が上がるにつれて命題にモダリティ表現を付加して豊かな様相を見せるようになり、大学生ではモダリティ表現の使用率が60％以上になる、特に説明・真偽判断のモダリティは顕著な増加傾向が見られる、一方日本語学習者の文末は同年齢の大学生の文末と比較すると命題と説明のモダリティで文を終始する比率がかなり大きく、逆に真偽判断のモダリティの比率が小さい、と述べている。また渋谷勝己(2001: 193)は、教室場面における学習の場合、日本語の様々なバラエティに触れることがないので、聞き手に対する配慮の表現を運用する能力やどのスタイルを使うかといったバラエティ選択能力などの社会言語能力を身に付けることも難しいだろうと述べている。

佐々木・川口の報告からすると、日本語母語話者でもモダリティ表現を駆使するようになるのはかなり後になってから(大学生頃)のようだが、国語として日本語を学んだ人達の場合はどうだろうか。中野裕也(1998)はルカイ族を調査した結果、説明のムードは「ノダ」「ワケダ」のみ、判断のムード

は「ラシイ」「デショウ／ダロウ」だけが使用されていると述べている。台湾人高齢層の場合、先のグラフ5、6で示したように、モダリティ使用率はそう高くないものの、半数の人がモダリティを使用している。ではどのようなモダリティを使用したのか表42に示す（「のだ」「でしょう」は除く）。

表42　普通体モダリティの使用

		モダリティ使用の述語品詞				使用タイプ							
		名詞	形容詞	動詞	計	らしい(+〜)	わけ(+〜)	みたい(+〜)	かも知れない(+〜)	はず(+〜)	といけない類	て(も)いい(+〜)	その他
G1	MOTO		1	10	11	1	4		4	3			
	KOU	1		6	7	1					2		4
	GI	1		6	7	2	4	1					
	SAI-m			16	16		15						1
G2	TO			14	14	1	9		1		1	1	1
	CH-b			19	19		16				3		
	RYO	1	3	6	10	1	3	1	4		1		
G3	CHO			15	15						9	6	
	LEE	1		15	16	2					2	8	4
	TAKA			2	2						1		1
	KYU	1			1			1					
	RO-f				—								
	HU				—								
	SAI-f				—								
G4	OH			1	1								1
	LIN				—								
	RO-m				—								
合計		5	4	110	119	8	51	3	9	3	19	15	12

表43　丁寧体モダリティの使用

		モダリティ使用の述語品詞				使用タイプ							
		名詞	形容詞	動詞	計	らしい(+〜)	わけ(+〜)	みたい(+〜)	かも知れない(+〜)	はず(+〜)	といけない類	て(も)いい(+〜)	その他
G1	MOTO			11	11		2			3	4	1	1
	KOU	1		2	3	2			1				

G1	GI		2	13	15	1	13			1	
	SAI-m			2	2		2				
G2	TO		3	4	7	2					5
	CH-b			1	1		1				
	RYO	1		2	3	2				1	
G3	CHO				—						
	LEE			3	3						3
	TAKA			1	1			1			
	KYU				—						
	RO-f				—						
	HU				—						
	SAI-f				—						
G4	OH				—						
	LIN				—						
	RO-m				—						
	合計	2	5	39	46	7	18	2	3	5	2	9

　本章のインフォーマントが使用したモダリティの中で最も多く現れたのは、普通体も丁寧体も説明のモダリティ「わけだ」、普通体では次に評価のモダリティの「～といけない」類が多い。これはインタビューの中でインフォーマントが日本時代の社会や学校の規則などについて多く語っていたことから、話の内容を反映していると思われる。述語のタイプについてはモダリティは普通体も丁寧体も動詞と共に多く使われている。そしてモダリティの使用者は、グループ1とグループ2程多いと言える。中野のルカイ族の調査でモダリティの種類が少ないという報告、本章の結果でグループ4のインフォーマントにはモダリティ形式がほとんど出てこないことからすると、モダリティ形式の使用は日本語熟達度に比例するようである。

7-9. 複文と重文

　では次に複文と重文[49]について見てみる。複文や重文は単文に比べて構造が複雑である。こうした文が産出できるということは、話者がより複雑な構造の文を扱えることを意味する。

　日本人の子供の接続詞の習得に関して岩立志津夫・小椋たみ子（2005: 48–

49)は、動きや出来事を連続に表す「て」が最も早く出現し、その後物事を並列する「と」が出現する、話を語る際に必要となる多様な接続助詞は3歳以降に発達していく、と述べている[50]。形容詞および関係節による修飾構造の習得に関しては、1歳6ヶ月から1歳8ヶ月の間に形容詞が名詞の前に置かれて使われるようになり、関係節の出現は2歳頃だと言われる（Harada 2006、Ozeki & Shirai 2007[51]）。そして英語話者の場合、修飾節が主格、目的格、斜格かにより出現順序が異なるが（Diessel & Tomasello 2000）、日本人の子供は様々なタイプの関係節を簡単に産出すると言われる（Harada 2006: 77）。また大関浩美（2007）は、日本人の子供が初期に使用する修飾節は「属性・状態」のタイプが70％以上であり、同じく第二言語自然学習者の場合も被修飾名詞の属性・状態を表す修飾節から使われると述べている。

これらの先行研究を概観すると、日本人母語話者は形容詞による修飾構造を習得した後に関係節を産出するようになり、被修飾名詞の文法的役割による習得の違いはない、接続助詞の習得は「て」から始まるが、多様な接続助詞を使用するようになるのは少なくとも3歳以降である、とまとめらる。

では台湾人高齢層の複文・重文にはどのような形式が使われているのだろうか。データを見ると、単文だけでなく様々な複文や重文が現れていることが分かる。次の表44は各インフォーマントの使用した複文と重文の内訳である。

表44　複文・重文の内訳

	G1				G2			G3				G4					計
	MOTO	KOU	GI	SAI-m	TO	CH-b	RYO	CHO	LEE	TAKA	KYU	RO-f	HU	SAI-f	OH	LIN	RO-m	
て形	9	20	84	51	82	61	32	12	35	6	13	25	28	4	29	4		495
関係節	34	22	30	50	57	37	18	5	10	1	9	18	11	1	20	3	2	328
引用（と、て、つ、ちゅう、てと、とて）	27	5	47	32	27	11	3		2	1	4	5	1	2	1			168
たら	15	3	27	15	12	10	15	4	3	1	7	5	14	4	9	2	4	150
の（は、が、を、も）	21	9	32	25	8	14	9	3	4		1	1		1	2			130
こと（は、に、が、を、で、も）	22	5	20	21	18	5	4		1	2	6		5	2	5	6		122
時	7	1	14	3	20	7	4	8	5	2	10	6	27		6	2		122
から	10	2	26	8	14	11	11	5	4	4	1	7	5		4	3		120
けど	6	3	28	15	13	10	5	1		1	2	3	2	2				91

と／とや(条件)	8	3	14	7	4	9	3	2	2	4			6		1	63
か	10		3	6	11	7	1			1	3			1	1	44
ば、りゃ	1	2	5	4	8	5	4	2				2		9		42
ても	1	2	3	6	2	5	3		3		1	2	1	1		30
たり	2		7		9	5	2					1				26
し	3	3	1	2	7	1	4		1			2				24
後(で、は、に)	1		2			2	3	3	1				3		1	16
とか				3	7					2			1			13
場合					1		11		1							13
様に			8	3									1			12
てから		1		3		1	1	3		1		1				11
なくて(は)／ないで	1			2	1	1	2	2		1						10
のに	4				2	1					1					8
の(ん)で	1					1										2
が			1	5		2										8
たって					2									6		8
とこ(ろ)(で、に)			2	1	4									1		8
ながら	2		1	1	1	1		1								7
頃		1	1		5											7
なら	2				1							3				6
方が	1					2								3		6
為(に)	1	1			2											4
くらい	1		1	1	1											4
内(に)	1	1			2											4
前(の)	1				1		1									3
その他(使用者1人のみ)	より(2)、んでも(1)、には(1)、まで(1)		じゃなくて(2)、もの(1)、しゃ(1)、にしても(1)	もんだから(4)、間は(1)、最中(1)		なきゃ(1)	だって(2)					だけで(1)		やら(7)、じゃ(2)		29
計	197	85	366	267	319	208	140	51	72	27	55	82	105	106	22	7	2,134
種類数	30	18	26	25	26	23	22	13	13	13	11	16	13	9	16	8	3

　日本人の子供の言語発達では「て」が最も早く出現するようだが、インフォーマントが使用した形式も「て」が最も多い。続いて関係節、引用の使用が多いが、グループ1、2のインフォーマントは特に関係節、引用、「の」「こと」の使用が多く、そして使用された複文・重文の種類が多い、と言える。
　ここでインプットとアウトプットの問題を考えてみよう。母語話者から非母語話者への会話はフォーリナー・トークと呼ばれる特徴がある（Clyne 1981）。フォーリナー・トークは量・質ともに単純化され、文法的に誤った

文や未完成の文が少ない、疑問文が多い、助詞の省略が少ない、という特徴が見られる(志村明彦1989)。またティーチャー・トークという教師特有の話し方があることも指摘されているされている(Chaudron 1988)。ティーチャー・トークは話す速度が遅い、ポーズが多く長い、基本的語彙が使われる、短めの文が多く複文が少ない、従属節化の度合いが低い、質問文より多くの平叙文、陳述文が使用される、などの特有の話し方があるとされる。戦前子供であったインフォーマントに対し、台湾に住んでいた日本人や公学校の教師が使っていた日本語がフォーリナー・トークやティーチャー・トークだったとしたら、インフォーマントがインプットとして聞く日本語は単純化され、複文・重文よりも単文のものが多かったと予想される。もしそうであれば、複文・重文を駆使したIUの長い発話を産出できるようになるには、公学校卒業以降、複雑な長いIUのインプットを得る必要があったはずである。インフォーマントのグループ分けは主に日本語による教育を受けた長さ、公学校卒業以降日本語にどれだけ接したかに基づいているが、グループ1、2のインフォーマントに複文・重文の出現率と種類数が多いという結果は、上述の予想を反映しているように思われる。またもう一つの特筆すべき特徴として、グループ1、2のインフォーマントの使う複文・重文には丁寧体が現れていた。次に例を挙げる。

(104)〈228事件について政府が発表した報告についてどう思うか聞くと〉
→1　MOTO: ... s=% sono=, shinsoo de, shinsoo tte [**ii]masu kedo**,
　　　　　...す=%その=, 真相で, 真相って[言い]ますけど,
　2　OGA:　　　　　　　　　　　　　　　　　　　[un].
　　　　　　　　　　　　　　　　　　　　　　　[うん].
→3　MOTO: sore wa ato kara tsukut-ta mono ga ooii-n desu. mazu,.. i%,.. ■■ no=,.. ■■ o ree ni **mooshiagemasu-to=**, ■■ wa=,.. zenzen seeji ni, kankei ari-masen.
　　　　　それは後から作ったものが多いんです. まず,..い%,..■■の=,..■を例に申し上げますと=, ■は=,..全然政治に, 関係ありません.

(105)〈日本の演歌歌手が歳よりも若く見えるという話をして〉
　1　RO-f: tote[mo wakaku] miemasu yo[2=2].
　　　　　とて[も若く]見えますよ[2=2].

```
  2  RYO:      [toshi soo'oo]--
              [ 年相応 ]--
  3  RYO:                        [2to2]temo wakaku miemashi-ta [3kedo3],
→             toshi wa moo go-rokujyuu gurai it-teru-n desu yo.
              [2と2]ても若く見えました[3けど3],歳はもう五六十位いってるんですよ.
  4  RO-f:                                                    [3<PP>u=n
              </PP>3].
              [3<PP>う=ん</PP>3].
```

(106)〈終戦後、曾祖母が亡くなった時の話をして〉
```
  1  KAI:    u=[n].
             う=[ん].
  2  GI:     [da]kara jiisan ga ne, watashi wa ano= choonan no <@>choonan
→            desu kara</@>, dakara ano= Taiwan ja= desu ne, sooshiki n toki ni
→            desu ne, (H) choonan no choonan dai%, ano= yon% yon-dai ga ###
→            dasu ne,
             [だか]ら爺さんがね,私はあの=長男の<@>長男ですから</@>,だからあの=台湾
             じゃ=ですね,葬式ん時にですね,(H)長男の長男だい%,あの=四%四代が###です
             ね,
  3  KAI:    un.
             うん.
→ 4  GI:     ano=, dai-go-dai,.. no are ni nat-te desu [ne],
             あの=,第五代,..のあれになってです[ね],
  5  KAI:                                              [<PP>u]n</PP>.
                                                      [<PP>う]ん</PP>.
  6  GI:     ano=,.. shin-da toki ni wa naka-nai-n desu yo.
             あの=,..死んだ時には泣かないんですよ.
```

　複文・重文の中に丁寧体が出現するというのはスピーチレベルが十分にコントロールされている証拠であるが、グループ1、2のインフォーマントは関係節や修飾構造の中にも丁寧体が現れており、また受身やモダリティも見られた。次の例(107)～(109)は丁寧体と敬語、例(110)には受身とモダリティが現れている。

(107)〈GIは自分の経歴を記した資料を渡してくれた後〉
```
→ 1  GI:    sashiage-ta sakki no= shiryoo no naka ni,
            差し上げたさっきの=資料の中に,
```

```
   2  KAI:  hai.
              はい．
→3  GI:   kore daitai ano=, arimasu kara anta [moshi=, a]no=, ato de mi-temo
              ii desu yo an kore wa daitai,.. chonikuen%, watashi ga shoogakkoo
              ni, iku koro desu ne, Taiwan no jookyoo.
              これ大体あの=,ありますからあんた[もし=,あ]の=,後で見てもいいですよあんこ
              れは大体,..ちょにくえん%,私が小学校に,行く頃ですね,台湾の状況．
```

(108)〈新渡戸稲造が台湾に製糖業をもたらしたという話をして〉

```
   1  GI:    [Nitobe-inazoo].
              [新渡戸稲造］．
   2  SAI-m:[saisho wa] Tai% Taiwan no ne, seetoo-gyoo ni sugo=ku ano=,..
→            kooke=n nasare-ta o-kata desu yo.
              [最初は]台%台湾のね,製糖業にすご＝くあの=,..負け＝んされたお方ですよ．
```

(109)〈KOU は、KAI が以前台湾にいた時と日本に帰ってからと台湾に対する見方が変わったかどうか聞いて〉

```
→1  KOU:  ...(.5) anta Nihon ni orare-te no=,.. <CRK>o=</CRK>, Taiwan ni
              taisuru mikata to iu no wa,
              ...(.5) あんた日本におられての=,..<CRK>お=</CRK>,台湾に対する見方と言うの
              は,
   2  KAI:  fun.
              ふん．
   3  KOU:  daibu kawarimashi-ta ka?
              だいぶ変わりましたか？
```

(110)〈X 氏がなぜ 228 で殺されたかについて〉

```
      MOTO: sore o, (H),... kekkyoku=, anmari Taiwan o ai shi-sugi-te, Nihon-
→            kyooiku dat-ta tame ni, koro-sare-na, -kutewanaranai unmee ni nat-
              ta.
              それを,(H),...結局=,あんまり台湾を愛しすぎて,日本教育だった為に,殺されな,く
              てはならない運命になった．
```

　以上の結果から、インフォーマント達は複文・重文を駆使し、複雑な構造の文を産出する。しかし日本語による教育を受けた年数が長く、また学校卒業後の日本語接触率が高いインフォーマント程、複文・重文内の構造がより複雑になる、とまとめることができる。

7-10. 方言の影響

では次に方言の影響について述べる。

川見駒太郎（1942）は、台湾で生まれた日本人や幼年期に渡台した者は方言を耳にする機会が少ないので、台湾の国語は比較的東京語に接近しているが、台湾在住の内地人の比較的多数を占める九州・中国地方の人々の方言の中で、比較的広範囲に用いられる語、しかも他の地方の人々にも理解できる語はいつのまにか他地域出身の人々や本島人の間で使用されるようになり、台湾の中での共通方言が国語の中から醸成されつつある、と述べている。酒井恵美子（1996）、簡（2000、2005）も先住民に対するインタビューから、アスペクト形式「トッタ」「トル」（酒井、簡の両者）、否定の「ン」、終助詞「ヤ」、使役「（サ）ス」（酒井）などの西の方言形が見られたと記している。本書のインフォーマントにも西の方言が見られた。次の表45に見るように、グループ別に関係なく、17人中15人（TOとLEEを除く）という多くのインフォーマントに方言形の使用が見られた。そして九州に住んでいたことがあるGIとSAIの使用頻度が特に多かった。

表45　方言形の出現

	G1				G2				G3					G4			計
	MOTO	KOU	GI	SAI-m	TO	CH-b	RYO	CHO	LEE	TAKA	KYU	RO-f	HU	SAI-f	OH	LIN	RO-m	
～とる		3	3	13		2	4			1				3	5			34
～ん（否定）			7			1									1			9
おる		1	17	3		1	2	4		1	2	3	1		5	1		41
分からん						2	1										2	5
その他	1	1	4	1			1								1			9
計	1	5	31	17	—	4	9	5	—	2	2	3	1	3	11	2	2	98

最も使用頻度が多い項目は存在の意味の「おる」、そしてアスペクト形式の「～とる」である。表45の「その他」の方言形には、「～さす（使役）」(MOTO)、「～にゃいかん」(KOU)、「～よる」「～じゃ」(GI)、「なんぼ」(SAI-m)、「こける」(OH)などが見られた。巻末資料15で、日本時代台湾に移住していた日本人は九州出身者が多かったことをデータとともに示しているが、そうすると西の方言が見られるのは尤ものことである。ただ学校で

は標準的な日本語を教えていたので、西の方言が見られるというのは、当時台湾に住んでいた日本人と台湾人が別々のコミュニティーで交わりがなかったわけではなく、2グループ間の接触度が高かったことを意味する。先に紹介したように酒井、簡が先住民のアスペクト形式にも方言の使用が見られると報告しているが、本章の結果から先住民だけではなく台湾人の日本語にも方言形式が見られることは、エスニックグループや日本語教育歴に拘わらず、台湾全土に西の方言が入り込んでいたと考えられる。ただ、インフォーマントは一貫して方言形を使うのではなく、会話の中で時々使用されるという現れ方をした。酒井恵美子（1996: 322）はアスペクトの「トル」、断定の「ダ」「ヤ」、使役の「（サ）ス」などの方言形が「台湾共通語」として普及していたのではないかと述べているが、これらの方言形は先に紹介した「聞いて分かる」のような汎用性、一貫性が見られないので、本章の結果からは「台湾式日本語」として定着していると結論付けられない。

　次は方言形の例である。

(111)〈自分の台湾語について〉

```
 1  SAI-m:Taiwan-go dakedo=,   ore itsumo  ne=, tsumacchaら ano= tsu=ら
        tsumazuku-n desu yo.
        台湾語だけど=,俺いつもね=,つまっちゃら あの=つ=ら躓くんですよ.
 2  KAI:  <PP>u[=n</PP>].
        <PP>う[=ん</PP>].
 3  SAI-m:   [so]ko made it-te ne, (H)= sa=, ett,.. Taiwan-go de ne omae
→       nanka koo yuu koto o ne, koo yuら, hyoogen shi-toru kedo ore wa ne
        Nihon-go deshika deki-nai kara kore, (H) doo sure-ba ne, omae
→       nanka ni tsuuzuru ka ne ore ima ne=,.. kangae-toru saichuu da tte
        anna koto o yaru-n desu yo=, shoojiki it-te.
        [そ]こまで言ってね,(H)=さ=,えっ,..台湾語でねお前なんかこうゆうことをね,
        こうゆら,表現しとるけど俺はね日本語でしか出来ないからこれ,(H)どうすればね,お
        前なんかに通ずるかね俺今ね=,..考えとる最中だってあんなことをやるんですよ=,正
        直言って=.
```

(112)〈戦後、台湾に帰らずに日本に永住しようと思っていたという話をして〉

```
→1  GI:   watashi wa= ano=,.. a ■■■ kara= [ano=], moto wa, kaら <@>kae-ran
        tsumori dat-ta-n desu</@>.
        私=あの=,..あ■■から=[あの=],もとは,から<@>帰らんつもりだったんです
        </@>.
```

```
2  KAI:                                     [<P>hai</P>].
         [<P>はい</P>].
```

　方言ではないが、口語縮約形や音便形も時折見られた。参考までにその出現数を表 46 に示す。興味深いことに、グループ 4 のインフォーマントにはこれらの表現は全く見られなかった。

表 46　口語縮約形と音便形

	G1				G2			G3						G4			合計
	MOTO	KOU	GI	SAI-m	TO	CH-b	RYO	CHO	LEE	TAKA	KYU	RO-f	HU	SAI-f	OH	LIN	RO-m	
こりゃ		2				1	2											5
そりゃ	1	6																7
そん時	1		2									1						4
あん時			3	2				18	15			4	13					55
合計	2	8	5	2	—	1	2	18	15	—	—	5	13					71

7-11.　台湾式日本語

7-11-1.　「でしょ(う)」の使用

　台湾人高齢層の話す日本語には、純粋な文法的誤りとは言えないが、日本語母語話者が使わないような特別な表現形式が見られた。次にこうした表現形式について考察する。

　先に述べたように、第二言語や外国語習得において母語の負の転移は多くないことが最近の研究結果から示唆されているが、母語からの転移が全くないわけではない。中国語やその方言を母語とする話者の「でしょ(う)」はその一つだろう。李幸禧(2005)は台湾人日本語学習者を対象としたアンケート調査の結果から、「でしょ」の正しい使い方は学習者の学習年数や文法能力の増加とともに伸びておらず、その理由として母語の「吧」の負の転移や、教師の指導の仕方、教科書編纂、今までのモダリティ形式教育の扱い方など多様な原因が関わっていると述べている。

　「でしょ(う)」の逸脱した使用は日本語学習者だけでなく、戦前日本語による教育を受けた人達にも見られることが報告されている。中野裕也(1998)

はルカイ族を調査した結果から、普通体ベースの会話で「デショウ／ダロウ」は相手に対して念押ししたり、同意を求める場合に広く使用されていると述べている。そして「デショウ／ダロウ」は特定の用法だけが使用される傾向にあり、「デショウ」で推量を表している発話例は少なく、「デショウ」は丁寧体として発話されるよりも、どちらかと言えば確認要求をするための文末詞的な使用がなされていると考えられると述べている[52]。また簡月真(2000)もアタヤル族とアミ族を調査した結果から、当該内容についての認識を誘発するような要求表現として、そして簡月真(2011)では知識確認の要求や新情報認知要求として「デショ」の多用が見られると述べている。「でしょ」は基本的に話者の推量、或いは話者が聞き手も問題の情報内容を共有知識としてもっているという仮定の下に確認要求する[53]。聞き手が全く知らない情報を提供する場合には使えないが、そのような文脈において「でしょ」を使う例が台湾人高齢層に見られた。

表 47　「でしょ」の使用

	G1				G2			G3						G4			合計
	MOTO	KOU	GI	SAI-m	TO	CH-b	RYO	CHO	LEE	TAKA	KYU	RO-f	HU	SAI-f	OH	LIN	RO-m	
正用	22		6	12	10	10	30	7	4		6	2	8		12		1	130
不自然	4			1	5	41	2	7	3		1		1		28		4	97
合計	26	―	6	13	15	51	32	14	7	―	7	2	9	-	40	―	5	227

　次は不自然な「でしょ」の使用例である。

(113)〈TO は叔父さんのことについて話をし始める〉
   1　TO:　　tooji ojisan ga=,.. ano= hosee ni nat-teru **desho**.
   　　　　　当時叔父さんが=,..あの=保正になってるでしょ \.
   2　KAI:　　<P>u=n</P>.
   　　　　　<P>う＝ん</P>.
→3　TO:　　.. Nihon de wa= ma son-choo da. ima no sato=-choo **desho**.
   　　　　　..　日本では=ま村長だ．　今の里=長でしょ \.

(114)〈戦後中学に入ると北京語での教育に変わり、北京語で日記を書かされたという話をして〉
   1　CH-b: e nikki o kaku-to,.. Nihon-go de,.. kake-ba kak-e-reru kedo,..
→　　　　　 Pekin-go de kaku-to= u,.. do% doo iu% doo kai-te ii ka waka-
　　　　　　ran **desho**.
　　　　　　え日記を書くと,..日本語で,..書けば書けれるけど,..北京語で書くと=う,..ど%どういう%どう書いていいか分からん<u>でしょ</u>\.
   2　KAI: fu=n.
　　　　　　ふ=ん.
→3　CH-b: de sappari **desho**.
　　　　　　でさっぱり<u>でしょ</u>\.
   4　KAI: fu=n.
　　　　　　ふ=ん.
→5　CH-b: tokoroga ne=, yappari ano= chuugaku= san-nen **deshoo/**. kootoogakkoo
　　　　　　san-nen roku-nen mo=,.. u= roku-nen yara-naku-temo= u= daitai moo=
→　　　　　 chuugaku san-nen de kootoogakkoo ichi-nen **desho**.
　　　　　　ところがね=,やっぱりあの=中学=三年<u>でしょう</u>/．高等学校三年六年も=,..う=六年やらなくても=う=大体もう=中学三年で高等学校一年<u>でしょ</u>\.

(115)〈CHOは公学校に通っていた時、学校では日本語で話していたと言うので〉
   1　KAI: ... demo ie ni kaet-tara=,.. Taiwan-go, ie de wa Taiwan-go desu ka
　　　　　　Nihon-go desu ka?
　　　　　　...でも家に帰ったら=,..台湾語,家では台湾語ですか日本語ですか？
   2　CHO: ie e kaette-ki-tara=, oba% ano=,.. uchi wa ne, chichi haha
→　　　　　 minna,.. [narra-te]-nai **deshoo**= Nihon-go wa narra-te-nai.
　　　　　　家へ帰ってきたら=,おば%あの=,..うちはね,父母皆,..[習って]ない<u>でしょう</u>=日本語は習ってない．
   3　SON:　　　　　　　　[##%]--

　本章のインフォーマントは自分のもつ情報を提供する際に、いわば聞き手をその話題に積極的に引き込む、聞き手の注意を引く為の機能として、或いは簡月真(2011)の述べるような新情報の認知を要求する為の機能として「でしょ(う)」を使っている。
　台湾語には次の例のように、文末に付く「sī bô(是無)」「sī m̄ sī(是不是)」「tioh m tioh(對不對)」という形式がある。日本語に訳すると「(そう)でしょ」になる[54]。

(116) Lí sì Li-pún-lâng sī bô?
　　　你 是　日本人　　是 無
　　　あなたは日本人でしょう？
(117) Lí beh khì bóe chhài sī m̄ sī?
　　　你 要 去 買　菜　是 不 是
　　　あなたは買い物に行きたいの？、そう？
(118) Lí tòa-tī Sìn-gī-lō tioh m̄ tioh?
　　　你 住 在　信義路　對 不 對
　　　あなたは信義路に住んでいるでしょう？

　これらは日本語の推量や確認要求を表す「でしょ(う)」と同じ機能をもつが、「sī m̄ sī」「tioh m̄ tioh」は次のように話者が自己の考えや心情を述べた後、それに対し聞き手から賛同や同意を求めるような場合にも使える。

(119) Ông sian-siⁿ chin gâu kóng-ōe tioh m̄ tioh?
　　　王　先生　　眞 賢 講話　　對 不 對
　　　王さんは話をするのが上手だ、そうでしょう？

　インフォーマントの中で特にOHにはこのような賛同や同意を求める用法の「sī m̄ sī」「tioh m̄ tioh」を日本語に直訳したような「そうでしょ」という表現が数多く使用されていた。

(120)〈以前は日本へ行ったことがあるが、今は年齢が高くなり行っていないという話をして〉
　1　OH:　.. a= <#>Senzai</#> mo nagai aida it-te-nai kara ne=.
　　　　　.. あ =<#>せんざい</#>も長い間行ってないからね=.
　2　KAI:　<PP>hu[=n</PP>].
　　　　　<PP>ふ[=ん</PP>].
　3　OH:　　　　[ryo]koo mo= hachijus-sai mo,.. (TSK), nan daka= de-taku-nai mon.
　　　　　　　　[りょ]こうも=八十歳も,.. (TSK),何だか=出たくないもん.
→4　OH:　[2soo de2]shoo=/.

```
                                    [2 そうで 2] しょう =/.
     5  KAI:     [2u=n2]
                 [2 う＝ん 2].
```

(121)〈公学校卒業後の日本語使用について聞く〉
```
     1  KAI:  (H) koogakkoo sotsugyoo shi-tekara wa Nihon-go tsukaimashi-ta ka/?
              (H) 公学校卒業してからは日本語使いましたか /?
     2  OH:   moo nagai aida tsukawa-nai. tsukai-masen yo= mo, osoraku iu aite
  →           ga nai mon. [soo] desho.
              もう長い間使わない．使いませんよ＝も，恐らく言う相手がないもん．[そう]で
              しょ．
     3  KAI:                                  [un].
                                              [うん].
```

　グループ別に関係なく、つまり公学校卒業以降の学歴や日本語接触頻度に関係なく多くのインフォーマントに「でしょ(う)」の逸脱した使用が見られることからすると、李幸禧の挙げている教師の指導方法、教科書、モダリティ教育の影響よりも、中国語、台湾語からの影響の方が強いと思われる。そして「台湾式日本語」として、聞き手の持つ知識に関係なく、話者が情報提供する際の賛同や同意を得るマーカー、或いは聞き手を話題に引き込むマーカーとして汎用されているようである。

7-11-2.「らしい」の使用

　台湾人高齢者の日本語に見られるもう一つの特徴は「らしい」の使用である。黃鈺涵(2003: 95)は「ようだ・らしい・みたいだ」は中国語では全て「好像」に対応するため訳語からの誤用が多く、台湾人学習者にとって使い分けの習得が困難であると述べている。出現数は多くないのだが、本書のインフォーマントの日本語にも「みたい」「ようだ」が使用されるべき文脈の中で「らしい」が使用される例が幾つか見られた。

表 48 「らしい」の使用

	G1				G2			G3						G4			計
	MOTO	KOU	GI	SAI-m	TO	CH-b	RYO	CHO	LEE	TAKA	KYU	RO-f	HU	SAI-f	OH	LIN	RO-m	
文法的	1	1	3		3													8
不自然		2					3		2									7
計	1	3	3	―	3	―	3	―	2	―	―	―	―	―	―	―	―	15

次は「らしい」の逸脱した例である。

(122)〈中学卒業後、お菓子屋で三年働き、その後蘇澳(すおう)のタクシー会社に行ったという話をして〉

1 LEE: a= sore kara=,
   あ＝それから＝,
2 KAI: un.
   うん.
3 LEE: a= yaku=, ni%, ichi-nen han <PP>ka na</PP>,
   あ＝約＝,に%,一年半<PP>かな</PP>,
4 KAI: fu[n].
   ふ[ん].
5 LEE: [ichi]-nen, ichi-nen go%,.. i% ichi%,.. tashikani ichi-nen
→   **rashii** na.
   [一]年,一年ご%,..い%いち%,..確かに一年<u>らしい</u>な.
6 KAI: fun.
   ふん.
7 LEE: sore kara Suoo.
   それから蘇澳.

中野裕也（1998）はルカイ族を調査した結果から、「ラシイ」が推定を表す場合に限って用いられ、「デショウ／ダロウ」と同様に「ラシイ」も特定の用法だけが使用される傾向があると述べている。台湾人だけでなく、先住民にも同じような「らしい」の逸脱した使い方が見られるわけである。

「らしい」はモダリティである。先の表42、43に見たように日本語熟達度が高くなければモダリティの使用は多くなく、「らしい」の出現数も多くない。しかし日本語熟達度の高いインフォーマントの中にも「らしい」の逸脱した用法が現れることを見ると、これも母語の影響もあいまって、主語の

制限なしに、不確かな情報をあらわすマーカーとして用いる「台湾式日本語」として汎用されているのではないかと考えられる。

7-11-3. その他

データを検証すると、台湾で汎用されている表現形式には「でしょ(う)」「らしい」の他に、「やっぱり(やっぱし、やはり)、なんか(なにか)」等のフィラー的用法も見られた。また、人を数えるのに「～名」、二人称の「あんた」の使用も見られた。

表49 台湾式日本語の使用数

		G1				G2			G3						G4			計
		MOTO	KOU	GI	SAI-m	TO	CH-b	RYO	CHO	LEE	TAKA	KYU	RO-f	HU	SAI-f	OH	LIN	RO-m	
やっぱり (やっぱし、やはり)	OK	1	4	6	7	11	2	7	13	3	9	1	8						72
	逸脱	1				6	1		2	3		1	5			1			20
なんか (なにか)	OK	1		20	13	35	1	9	2	2			1			6			90
	逸脱					1		1								46			48
～名									1	5				2		1		4	13
あんた (方)			11	2	1		1	13	1	1						15			45

簡月真(2000)はアタヤル族とアミ族を調査した結果から、「ヤッパリ」の多用が見られると述べている。「なんか」に関して蔡嘉綾(2007)は、中・上級レベルの台湾人日本語学習者と日本語母語話者との比較から、どちらのグループも談話の中で「なんか」をフィラーとして使用するが、母語話者が会話の開始部しかこのフィラーを使っていないのに対し、台湾人学習者は会話の開始部から中心部、終結部まで頻繁に使用していると述べている。本書のデータにも「やっぱり／やっぱし／やはり」「なんか／なにか」が多く現れていた。次に例を示す。

(123)〈蒋経国の妾、章亜若が亡くなった経緯について語り〉
1　MOTO: de dare ga sono, (Hx) da sono gun-i ga, doku ire-ta wake yo ne.
　　　　で誰がその,(Hx) だその軍医が,毒入れたわけよね.

```
   2  KAI:    <P>u=n</P>.
                <P>う＝ん</P>．
   3  MOTO:   do% ano=, doku ni naru kusuri ire-ta to.
                ど％あの＝，毒になる薬入れたと．
   4  KAI:    <P>u=n</P>.
                <P>う＝ん</P>．
→  5  MOTO:   hoide,...(.4) aru hito ni=, sono= yappari= chuusa gurai no hito ka
                na/.. kono shitaio hoomur-e tte iu wake yo. meerei ga de-ta no.
                tadashi teenee-ni hoomur-eto. soshite,.. ano <F>doko ni</F>, doko
                ni, ume-ta ka, <F>iu hitsuyoo</F> nai to.
                ほいで,...(.4)　ある人に＝，その＝やっぱり＝中佐ぐらいの人かな／..　この死体を
                葬れって言うわけよ．　命令が出たの．　但し丁寧に葬れと．　そして,..あの<F>ど
                こに</F>,　どこに,　埋めたか,<F>言う必要</F>ないと．
```

(124)〈戦前日本語ができる人程自分は日本人だと思っていたが、皆ではないと言って〉

```
→  1  GI:     to yuu no wa desu ne,.. moo ano=, nanka= ano=, sono ippan no=
→             hito wa desu ne, yappari jibun no seekatsu ni owa-re-teru mon
                dakara,
                とゆうのはですね,..もうあの＝,なんか＝あの＝,その一般の＝人はですね,やっぱり
                自分の生活に追われてるもんだから,
   2  KAI:    <P>u=n</P>.
                <P>う＝ん</P>．
   3  GI:     mo dakara,.. kono= toku ni sono=,.. seeji no mondai ga= ano=, ii
                warui ni yotte mo sayuu sa-reru-n desu [yo].
                もだから,..この＝特にその＝,..政治の問題が＝あの＝,良い悪いに因っても左右さ
                れるんです [よ].
   4  SAI-m:                                            [a]no koro ne,
                                                        [あ]の頃ね,
```

インフォーマントの中には、TOとOHのように「なんか」のフィラー的用法が口癖のようになっている話者もいた。特にOHは一人称主語の多くに「なんか」を後接させる特殊な使い方をしていた。主語位置で「僕」と「僕なんか」を使用する割合は同数の31対31であった。次に例を挙げる。

(125)〈自分の日本語能力について〉

```
→  1  OH:     (TSK).. a= boku nanka ne= ki% Nihon-kyooiku da kara ne=.
                (TSK)..　あ＝僕なんかね＝き％日本教育だからね＝．
→  2  OH:     bo[ku] nanka,.. Nihon-go wa surasura i-e-reru yo. na.
                ぼ[く]なんか,..日本語はすらすら言えれるよ．　な．
```

```
 3  KAI:    [ha\].
         [は\].
```

(126)〈OH は今現在の仕事をしているかと聞かれたか勘違いして答える〉
```
 1  KAI:   koogakkoo=,.[. sotsugyoo] shi-te=, nani o shi-temashi-ta?
           公学校=,.[. 卒業] して=, 何をしてました？
 2  OH:                [koogakkoo]--
                     [公学校]--
→3  OH:    boku nanka nanimo shi-nai yo=. boku ne=,(TSK),.. nantoka
           <@>iu</@>, it-te yara <@>wakara-nai</@>. boku nanka= osoraku=,..
           nani-goto mo tsutome-te-nai yo.
           僕なんか何もしないよ=．僕ね=,(TSK),..何とか<@>言う</@>, 言ってやら<@>
           分からない</@>．僕なんか=恐らく=,..何事も勤めてないよ．
```

　この他、TO は「結局」、OH は「恐らく」をフィラー的に多く使用しており、又「いわゆる（いわば）」もフィラーとして複数のインフォーマントに使われていた。これらの出現数は表 50 の通りである。

表50 「結局、恐らく、いわゆる（いわば）」の使用数

		G1				G2			G3						G4			計
		MOTO	KOU	GI	SAI-m	TO	CH-b	RYO	CHO	LEE	TAKA	KYU	RO-f	HU	SAI-f	OH	LIN	RO-m	
結局	OK	4			7	5	1												17
	逸脱					26	2												28
恐らく	OK	2				9		1								5			17
	逸脱															35			35
いわゆる（いわば）	OK	2	2	2	8	9	5												28
	逸脱																		—

次に例を示す。

(127)〈疎開した時のことについて〉
```
 1  TO:    minna ni sokai=-saseru yooni shi-ta-n desu.
           皆に疎開=させるようにしたんです．
 2  KAI:   <P>u=[n</P>].
           <P>う=[ん</P>].
```

→3 TO: [a] **kekkyoku** boku wa inaka no=,.. sono toko e sokai shi-ta-n da ga=,
              [あ]結局僕は田舎の=,..そのとこへ疎開したんだが=,
  4 KAI: u=n
           う＝ん．
  5 TO: (0) yaku= ik-kagetsu gurai ka na= kayot-ta kedo teedo ga hikui-n desu yo ne.
           (0) 約一ヶ月位かな=通ったけど程度が低いんですよね．
  6 KAI: <P>u==n</P>.
           <P>う==ん</P>．
→7 TO: ma **kekkyoku**= ato de **yappa** kutt% kuushuu shi-te=,.. ## ni totemo=,.. sono= chodo ano= Nihon no kyooren-ki desu ne,
          ま結局=後でやっぱくっ%空襲して=,..##にとても=,..その=丁度あの=日本の教練機ですね,

(128)〈OH は KAI の言う日本語は何でも分かると言うので、どうして日本語を忘れないのか聞くと〉

→1 OH: boku nanka moo y%, **osoraku** hi%, tomodachi **osoraku=**, u% zenbu Nihon-go it-teru hoo ga ooi-n da mon. ha=, toshi tot-teru kara ne=.
          僕なんかもうゆ%,恐らくひ%,友達恐らく=,う%全部日本言ってる方が多いんだもん．は=,年取ってるからね=．
  2 KAI: un.
           うん．
→3 OH: soo desho/, tomodachi wa moo= **osoraku**, nanajus-sai ijoo no hito de-na-kereba,.. ni% Nihon-go wakara-nai su yo.
          そうでしょ/,友達はもう=恐らく,七十歳以上の人でなければ,..に%日本語分からないすよ．

(129)〈幼い頃家が裕福で幼稚園へ通ったという話をして〉

  1 TO: <A>dakara</A> aru-teedo=,.. keezai no yutori [mo] at-ta-n dakara[2=2],
           <A>だから</A>ある程度=,..経済のゆとり[も]あったんだから[2=2],
  2 KAI: [<P>un</P>].
           [<P>うん</P>．]
  3 KAI: [2u2]=n.
                    [2う2]=ん．
→4 TO: mochiron= chihoo de wa aru teedo=,.. sono **iwaba**= ano= tooji no Nihon no seefu no= hito-tachi mo mitomete-kure-te=,
          勿論=地方ではある程度=,..そのいわば=あの=当時の日本の政府の=人たちも認めてくれて=,

第 2 章　台湾人の話し言葉の分析　163

```
5  KAI:   <P>u=n</P>.
          <P>う=ん</P>.
6  TO:    sorede=,.. chissai toki kara=,.. sono muttsu no toki ne, Nihon-jin
          no,... ano= kee'ei shi-teru=, yoochien hait-ta wake.
          それで=,..小っさい時から=,..その六つの時ね,日本人の,...あの=経営してる
          =,幼稚園入ったわけ.
7  KAI:   <P>u=[==n</P>].
          <P>う=[==ん</P>].
8  TO:    [dakara Nihon]-jin= to hobo,.. ma daitai onnaji yoona=,..
→         sono=,.. iwaba,.. sutaato shi-ta wake.
          [だから日本]人=とほぼ,..ま大体同じ様な=,..その=,..いわば,..スタートし
          たわけ.
```

　この他二人称には「あんた」を使う例が多く見られた。ただし使用者は全て男性話者である。

(130)〈KAI が中国は最近経済的に変わったという話をした後〉
```
→1 KOU:   (TSK) anta wa saikin, Chuugoku ni i-karemashi-ta ka?
          (TSK) あんたは最近,中国に行かれましたか？
 2 KAI:   iie.
          いいえ.
```

(131)〈RYO は、日本が第二次世界大戦に負けたことについて今の世代の人達はどう考えているか質問して〉
```
 1 RYO:   sono ten no da%, sono ten de kono, Nihon no wakai hito ni ne, doo
          su ka watashi wa koo iu ###, Nihon ga make-ta baai to,.. make-ta
          baai, ima makemashi-ta.
          その点のだ%,その点でこの,日本の若い人にね,どうすか私はこういう###,日本が負
          けた場合と,..負けた場合,今負けました.
 2 KAI:   un.
          うん.
→3 RYO:   moshimo,.. anta-gata no kono= mikata wa doo desu ka?
          もしも,..あんた方のこの=見方はどうですか.
```

(132)〈KAI が台湾に来て一週間経ったと言うと〉
```
→1 OH:    @@@(H).. anta= koko ki-te=,.. is-shuu-kan ra\?
          @@@(H).. あんた=ここ来て=,..一週間ラ\?
 2 KAI:   hai.
```

はい．

　例(130)～(132)のような「あんた」に対し、丁寧な「わたくし」という形式の使用も見られた。次の表51はインフォーマントが使用した一人称の形式である。「◎」印は一つの形式しか使われなかったこと、数字の後の「*」印は複数形(～達、～ら)で現れたことを示す。例えばCH-bの「2(1*)」というのは、2回のうち1回は複数形で現れたという意味である。

表51　一人称の形式

	G1				G2			G3							G4		
	MOTO	KOU	GI	SAI-m	TO	CH-b	RYO	CHO	LEE	TAKA	KYU	RO-f	HU	SAI-f	OH	LIN	RO-m
	女	男	男	男	男	男	男	男	男	男	女	女	女	女	男	男	男
わたし	52	◎	59	6		76	18	◎	◎		26	◎	15	1		4	1
わたくし	1		1*										14				1
あたし	2					1											
うち											3			1			
僕			3	18	◎	2(1*)	6	8(7*)							◎		
俺			7	18												4	
わし			1	1			3										
我々							1										

　結果を見ると、「わたくし」が多く出現しているのはHUである。HUは「わたし」15回に対し、「わたくし」を14回使用している。そしてその使用方法は、普通体の中で「わたくし」を使うという文体的な不一致が複数回見られた。こうした「わたくし」の使用例は、戦前日本語を学んだヤップの高齢層を調査した渋谷勝己(1995b)でも指摘されている。国府種武(1931: 333)の資料に、1898年(明治31)の国語教授研究会で人称代名詞に関して、会話では自称「わたくし」対称「あなた」他称「あのひと」不定称「どなた」、または自称「わたし」対称「おまえ」不定称「だれ」と制限された、とあるので、学校教育で「わたくし」を学んだ為に、時に文体的に不一致な「わたくし」を使用しているのだと思われる。以下例である。

(133)〈HU は日常日本語を使う機会がないと言って〉
```
  1  HU:   minna watakushi no mago,.. musume,.. zenbu,.. ano= Chuugoku-go de.
           みんな私の孫,..娘,..全部,..あの＝中国語で．
  2  KAI:  <PP>u=[n</PP>].
           <PP>う=[ん</PP>].
→ 3  HU:         [a] futsuu, watakushi ne, o-hanashi suru aite ga nai.
                 [あ]普通，私ね，お話する相手がない．
```

(134)〈HU は戦後日本語を使わないと言って〉
```
→ HU:  watakushi moo= ro% rokujuu-nen/-- rokujuu-nen no= Nihon-go= mettani
       tsukawa-nai.
       私 もう＝ろ%六十年/-- 六十年の＝日本語＝滅多に使わない．
```

　RO-m は男性であるが、一度だけ「わたくし」の使用がある。RO-m の例も普通体と共に使われている。

(135)〈RO-m は二十一歳の時に戦争から戻ってきたと言った後に〉
```
  1  KAI:  ha[=].
           は[=].
→ 2  RO-m: [sono] toki ne= watakushi ne= ano=,..(TSK) otoosan ne okaasan
           oneesan made aru no.
           [その]時ね＝私ね＝あの＝,..(TSK) お父さんねお母さんお姉さんまであるの．
```

　なお、MOTO の「わたくし」の使用は一度だけであるが、丁寧体と共に使用されていた。
　以上日本語母語話者とは異なる表現形式を考察したが、「結局、恐らく、いわゆる／いわば」は、OH の「恐らく」の多用を除くと、グループ 1、2 の話者にしか現れていない。一方、「でしょう」「らしい」「やっぱり／やっぱし／やはり」「なんか／なにか」「あんた」は多くのインフォーマントに使用されているので、これらは台湾で汎用され、いわば台湾式日本語として定着している表現だと考えてよいであろう。

7-12. 転移と相づち

　誤りではないが、台湾人高齢層の日本語の中で目立つ特徴の一つとして相

づちがある。

　相づちの機能は、相手の話の進行を促がす（水谷信子 1984、黒崎良昭 1998）、話の流れを助け、相手の言ったことを確認し、補強したりして「共話」する（水谷信子 1988）、等と言われている。水谷信子（1983, 1984）は、合計 8 人の話者を含む三つのテレビ及びラジオ番組を分析対象とした結果、使用されている相づちは 45 種類で、そのうち最も多いのは「ええ」、そして「うん」「はい」が続くと報告している。またメイナード・K・泉子（1993: 156–157）は、日本語で最も頻度の高かった相づちの形態は「うん」「ほんと」「そう」などの短い表現だとしている。黒崎良昭（1998）は年代別による相づちの頻度の比較から、小学生の相づちは単調なのが特徴であるが、中高生になると急に種類数が増え倍増し、相づちの多彩さは成熟度と比例すると指摘している。

　ちなみに日本人の相づちの頻度は、1 分間に平均して 15 〜 20 回、平均 20 音節ぐらい発話したところで打たれるという報告がある（水谷信子 1988）[55]。他言語との比較では、日本人はアメリカ人や中国人よりも相づちの頻度が多いと言われる（メイナード・K・泉子 1993: 156–157、劉建華 1987、新井芳子 2001）。水野義道（1998）はメイナード・K・泉子（1987）と劉の結果を比較し、大まかな傾向として中国語の相づちの頻度は日本語と英語の相づち頻度の中間に位置すると考えていいとしている。これらをまとめると、日本語母語話者が相づちを打つ具体的秒数は先行研究によって違いがあるが、他言語との比較では「英語話者＜中国語話者＜日本語話者」の順で相づちの頻度が多くなると言えるようである。

　次の表 52 に、本書のインフォーマントが使用した相づちのタイプと回数を示す。なお「そそそそ」のような繰り返しは一回と数えたが、IU の切れ目がある「そ．そ．」のようなタイプは別に数えた。またデータを見ると例えば「à」や「aà/a=」などは何語か判断が難しいが、「hè」「hò」「hà」のように台湾語からの転移があることが示された。

表 52　相づち使用[56]

		日本語					他									計
		はい	ええ	うん／う＝ん	そ／そう	小計	à	aà／a＝	an／a＝n	ò	è	ai	ea	hè	hò	hà	小計	
G1	MOTO	14	6	4	35	59								2		2	61
	KOU	51	4	13	10	78					2			12		10	24	102
	GI	14		7	16	37											—	37
	SAI-m	5	6	31	3	45											—	45
G2	TO	3	1	8	2	14	2		1						3	6	20
	CH-b	3	1	6	1	11								4	6		10	21
	RYO	2	4	32	17	55	3	2	1	6	4	2	1	7	19	14	59	114
G3	CHO	3	2	32	3	40					1				1		2	42
	LEE	16	44	6	7	73				1	1			68			70	143
	TAKA	3	9	36	4	52					10			8	1	33	52	104
	KYU			51	13	64											—	64
	RO-f	5	5	7	1	18								49	3	3	55	73
	HU	2		8		10				1					7		8	18
	SAI-f	3	8	6	1	18					8						8	26
G4	OH			3	6	9	5			1				1		4	11	20
	LIN	1		2	1	4											—	4
	RO-m	1	1	28	4	34											—	34
	計	126	91	280	124	621	10	2	2	9	26	2	1	151	37	67	307	928

　表 52 から、最も使用頻度が多いのは「うん／う＝ん」、そして「hè」「はい」が続く。どの相づちを使うかは個人差があるが、グループ差は見られない。また台湾語の相づち (hè、hò、hà など) がかなり用いられていることが分かる。相づちとは聞き手が積極的に会話に参加していることを表す機能をもつと言われるが、台湾語の相づちを使用する頻度が多いという結果は注目に値する。

　台湾人話者が母語話者同士の会話で使う相づちの種類をまとめたものに陳姿菁 (2005: 29) がある。陳によると次の表 53 の α 系 (日本語は「はい」系) は、聞き手が話し手の話を理解するのに十分必要情報の内の断片を入手した時に発した相づち、β 系 (日本語は「そう」系) は、聞き手がひとまとまりの情報を受け取り、話し手の話の全体を理解したため打った相づちである。

表53　台湾で使用される中国語と台湾語のあいづちの系列（陳文敏より）[57]

	中国語	台湾語	中間的な表現
α	嗯	「heⁿ」	「hɔ̃ⁿ」「m」「hm」「hn」「ɔ̃ⁿhɔ̃ⁿ」「m hm」
β	「這樣」「對」「好」「哦」「真的」「啊」「是」「是哦」	「án-ne」「tióh」「hó」「oˑ」「hioh」「heⁿah」「hāⁿáh」「hoˑ」「hiau lah」「waⁿ」など[58]、「oˑ hoˑ hoˑ」など	「OK」「m̂」など、「hèⁿhèⁿhèⁿ好啊」など

　陳は先行発話が台湾語の場合全て、また中国語と台湾語でベースとなる言語のスイッチがある場合はよく台湾語の相づちが使われるが、先行発話が中国語の場合も台湾語や中間的な表現の相づちに切り替えられることがよくある、そしてその際特に台湾語の相づち「α」に切り替えられやすいと述べている。陳の結果と本書の結果を合わせると、ベースの言語が台湾語でなくても、台湾語の相づちがかなり好まれると言えるようである。

　次は台湾語の相づちを用いた例である。

(136)〈日本語を忘れないのはNHKのニュースを見ているからだと言って〉
```
  1 LEE:   wasure-masen. wata% nyuusu mi=% mi-teru.
           忘れません．わた％ニュースみ＝％見てる．
  2 KAI:   a nyuusu mi-te[ru].
           ァニュース見て[る]．
→3 LEE:            [he=\]. ene% ene-echi-kee no= nyuusu mi-teru.
                   [ヘ=\]．エネ％NHKの＝ニュース見てる．
  4 KAI:   ha=[2=, honto2]ni\.
           は=[2=, 本当2]に\．
→5 LEE:        [2he\.. he\2].
               [2ヘ\..ヘ\2]．
```

(137)〈第二次世界大戦時について〉
```
  1 KAI:   a shuusen [no toki chuugaku ni-nen desu ka/]?
           ァ終戦[の時中学二年ですか/]？
→2 TAKA:            [ha\ ha\ ha\ ha\]. e= juuni]-nen. un soo desu.
                   [ハ\ハ\ハ\ハ\]．え=十二]年．うんそうです．
```

　先に述べたが、相づちの機能は相手の話の進行を促がす（水谷信子1984、

黒崎良昭 1998)、話の流れを助け、相手の言ったことを確認し、補強したりして「共話」する (水谷信子 1988)、などと言われている。データの中にはこの他次の例に見るように、相手の話の進行を促がす以外に、自己の発話について肯定的確認をするような用法も見られた。

(138)〈MOTO は 228 事件の資料を見せながら〉

1 MOTO: nii-nii-hachi no koto kai-ta dake hanashi-ta dake de, chooeki juu-nen(HIT THE TABLE), juu-go-nen(HIT THE TABLE). kazoku wa moo,.. ■■ nanka <F>taihen</F> desu yo, sono ato. <F>minna</F>,.. ne.
ニニ八のこと書いただけ話しただけで, 懲役十年 (テーブル叩く), 十五年 (テーブル叩く). 家族はもう,.. ■■なんか <F> 大変 </F> ですよ, その後. <F> 皆 </F>,.. ね.

2 MOTO: sorede,.. i% ichi-kyuu-kyuu=,.. ichi,.. kuu-kuu, ichi-nen deshoo ka, koko ni kai-teru to omoimasu kedo.
それで,.. い%一九九=,.. 一,.. 九九, 一年でしょうか, ここに書いてると思いますけど.

3 KAI: <PP>u=n</PP>.
<PP> う＝ん </PP>.

→4 MOTO: ich kuu,.. kuu ichi-nen. **soo desu**, **hai**.. ichi kuu kuu ichi-nen... ni,
一九,.. 九一年. そうです, はい. 一九九一年... に,

(139)〈阪神大震災について〉

1 RYO: .. Nihon de ano=,.. Hanshin-dai-jishin at-ta [desho]?
.. 日本であの=,.. 阪神大地震あった [でしょ]?

2 KAI: [hai] hai [2hai2].
[はい] はい [2 はい 2].

→3 RYO: [2are2]
shoogatsu at-ta desho?.. **ho**.
[2 あれ 2] 正月あったでしょ?.. ホ \.

　以上本章では逸脱や不自然な発話を考察してきたが、台湾語から明らかな転移が起こっているのは文末要素 (SFE) とこの相づちの 2 項目である。どちらも発話の命題には影響を与えないし、文法的誤りでもない。それが余計に転移を起こしやすくしているのではないかと思われる。

8. ピジンとクレオール

では次にピジンとクレオールについて考えてみる。

川見駒太郎（1942）は、知識階級の者は言葉遣いも内地人と異なるところはないが、一般の苦力、女中、行商人など国語に熟達していない者は極端な省略法と台湾語の混入を行うと述べ、台湾式の日本語を話す本島人野菜行商人と、それにつられて日本語が台湾式になっている内地人中流家庭の主婦との会話の例として次を挙げている。

主婦：リーヤ（汝）チレ（此）幾らあるか。
行商人：チレ。一斤十五銭ある。
主婦：高い高いあるね、まけるよろしいね。
行商人：たかいないよ、おっさん（奥さん）ろこも（どこも）十五銭あるよ、あなた、わたし、ホーユー（朋友）ある、安いあるよ。
主婦：嘘言いなさい。どこの野菜やも十二銭あるよ、リーのもう買わんよ。外の買うからいらんよ。
行商人：ホー、ホー、よろし、よろし、おっさん、まけるあるよ。いくら買うあるか。

これは川見の作例であり、かなり極端な例だと考えられるが、閩南語や客家語の影響を受けた日本語が存在するという報告は会津美穂（2000: 58-59）にもある。合津は客家系台湾人2人を対象に行ったインタビュー調査及び先行研究から、「「台湾人」標準日本」「「台湾人」俗日本語」「ピジン日本語」の3タイプ挙げている。そして、台湾人高齢層が公的場面と私的場面でそれぞれ異なる言語変種を使用している可能性があると述べている。「「台湾人」標準日本」は、日本語を学んだ人が使用する標準的な日本語、「「台湾人」俗日本語」は台湾人間のみで使用する日本語で、閩南語や客家語の影響を受けている。「ピジン日本語」は日本語を学んだ経験がないが、生活上日本人と接触の必要があった人達が使用する日本語である。合津が調査した2人のインフォーマントは、公的な場では比較的標準的な日本語である「「台

湾人」標準日本語」を、台湾人同士の私的な場面では閩南語や客家語の影響を強く受けた「「台湾人」俗日本語」を使用していたと言う。合津の「閩南語や客家語の影響を強く受けた（日本語）」というのは明確に規定されているわけではないが、音韻、形態素、或いはシンタクスといった文法的な影響ではなく、日本語ベースの会話に台湾語等の単語が混入する場合を指していると思われる。しかしインタビューから考察すると、場面によって使い分けるというより、自己及び会話相手の日本語熟達度レベルによって台湾語ベースになるか日本語ベースになるか変わるようであった。また本章のインフォーマントの1人は、高学歴であり、友人とも日本語を使って会話するのだが、インタビュー時に「日本語の中に台湾語を入れるとしっくりいくことがある」と言っていた。台湾語の方がぴったりした感情表出ができる表現がある為だという訳である。

　かつての国語教育を受けた人々の日本語を分析した研究には、よく「ピジン化」という用語が使われている。多言語状況が存在する場合は、ピジンやクレオールが生じることがあると言われるが[59]、ではピジンとはどのように定義されるのだろうか。Stewart（1968: 534–536）、Fishman（1971: 28）は異なるタイプの言語変異（language variety）に関わる属性を表54の様に示している。

表54　異なるタイプの言語変異に関わる属性

属性*				変異のタイプ
1	2	3	4	
+	+	+	+	標準（Standard）
-	+	+	+	現地語（Vernacular）
-	-	+	+	方言（Dialect）
-	-	-	+	クレオール語（Creole）
-	-	-	-	ピジン語（Pidgin）
+	+	+	-	古典的（Classical）
+	+	-	-	人工的（Artificial）

*1＝標準化、2＝自治性、3＝歴史性、4＝バイタリティ

　属性の中の1、「標準化」とは正しい使用規範としてその言語の使用者のコミュニティの中で規範化され受け入れられているものである。2の「自治

性」とは他の言語と比べて、言語的システムのユニークさと独立性があるかに関わる。歴史的に関係する二つの言語システムがある場合、自治性の有無が言語 (language) と方言 (dialect) を区別する基準となる。3 の「歴史性」は恣意的ではなく、時間をかけて通常の発達をした結果として知られる、または信じられる言語システムを指す。4 の「バイタリティ」は、孤立していない母語話者のコミュニティーによって言語システムが使用されているかどうかに関わる。

　標準タイプの言語は、ヨーロッパで公用語として使われる英語、フランス語、ドイツ語等で、現地語 (Vernacular) は、通常まず第一言語または母語として学ばれる。ほとんどのアフリカやアメリカの原住民語がこのタイプになるが、形式化された文法や語彙は欠如すると言われる。方言は話者によって異なったり、又は特定の状況によって異なったりする。クレオール語にはバイタリティはあるが標準化、自主性、歴史性をもたない。ピジン語はどれももたない。古典的タイプはラテン語やサンスクリット語で、人工語の例はエスペラント語である。

　ピジンとクレオールについては定義自体長い間の議論となっているのだが、大まかに述べると、ピジンは母語が異なる人々同士が商取引のような限られた場面で意思疎通しようとする際用いられる、語彙が乏しく発音や文法も簡略化した言語である。東照二 (1997: 50–52) によると、ピジンの特徴は母語の影響が強く出たもので、文法上の活用、語形変化等がなく、文法、語彙の限界がある。一方クレオールは、豊富な語彙と複雑な文法体系を備えている。ピジンとクレオールとの違いは、簡単に言えば後者が母語として機能する点にある。台湾には川見の例示するようなピジン化した日本語を使用する者もいたと思われる。しかし、それは学校で教育を受けていない人が使う日本語であって、本章の考察を通してみると、台湾で話される日本語は社会全体としては、ピジン化或いはクレオール化しているとは考えられない。と言うのは、当時日本語で執筆し、啓蒙運動を行う能力をもった台湾人が存在し、これまで見てきたように高学歴のインフォーマントは音韻、形態、統語において日本語母語話者に近い熟達度に達している。学校教育を受けた多くの台湾人高齢層の使う日本語は、文法や語彙が非常に乏しく母語の影響が強

いというピジン化された日本語とは言えないし、また独自の語彙や文法体系が発達したクレオール化日本語が生まれたわけでもない。語彙が乏しく発音や文法が簡略化された日本語を使用する話者は、言語習得がそのレベルまでしか到達しなかったその度合いを反映するが、本章のインフォーマントが子供或いは青年時代の終戦前は就学率が約70%以上に達しており、社会全体の日本語習得レベルは上がっていた。

9. 臨界期仮説

　人が言語を習得するには、言語を学び始める年齢が大きく関係しているという主張がある。それを議論した最初の研究者の一組として Penfield & Roberts (1959) があるが、彼らは脳と言語の関係について考察する中で、幼児はスピーチメカニズムをもっているものの、それは潜在的なメカニズムに過ぎず、言語の学習に関して人間の脳は9歳以降硬く硬直し始めると述べている (pp. 235-238)。その後 Lenneberg (1967/1984) は、子供の失語症の症例データを基に Penfield & Roberts 同様、人には言葉を学べる最適な年齢があり、その時期を過ぎると次第に習得が難しくなるという「臨界期仮説 (Critical Period Hypothesis)」を唱えた。言語習得の臨界期は、左右どちらかに脳の機能が固定する思春期前の12〜13歳なのではないかと言われている。ただ、臨界期は思春期よりももっと早い年齢でないかという議論もあり、一定の結論にはまだ達していない。

　臨界期仮説が第二言語習得にも当てはまるのかを検証しようとする研究も数多く行われている。第5節で紹介したように、音韻の習得は年齢が低い子供の方が有利であることは既に明らかになっている。一方、形態素と統語の習得と年齢の関係については様々な意見があり、現在も議論が進行中である。Long (1990) は15歳以前に学習を開始した場合にのみ母語話者と同程度の熟達度に到達できると述べているが、Johnson & Newport (1989) は第二言語の言語学習スキルは思春期以降急激に落ちるのではなく、それより前の7歳頃を境に徐々に下がると、思春期よりももっと早い年齢を示唆している。しかし初期の段階の統語と形態の発達については子供よりも大人、年下

の子よりも年上の子の方が早いという報告もある (Burstall 1975、Fathman 1975、Snow & Hoefnagel-Hohle 1978、Krashen, Long & Scarcella 1979、Krashen 1982)。その理由について Cummins (1980) は、年齢が上の学習者の方が幼い学習者よりも認知的／学問的言語熟達度 (CALP：Cognitive/Academic Language Proficiency) が発達している為であると述べている。しかしこれに対して Long (1990) は、年齢が低い子供より大人や年上の子供の方が学習初期に形態素や統語を早く習得するように見えるが、これは一時的なものであり、幼い子供のみ母語話者のような熟達度に達することができると主張している。では、大人は第二言語を母語のようには習得できないのかというと、最終到達度に関する子供の優位性は多くの研究で主張されているが (上述の先行研究の他 Krashen, Long & Scarcella 1979、Krashen 1982 など)、大人であっても子供と同じ程度にならないだけで言語の多くの側面が学べるという意見もある (Selinger 1978、Johnson & Newport 1989)。

　以上のように、母語話者と同程度の熟達度を目指すには年齢の低い子供の方が有利だという主張も多いが、では年齢が低ければすぐ母語話者と同程度になれるのだろうか。一般的に、子供はスポンジのように言語を吸収すると考える人が多い。しかし実際はそのような魔法は起こらないようである。Genesee, Paradis & Crago (2004: 137) は第二言語として英語を学ぶ子供を対象とした調査から、子供の第二言語習得率は個々人によって多様であるものの、英語を使ってのコミュニケーションや社会的やり取りは簡単にでき始める。しかし、真の母語話者のような口頭能力は学校で 1 年或いは 2 年以上かかることがあるとしている。Cummins (2000: 34–35, 57) は、移民子弟は環境や学校において支配言語 (dominant language) に浸るとすぐに流暢になるが、言語の学問的側面で母語話者に追いつくのには最低 5 年かかると述べている。また Bialystok & Hakuta (1999: 175) は、第二言語の熟達度は教育を受けた年数と関係があるとし、中島和子 (1999) もバイリンガル育成には長期的教育プランを必要とすると述べている。中島は、カナダの日系中学生を対象としたケーススタディで、常体と敬体との混用、助詞／自動詞・他動詞／やりもらいの混乱、切れ目のない文が見られたとし、バイリンガル育成には二言語の接触量と質が関わっており、接触量が多いことは必要条件である

が、それだけでは十分ではなく、接触の質(ただ聞き流す受身の状態かその言語を使って発言する状態か)も大切だと述べている。

台湾人が日本時代公学校へ入学する年齢は大体6～7歳であった[60]。もし先の臨界期が思春期の12～13歳に起こるのであれば、台湾人は臨界期以前に日本語の学習を始めたことになり、母語話者と同じ程度の熟達度に到達できたはずである。しかし本章におけるデータの検証から、日本語の熟達度はインフォーマントによって差があることが明らかにされた。これは臨界期が思春期だという主張に対する反証だろうか。仮に臨界期が存在し、そしてそれ以前に言語を学習し始める人は言語習得のメカニズムが作動し始めると想定しよう。しかし例えばその半年後に第二言語の学習を止めた場合はどうなるのだろうか。つまり、臨界期以前に言語学習を始めさえすれば第二言語を母語話者のように習得できるという訳ではない可能性がある。第二言語習得の臨界期自体存在するかどうかの答えは、今後の更なる研究を待たなければならないが、本章の結果から明らかなことは、6～7歳という思春期以前に第二言語の学習を始めても、しかもそれが社会の中で国語として使われる言語であっても、母語話者のような熟達度に達するとは限らなかった、ということである。そして熟達度には教育年数、そしてどれ程長くその言語と接触し続けたかという要因が大きく関わっていることが示された。

10. 言語の維持と衰退

先の結論に一つの反論があるかもしれない。つまり、台湾人高齢層は戦前日本語をほぼ母語話者並みに習得した。しかし戦後日本語に触れる機会を失い、日本語熟達度が衰退した、という仮説である。台湾人の日本語に見られる誤りは言語衰退(language attrition)した結果か、或いは十分に習得されなかった結果か、前者の可能性もある、という考えである。

言語習得は19世紀に言語喪失(language loss)との関係から研究され始めたが(Ribort 1895など)、その後Jakobson(1941/1968)は、失語症患者は子供の言語習得の流れと逆の順序で言語再生を失うという現象から「退行説(regression hypothesis)」を提唱した[61]。Weltens & Cohen(1989: 130)も言語

衰退は言語習得の鏡のイメージだとする「退化理論(regression theory)」を紹介している。Cohen (1975) は 3 人の幼稚園児を対象として調査を行った結果から、最後に覚えたことは最初に忘れる (the last learned-first forgotten principle)、また習得過程と逆の順序で忘れていく原理 (proceed in reverse order from the original acquisition process)、という先行研究の主張に一致するデータが見られたと報告している。一方 Berko-Gleason (1982: 18–19) は自然習得と教室学習の違いに着目し、一つの可能性として第二言語教室学習者は子供が言語を学ぶのと逆に言語スキルを失うのではなく、学習者が教室なりで学んだことと反対に失う可能性があるとしている。しかし学習の順序よりも、よく学んだ形式はより忘れないという主張もある。Olshtain (1986: 197–198) は言語衰退開始時に完全に習得されていない形式や機能は最初に衰退すると主張している[62]。

　では学んだ言語はどれだけ保持され得るのだろうか。Bahrick (1984) は、第二言語としてのスペイン語を学習してから 1 〜 50 年経過した被験者を対象に、言語衰退に関するテストを行った結果、言語未使用の最初の 5 年間に起こる忘却の総量は、言語習熟レベルの違いに関わらず比較的一定であり、何十年も全くその言語を使用していなくても語彙の認識にはあまり影響がなく、意味的知識の重要な部分へはアクセス可能である、と述べている。Bahrick は 25 年以上保たれる知識を「永久貯蔵内容 (permastore content)」と呼び、最初の 5、6 年に大きな言語衰退が起こるが、5 年位後まで保たれる知識は永久貯蔵内容となり、その後 25 年間以上保たれると主張している。そして、長い年月スペイン語を学習した人程よりよく学び、その後より言語能力が保存できているとしている。Neisser (1984) も「臨界閾 (critical threshold)」という概念に言及し、弱くあまり結合されていない情報は最初の数年で失われるが、臨界閾を超えた言語知識は、広範囲で重複する認知構造に統合される為忘れられないとしている。言語衰退の順序については更なる研究の成果を待たなければならないが、本書のインフォーマントは日本語を公学校 (或いは小学校) で学んでから約 70 年以上経過している。しかし公学校を卒業している人達の日本語能力は、約 70 年後も保持されている。そして保持された言語能力の差は、以前どれだけよく学んだかを反映してい

る。この結果は、Bahrick や Neisser の主張する永久保存の能力を支持するものである。

では言語衰退と年齢には関係があるのだろうか。Olshtain (1986) は第二言語として英語を学び、その後ヘブライ語環境に戻った 5 歳〜 14 歳までの被験者を対象とした調査から、5 〜 8 歳の幼い子には 6 ヶ月で顕著な語彙の喪失 (lexical loss) が起こり、母語 (ヘブライ語) に頼ったり、総称名詞を使うストラテジーが見られた。一方、10 〜 14 歳の子は最初の 6 ヶ月では殆ど言語衰退が見られなかったが、特定語彙の回復に困難を示し、また英語とヘブライ語の間の類型的違いに基づく転移エラーが見られたと述べている。Cohen (1989) も、第三言語としてのポルトガル語の語彙の喪失について調査した結果、年下の子の方が言語衰退が大きく、語彙のバラエティーが限られ、少なくそして一文が短くなったと述べている[63]。

年齢に関連して Berman & Olshtain (1983) は、読みと言語衰退の関係を議論している。彼らは英語を話す国で 2 年以上過ごし、イスラエルに戻ってきた 5 歳〜 12 歳のヘブライ語話者の子供を対象とした調査から、8 〜 9 歳以下の幼い子は特に英語での読み能力を得ていない為言語衰退が激しい、年上の子は誤りが見られたものの、母国に戻って 1 年経ってもかなり自由に英語を話し続けることができた、と報告している。そして言語衰退が起こると、シンタクスでは第一言語からの転移が見られ、語彙ではパラフレーズする、一般的な名詞を使う (walking に対して going など)、などの補いが見られたと述べている。Olshtain (1986) も 5 〜 8 歳の幼い子には 6 ヶ月で顕著な語彙の喪失が起こったが、10 〜 14 歳の子は英語の読みのスキルを習得していた為、母語 (ヘブライ語) 環境に戻っても英語の読みを続けており、最初の 6 ヶ月では殆ど言語衰退が見られなかったと報告している。また Olshtain (1989) は言語衰退のパターンとして、1) 有標規則の適用に変異 (variability) がある、2) 特定の語彙項目にアクセスできなくなる、という二つの大きな傾向が見られたと述べている。特に 5 〜 8 歳の幼い被験者は周辺的で有標性の高い形式 (例えば名詞の不規則複数形、動詞の不規則過去形) に対する規則の適用について習得過程とは逆の言語衰退を示し、また特に語順等は支配言語からの言語間転移も見られたことを報告している。1) が起こる理由は、

被験者がヘブライ語環境に戻った際、まだ規則／不規則形の適用に関して十分安定した到達度に達していなかった、そして英語の真の読み書き能力をまだ得ていなかったことによる、年上の子 (8 ～ 14 歳) は、そのような不規則形に対して習得と逆の衰退を示さなかったが、それは年上の子が読みによって言語を保持していたことが大きく影響している、と述べている。そして語彙については使用頻度が低い特定の名詞が言語衰退の影響を受けやすいという傾向があり、また年下の子は語彙へのアクセスがより早く不可能になるという傾向があるとしている。

　この他、言語衰退に対する教育レベルの影響を論じた研究はあまり行われていないとされるが (Schmid & De Bot 2006: 219)、Jaspaert & Kroon (1989: 92) は、オランダへ移民したイタリア人を対象として彼らの母語喪失を調査した結果から、教育は言語喪失の最も重要な説明要因の一つだと述べている。その理由は、高学歴は全般的に経済状態が良く母国へ帰国する機会が多い、文字のコードにより慣れていてそれにより言語接触の機会が多い、教育が言語の構造に対して洞察力を高める、などが考えられるとしている。

　以上の先行研究から、年上の子の方が言語衰退が起こりにくく、それは読み能力の影響が強いと言える。本章のインフォーマントも、学校教育が終わった年齢が高い程日本語熟達度が高く、またそうした人は今も日本語での読み書きを続けている。例え公学校しか卒業していなくとも、例えば KYU は今もほぼ毎日日本語の読み書きを行っていて、このようなインフォーマントの日本語は SFE が駆使されており、より自然に聞こえた。よって本章の結果からも言語衰退を止める大きな要因は「読み」だと言えるだろう。

　では言語衰退しにくい項目というのはあるのだろうか。幼い子供については言語のサブシステム (音韻、形態素、統語、語彙) などを別々に習得するので、異なる言語スキルの衰退が起こると言われる (Berko-Gleason 1982: 18–22)。Shmid & De Bot (2006: 215) は、語彙項目は機能や文法的項目より簡単に借用され、また名詞は動詞よりも簡単に借用されるので、言語衰退はまず語彙のレベルから現れ、後になってのみ文法や統語の範疇に影響が出るとしている。母語の喪失に関しては Berko-Gleason (1982: 22) が、「How do you do?」「Oh, my goodness!」などの決まり文句は脳に何らかの障害を受け

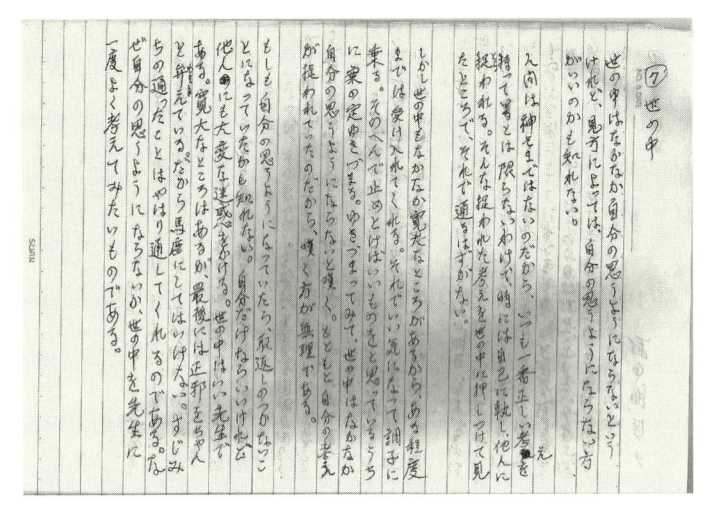

資料 1　KYU の日本語練習帳

た患者が他の全てを失ったとしても保たれ、そして曜日、月、数字、歌や感情を含む語(ののしり、体の部分)は失われにくいとしている。しかし、第一言語と第二言語では衰退が異なるパターンを示し、第二言語ではよく学んだことは長く保たれるが、指導の方法、何をよく復唱したかの頻度によって衰退が異なるとも述べている。

　言語衰退しやすい項目は語彙であることは先述の先行研究の中でも数多く指摘されているが、言語衰退の語彙への影響は、例えば意味的拡張、意味の転移または借用転換(loanshift)などとして現れる。これらのタイプの干渉では、基本言語の単語の意味が、別の言語の単語へ対応するよう拡張されると言われる(Schmid & De Bot 2006: 215–216)。本章の第 6 節で考察したように、インフォーマントの日本語で見られる逸脱のうち、最も多かったのは語彙と意味不明・不自然な IU(I・F 文)である。これまでの先行研究と本章のデータから見ると、語彙の誤りは言語衰退の結果である可能性があるが、その一方でよく学んだ人は文法も語彙もあまり忘れていないということが本データからも検証されたと言える。よく学んだ人とは即ち、日本語による教育歴の長い人、日本語との接触年数が長い人である。

　よく学んだことは忘れない、そして Bahrick や Neisser の主張する永久保

存の能力を証明する一つのデータを紹介する。本章で分析したインフォーマント MOTO のデータは、1995 年に得たものである。その時 MOTO は 67 歳であった。それから 14 年経った 2009 年に MOTO を再インタビューした。MOTO は 81 歳になっていたが、日本語には衰退が見られなかった。日本語母語話者であれば別の語彙を使うであろうというような幾つかの不自然な語彙や IU は見られたが、特に不自然な IU は、日本語母語話者同士でも相手の発話の意味がよく分からない時があるのと同じ程度のものであった。助詞の誤りは只一例のみなので、言い間違いとも考えられる。次の比較を見てみよう。

表 55　MOTO、1995 年と 2009 年の比較

誤り・変異 調査時	語彙	意味不明・ 不自然IU	テンス	アスペクト	活用	使役	可能	受身	形態素や 語欠如	指示詞	助詞
1995 年	10		1						1		3
2009 年	13	4									1

このデータは、MOTO の日本語能力が戦後から約 70 年経っても、言語衰退することなしに保持されてきたことを示している。

第 1 節で言及した完全バイリンガル、部分的バイリンガル、制限的バイリンガルの区別については、台湾人のマジョリティーは台湾語能力の方が高い部分的バイリンガルであると言えよう。一方、高等学校や大学まで日本語による教育を受け、日本語によって読み書きを行う人達は、台湾語と日本語を別の用途で使っている（日本語ができない人との会話は台湾語、台湾語は文字がないので読み書きは日本語）。こうした人達は完全バイリンガル或いは日本語能力の方が高い逆の部分的バイリンガルと言えるだろう。

11.　日本語の発達段階とまとめ

では最後に言語の習得順について考える。

子供が母語を学ぶ際の習得順序を明らかにしようとした研究は、これまで多くの研究者によって行われている。例えば Berko-Gleason (1982: 19) は、

英語話者の子供は単純な使役文を否定文の前に習得し、そして否定文の後に受身文が出現するようになると述べており、De Villiers and De Villiers (1973) は英語話者の形態素の習得順序について考察している[64]。また第一言語にも第二言語にも共通する普遍の発達段階が存在するという主張もある (Wode 1981 他)。一方、文法指導によって日本語の助詞使用の正用率が上がるという報告が幾つかあるが (Russell 1985、Sakamoto 1993)、それに対し、文法指導もまた類型論的言語間の距離も第二言語習得順序には影響を与えないという主張もある。Pica (1983) は、スペイン語を母語とする 18 人の成人英語学習者を対象とし、自然習得環境、教室習得環境、その両方の機会がある混合環境の 3 タイプを比較した結果から、環境の違いによって異なる誤りが見られるが、どの環境でも形態素の習得順序に差はないと報告している。

　第二言語或いは外国語としての日本語の習得順については、項目ごと(例えば助詞、指示詞など)の考察は数多くあるが、管見で知る限り全体的な習得順についての研究はあまりない。その中で Pienemann (1998)、Kawaguchi (1999, 2005)、Di Biase & Kawaguchi (2002) は動詞の形態統語 (verbal morphosyntax) と統語の習得の階層を「処理可能性理論 (Processability Theory)」の観点から論じている。

　「処理可能性理論」は Pienemann (1998) によって提唱された。それによると言語習得には発達段階があり、それは認知面でどれだけ言語を処理できるかということと関係があると言う。そして目標言語の処理に必要な手順スキル (procedural skill) の習得は、第一言語に拘らず普遍的な階層があり、その手順は次の順序で活性化されると言う。

1) 見出し語アクセス (lemma access)
2) カテゴリー手順 (the category procedure)
3) 句手順 (the phrasal procedure)
4) 文手順 (the S-procedure)
5) 必要ならば、従属節手順 (the subordinate clause procedure, if applicable)

　Pienemann、Kawaguchi、Di Biase & Kawaguchi の想定する日本語の動詞

の形態統語と統語の習得の階層は表 56 の通りである。

表 56　日本語における処理手順(Pienemann 1998: 211、Kawaguchi 1999: 87, 2005: 257, 263、Di Biase & Kawaguchi 2002: 291 を基に作成)

	処理の前提条件	第二言語処理	動詞形態素	統語
1.	語／見出し語	語	不変形(動詞語幹－敬体非過去)	－単一構成成分 －決まり文句
2.	カテゴリー手順	語彙形態素	－敬体(過去または否定)の動詞語幹接辞 －動詞屈折	－標準的語順 SOV(例：意味的役割の主格マーキング、V-Final) －TOP$_{subj}$OV
3.	句手順	句情報	－助動詞との連結で屈折する動詞のカテゴリー －V て V	－TOP+SOV(例：付加／場格 TOP)
4.	文手順 語順規則	句内情報	－接続助詞との連結で屈折する動詞カテゴリー －受身、使役、授受などの非標準的項構造	－目的語主題化(例：TOP$_{OBJ/IO}$SV) －形態語彙的操作(受身、使役、受益)
5.	節の境界	語	主節と埋め込み節	

　第 1 段階では基本形「V ます」が使え、第 2 段階になると語幹に接辞がついた「V ません」「V ました」が使えるようになるが内部構造は未分析、第 3 段階では語幹や活用部分が認識でき、アスペクトやモード形式を使えるようになる。第 4 段階で等位節、従属節が使われ、それに合わせた動詞の屈折形と接続助詞が現れる。第 5 段階では句境界を越えた情報処理が可能となるが、日本語では関係節の処理がこれに当てはまる。

　日本語の処理手順を基準にすると、本章のインフォーマントは皆、第 5 段階、つまり節の境界を処理することができる(複文・重文の第 7-9 節を参照)。ただ第 4 段階の形態語彙的操作に関しては、CH-b の 2 回の受身誤りを除き、グループ 1 と 2 のインフォーマントは受身と使役を産出しかつ誤りも見られなかったが、グループ 3 と 4 のインフォーマントは受身、使役の出現がほとんど見られなかった(第 7-4-1 節表 11 参照)。授受表現もグループ 3 と 4 のインフォーマントの中には産出が見られない人がいた(第 7-7 節参照)。この結果からすると、国語として日本語を学んだ人達にとっ

て、日本語の節の処理はさほど困難ではないが、形態語彙的操作はインフォーマントによってはあまり見られない項目のようである。とすると、Kawaguchi 他の想定する日本語の処理手順は第 4 段階と第 5 段階が逆か、内容が異なる可能性もある。

　この他習得順序ではないが、言語習得の到達度とも言えるべき基準を設定したものに ACTFL（全米外国語教育協会）の OPI テスト[65]がある。OPI は ACTFL が開発した外国語学習者の「口頭運用能力」を測るインタビューテストであり、判定基準は表 57 のようになっている。

表 57　ACTFL OPI 言語運用能力基準

言語運用能力レベル	全体的なタスクと機能	内容	正確さ	テキストタイプ
超級	社会問題や政治問題など、広範囲な話題を議論することができ、自己の意見を述べる、裏付ける、仮説を立てる、などができる。	具体的抽象的双方の視点から、フォーマル／インフォーマルな状況での様々な話題について会話に参加できる。関心のある事柄や特別な専門的分野について議論できる。	パターン化された誤りはほとんどない。散発的な誤りを犯すこともあり得るが、母語話者を混乱させたり、コミュニケーションに支障を来したりすることはない。	長い叙述
上級	主な時制の枠組の中で詳細に叙述したり描写したりできる。	具体的な話題であれば、ほとんどのインフォーマルな場面と限られたフォーマルな場面での会話を行うことができる。話題は特に一般的な関心事、特定の関心事、特殊な専門分野に関係したものである。	非母語話者との会話に慣れていない話者でも困難なく理解できる。	段落の長さの連続した談話
中級	自分なりに文を作ることによって、質問したり、簡単な質問に答えたりして、簡単な会話を行うことができる。	よくある具体的な会話のやりとり、さほど複雑でないタスクや社会的状況なら対応できる。	好意的な相手、特に母国語者でない人との会話に慣れている人には理解してもらえる。	文または連文

| 初級 | 決まり文句や丸暗記した句を使って最低限のコミュニケーションができる。 | 会話内容は、インフォーマルな場面での日常生活の身近な話題に限られる。 | 母国語者でない人との会話に慣れている人にも理解が困難。 | 個別の単語と句 |

　OPIの基準からすると、本章のインフォーマントは中級から超級までのレベルが見られた。超級レベルの話者は公学校以上日本語による教育を受けており、学校卒業後も日本語を使い続けている人達である。このような人達は前にも述べたように日本語の読みもよく行っており、書く場合も日本語でしか書けない人もいる。

　Kawaguchi他の日本語の処理手順やOPIの基準で注目されている項目以外にも、幾つかの特徴が台湾人高齢層の日本語には見られた。まず、日本語熟達度に関わらず全てのインフォーマントに共通する特徴は次の通りである。

- 外国語としての日本語学習者によく見られるようなポーズや言いよどみがない。すなわち文法を考えながら話しておらず、長い間話し続けることができる。
- 台湾特有の表現や語彙の使用がある。

日本語熟達度が低いインフォーマントの場合、次の特徴が見られた。

- 理解を妨げる不正確な発音がある。
- 台湾語からの転移が起こる。
- 語彙の誤りが見られる。また基本語彙による意味拡張的使用や近似語の使用が多い。
- 単純化された構文の使用があり、名詞止まりの構文も多い。
- 複文・重文も見られるが、単文の羅列もある。
- 意味不明な発話がある。
- SFEを伴わない裸の普通体や不適切な終助詞を伴った普通体が見られる。

一方、日本語熟達度が高いインフォーマント程次の特徴が見られた。

・正確かつ多様な語彙の使用があり、外来語の使用も見られる。
・複文・重文が多く見られ、一つの IU が長い。
・複文・重文内でも丁寧体の使用が見られる。
・適切なスピーチレベルシフトがある。
・理解はできるが母語話者には少し不自然な文が出現することがある。

　これまで行った考察から、インフォーマントは日本熟達度に差が見られたが、熟達度の違いに現れる大きな差は、①逸脱の量、②語彙（正確な使用と豊富さ、外来語の使用）、③文と談話（自然なスピーチレベル・シフト、敬語の使用、IU の長さ、構文の複雑度、転移の有無など）、の大きく 3 つの側面に見られると言えるだろう。また台湾ではエスニックや日本語の熟達度の差に関わらず、「らしい」「聞いて分かる」等の台湾式日本語とも呼べる台湾で汎用されている表現があることも明らかとなった。
　これまでの第二言語や外国語として日本語を学ぶ学習者の日本語習得に関する先行研究ではその多くが、助詞、アスペクト形式、テ形、ヴォイス（受身、使役、可能）、指示詞、スピーチレベル、授受表現、等の誤りと各々の習得順序を議論してきた。国語として日本語を学んだ台湾人高齢層にとって、アスペクト、助詞、等の文法的項目の産出には困難さが見られず、これらは「よく学ばれた」ことが示されている。また複文・重文も産出されていることから、単文以上のより複雑な構文を扱えることも明らかである。しかし文法的項目を比較的よく学んだ人（グループ 2、3）でも、タ形の使用、正確な語彙の意味とその使用、SFE の駆使に問題が見られることもあり、時々意味不明な文が生じることもある。更に日本語熟達度が高く、日本語で文章を書き、日本語の雑誌や本を読み、台湾語よりも日本語ができるという人達（グループ 1）になると、SFE の駆使、長い IU の産出、豊富な語彙や外来語、敬語の使用がある。このような人達は「言い間違い」とも思われるほどの少数の誤りがあるかもしれないが、主な逸脱があるとすれば、日本語母語話者であれば違った表現をするだろうと思われる不自然な IU や語彙であ

る。とすると、習得上最も困難な項目は、正確な語彙意味の把握と高度で豊富な語彙の使用、自然な表現、談話ストラテジーを担う SFE の駆使、だと考えられる。そこで、少なくとも国語として日本語を学んだ人達の日本語の発達段階は次のように想定できるだろう。

			豊富な語彙	敬語の使用	
G1		テンス	外来語	SFE の駆使	
G2		活用	過剰一般化	長い IU	
		使役		スピーチレベル制御	台湾式日本語
G3	不自然な	受身			西の方言
	語彙や IU	可能		単純な X＋Y 構文	
G4		形態素欠如	近似語使用	言語間転移	
	意味不明 IU	指示詞	意味拡張	短い IU	
		語彙レベル	文と談話レベル	共通特徴	

```
………習得し易い項目………
         助詞
       アスペクト
       複文・重文
```

図4　日本語の発達段階

　助詞、アスペクト、複文・重文は比較的習得しやすく、例え誤りがあるとしても、産出が多く行われる。語彙や自然な IU の習得は最も困難な項目の一つで、日本語熟達度が低いほど、逸脱が多く見られ、意味不明な IU が聞き手の理解を妨げる要因となる。超上級になっても不自然な IU や語彙の使用が見られるが、意味不明な IU はない。長い談話におけるテンスの正しい使用は、話者によっては上級になっても逸脱が見られる項目である。活用、使役、受身、可能、形態素の欠如、指示詞は、超上級ではほとんど誤りが見られないが、それ以外の話者は頻度の多い誤りではないものの、不安定さが残る項目、つまり時々誤りが出現する或いは産出されない項目である。語彙は日本語熟達度が低いと、近似語や意味の拡張が起こる。日本語熟達度が少し高くなると過剰一般化が見られるが、超上級レベルでは豊富な語彙や外来語の使用がある。文と談話の特徴は、日本語熟達度の低い話者は単純な構文や短い IU、SFE や相づちで台湾語からの転移が見られるが、熟達度が高くなる程スピーチレベルがコントロールされ、IU が長くなる。また敬語の使

用、SFE の駆使がより顕著になる。どのレベルにも共通に見られる特徴としては、台湾式日本語や西方言の影響がある。

　最初にインフォーマントを4つに仮グループ分けしたが、本章の考察を通して、インフォーマントの日本語熟達度は、日本語を学習し始めた年齢よりも、日本語による教育を受けた年数にほぼ対応していると言えるようである。公学校終了前に終戦となり、日本語による教育が6年以下であったり、戦後日本語との接触が途絶えたグループ4のインフォーマントは、長時間日本語で話し続けることができる人もいるが、意味不明の発話が多かったり、単純な構文の発話が多いことがある。一方、日本語によって高等教育を受けたグループ1のインフォーマントは、日本語熟達度が非常に高く、彼らの使う語彙は日本語母語話者でも使い及ばないものもある。しかしこうした人々は、本人達が皆口を揃えて言うように、特別な、少数派の人々であろう。1943年時点で台湾の就学率が約70％だったことからすると、現在80歳代以上の多くの台湾人は公学校に入学していた。そして、多くは公学校或いは高等科卒である。これはグループ3の人々と同じである。つまり台湾人の多くはグループ3の話者と同じ日本語熟達度であると想定できる。そして日本語教育が公学校までででもその後日本語に積極的に接した人は、グループ2のレベルまで熟達度が到達したようである。

注

1　本章の考察は甲斐ますみ(2007)、Kai (2008)を発展させたものである。
2　様々なバイリンガルの捉え方は Skutnabb-Kangas (1981)に詳しく紹介されている。
3　この他バイリンガルの発達過程により、二言語同時に接触する「同時発達バイリンガル(simultaneous bilingual)」と、一つの言語が先行し後で二つ目が加わる「継起発達バイリンガル(sequential bilingual)」がある。また使用状況によって、第一言語が確立した上で第二言語が加わる「加算的バイリンガル(additive bilingualism)」と、二言語環境で生活していても言語の社会的優位性などから片方の言語が失われる「減算的バイリンガル(subtractive bilingualism)」とに分ける場合もある。

4 　第1章で示したように、先住民は少数派で、1989年時点における人口は全体の1.7%程である。
5 　先住民の就学率については巻末資料8を参照のこと。
6 　記述方法はDu Bois他(1992, 1993)を基に、Du Bois他の改訂版も参照している。改訂版は参考文献に挙げるURLにおいて入手できる。
7 　例えば5分間の会話を書き取るのに筆者は2〜3時間費やした。
8 　例えば「から」「けど」のように複文でも単文の文末でも使われる形式が存在するので、形式からは文の区切りを認定できない。
9 　詳しくは第3章を参照のこと。
10　上水流久彦(2006: 196)も公学校卒の場合でもその後どこで働いたかによって日本語のレベルがかなり異なっていると述べている。
11　春山は、長く台湾いると教師が台湾式のアクセントに引きづられることがあるといった話も挙げている。
12　久松潜一(1941)は「標準アクセントの制定や実施のごときはなお多くの困難を伴うものであろう」と述べ、大出正篤(1941)は教える教師側も標準アクセントを話せない問題について言及している。
13　石井恵理子・柳澤好昭(1998: 14, 218)は誤りの中にこの他「社会言語学的なもの」「情意的なもの」を加えている。
14　中間言語とは、学習者が目標言語習得の発達段階において示す、いわゆる誤りを含む言語であるが、第二言語習得において見られる誤りは言語発達上必要なもので、言語習得がうまく進んでいることの証であると考えられる。
15　「言語の変異(language variation)」は主に社会言語学の中で問題とされるが、通常社会的地位や役割、性、教育レベル、年齢、そしてエスニックなどの社会的要因によって異なる言語の差異を指す。
16　寺尾康(2002)は日本語母語話者の「言い間違い」を考察しているが、その中で言い間違いのタイプとして最も多いのは代用型だと述べている。代用型というのは、「チャゲと同じデパート、デパートじゃないマンション」と言ってしまうようなタイプである。寺尾によると、代用型の間違いには意味的要因、音韻的要因、文法的要因が関わっているが、95%以上が何らかの意味・連想的な関連をもつ二語の間で起こり、モーラ数が同じか1モーラ違いが90%以上、代用される語は意図した語と同じ品詞に属する、としている。
17　KAIは1段目で、KYUが答え易いよう意図的に、「理解できる」という意味で台湾人がよく使う「聞いて分かる」という表現を用いて質問している。

18 インターネットで検索すると、「真珠な人、猫な日、ハワイな生活、飛行機な一日、裸足な彼女」と最近日本語母語話者は「な」を使った様々な造語をしていることに気付く。ただどんな名詞でも「な」で形容詞化されるわけではなく、また被修飾名詞も「日」や「人」を表すものが多いようである。

19 北京語でも「聴得憧」「聴不憧」と、可能を表す補語の「得」、或いは可能ではない「不」、そして「分かる、理解できる」を表す「憧」が動詞に後接する。それを日本語に直訳すると「聞いて分かる」「聞いて分からない」になる。

20 この時期に増加するのは一般的な事物名称が最も多い（小林春美・佐々木正人 1997: 92、岩立志津夫・小椋たみ子 2005: 40）。

21 ただ語彙量は個人差が大きく、20 歳の人を対象とした調査では男性が 1.5 万〜8.7 万語、女性が 2 万〜7 万語という結果もある（林大 1982: 182）。また加藤影彦（1999: 107）は、日本の小学校の教科書には約 1 万語が現れ、高校生が理解し得る語彙量は平均で約 3 万語であると述べている。

22 国立国語研究所（2007: 11–12）では、1950 年代から 1990 年代の雑誌に見られる語彙を比較した結果、外来語の延べ語数はこの 40 年間で 2.7% から 8.0% へと 3 倍弱増加し、異なり語数は 24.7% に増加したことにより、和語の 27.0% とほぼ肩を並べ、語彙の語種構成比率が大きく変化した、と示されている。

23 ここで便宜的に「文」と呼んでいるのは「Intonation Unit」のことである。

24 国語学で可能動詞と呼ばれているもの。日本語教育では動詞語幹に「-e る」「られる」が付加された形、「する」が「できる」と変換される形を可能形と呼ぶ。

25 談話における主題の省略については甲斐ますみ（2000）を参照されたし。

26 ただここでは可能形「喋れない」も意味的に可能であろう。

27 菅谷は、「慣用的用法」（例：知っている、持っている）と「単なる状態」（例：この道は曲がっている）を含むものを「結果の状態 A」、「慣用的用法」を含むが「単なる状態」を含まないものは「結果の状態 B」、最も狭い分類を「結果の状態 C」と呼んで区別している。

28 スペースの都合上、許の例を少々変えている。

29 山岡は学習初期段階において未分析単位として取り込まれる語彙的成句を「棒暗記語彙的成句（rote lexical phrase）」、繰り返して使用することにより語彙的成句となったものを「自動的語彙的成句（automatic lexical phrase）」と呼んでいる（p. 12）。

30 ただし横山正幸（1990: 2）は、以前の研究（永野賢 1960、大久保愛 1967）の、主な助詞は 3 歳頃までに初出するという報告から初出と獲得が同一され、幼児は 3 歳頃までに助詞が正しく使えるようになると考えられているが、3 歳前では誤用も多く産出され

るので、助詞の体系をまだ確実には獲得していない可能性があると述べている。

31　伊藤友彦(1993)は幼児の日本語習得において「名詞＋の＋名詞」が発話できるようになる前に、属格の「の」がない「名詞＋名詞」を産出する段階があるという議論を検証している。そして1歳11ヶ月の幼児を1年以上観察した結果から、最初は「名詞＋名詞」だが2歳2ヶ月に「名詞＋の＋名詞」と「の」が出現したと報告している。

32　習得順序に関する研究と言っても、実際にはその中に二つのタイプが同一視されていることがある。1回のテストや短い期間でのテストで得られる結果は実際は「正確さ順序(accuracy order)」で、「習得順序(acquisition order)」は縦断的調査を行う必要がある。Sakamoto(1993)も、助詞の習得はその機能によって異なり、各々の機能が異なる発達を描くので、一度のみの調査からは習得順序を決定できないと述べている(p. 119)。

33　日本語において助詞が省略可能か否かには、文のタイプ、助詞の機能など幾つかの条件がある(甲斐ますみ1991、大谷博美1995他参照)。

34　永野は誤った「形容詞＋の＋名詞」の使用が出現した後、2歳2ヶ月以後に正しい用法の習得が起こると述べている(p. 412)。ただし永野は、幼児の「黄色いの花」と日本語学習者の「黄色いの花」は全く性質の違った誤用であると考えている。日本語学習者のものは格助詞の誤用であるが、幼児のものは準体助詞の類推による格助詞習得の一段階としての変形だとしている(p. 417)。また「の」の過剰使用は形容詞と名詞の間だけでなく、様々な品詞の修飾に現れるようである。例えばClancy(1985: 459)は「動詞＋の＋名詞」(例：うさちゃんが食べたのニンジン)の出現を報告している。

35　横山の報告によると、まず形容詞による連体修飾の正用が1歳後半に初出し、1～3ヶ月遅れて誤用が現れ、正用と誤用が共存した後、2歳半～3歳前半頃までに誤用が消えると述べられている(p. 3)。

36　高橋織恵(2004)に先行研究が概説されている。

37　久慈洋子・斉藤こずゑは1歳後半からコソアド語が出現し始めると述べている(p. 228)。

38　単純照応用法は、「これ全く関係ないんだけどねー、息子ったらこづかいもらうと全部使っちゃうのよねー。」といった用法である(迫田1998: 99)。

39　観念CS用法とは話し手の記憶の中の観念の対象を指したり、伝達方略として用い、「この仕事を紹介してもらったのがおばさんだったから、今やめるのもあれかなぁ思って....。」といった例に見られる(迫田1998: 98)。

40　迫田はコ系文脈指示は母語にはほとんど観察されないとしている。

41　「X→Y」という表記は、X系指示詞を使うところでY系指示詞を使った誤りを意味

する。

42 TAK はコーパス「Politics」、MAT はコーパス「Osaka Boys」、K はコーパス「Ryuugaku」、TOM はコーパス「Country Music」の話者である。「Politics」と「Osaka Boys」のコーパスは慶応大学の鈴木亮子先生から、「Ryuugaku」は University of Alberta の Tuyoshi Ono 先生から、「Country Music」は沖縄国際大学の柴崎礼士郎先生からお借りした。

43 普通体か丁寧体か、敬語の使用／不使用は「スピーチレベル」と呼ばれるが、「スピーチレベル」という用語の他にも「スピーチスタイル」「待遇レベル」「敬語レベル」「文体シフト」「表現スタイル」「文のスタイル」と言った用語も使われている。先行研究における用語の定義、使われ方を概観したものに宮武かおり(2009)がある。

44 野田尚史(2001: 49)は日本語母語話者にもこのような形式が使われると述べている。

45 TAK、MAT、K、TOM の四つのコーパスの出典は先程の表29で記したものと同じである。SHUN は筆者の手持ちのコーパスである。

46 日本語学習者による「ね」の習得について、柴原智代(2002)の考察がある。柴原は宇佐美まゆみ(1997)の「ね」の五つの機能（会話促進、注意喚起、発話緩和、発話内容確認、発話埋め合わせ）を基に、在日9ヶ月の中級から上級レベルの日本語学習者6人のうち4人は「ね」の使用が増え、特に会話促進の「ね」（話者が聞き手と意見、考えを共有していると想定して使用する「ね」）の使用が最も多かったと述べている。ただ、2人については「ね」の使用がほとんどなかったと報告している。

47 ちなみに野本菊雄他(1980: 23)では、独話に多いのは判叙表現であり、中でも断定の表現は圧倒的に多いと述べられている。

48 第2段目の「光復」というのは、台湾が中華民国に復帰した時のこと。

49 複文は節を二つ以上含む文。節の接続の仕方によって従位接続と等位接続に分けられる。従位接続は「〜ところに、時、たら、から、のに、ように、より」など。等位接続は「し、が」など。重文は活用語の連用形、テ形、並立助詞「し」などによって主語、述語の関係が二つ以上対等の関係で並列された文。（石井恵理子・柳沢好昭（監修）『日本語教育重要用語1000』参照）

50 なお文と文を繋ぐ接続助詞については、5人の幼児を調査した国家順子(1982: 258)によると、全員が4歳までに使用可能となったものは「それから、だから、そして」の三つで、機能面からの分類ではいずれも順接に属し、幼児は逆説よりも順接的な意味を表す接続助詞を習得しやすいと言う。

51 Ozeki & Shirai(2007: 268)は1歳10月から2歳2ヶ月の間だと記している。

52 中野の示している例は次のものである。「おそらく、あれ朝鮮人らしいんだ」「今の、

あの平地人でも、ある人は（日本語が）わからないでしょう。」「山の人は、あの時まだ頭ないでしょう」
53 話者の推量は、「Ａ：明日のミーティング、山田君来るかな？ Ｂ：大事な会なんだから来るでしょ」に見られるような「でしょ」、聞き手も問題の情報を知っているという仮定の下で使われる確認要求は「私九州生まれでしょ。だから豚骨ラーメン大好きなんだ」に見られるような「でしょ」である。
54 なお第1章でも述べたが、台湾語は文字が整備されていないので、例文の漢字は統一されたものではない。
55 水谷（1983: 39–41）では、1分当たり平均17回で、25音節くらい話した時に聞き手があいづちを打つというのが典型的な話の形になる、と述べられている。
56 表内の「à」「hè」などの記号は下降音調を表す。
57 「中間的な表現」とは、台湾の「国語」（中国語のこと）と台湾語の長年にわたる相互間の影響の結果、典型的な国語や台湾語の表現から派生した表現、また台湾語と国語の形式が混在している表現を指している。
58 他にも「an」「han」の表現も観察されたと記されている。
59 林正寛（1987）にピジンとクレオール研究の歴史が紹介されている。
60 初等教育は義務ではなかったが、3月31日時点で6歳の子供は公学校、小学校に入学ができた。
61 Berko-Gleason（1982）は近年の研究結果から、Jakobsonの後退モデル（喪失は習得の逆順序である）は失語症者のケースを証明できないと述べている。失語症者の言語はいくつかの点で子供の言語と似ているが、子供のような言語段階には完全には戻っていないことが分かっている。例えば、失語症患者は自分の言った非文法的な文が気に入らず、発話を繰り返すことがある。これはmetalinguistic awarenessと呼ばれるが、4歳以下の子供にはこのmetalinguistic awarenessはほとんどないことを反証として挙げている。
62 ただし言語衰退を証明するテストについては、何が言語衰退かを判断することは非常に難しく、話者が実際にある構文をもはや産出できないのかどうかをテストする方法はないという意見もある（Shmid & De Bot 2006: 226）。
63 Cohenはテストの際、被験者が簡単には回復できない語彙を使う必要があった場合には、六つのストラテジーを使用し、うち二つは第一言語を基にしたもの、他の四つはintralingual（言語内）に関するものが見られたと述べている。第一言語を基にしたものには借用と外国語化がある。外国語化とは、例えば英語の単語を音韻、形態的にポルトガル語的に変えるストラテジーである。Intralingualのタイプには、総称的な単語の

使用、近似語、遠まわし表現、語彙の放棄が含まれていた。
64 De Villiers and De Villiers (1973: 277) は 6 〜 40 ヶ月の 21 人の英語話者の子供を対象に観察し、累積的な意味の複雑性 (cumulative semantic complexity) の観点から幾つかの形態素には予測される習得順序があり、それは次の順になると述べている。

現在進行形　　　　三人称(不規則)　　　助動詞(縮約形)
　　　　　　　＜　　　　　　　　　＜
過去形(不規則)　　　賓辞(縮約形)

65 ACTFL は「American Council on the Teaching of Foreign Languages」(全米外国語教育協会)、OPI は「Oral Proficiency Interview」の略である。

第3章
社会言語学的調査結果

1. はじめに

　多くの台湾人が、戦後約70年経つのに未だに日本語を操ることができる。一体台湾の人達は戦後どうやって日本語を維持してきたのだろうか。また、日本や日本語に対してどのような意識を持っているのだろうか。本章では戦後台湾の人々がどのように日本や日本語に関わってきたのか、台湾人高齢層の対日本、対日本語意識を紹介する。資料は1994年に845名の台湾人高齢層から得られたアンケート調査の結果を基にし、それに1994年から2009年にかけて行った個別インタビューから得た情報を補足として用いる[1]。

　調査結果は約19年前のものであるが、ここに紹介する価値と必要性があると思われる。台湾人の戦後の社会、言語生活、日本観、日本語観を理解せずして、彼らの日本語能力や日本語力維持の理由を正しく解釈することはできない。1994年の調査は、戦後から約50年という人の人生の大きな部分を振り返って答えてもらった結果を示す。あの当時、本章の対象となる台湾人高齢層の多くはまだ60代で、まだ積極的に台湾の政治に関わったり、活発に活動していた時期である。ここで示される結果はなぜ、そしてどうやって台湾人高齢層が約70年間日本語を維持したのかを理解し、解釈する為の貴重な資料となるはずである。

　アンケートは、終戦1年前の1944年時点で既に公学校に入学していた57歳以上の人を対象とした。例えば、今年88歳の被調査者はアンケートに答えた時点では69歳で、1925年生まれである。第1章表2で示したように、1925年の日本語理解率は僅か6％であるが、この人が公学校を卒業した

1937年には理解率は32.9％以上になっている。終戦一年前の1944年時点でこの人は19歳であり、その年の日本語理解率は71％になっている。この例に見るように、本章の被調査者の殆どは、日本語理解率が急速に伸びた時代に青年期を過ごした人達である。

2. 先行研究

　台湾は日本と国交がないという政治的障害もあり、戦後長い間日本国内では台湾経済、歴史、教育の研究が小規模でしか行われておらず、台湾研究者は少数派であった[2]。しかし、1990年以降は台湾研究が盛んになり、台湾人を対象としたインタビューやアンケート調査の結果報告も多く出された。例えば本章の基となる研究である甲斐ますみ（1996、1997b）の他に、合津美穂（2001）は11名の漢族系台湾人を対象として、日本統治時代の日本語に対する意識、日本語使用の状況などについてインタビューを行った結果を紹介し、蔡錦堂（2006: 23-26）は、日本統治時代の教育状況に関して203名を対象として行ったアンケート調査の結果を紹介している。蔡のデータにはアンケート調査を行った時期、対象者の年齢、教育背景などが示されていないので、結果の数値を正当に解釈しにくいが、日本人教師に対する印象は約95％がいい印象を持ち、また、小学校教育で生活知識、道徳的行為を身につけるに当たり、最も影響力があった人は日本人教師という回答が多いという結果も示している。また高齢層を対象とした調査ではないが、台湾人の若い世代の日本語に対する印象を探ったものに甲斐ますみ（1995、1997a）、劉志明（1999）がある。甲斐では約1,500人の大学生を対象に、日本人や日本語に対する意識調査を行った結果を示している。劉は、国際交流基金日本語国際センターが行った日本語教育機関調査の結果を示し、台湾人学生は中国人学生に比べて日本語を有用だと感じ、日本語に対していいイメージをもつ割合が高いと述べている。

3. 調査方法

　アンケート調査を行った1994年当時、日本語による教育を受けた世代の人々は、仕事をまだしているけれども時間的に余裕がある、退職したけれどもまだ元気で時間に余裕がある、といった人が多く、台湾独立や元日本兵の戦後補償を求める集会、公学校の同窓会、詩や歌など文化活動の集会などが台湾の様々な所で活発に行われていた。このような集会、図書館やお寺、そして老人ホームに出向く、知人や学生を通して配ってもらう、といった方法で約2,300部の質問表を配布した（アンケート項目は章末を参照のこと）。アンケートの配布は主に、台北、台中、高雄という台湾の北部、中部、南部の三大都市で行った。被調査者が高齢で小さな文字が読めない、字が書けないという場合は、調査協力者が口頭で質問し、回答をしてもらった。質問表には切手付きの返信用封筒を付け、郵送で送り返してもらう、あるいは直接知人や調査協力者に回収してもらうという方法を取った。2,300部の配布の内約900部が戻ってき、うち845部を分析可能なものとして使用した[3]。結果はχ^2検定を用いて、人口学的変数との有意差検定を行った。この調査結果は台湾人高齢層の一般的な傾向を示すものであるが、結果の裏付けとなる証言や背景話として、1994年から2009年にかけて行った個人インタビューからの情報も利用する。

4. 被調査者の属性

　本章で説明変数として用いる人口学的変数は、被調査者の性別、年齢、学歴、日本語による教育を受けた年数、現在の居住地の5領域である。以下被調査者の属性を示す。各々の属性の内訳は、各グループの人数が等しいのが理想的だろうが、属性内訳の不均等はχ^2検定を用いて関連分析することができる。

4-1. 性別

　回答者845人中79.8％が男性で18.7％が女性である。これはアンケート

の配布場所(集会やお寺)が影響しているかもしれないが、女性の政治や社会に対する意識(アンケートというものに答えることに躊躇するなど)[4]も関係があるかもしれない。しかしそもそも、戦前女子の教育普及率は男性に比べて低かったことも大きな要因だと考えられる[5]。

表1：性別

| 男性：79.8%（674人） | 女性：18.7%（158人） | 無回答：1.5%（13人） |

4-2. 年齢

被調査者の多くが60代、続いて70代で、被調査者の平均年齢は67.4歳である。ちなみに60代の人は現在79歳から88歳になっている。

表2 年齢

調査時年齢 （1994年）	（2013年現在）	割合	（人数）
57歳～59歳	（76歳～78歳）	6.5%	（55人）
60歳～69歳	（79歳～88歳）	57.5%	（486人）
70歳～79歳	（89歳～98歳）	30.3%	（256人）
80歳以上	（99歳以上）	4.1%	（35人）
無回答		1.5%	（13人）

最年少57歳、最年長88歳、平均67.4歳

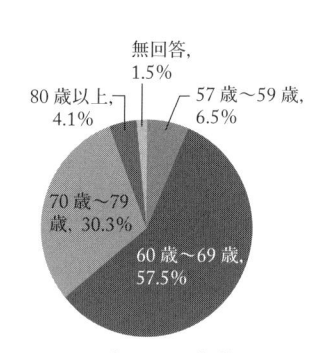

グラフ1　年齢

4-3. 学歴

次の表3で表されるように、全ての学歴層から回答を得ることができた。学歴はχ^2検定の際「1.非識字者・書房、2.公学校、3.小学校、4.中等学校・高等学校・高等専門学校、5.大学以上・日本留学」の5グループに分け、有意差を見た。

表3　学歴

非識字者 （中国語、日本語とも）	2.0%	（17人）
書房	3.1%	（26人）
公学校	11.6%	（98人）
小学校	26.7%	（226人）
中等学校	21.7%	（183人）
高等学校／高等専門学校	13.7%	（116人）
大学／医学校	12.1%	（102人）
日本留学	6.0%	（51人）
無回答	3.1%	（26人）

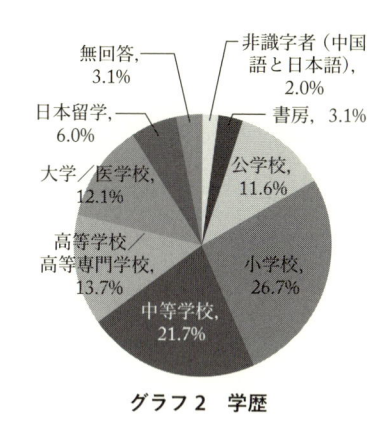

グラフ2　学歴

4-4. 日本語による教育年数

　学歴と同様に、日本語による教育を受けた年数も様々である。戦後も学校で学び続けた人達は中国語による教育を受けた。次の表4で日本語による教育年数が1～5年のグループは、公学校教育を終える前に日本統治が終わった、あるいは健康上または経済的理由から公学校を終了できなかった人達である。戦前公学校6年以上の教育を受けることができた人々は、学業の優秀さよりも何よりもまず、経済的に恵まれていた人達である。

表4　日本語による教育を受けた年数[6]

0年	3.1%	（26人）
1～5年	23.2%	（196人）
6年	26.7%	（226人）
7～8年	14.8%	（125人）
9年以上	28.0%	（237人）
無回答	4.1%	（35人）

平均 7.121 年

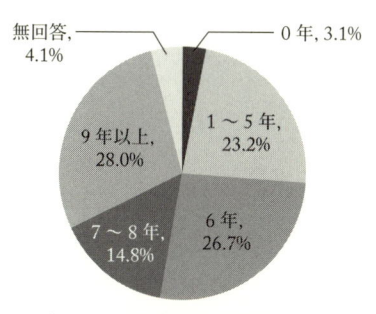

グラフ3　日本語による教育年数

4-5. 居住地

　個別インタビュー者の1人は、幼い頃台北市郊外に住んでいたので、子

供の時は先生以外の日本人を見たことがないと語っていた。被調査者の居住地は日本語に接する機会の差異を生じる重要な要因であり得る。次の表5、6は被調査者が15歳以前に住んでいた居住地と調査時の1994年に住んでいた居住地の別である[7]。グラフ4から、1994年に都市に住んでいた人の多くが、元々はその他の地方から来た人であることが分かる。

表5　15歳以前の居住地

院轄市	27.2%	（230人）
省／県轄市	29.9%	（253人）
鎮	18.6%	（157人）
郷	18.7%	（158人）
無回答	5.6%	（47人）

表6　1994年時点の居住地

院轄市	60.2%	（509人）
省／県轄市	26.5%	（224人）
鎮	5.6%	（47人）
郷	5.4%	（46人）
無回答	2.2%	（19人）

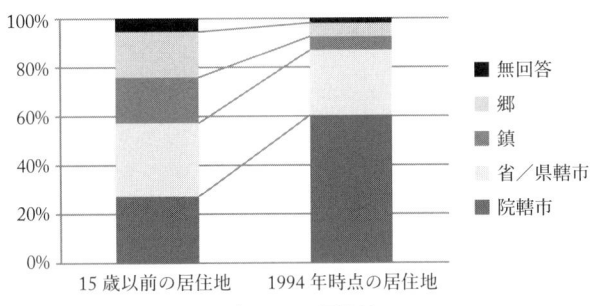

グラフ4　居住地

4-6. 職業

1994年時点で退職者の場合は、かつての主な職業を答えてもらった。表7に見るように、公務員、教師、軍関係者が最も多く、続いてビジネス関係となっている。

表7　職業

公務員／教師／軍人	30.5%	（258人）
商人	21.4%	（181人）
技術者／専門家	16.1%	（136人）
労働者	9.7%	（82人）
農業／漁業	8.9%	（75人）
主婦	3.7%	（31人）
医療関係／サービス	1.3%	（11人）
自営業	0.7%	（6人）
その他	0.4%	（3人）
無回答	7.3%	（62人）

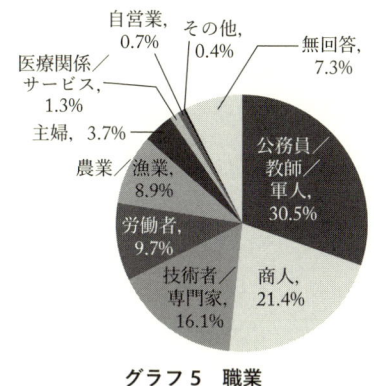

グラフ5　職業

以下本章で行う χ^2 検定には人口学的変数として、性別、年齢、学歴、日本語による教育年数、現在の居住地の5領域を使用する[8]。

5. 結果と分析

では以下845名の被調査者から得られた結果を分析する。

　台湾高齢層の人々は、日本語がよくできる、日本語が通じると一般的に言われるが、彼らは自分の日本語能力についてどのように思っているのだろうか。次のグラフ6は、日本語熟達度についての自己評価を問うた結果である。質問は「聞く、話す、読む、書く」の4技能について「非常によくできる、よくできる、普通、少しできる、全くできない」の5段階評価で答えてもらった。

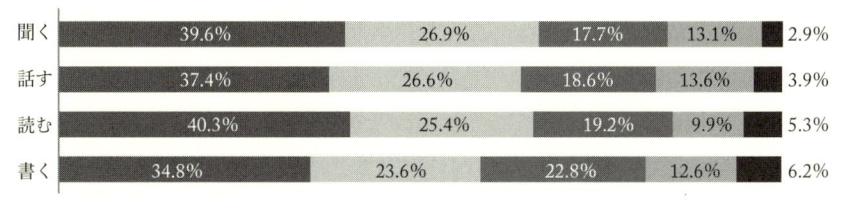

	非常によくできる	よくできる	普通	少しできる	全くできない
聞く	39.6%	26.9%	17.7%	13.1%	2.9%
話す	37.4%	26.6%	18.6%	13.6%	3.9%
読む	40.3%	25.4%	19.2%	9.9%	5.3%
書く	34.8%	23.6%	22.8%	12.6%	6.2%

グラフ6　日本語熟達度の自己評価

自己評価によるものだが、結果を見ると「読む、話す、聞く」の3技能について64.0％～66.4％の人が、「書く」は58.4％の人が、「非常にできる」あるいは「できる」と答えている。つまり半数以上の人が自分の日本語能力に自信を持っているわけである。そしてそれ程大きな差はないが、「読む」が若干他を上回り、それに「聞く」が続く。次の表8は日本語熟達度の自己評価と人口学的変数との関連性を探ったχ^2検定結果である。表内上から順にχ^2値、自由度、有意確率を示している[9]。

表8　日本語熟達度の自己評価と人口学的変数のχ^2検定結果

	Chi-Square Significance					
	性別	年齢	学歴	日本語による教育年数	現在の居住地
読み	χ^2 = 20.984, df = 4 p＜.000***	χ^2 = 43.180, df = 12 p＜.000***	χ^2 = 309.285, df = 16 p＜.000***	χ^2 = 358.717, df = 16 p＜.000***	χ^2 = 48.479, df = 12 p＜.000***
書き	χ^2 = 15.071, df = 4 p＜.005**	χ^2 = 53.319, df = 12 p＜.000***	χ^2 = 293.111, df = 16 p＜.000***	χ^2 = 342.822, df = 16 p＜.000***	χ^2 = 50.431, df = 12 p＜.000***
話す	χ^2 = 11.932, df = 4 p＜.018*	χ^2 = 57.165, df = 12 p＜.000***	χ^2 = 308.504, df = 16 p＜.000***	χ^2 = 332.653, df = 16 p＜.000***	χ^2 = 40.680, df = 12 p＜.000***
聞く	χ^2 = 21.597, df = 4 p＜.000***	χ^2 = 41.003, df = 12 p＜.000***	χ^2 = 312.245, df = 16 p＜.000***	χ^2 = 356.515, df = 16 p＜.000***	χ^2 = 58.455, df = 12 p＜.000***

表内の「*」印は有意水準を表す (* P＜.05、** p＜.01、*** p＜.001)

　結果はどの領域も有意な関係が見られた。各項目において「非常に流暢」の選択者比率が大きかったグループを見ると、「読む、書く、話す、聞く」の全項目において、女性よりも男性、70代、大学以上／日本留学、日本語教育9年以上、院割市の居住者であった。
　ある言語を全く使わなくなり長い年月が経ってしまったら、通常その言語能力に自信があるとは思わなくなるものであろう。しかし台湾人高齢層の人々は戦後半世紀過ぎた時にまだ半数以上の人が自分の日本語に自信を持っていた。では彼らは1945年以降どれだけ頻繁に日本語を使用していたのだ

ろうか。次の回答結果を見てみよう。最も多いのは「毎日」、続いて「週に数回」となっており、15.8％のみが「ほとんど使わない」を選択している[10]。約3分の1の人が頻繁に日本語を使用してきたというわけである。

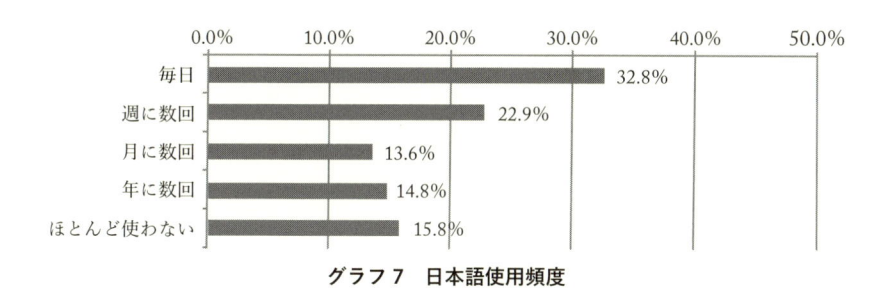

| | 0.0% | 10.0% | 20.0% | 30.0% | 40.0% | 50.0% |

毎日　32.8%
週に数回　22.9%
月に数回　13.6%
年に数回　14.8%
ほとんど使わない　15.8%

グラフ7　日本語使用頻度

　第5章で紹介するが、アンケートの回答とともに多くの人からコメントや手紙をいただいた。その中には「イニシアティブ」「レベルアップ」「マスコミ」「ニュアンス」などの外来語が見られた。第2章でも述べたが、こうした外来語は公学校教育では学ばなかったはずなので、台湾人高齢層の人々が戦後も日本語に接触し続け、日本語を学び続けてきたことを意味する。そしてそれが真実であることがグラフ7で示されている。日本語使用頻度と人口学的変数との関係を示した χ^2 検定の結果は次の通りである。

表9　日本語の使用頻度と人口学的変数の χ^2 検定結果

	Chi-Square Significance				
	性別	年齢	学歴	日本語による教育年数	現在の居住地
日本語使用頻度	$\chi^2=40.101$, df＝4, p＜.000***	—	$\chi^2=183.670$, df＝16, p＜.000***	$\chi^2=194.689$, df＝16, p＜.000***	$\chi^2=47.870$, df＝12, p＜.000***

　結果は年齢以外の領域で有意であった。有意差が見られた領域に関して、「毎日」と答えた人の割合が高いのは、女性よりも男性、大学以上／日本留学、日本語教育9年以上、そして院轄市の人達であった。
　戦後日本人の教師や同級生は台湾を去った。そして半世紀の月日が流れた

調査時に、一体誰と毎日、あるいは週に数回も日本語を使っていたのだろうか。次のグラフは日本語の使用場面を尋ねた結果である[11]。この質問に対する回答は三つまで選択可能としたが、最も多い答えは「日本語が話せる友人と会った時」で、続いて「日本人と会った時」であった。一方兄弟や子供とはあまり日本語を使っていないことが分かる。

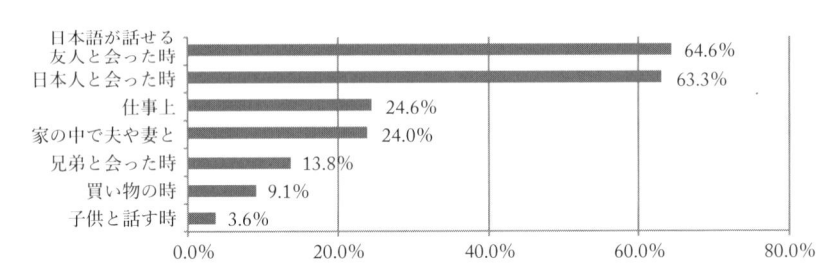

```
日本語が話せる
友人と会った時    64.6%
日本人と会った時  63.3%
仕事上            24.6%
家の中で夫や妻と  24.0%
兄弟と会った時    13.8%
買い物の時         9.1%
子供と話す時       3.6%
```

グラフ8　日本語の使用相手(三つまで選択)

この結果を支持する台湾特有の背景が幾つかある。まず、台湾人高齢層の間ではこの調査を行った1994年頃、公学校の同窓会が活発に行われていた。個別インタビューから、月に一回は同窓会があると言っていた人達が沢山いた。また台湾の気候は温暖で、年配の人々は朝友人と一緒に山に登ったり、お寺に集まり友達と話をするということが多い[12]。もう一つの台湾特有の背景は、台湾人は自営業者が多いことである。会社を経営し、日本と貿易をしている／いたという人が多い。こうした人々はビジネスを通して日本人と日本語で話す機会が多かったであろう。表10は人口学的変数とのχ^2検定結果である。

表10　日本語の使用相手／場面と人口学的変数とのχ^2検定結果

	Chi-Square Significance				
	性別	年齢	学歴	日本語による教育年数	現在の居住地
子供と話す時	―	―	―	―	―
買い物の時	―	―	$\chi^2 = 18.824$, df = 4, P < .001**	$\chi^2 = 23.400$, df = 4, P < .000***	―

兄弟と会った時	—	$\chi^2=10.693$, df＝3 P＜.014*	$\chi^2=10.439$, df＝4 P＜.034*	$\chi^2=10.505$, df＝4 P＜.033*	—
家の中で夫や妻と	—	$\chi^2=12.424$, df＝3 P＜.006**	$\chi^2=37.474$, df＝4 P＜.000***	$\chi^2=60.636$, df＝4 P＜.000***	—
仕事上	$\chi^2=8.762$, df＝1 P＜.003**	$\chi^2=21.186$, df＝3 P＜.000***	$\chi^2=43.892$, df＝4 P＜.000***	$\chi^2=14.223$, df＝4 P＜.007**	$\chi^2=11.795$, df＝3 P＜.008**
日本人と会った時	$\chi^2=10.753$, df＝1 P＜.001**	—	$\chi^2=104.997$, df＝4 P＜.000***	$\chi^2=105.392$, df＝4 P＜.000***	$\chi^2=16.752$, df＝3 P＜.001**
日本語が話せる友人と会った時	$\chi^2=5.145$, df＝1 P＜.023*	$\chi^2=11.617$, df＝3 P＜.009**	$\chi^2=48.000$, df＝4 P＜.000***	$\chi^2=94.440$, df＝4 P＜.000***	—

　結果は、「子供と話す時」という項目以外で有意差が見られた。有意差が見られた項目について選択者比率が高いのは、「買い物の時」の場合、公学校卒業者、そして日本語教育年数6年の人達であった。「兄弟と会った時」「家の中で夫や妻と」の選択者比率が高いのは、70代、大学以上／日本留学、9年以上の日本語教育の人達であった。「仕事上」を選択した割合が高いのは、男性、50代、大学以上／日本留学、7〜8年の日本語教育、院割市の人達であり、「日本人と会った時」は、男性、大学以上／日本留学、9年以上の日本語教育、院割市の人達であった。そして「日本語が話せる友人と会った時」は、男性、70代に60代が1％の差で続き、大学以上／日本留学、9年以上の日本語教育の人達であった。まとめると、公学校卒業者の中には買い物で日本語を使う人の割合が大きく、70代の男性で高学歴の人は子供以外のその他の人と話す時に日本語を使う人の割合が高い、高学歴で都市に住む50代は仕事上で使う人の割合が高いと解釈できる。

　グラフ8の結果では、「日本人と会った時」という回答が二番目に多いが、彼らはどの程度日本人と接触があるのだろうか。次は「日本人の友人がいるか」「日本へ行ったことがあるか」という質問に対する回答である。

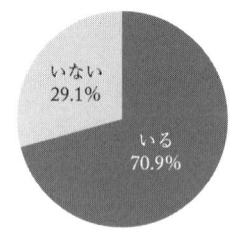

グラフ9　日本人友人の有無

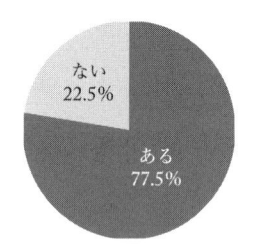

グラフ10　日本への渡航経験の有無

　友人の定義は日本人と台湾人、また個人で異なるかもしれないが、少なくとも台湾人高齢層が「友人だと思っている日本人がいる」という結果は約71%である。また日本への渡航経験の有無についても、約78%の人が日本へ行ったことがあると答えているのは非常に高い数値である。

　さて、戦前台湾社会では日本語が通じたと聞くが、その一方で子供達は学校を一歩出ると母語に切り替わったという話も聞く。実態はどうだったのだろうか。「学生時代よく使っていたのはどの言葉ですか」という質問をしたところ、次の回答が得られた[13]。

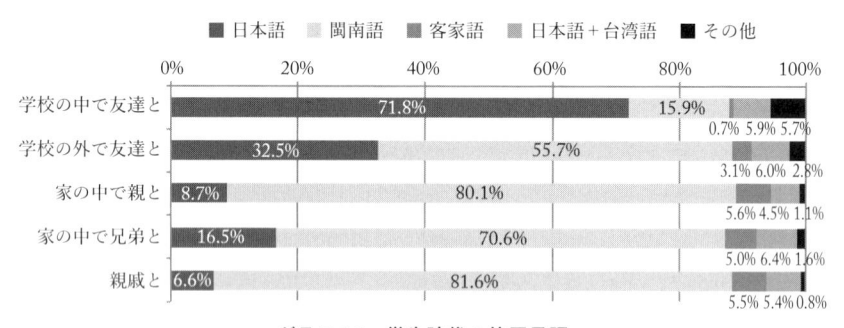

グラフ11　学生時代の使用言語

　この結果を見ると、学校では日本語を使っていた子供でも、学校を出ると母語の使用が多くなっていることが数字で示されている。また、家の中で親や兄弟とはあまり日本語を使っていないことも分かる。日本統治時代、台湾人子弟が日本語を使うのは、学校の中が主だったようである。では χ^2 検定結果を見てみよう。居住地については学生時代のことを聞いているので、

「現在の居住地」ではなく、「15 歳以前の居住地」を人口学的変数として用いた。結果は、性別と 15 歳以前の居住地のみ有意差が見られた。表 11 にその結果を示す。

表 11　学生時代の使用言語と人口学的変数との χ^2 検定結果

	\multicolumn{5}{c}{Chi-Square Significance}
	学校内で友達と	学校外で友達と	家の中で親と	家の中で兄弟と	親戚と
性別	$\chi^2 = 9.680$, df = 4 P < .046*	$\chi^2 = 23.679$, df = 4 P < .000***	$\chi^2 = 12.380$, df = 4 P < .015*	$\chi^2 = 9.759$, df = 4 P < .0.45*	$\chi^2 = 11.152$, df = 4 P < .025*
15 歳以前の居住地	—	—	$\chi^2 = 38.875$, df = 12 P < .000***	$\chi^2 = 41.686$, df = 12 P < .000***	$\chi^2 = 40.413$, df = 12 P < .000***

　学生時代の使用言語に日本語を選んだ人の内訳を見ると、「学校内で友達と」「学校外で友達と」「家の中で兄弟と」の 3 項目では女性よりも男性の方が選択者比率が高く、「親と」「親戚と」では女性の方が多かった。15 歳以前の居住地については、「親と」の項目で日本語を選んだ人は院割市と省が同値で選択者比率が高く、「兄弟と」「親戚と」は院割市在住の人の割合が高かった。つまり、街中に住んでいた子供は、家族や親戚と日本語で話す割合が高かったようである。

　戦後台湾人の生活の中で大きな変化がある。それはケーブルテレビの開始である。第 1 章でも説明したが、1960 年代にビデオの放送が基となった民間のケーブル放送が始まり、1980 年代には衛星放送も始まった。これは政府が公認した正式な放送ではなかったが、非常に人気を集め、調査時の 1994 年には家と家の間にケーブルが右往左往に張り巡らされていた。このケーブル放送によって、若い人から年配の人まで皆日本のドラマ、漫画、映画、NHK の番組、香港映画、韓国ドラマなどを見ることができた。1990 年代まで閩南語の使用はテレビ放送で禁止されていたので、北京語が分からない台湾高齢層の多くはケーブルテレビで日本の NHK 番組を見ていたようである。そこでメディアの影響を調べる為に、1945 年から NHK の衛星放

送が始まるまでと、NHK 放送が始まってからの 2 期に分け、日本のメディアとの接触頻度を尋ねた。次のグラフはその結果である。

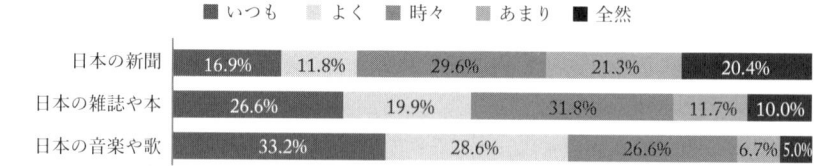

グラフ 12　日本語との接触（1945 年から NHK 放送開始まで）

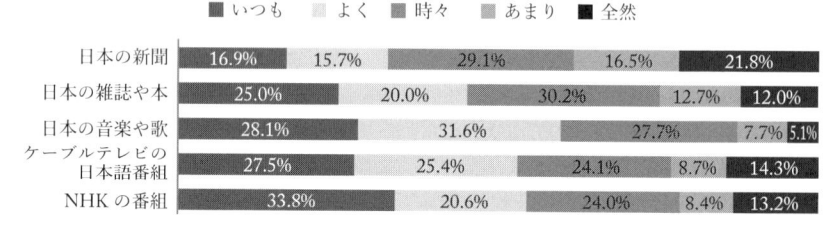

	いつも	よく	時々	あまり	全然
日本の新聞	16.9%	11.8%	29.6%	21.3%	20.4%
日本の雑誌や本	26.6%	19.9%	31.8%	11.7%	10.0%
日本の音楽や歌	33.2%	28.6%	26.6%	6.7%	5.0%

グラフ 13　日本語との接触（1994 年時点）

	いつも	よく	時々	あまり	全然
日本の新聞	16.9%	15.7%	29.1%	16.5%	21.8%
日本の雑誌や本	25.0%	20.0%	30.2%	12.7%	12.0%
日本の音楽や歌	28.1%	31.6%	27.7%	7.7%	5.1%
ケーブルテレビの日本語番組	27.5%	25.4%	24.1%	8.7%	14.3%
NHK の番組	33.8%	20.6%	24.0%	8.4%	13.2%

　「いつも」の割合が大きいのは、NHK 放送が始まる以前は音楽や歌であるが、1994 年には NHK 放送が最も多くなっている。ただ、「いつも」と「よく」を合わせた割合では 1994 年でも音楽や歌が一番多く、台湾人高齢層の人々は日本の音楽や歌が好きだということがよく分かる。個別インタビューの為、早朝山に集まっている台湾人高齢層の人々を訪ねたのだが、そこには 10 人強程の人々が集まり、おしゃべりをしたりカラオケをしたりしていた。この他の個別インタビューでも、カラオケで日本の歌を歌うのが趣味だという話を非常に多く聞いた。日常的に日本語を使用しない人でも日本の歌はカラオケで歌うという話を複数の人から得られた。インタビューの際、被調査者は多くの日本の歌や歌手の名前を挙げた。カラオケで日本の歌を歌うのは手軽に楽しめ、また彼らにとっては郷愁の念を誘うものであるらしい。また結果に見るように、非常に多くの人が NHK 放送を見ていることは、インタビュー情報と合わせても事実のようである。次の表は、1994 年時点での日本語との接触と人口学的変数との χ^2 検定結果である。

第 3 章 社会言語学的調査結果　209

表 12　日本語との接触（1994 年時点）と人口学的変数との χ^2 検定結果

	Chi-Square Significance				
	性別	年齢	学歴	日本語による教育年数	現在の居住地
NHK	$\chi^2 = 29.613$, df = 4, P < .000***	—	$\chi^2 = 80.817$, df = 16, P < .000***	$\chi^2 = 87.455$, df = 16, P < .000***	$\chi^2 = 40.373$, df = 12, P < .000***
ケーブルテレビ	$\chi^2 = 18.309$, df = 4, P < .001**	$\chi^2 = 28.929$, df = 12, P < .004**	$\chi^2 = 49.285$, df = 16, P < .000***	$\chi^2 = 44.832$, df = 16, P < .000***	$\chi^2 = 21.082$, df = 12, P < .049*
歌や音楽	—	$\chi^2 = 44.913$, df = 12, P < .000***	$\chi^2 = 54.843$, df = 16, P < .000***	$\chi^2 = 82.730$, df = 16, P < .000***	$\chi^2 = 28.697$, df = 12, P < .004**
雑誌や本	$\chi^2 = 33.725$, df = 4, P < .000***	$\chi^2 = 24.599$, df = 12, P < .017*	$\chi^2 = 183.275$, df = 16, P < .000***	$\chi^2 = 189.812$, df = 16, P < .000***	$\chi^2 = 36.869$, df = 12, P < .000***
新聞	$\chi^2 = 35.430$, df = 4, P < .000***	—	$\chi^2 = 81.804$, df = 16, P < .000***	$\chi^2 = 83.455$, df = 16, P < .000***	$\chi^2 = 30.413$, df = 12, P < .002**
ビデオ	—	—	—	$\chi^2 = 31.166$, df = 16, P < .013*	$\chi^2 = 24.489$, df = 12, P < .017*

　各々「いつも見ている」の選択者比率が高いのは、「NHK」の場合、女性よりも男性、大学以上／日本留学、9 年以上の日本語教育、院割市の人達であった。「ケーブルテレビ」は、同じく女性よりも男性の選択者比率が高く、また年齢は 70 代と僅かの差で 60 代、公学校卒業者と次に大学以上／日本留学、日本語教育年数は 9 年以上と次に 6 年、居住地は院割市と省が同値だった。「歌や音楽」は、70 代の選択者比率が高く、学歴は公学校卒業者、6 年の日本語教育、居住地は院割市と僅かな差で省の人達に多かった。「雑誌や本」については、男性、70 代、大学以上／日本留学、9 年以上の日本語教育、院割市の人達の選択者比率が高かった。「新聞」は、男性、大学以上／日本留学、9 年以上の日本語教育、院割市の人達が多く、「ビデオ」の選択者は日本語教育年数が 9 年以上、院割市と僅かな差で省の人に多かった。まとめると、歌や音楽・ケーブルテレビといったポップカルチャー的な

ものは、公学校卒業者の中に接触割合が高く、NHK・ビデオ・文字コードは、高学歴者の中に接触者が多い。そしてどのメディアも女性よりも男性の方が、そして院割市在住の人程接触の割合が高い、と解釈できる。

　では、戦後日本語力を維持する為に特に何かやってきたことはあるのだろうか。この質問に対する回答は、「ある」が49.9％、「特にない」が50.1％であった。そこで「ある」と答えた人に、日本語を維持する為に何か意識的に行ってきたことはあるのか選択肢の中から三つまで選んでもらった。次のグラフ14に見るように、最も多いのは「歌を歌ったり聞いたりする」、続いて「雑誌や本を読む」という回答であった。先の日本語との接触頻度についての質問と同じく、歌の人気が高いことが分かる。調査時の1994年から現在に至っても台湾にはグループで個室を利用するカラオケボックス、お客全員の前で歌うカラオケバー、と至る所にカラオケがあり、個人でカラオケを所有している人も多い。

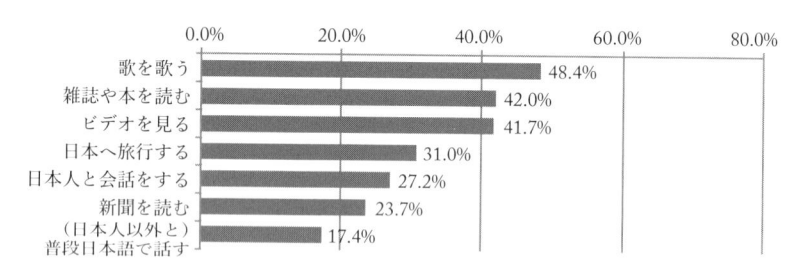

	割合
歌を歌う	48.4%
雑誌や本を読む	42.0%
ビデオを見る	41.7%
日本へ旅行する	31.0%
日本人と会話をする	27.2%
新聞を読む	23.7%
（日本人以外と）普段日本語で話す	17.4%

グラフ14　日本語の維持方法（三つまで選択可能）

　戦後と言っても調査時点でほぼ50年の歳月が経過しており、政治的環境の変化、及びメディアや交通手段の発達など、その間社会は大きく変化している。従って、一口に戦後の日本語能力維持方法と言ってもその内容は50年の間に変化があった可能性がある。例えば戒厳令（1949年～1987年）が施行されていた時期は、新聞や雑誌の輸入、海外旅行等に制限があった[14]。また、ビデオについてもその普及は最近数十年のことである。しかし、戦後をいくつかに区切って質問したとしても、その区分に根拠を持たせることは困難である。従って本質問は複数選択可とし、それによって各々が50年間にとった日本語能力維持方法の代表的なものを答えてもらった。

戒厳令による制限が厳しかった時期については個人インタビューから、日本の旅行者が残していった雑誌や新聞などを手に入れて読んでいた、検閲後の黒線ばかりの雑誌を手に入れて読んでいた、等の話も聞かれた。ビデオについては、テレビ番組は中国語による放送の方が多い。以前はテレビ番組やコマーシャルで中国語以外の言語の使用には制限もあった。大人になって中国語を学んだ世代にとって、中国語による番組は不便があるということもビデオを見る人が多い理由の一つと考えられる。実際、台湾のテレビ番組や映画は中国語が分からない人のために字幕が付けられている。

　次の表は日本語維持方法と被調査者の属性との有意差を示した χ^2 検定の結果である。

表13　日本語の維持方法と人口学的変数の χ^2 検定結果

	Chi-Square Significance				
	性別	年齢	学歴	日本語による教育年数	現在の居住地
歌を歌う	χ^2=5.159, df=1 P<.023*	χ^2=14.277, df=3 P<.003**	χ^2=57.163, df=7 P<.000***	χ^2=27.858, df=5 P<.000***	—
雑誌や本を読む	χ^2=5.237, df=1 P<.022*	—	χ^2=52.585, df=7 P<.000***	χ^2=53.099, df=5 P<.000***	—
ビデオを見る	—	χ^2=14.102, df=3 P<.003**	χ^2=36.254, df=7 P<.000***	χ^2=22.358, df=5 P<.000***	—
日本へ旅行する	—	χ^2=9.088, df=3 P<.028*	χ^2=29.016, df=7 P<.000***	χ^2=21.982, df=5 p<.001**	—
日本人と会話をする	χ^2=5.773, df=1 P<.021*	—	χ^2=14.978, df=7 P<.036*	—	—
新聞を読む	χ^2=13.347, df=1 P<.000***	—	—	χ^2=19.642, df=5 p<.001**	χ^2=14.143, df=3 p<.003**
（日本人以外と）普段日本語で話す	—	—	—	—	—

有意差が見られた項目について選択者比率が高かったのは、「歌を歌う」の場合、男性、70代、公学校卒業者、6年の日本語教育を受けた人達であった。「雑誌や本を読む」は、男性、大学以上／日本留学、9年以上の日本語教育を受けた人達で、「ビデオを見る」は60代、公学校卒業者、日本語教育7〜8年の人達に多かった。「日本へ旅行する」については、80代、公学校卒業者、日本語教育6年の人達で、「日本人と会話する」は、男性、大学以上／日本留学の人達に選択者割合が高かった。そして「新聞を読む」を選んだのは、男性、日本語教育が7〜8年、省に住む人に多い。以上まとめると、歌やビデオ、日本旅行といった趣味を通して日本語を維持する人は公学校卒業者の中に多く、雑誌や本、新聞、日本人との会話を通して日本語を維持してきた人は高学歴者の中に多い、と解釈できる。80代の中で「日本へ旅行する」を選択した人は37.1%だったが、この比率の高さは、人生の長さが旅行回数に比例する、或いは定年後の年月が長い人程旅行回数が多いという解釈可能性がある。

　戦後公用語は中国語に取って代わられた訳であるが、もし台湾の人々が、もう日本語は使わないのだから要らない、役に立たないと思っていたら、恐らく日本語を積極的に維持しようとは思わなかったはずだろう。そこで日本語を話せるのは役に立つと思うか尋ねてみた。

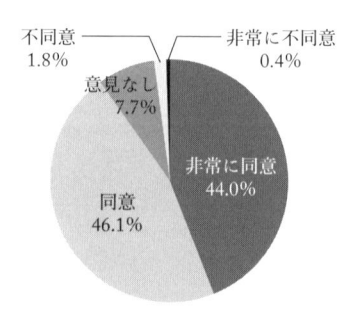

グラフ15　日本語が話せるのは役に立つと思うか

　結果はグラフに見るように、「非常に同意」と「同意」を合わせると、約90%以上の人が日本語は役に立つと考えていることが分かる。なおこの結果は、人口学的変数との有意差は見られなかった。つまり属性に関係なく、

日本語が役に立つと思っている人が多いと解釈できる。

　ではなぜ台湾人高齢層はこれ程積極的に日本語を維持してきたのだろうか。第1章でも述べたが、一つの理由は公学校の日本人教師や日本人に対する肯定的な感情である。インタビューをした台湾人高齢層の人々はほぼ全員と言っていい位皆、公学校時代の先生の名前を覚えていた。公学校の同窓会に日本からわざわざ先生を招いたことがあるという話、戦後公学校時代の先生に何度もプレゼントやお金を送ったという話、公学校の先生があまりに熱心でよかったので日本兵として出兵することを厭わなかったという話、このような公学校時代の教師に対して今でも持ち続ける肯定的な思い出や感情をインタビューの際に数多く聞いた。ではこのようなかつての日本人教師に対する肯定的な感情は多くの人に共通するものなのだろうか。かつての日本人教師に対する印象について各項目「3-2-1-0-1-2-3」のスケールで近いものを選んでもらった。

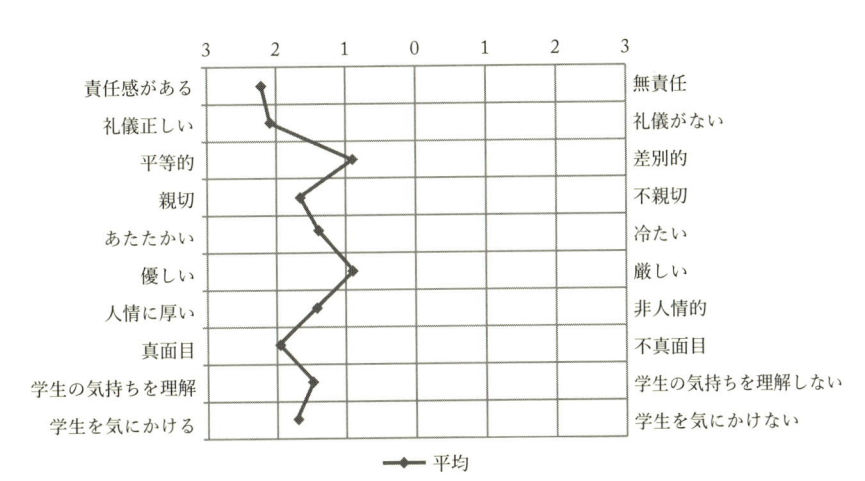

グラフ16　日本人教師に対する印象

　「平等的―差別的、優しい―厳しい」の結果は他に比べて少し右寄りだが、全体的に左に寄っており、日本人教師に対する全体的な印象は肯定的なものであると言える。

　個別インタビューの際、戦後公学校時代の日本人教師と手紙のやり取りを

していた、恩師を台湾の同窓会に招いた、という話を数多く聞いたが、では1994年時点でかつての日本人教師となお交流を保っている人はどの程度いたのだろうか。

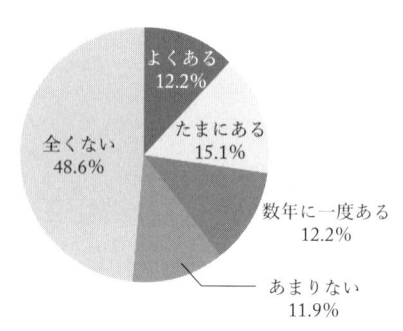

グラフ17　日本人教師との交流

よくある　12.2%
たまにある　15.1%
数年に一度ある　12.2%
あまりない　11.9%
全くない　48.6%

調査時、被調査者は既に57歳以上となっていたので、その教師となれば既にかなり高齢か他界している人も少なくなかったであろう。しかし結果を見ると、「全くない」が半数ではあるものの、戦後半世紀過ぎた1994年時点で、「よくある、たまにある、数年に一度ある」を合わせて約40%はまだ交流を保っていたというのは、非常に高い数値と言えるだろう。人口学的変数の χ^2 検定は以下の通りである。

表14　日本人教師との交流と人口学的変数の χ^2 検定結果

	Chi-Square Significance				
	性別	年齢	学歴	日本語による教育年数	現在の居住地
日本人教師との交流	—	$\chi^2=31.468$, df=12 P<.002**	$\chi^2=33.623$, df=16 P<.006**	$\chi^2=107.764$, df=16 P<.000***	—

有意差が見られた結果を見ると、「よくある」を選んだ人の比率が高いのは、70代、中等学校／高等学校、日本語による教育年数は9年以上の人達であった。

以上の結果から、学生時代の日本人教師とは戦後も交流があり、概して多

くの人が日本人教師に肯定的印象を持っていることが分かった。では日本人一般に対してはどうなのだろうか。教師と同じように好印象を持っているのか、あるいは異なるのか探ってみた。次のグラフは日本人に対する印象についての結果である。

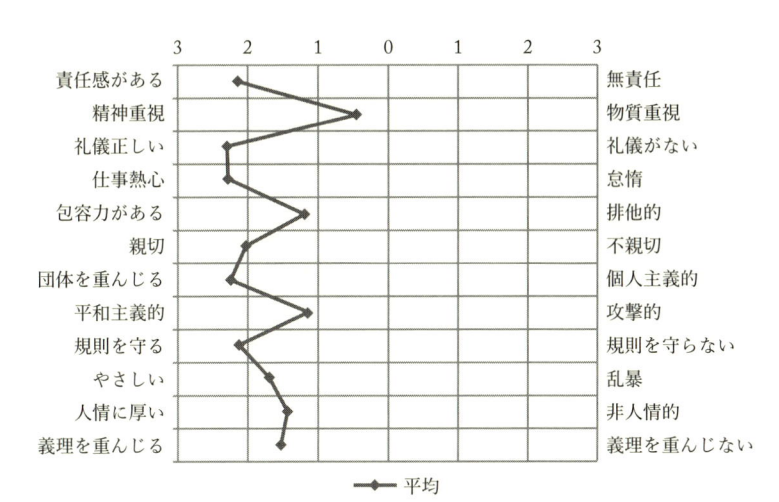

グラフ18　日本人に対する印象

項目（左）	項目（右）
責任感がある	無責任
精神重視	物質重視
礼儀正しい	礼儀がない
仕事熱心	怠惰
包容力がある	排他的
親切	不親切
団体を重んじる	個人主義的
平和主義的	攻撃的
規則を守る	規則を守らない
やさしい	乱暴
人情に厚い	非人情的
義理を重んじる	義理を重んじない

「精神重視―物質重視、包容力がある―排他的、平和主義的―攻撃的」は他と比べて右寄りだが、全体としては左に寄っており、日本人に対する印象も肯定的と言えよう。第1章でも紹介したが、お寺で個別インタビューをしていると、周りにすぐ他の高齢層の人々が興味深げに集まり、次に自分に質問してくれるのを待っているということもあった。彼らは「日本人と話すと懐かしい」とよく言った。

では最後に、台湾人高齢層の日本語観を問うた質問、「あなたにとって日本語は何ですか」に対する回答結果を見てみる。

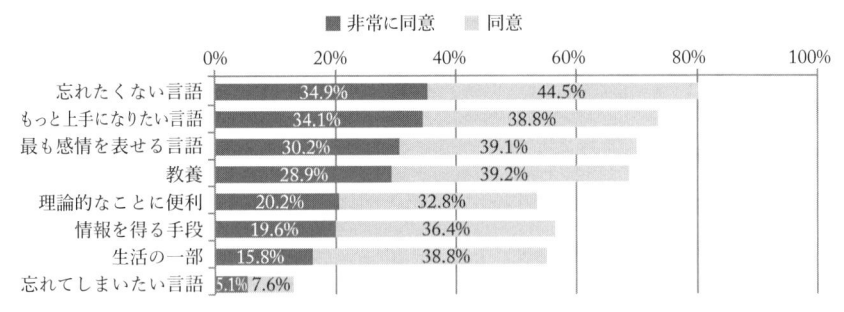

項目	非常に同意	同意
忘れたくない言語	34.9%	44.5%
もっと上手になりたい言語	34.1%	38.8%
最も感情を表せる言語	30.2%	39.1%
教養	28.9%	39.2%
理論的なことに便利	20.2%	32.8%
情報を得る手段	19.6%	36.4%
生活の一部	15.8%	38.8%
忘れてしまいたい言語	5.1%	7.6%

グラフ 19　あなたにとっての日本語

　結果は、70％以上の人が忘れたくなく、もっと上手になりたいと思っていることが分かる。多言語社会である台湾では、1人が二つ以上の言語を操ることは珍しくなく、高齢層の集まりや大学の集まりに行くと、今日は日本語で話をしましょう、今日は中国語で話をしましょう、と使用言語を決めることがよくあった。また第1章でも述べたが、日本語を話せることは教養がある、経済的余裕があった、という証であることもあり、こうした社会背景が日本語維持に働いたと言えよう。また「自分の感情を表せる言語」に約70％の人が同意しているが、個人インタビューで、「（友人らと）何か話をしていると自然に日本語になってしまう。悲しいことに、特に高度な内容の話をする場合には日本語でないとできない。これはやはり幼い頃から日本語によって教育されたことによるものだ」という話を数人から聞いた。こうした人は特に高学歴層に多い。

　「忘れたくない言語」「もっと上手になりたい言語」「最も感情を表せる言語」「教養」の項目で、有意差が見られた性別との関連では、「非常に同意」を選んだ人の割合が高かったのは、女性よりも男性である。「理論的なことに便利な言語」は、大学以上／日本留学経験者に「非常に同意」の選択者割合が高く、「情報を得る手段」については、80代、大学以上／日本留学、日本語教育9年以上、院轄市の居住者に選択者比率が高かった。そして「生活の一部」は大学以上／日本留学者、日本語教育9年以上の人達に選択者割合が高かった。「忘れてしまいたい言語」については「不同意」の選択者が42.7％、「非常に不同意」が27.7％であったのだが、「非常に不同意」の

表15　自分にとっての日本語と人口学的変数とのχ²検定結果

	Chi-Square Significance				
	性別	年齢	学歴	日本語による教育年数	現在の居住地
忘れたくない言語	χ²=13.216, df=4, P<.010*	―	―	―	―
もっと上手になりたい言語	χ²=25.907, df=4, P<.000***	―	―	―	―
最も感情を表せる言語	χ²=10.493, df=4, P<.033*	―	―	―	―
教養	χ²=17.750, df=4, P<.001**	―	―	―	―
理論的なことに便利な言語	―	―	χ²=50.164, df=16, P<.000***	―	―
情報を得る手段	―	χ²=22.595, df=12, P<.031*	χ²=70.604, df=16, P<.000***	χ²=31.170, df=16, P<.013*	χ²=38.337, df=12, P<.000***
生活の一部	―	―	χ²=45.285, df=16, P<.000***	χ²=64.379, df=16, P<.000***	―
忘れてしまいたい言語	―	―	χ²=100.838, df=16, P<.000***	χ²=74.871, df=16, P<.000***	χ²=27.423, df=12, P<.007**

選択者比率が高いのは、大学以上／日本留学、日本語教育9年以上、院割市の居住者であった。以上をまとめると、情報を得る手段で、生活の一部、理論的なことに便利な言語で忘れたくないと思っている人は、高学歴者の中により多い、と言える。

6. まとめ

本章は、日本の統治が終了した1945年以後台湾人高齢層がどれほど頻繁

に、そしてどのような方法で日本語と接触を保ち続けたのかを数値的に明らかにした。第2章で、インフォーマントの学歴と日本語接触度が日本語熟達度と関係があることを考察したが、本章のχ^2検定結果においても、学歴と日本語による教育年数の領域は多くの項目で有意であった。個別インタビューの際何人かは昔の方が日本語ができたと言っていたが、本章の結果によると、1994年時点では半数以上の人が日本語に自信を持っており、「日本語を毎日使う」と答えた人が多かった。全体を通しての大まかな傾向としては、1994年時点で70代の男性で都市に住む人は、日本語に積極的に関わる割合が高いことが示された。そして公学校卒業者は音楽や歌、日本旅行などを通して日本語と接する割合が高く、高学歴者は新聞、雑誌、本といった活字との接触が多い、そして都会に住む人程日本語との接触頻度が高いことが明らかにされた。

　何故台湾人高齢層は自分達を植民地化した支配者の言語に未だに感情移入し、植民地時代を肯定的に見ているのだろうか。その理由は第1章で紹介したように戦後の悲しい歴史の為であるが、それに加え、公学校時代の先生に対するいい思い出が影響していることは個別インタビューそして本章の統計結果からも明らかにされた。日本時代統治者と被統治者という関係から差別待遇があったのは事実である。しかし、中国語は絶対勉強しないと言う高齢層の人はいても、日本語は一言でも話すものかと日本統治を恨む台湾人には出会ったことがない。それは、多くの台湾人が言う日本人教師の「愛の教育」に依るところも大きいようである。中には厳しい先生もいただろうし、学校で台湾語を話すと怒られた人も多くいる。しかしインタビューから浮かび上がってきた多くの日本人教師達の姿は、（いいか悪いかは別として）「立派な日本人」を育成することに粉骨砕身し、人種差別的感情から「台湾」を抹消する為に台湾人の子供達を厳しく教育したわけではないようである。もしそうであれば今でも公学校時代の先生の名前をこれほど多くの人が覚えているはずがないだろう。

　台湾人が日本に感情移入し、昔を肯定的に考えるもう一つの理由は、言語の問題である。戦前初等教育の普及率は高かったので、日本と日本語は台湾人の言語と思想に深く入り込んでいた。しかし、戦後すぐに公用語は中国語

に変わり、1年ちょっとで新聞やメディアの言語も中国語になってしまった為、多くの台湾人は、高い教育を受けた人達さえも、一夜にして非識字者と化してしまった。その為情報を得たり知的要求を満たすには日本語に頼らなければならなかった。

　台湾人高齢層には大きく2タイプある。一つは、日本語で高等教育まで受けた人々で、もう一つは公学校や公学校高等科を卒業した人々である。前者の人々にとって、日本語ができると言うことは、経済的にも恵まれ、高い教育を受けた証、すなわちプライドである。また閩南語や客家語は整備された文字がなく、北京語は分からない中で、日本語は世界を知り、自己を表現する手段であった。このタイプの人達の中には個別インタビューの際、戦後中国語をあえて学ばなかった、今でも使いたくない、と言っていた人が多くいた。個別インタビューの際1人のインフォーマントは中国語の新聞を日本式に読むと言っていた。つまり、日本人が漢文を読むように読むわけである。このように日本語は彼らの生涯を通して、情報を得る手段であり、知的要求を満たす手段であったわけである。一方後者の人々、つまり公学校或いは公学校高等科卒業の人々は、閩南語や客家語が日常生活における主要言語であり、日本語の分かる友人との会話には、閩南語や客家語の中に日本語の単語や簡単な文を混ぜて使ってきたようである。中には戦後中国語を学んだ人もいるが、インタビューした際、北京語は日本語ほどできないと言う人が多かった。こうした人々にとって日本語は、日常的には使わなくなったものの、子供の頃や学生時代を懐かしみ、歌や日本のテレビ番組といったサブカルチャーを楽しむ手段であったようである。

　第2章10節、言語の維持と衰退の節でも紹介したが、Berman & Olshtain (1983)、Olshtain (1986, 1989) は、読みのスキルを既に習得して母語環境に戻った年上の子は、年下の子に比べて言語の衰退が少ないことを報告している。Jaspaert & Kroon (1989) は教育が言語喪失の最も重要な説明要因の一つだとし、その理由は、高学歴は文字のコードにより慣れており、それによって言語接触の機会が多いからだと述べている。本章の分析からも、高学歴者は文字との接触頻度が高いことが明らかになった。そして本章の結果から、Berman & Olshtain、Olshtain、Jaspaert & Kroon らの先行研究と同様

に、読み、つまり文字コードとの接触が言語習得および言語維持の大きな要因であるという主張を支持することができる。

7. 資料―質問事項

1) あなたは日本語がどの程度できますか。

	非常にできる	まあまあできる	普通	ちょっとできる	全くできない
1. 読む	□	□	□	□	□
2. 書く	□	□	□	□	□
3. 話す	□	□	□	□	□
4. 聞く	□	□	□	□	□

2) あなたは普段日本語を使うことがありますか。
　　□毎日　　□一週間に数回　　□一ヶ月に数回　　□一年に数回
　　□ほとんど使わない

3) 日本語を使うことがある人はどんな時に使いますか（以下のうち当てはまるものを1～3個まで選んでください）。
　　□仕事上　　□日本語を話せる台湾人の友人と会った時
　　□日本人と会った時　　□買い物の時　　□兄弟姉妹と会った時
　　□家の中で夫や妻と　　□子供と話す時

4) 普段日本語を使うことがある人は日本語をどのように使っていますか。
　　□台湾語や客家語その他が主で、簡単な日本語の単語のみを混ぜて使うことがある。
　　□台湾語や客家語その他が主で、たまに日本語を混ぜて使う。
　　□日本語と台湾語(または客家語その他)と同じくらいの割合で使う。
　　□日本語が主で、たまに台湾語(または客家語その他)を混ぜて使う。

5) 次のことについてあなたはどう思いますか。

	非常に同意	同意	意見なし	不同意	非常に不同意
日本語が話せるのは役に立つ	□	□	□	□	□

6) 戦後(日本統治終了後)学校で習った日本語を忘れないようにと何か特に意識的にしたことがありますか。
　□ある　　　□特にない

7) 上の質問で「はい」と答えた人は、現在まで日本語を維持してきた方法についてお答えください。以下の項目のうち当てはまるものを3個まで選んでください。
　□日本の雑誌や本を見る　　□日本の新聞を見る
　□日本語のビデオを見る　　□日本語の歌を歌う、聴く
　□日本へ旅行する　　　　　□日本人と話をする
　□日頃なるべく日本語で話す(日本人以外と)

8) 戦後(日本統治終了後)～NHK放送が台湾で受信できるようになるまでの間、次のものをどの程度見ましたか。

	いつも見ていた	よく見た	時々見た	あまり見ない	ほとんど見ない
1. 日本語の雑誌、本	□	□	□	□	□
2. 日本語の新聞	□	□	□	□	□
3. 日本の音楽、歌	□	□	□	□	□

9) あなたは現在、日常生活の中で以下のものをどの程度見ますか。

	いつも見ている	よく見る	時々見る	あまり見ない	ほとんど見ない
1. NHKの番組	□	□	□	□	□
2. 日本語の雑誌、本	□	□	□	□	□

3. 日本の新聞	□	□	□	□	□
4. 日本語のビデオ	□	□	□	□	□
5. 日本の音楽、歌	□	□	□	□	□
6. ケーブルテレビの日本語番組	□	□	□	□	□

10) あなたは日本人の友人がいますか。
　　　□いる　　　　□いない

11) あなたは日本へ行ったことがありますか。
　　　□ある　　　　□ない

12) あなたが学生時代よく使っていたのは次の中のどの言葉ですか。一つ選んでください。

	日本語	閩南語	客家語	日本+台湾語	その他
1. 学校の中で友達と	□	□	□	□	□
2. 学校以外で友達と	□	□	□	□	□
3. 家の中で親と	□	□	□	□	□
4. 家の中で兄弟と	□	□	□	□	□
5. 親戚と	□	□	□	□	□

13) 学校で教えてもらった日本人の先生とは今でも交流がありますか。
　　　□よくある　　　□たまにある　　　□数年に一度ぐらいある
　　　□あまりない　　□全くない

14) 学生時代の日本人の先生は台湾人の先生と比べてどうでしたか（最も当てはまる数字をまるで囲んでください。右にいくほど右の印象が強く、左にいくほど左の印象が強いです）。
1. 責任感がある　　　　3　2　1　0　1　2　3　　　無責任
2. 礼儀正しい　　　　　3　2　1　0　1　2　3　　　礼儀がない

3.	平等的	3 2 1 0 1 2 3	差別的
4.	親切	3 2 1 0 1 2 3	不親切
5.	あたたかい	3 2 1 0 1 2 3	冷たい
6.	優しい	3 2 1 0 1 2 3	厳しい
7.	人情に厚い	3 2 1 0 1 2 3	非人情的
8.	真面目	3 2 1 0 1 2 3	不真面目
9.	学生の気持ちを理解しようとする	3 2 1 0 1 2 3	学生の気持ちを理解しない
10.	学生のことをよく気にかける	3 2 1 0 1 2 3	学生のことを気にかけない

15) 日本人に対しての印象はどうですか（最も当てはまる数字をまるで囲んでください。右にいくほど右の印象が強く、左にいくほど左の印象が強いです）。

1.	責任感がある	3 2 1 0 1 2 3	無責任
2.	精神重視	3 2 1 0 1 2 3	物質重視
3.	礼儀正しい	3 2 1 0 1 2 3	礼儀がない
4.	仕事熱心	3 2 1 0 1 2 3	怠慢
5.	包容力ある	3 2 1 0 1 2 3	排他的
6.	親切	3 2 1 0 1 2 3	不親切
7.	団体を重んじる	3 2 1 0 1 2 3	個人主義的
8.	平和主義的	3 2 1 0 1 2 3	攻撃的
9.	規則を守る	3 2 1 0 1 2 3	規則を守らない
10.	やさしい	3 2 1 0 1 2 3	乱暴
11.	人情に厚い	3 2 1 0 1 2 3	非人情的
12.	義理を重んじる	3 2 1 0 1 2 3	義理を重んじない

16) 現在のあなたにとって日本語は何ですか。

	非常に同意	同意	意見なし	不同意	非常に不同意
1. 教養	□	□	□	□	□
2. 情報を得る手段	□	□	□	□	□
3. 生活の一部	□	□	□	□	□
4. 忘れてしまいたい言語	□	□	□	□	□
5. 忘れたくない言語	□	□	□	□	□
6. もっと上手になりたい言語	□	□	□	□	□
7. 最も感情を表せる言語	□	□	□	□	□
8. 理論的なことを語るときに便利な言語	□	□	□	□	□

注

1. 本章で用いるデータは甲斐ますみ(1995, 1997b)に加筆し、またそこで使用しなかったデータを加えたものである。
2. 1990年代前半まで国立大学教員による台湾への渡航は特別に扱われていたり、中国研究者は台湾に渡航すると中国に入国できなくなると危惧していたと聞く。
3. ちなみに質問表は日本語版と中国語版を作成したが、日本語版の回答は637部（75.4%）、中国語版の回答は208部（24.6%）であった。中国語版の回答が意外に多いが、調査対象が高齢の被調査者の為に、調査協力者（孫や子供など）が中国語版を見て台湾語で質問をし、被調査者の代わりに回答を書き入れたという場合もある。よって24.6%の人が日本語よりも中国語の方ができるという意味ではない。
4. この調査を行った1990年前半はまだ社会的、政治的に保守的であり、台湾の政治活動に関わる外国人は警察からマークされるという噂もあった頃である。
5. 巻末資料1を参照されたし。
6. 教育年数の「0年、1～5年、6年、7～8年、9年以上」という分類を使用するのは、他に様々なグループ分けをしたところ、どれも各質問項目との関連分析で有意差が見られたが、この分類が特に意味があった為である。

7 院轄市は台北市、高雄市を指す。省は台中などの5つの市を含み、県轄市は基隆などの24の市を指す。1992年時点で60の鎮と225の郷があった。この分類は『中華民国内政統計提要』(1993)に基づく。ただし2010年にこれらの区分は改定された。
8 職業は年齢的に退職している人が多いと思われるのでχ^2検定には使用していない。
9 表内の「*」印は有意水準を示す(*は p<.05、**は p<.01、***は p<.001)。2×2の分類テーブルになった場合は Fisher 検定を行った。
10 この質問は日本語の質や量を問うたものではないことに注意。日本語使用の頻度を聞いているだけなので単に挨拶や単語だけかもしれないし、実質的な会話かもしれない。
11 選択肢の中に「買い物の時」が入っているのは、市場(通常朝、大通りから横に入った路地で行われている朝市)に行くと台湾人高齢層が買い物の時に日本語で話をしているとよく耳にしたからである。その噂を検証するために選択肢の中に入れた。
12 この頃よく、「本省人は龍山寺に集まり、外省人はマクドナルドに集まる」という言葉を聞いた。龍山寺は台北市内にある有名なお寺である。アンケート調査表の多くも龍山寺で配布することができた。
13 表中の「日本語+台湾語」について、第1章でも定義したが、本稿では便宜上日本統治時代から台湾に居住していた人達の話す言語をまとめて「台湾語」としている。
14 調査時の1994年には、割高だったが簡単に日本の新聞が定期購読できた。また図書館には日本の新聞があった。

第4章
その他の植民地における日本語との比較[1]

　戦前日本の統治下にあったのは台湾だけではない。日本は台湾を初めとして、朝鮮、南洋群島、満州なども管轄下に置き、そして、これらの地域では日本語による教育が行われた。では、日本語を国語として学んだこれらの地域の人達の日本語と台湾人高齢層の日本語は何か共通点があるのだろうか。あるいは地域によって日本語に差があるのだろうか。本章では戦前日本の管理下に置かれた地域のうち、特に南洋群島の中のヤップとパラオ、そして現在グアム島に住んでいる朝鮮・韓国人の日本語を紹介する[2]。そしてこれらの地域の人達の日本語と、台湾人高齢層の日本語を比較することによって、国語としての日本語を学んだ人達の言語習得の特徴をより明らかにしたいと思う。

1. 歴史的背景

　まず朝鮮と南洋群島の歴史的背景について概説する。

1-1. 朝鮮における国語教育

　1910年(明治43)朝鮮は日本に併合され、その後35年間日本の統治下となった。それに先立つ1905年(明治38)、日露戦争に勝利した日本は朝鮮を保護国化し、日本語は既に普通学校の教科に加えられていた[3]。そして併合以降1910年からは皇民化国語教育が開始され、1911年には朝鮮語および漢文以外の授業で日本語による教育が実施されるようになった。教科書は朝鮮でも『國語讀本』が使われ、特徴は歴史的仮名遣いと現代仮名遣いの折衷のような形式をとり、話し言葉が重視された表記スタイルであったことは台湾

と同じである[4,5]。国語普及は主に学校教育を通して徐々に進められていったが、台湾同様、朝鮮人子弟の通う学校と内地人の通う学校とは別体系になっていた。そして1920年(大正9)に公立普通学校の修業年限は4年から6年に改められ[6]、その後台湾と同じく1922年(大正11)に、内外地人の別をなくし、「国語を常用する者」と「国語を常用しない者」とに分けられた。前者には内地同様の小学校例などが適用され、後者には朝鮮独自の教育体系が適用された。そして1937年(昭和12)7月7日に勃発した日中戦争以降は、普通学校は小学校と改称され、朝鮮語は随意科目となり[7]、また授業時間以外や学校の外で生活する者にも、全ての朝鮮民衆に国語の習得と常用を強制する政策へと変化していった[8]。翌1938年には、初等教育における国語の常用／非常用の別がなくなり、制度上は日本人子弟と朝鮮人子弟の差異がなくされ、そして台湾同様、形式的には朝鮮に於いても一視同仁を掲げ、忠誠な皇国臣民の養成を目指したのである[9,10]。

1-2. 朝鮮の就学率

　朝鮮總督府學務局(1921)によると、朝鮮における公立普通学校数は、1921年(大正10)5月末時点で677校、収容児童数は約16万人であった。併合20年後の1930年(昭和5)には公立普通学校数は1,693校となったが、私立学校や書堂などと比べて全体の僅か9％しかなく、就学児童数は全初等教育機関就学児童総数の41.6％であった[11]。その後1936年(昭和11)には公立普通学校数2,498校、朝鮮人就学生徒数79万8,224人と増え(阿部宗光・阿部洋1972: 52-53, 68)[12]、これは1937年(昭和12)の台湾の公学校数が783校、就学児童数が41万4,695人であったのと比べると数的には上である[13]。しかし熊谷明泰(2004: 484)の資料には、昭和12年度の国語理解者が総人口の1割1分余りに過ぎず、この中には日本語を僅かしか理解しない程度の者も含まれていて、また国語理解者の大多数は30歳未満の者であり、30歳以上の者はほとんど国語を理解しない、と書かれている。1937年の日中戦争勃発後は、皇民化政策が推し進められ、1938年以降は小学校(元普通学校)や簡易学校を中心に、毎年約10万人に國語教本を無償で配布し、講習会も開催されたが[14]、しかし1941年(昭和16)時点での日本語理解率は約

16％にしか達していない(熊谷明泰 2004: 151、弘谷多喜夫・広川淑子 1973:68、曹喜澈(チョヒチョル) 1994: 82)[15]。これは同年の台湾の日本語理解率、約60％に比べると低い数値である。

　板垣竜太(1999: 287-289)は1930年の国勢調査結果を基に、当時の朝鮮における識字率について考察している。それによると6歳以上の日本人の識字者が8割弱だったのに対し、朝鮮でのカナの識字者は8.4％、ハングル語の識字者は27.4％と識字率が全般的に低かった上に、カナの識字者も少なく、また男女差も激しかった、とある。ただ台湾と同じく書房、科挙の制度があったので[16]、教育の土台は既にあったと言えよう。普通学校の上には修業年限4年の高等普通学校、修業年限3年の女子高等普通学校、修業年限2年又は3年の実業学校、そしてその上に専門学校、高等普通学校補習科、師範科なども設置されていた。そのような日本の高等教育を受けた人達の中には台湾同様、日本語で執筆活動をしたり、或いは日本語でしか高度な文章が書けない人もいたようである[17]。また言語的にも日本語と朝鮮語の類似性から、日本語は朝鮮語の中に深く入り込んでいたとされる[18](曹喜澈(チョヒチョル) 1994、熊谷明泰 1997: 173、佐野正人 2007: 91-92)。それに抵抗する動きとして、1919年(大正8)に三・一独立運動が起こり、その全国的な広がりにより、1920年代には朝鮮語による新聞や雑誌が数多く出版されたようである[19]。そして1930年代にはハングルの綴り字法が制定され、全国普及の運動が展開された[20]。だが1938年には「朝鮮語廃止令」が出され、1940年に「朝鮮日報」「東亜日報」が廃刊となった後、朝鮮語の新聞は「毎日日報」のみとなるに至った[21]。

1-3. 南洋群島の統轄

　次に南洋群島の歴史的背景を概説する。

　1914年(大正3)、日本海軍はドイツ統治地域南洋群島を占領し、その後南洋群島は31年間日本の統治下となった。南洋群島は、東端のギルバート諸島とグアムを除く、現在のマーシャル諸島、北マリアナ諸島、ミクロネシア連邦、パラオに相当する地域である。1922年(大正11)、日本政府はパラオに南洋庁を置き、サイパン、ヤップ、トラック(現チューク)、ポナペ、ヤ

資料 1　南洋諸島

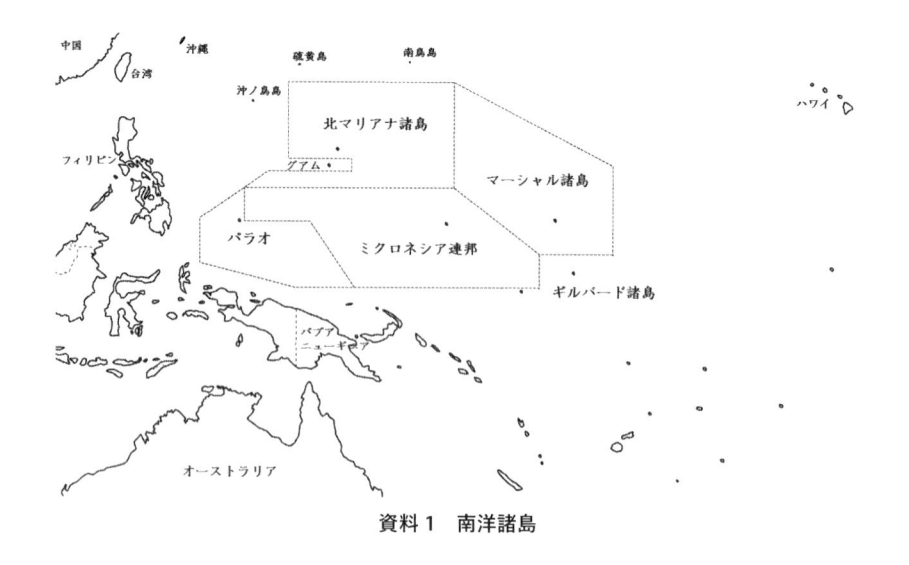

ルートに支庁を設置した。

　当時島民の平均寿命は短く、また乳児の死亡率も高く、1926 年 (昭和元) から 1931 年 (昭和 6) の平均で出生児の 4 分の 1 が満 2 歳以下に死亡していたと言う[22]。島民の保健、衛生を改善すべく、南洋庁は主要な島に病院を建て、医療の向上を目指し、そして学校、波止場、研究機関などを設置し近代化を図ろうとした。ピーティ (1992: 194–195) には、このような日本の統治に対して南洋群島の人々は何等抵抗も示さず、日本人移民に対して暴力を振るうこともなかったと述べられている。

　矢内原忠雄 (1935: 46–49) によると南洋群島における邦人人口は、占領当時の 1914 年 (大正 3) には僅か 70 〜 80 人だったが、1920 年 (大正 9) には総人口 5 万 2,222 人中 3,671 人になり、1930 年代から日本政府の移民政策を受けて、1933 年 (昭和 8) には 8 万 884 人中 3 万 670 人と増加した[23]。幾つかの島では日本人の方が多く、1933 年 (昭和 8) 時点でサイパンは人口 1 万 7,808 人中邦人が 1 万 4,584 人、テニヤン島は全人口 7,554 人中 7,538 人だった (毎日新聞社『別冊 1 億人の昭和史　日本植民地史 3　台湾』2003: 173、矢内原忠雄 1935: 49–50)。そして 1935 年 (昭和 10) にはサイパン等のマリアナに 4 万 5,000 人、パラオに 2 万 3,000 人、ポナペに 8,000 人、群島全体で

資料2　南洋庁と支庁所在地

8万4,000人もの日本人が押し寄せた(須藤健一2003: 188)。在留邦人は大部分がサイパン島に住んでいたが、出身地は沖縄県が最も多く、次に東京(大部分は小笠原島、八丈島の出身)、福島が多かったようである[24,25]。

1-4. 南洋群島の国語教育

　南洋群島の人々は31年に亘る日本の統治時代、台湾や朝鮮と同じく国語として日本語を学んだ。軍政府は1915年(大正4)から小学校を設立したが、初めは守備隊兵員、南洋貿易社員、あるいは独領時代の島民教員によって初歩的な教育が行われていたようである[26,27]。

　南洋群島の教育は所轄によって第1期の1914年(大正3)12月〜1918年(大正7)6月、第2期の1918年(大正7)7月〜1922年(大正11)3月、第3期の1922年(大正11)4月〜1945年(昭和20)8月に分けられる。第1期は満8歳以上満12歳以下の児童を対象とし、4年制の「小学校」(及び土地の状況により補習科の設置も可)、第2期は満8歳以上満12歳以下の児童を対象とし3年制の「島民学校」(市庁所在地には2ヵ年以内の補習科の付設)、第3期は満8歳以上の児童[28]を対象とした3年制の「公学校」とその

上の補習科2年が設置された。南洋群島の教育制度もその他の地域（台湾、朝鮮）と同じく、現地人子弟の為の公学校と日本人子弟の為の小学校に分かれていた[29]。公学校の就学期間は本科3年、その上に補習科2年であり、男子の場合成績優秀者はパラオの木工徒弟養成所（修業年限2年）に進むことができた。しかし、台湾や朝鮮のように中等以上の教育機関はなかった。成人に対しては、1940年に南洋群島の26の公学校内に国語練習所が設置され、日本語教育が行われたようである。

麻原三子雄（1942: 97-98）には、全ての島民が国語を解するわけではないが、群島中どこに行っても、大体の用は国語を以って辨じ得、十歳前後から四十歳前後の者ならば男子は七、八割、女子は四、五割は簡易な日本語を解すると見てよい、と書かれている。須藤健一（2003: 185, 189）によると、1930年（昭和5）迄に全島群で7,400人の児童が公学校で学び、就学率は50%を超えていたようである。そして1939年には57%を超え、パラオでは100%近くに達していた[30]。こうして1942年迄に公学校と補習科を卒業した児童数は合計約2万人に達したと言われる（宮脇弘幸 1995: 58）。

南洋諸島において成績のいい児童は補習科に進み、放課後男児は荷役人夫、農場の日雇い労働、商店の小間使いとして、女児は病院での看護補助や日本人家庭のメイド、売り子といった仕事をする中で日本語や日本の習慣を学んだ。有力なミクロネシア人は「観光団」の一員として毎年およそ30人が1ヶ月の日本旅行を経験できたようだが[31]、しかしほとんどの島民が中・高等教育を受ける機会はなく、日本へ留学させることも経済的に不可能であった。それでも形式上は他の植民地と同じく一視同人の同化教育を目指し、日中戦争以後は皇民化教育が徹底された[32]。

南洋群島の教育方法は、基本的に日本人訓導が教えた内容を補助教員が現地の言語に訳すという形態の授業であったようだ。しかし、パラオやサイパンなど日本人が多い中心部の学校ではこの方式は最初の1年生のみで、第2、第3学年になると子供たちは補助教員なしで日本語が理解できるようになったと言われる[33]。公学校用教科書は南洋群島でも『國語讀本』が編纂され、言文一致体を基本とし、内容は修身、歴史、地理、理科、文学、公民等が含まれていた[34]。宮脇弘幸（2006）の資料を見ると、教科書の文字はカタカ

資料3　1917年出版『南洋群島 國語讀本 巻2』

ナ表記から始まって徐々にひらがなが導入されている。内容は日本の昔話や皇室関係、日本文化に関するものである[35]。

　南洋群島の多くの言語は未だに正字法が確立されていない[36]。その為高齢者は他島の人に手紙を書く場合や市場でのメモに、カタカナを使用していたという報告がある(崎山理 1995: 45、由井紀久子 2000c: 136, 2002: 243)。またパラオでは1992年と1997年の選挙の際投票用紙にローマ字とカタカナの二つが採用されている[37]。Matsumoto (2001a: 111)が1997～1998年にパラオで行った読み書き調査結果では、233人のうち18.9%が読み、18.0%が書きにアルファベットではなく、日本語のカナを使っているという結果が報告されている[38]。ただ、南洋群島の人々はカタカナは書けるが、ひらがなや漢字は書けないという人が多い。本章のインフォーマントも全員そうであった。

1-5. ヤップとパラオ

　本章で紹介する南洋群島のインフォーマントはヤップとパラオに住む人々であるが、これら二つの地域についてもう少し詳しく説明する。

　まずヤップは、東京から約2,900キロ南に位置する面積約100平方キロの島である。四つの主要な島と約130の小さな島々や環礁からなり、四つの言語 (Ulithian, Woleaian, Satawalese, Yapese) がある。現在共通語は英語が用いられている。人口は約1.1万人で[39]、首都はコロニア (Colonia) である。

　ヤップは戦前ニフ、マキ、ヤップの3校に3年過程の本科があった。成

資料4　ヤップ地図

資料5　コロニアのマキ公学校跡（筆者撮影）

績優秀者はコロニアにあるヤップ公学校の2年課程補習科に進学でき、補習科卒業後は優秀な男児の場合、パラオの木工徒弟養成所に進学できた。しかしほとんどの人は、燐鉱採取現場や飛行場建設現場、農業試験場、民間会社などで日本人上司の下で仕事をし、女児の場合半義務的に公学校卒業生の一部を衛生講習生（看護婦見習い）としてヤップ医院に勤務させ、残りは編み物練習所でバスケットなどの製作技術を習得させていた[40]。ヤップ島のインフォーマントの中には衛生講習生だった人がいたが、本人達の話によると、公学校で成績の良かった学生が衛生講習生になれたということである。

1945年以前のヤップの日本語使用状況について矢内原忠雄(1935: 396–397)は、子供達は補習科を卒業してやっとひらがなを読書する程度の実力になり、卒業後官庁や在住日本人に雇用される機会が多い地では卒業後も引き続き日本語を習得できるが、そうでない多数の児童は卒業して帰村すると共に忘れてしまうだろう、と記している。由井紀久子(1998b, 2000c, 2002)は、パラオの首都コロール周辺では就学前の日本人とパラオ人の子供が一緒に遊んでいたようだが、ヤップ島やその他の島では日本人との接触度が低く、接触度の低い地域の子供は公学校教育を5年間終えてもうまく話せない子供が多かった、と述べている。しかし就学率のみを見ると、1931年の台湾は約34%、1930年の韓国は16%であったのに対し、ヤップは1931年に66%を超えていたので(矢内原忠雄 1935: 393)、ヤップの子供達は学校へ入った割合が高いと言える。だが教育年数は台湾、韓国の6年に比べて短かった。南洋群島の子供達が公学校教育でよりも、卒業後日本人や他島の人と一緒に働く中で日本語を学んだのだろうという言及は幾つかの先行研究に見られる(多仁安代 2000b: 119–120、由井紀久子 2002: 242–243、宮脇弘幸 2006: 26)。麻原三子雄(1942: 99–100)は、南洋群島の島民同士が国語を使用するという域にはなかなか達せず、学校の中では生徒同士極力国語のみを使用させるが、校外に出るとなかなか国語を使用することがないと述べる一方で、群島在住邦人の過半を占める沖縄県出身者や朝鮮半島出身者の国語力が甚だしく遺憾の状態であるのに対し、島民の国語力は意外に好成績を示しているとも記している[41]。

続いてパラオについて紹介する。パラオはヤップより西、東京からは南に3,200キロの地点にあり、面積は458km^2、人口は約2万700人である[42]。16の州に分かれるが、60%以上がコロール州の首都コロール(Koror)に住んでいる。パラオは現在独立国であり、公用語は基本的に英語とパラオ語であるが、アウンガウル州(Angaur)では日本語も公用語の一つに定められている。

1922年にパラオに南洋庁が置かれてから、パラオは日本の南洋群島統轄におけるに中心地であった。それを反映するように、1935年時点の南洋群島全体に住む邦人人口8万4,000人のうち2万3,000人がパラオに住んでいた(矢内原忠雄 1935: 46–49)。富山一郎(1993: 54–65)、Matsumito (2000a:

資料6　パラオ地図

90)によると、パラオでは日本人とパラオ人の結婚が奨励されたとある。本章のインフォーマントの1人はその例の子弟である。

2. 先行研究

　南洋群島における国語教育、日本語の使用実態、日本語の影響について考察した先行研究は数多くある(宮脇弘幸1994, 1995、Hayashi 1995、崎山理1995、渋谷勝己1995a, b, 1997, 1999, 2001, 2003、由井紀久子1996, 1998a, b, 1999a, b, c, 2000a, b, c, 2002、宮城紀美1999、Matsumoto 2001a, b、多仁安代2000b 他)。南洋群島の人々の日本語を分析した研究として、渋谷勝己(1995a)はヤップの高齢層は高い日本語能力を保っている、宮城紀美(1999)はポンペイ島の60代後半から70代の年配層は今でも日本語を流暢に操る、多仁安代(2000b)もポナペ島[43](ポンペイ島)のインフォーマントは発音、運用力ともに日本人と遜色がない人が多い、と記している。また渋谷勝己(2003: 32)は、パラオの高年層の人々の中には当時日本語能力が自身の母語であるパラオ語の能力と同じ、あるいはそれ以上のレベルに達した話者もいた可能性があるが、終戦後日本人が引き上げ、日本人との接触も限られるよ

うになって、その日本語能力は徐々に衰えを見せつつある、と述べている。由井紀久子（2000c: 135-136）は、ミクロネシアの島々には 1945 年以前、数多くの日本語とミクロネシア諸語とのバイリンガル話者が存在していたと記し、Matsumoto（2001a: 87）もほとんどのパラオ人高齢層はパラオ語と日本語のバイリンガルであったが、1945 年以降日本語能力を急速に失った、と主張している[44]。ただ、これらの言及には彼らがバイリンガルであった証拠や根拠が示されているわけではなく、「バイリンガル」と言っても幾つかのタイプがあることは第2章で述べた。言語維持と言語衰退についても、第2章で詳しく考察したのでここでは繰り返さないが、一つ重要なことは「よく学んだことは忘れない」ということである。すなわち、日本語能力がかつて母語と同じ又はそれ以上でバイリンガルだった人（認知構造へ統合した能力）が戦後大幅にその能力を失うことはないであろう。これは言語維持と言語衰退の先行研究および本章第2章の台湾人高齢層の日本語から検証した。では南洋群島の人々の日本語は、言語習得上どのようなレベルにあるのだろうか。台湾人高齢層と比べて南洋群島の人々の日本語能力はどうなのか、また両グループに何か共通した特徴があるのか、これらの問題について、グアム島在住の朝鮮語話者のデータも交えながら以下考察していく。

3. インフォーマント

　データは 2009 年にヤップとグアム（朝鮮語母語話者）、2010 年にパラオの調査から得られたものである。データの収集方法は台湾と同じく、戦前日本語による教育を受けた人を個別訪問し、一人 30 分から 1 時間程のインタビューを行った。そして録音したデータから各々 30 分を分析対象として抽出した。ヤップのインフォーマントは教会関係者を通して、パラオのインフォーマントはパラオの教育省の人を通して、グアムのインフォーマントは高齢者用ホームを通して探した。インフォーマントの人数はヤップ 5 人、パラオ 5 人、グアム 2 人である。表 1 〜 3 にインフォーマントの簡単な属性と戦後の日本語接触について表す。

表 1　ヤップ話者[45]

	インフォーマント	性別	生まれた年	インタビュー時の年齢	日本語による教育年数	公学校卒業後	1945 年以降の日本語との接触
1	MON	女	1921 年（大正 10）	88	5 年	2 年間衛生講習生として働き、その後結婚する前まで家で子供のお守りをする。	日本人と会った時日本語を使う。
2	MIK	男	1919 年（大正 8）	90	3 年	日本兵の手伝いをする。	船乗りとして日本を訪問。ヤップに住む日本人の友人がいて、以前よく話をした。
3	EL	女	1921 年（大正 10）	88	5 年	衛生講習生となり、その後日本人家庭の手伝いをする。	日本を 2 回訪問。日本人のお客を家に泊めたことが何度もある。他の島の人と会った時は日本語を使う。
4	GIL	女	1919 年（大正 8）	90	5 年	衛生講習生となり、その後日本人家庭の手伝いをする。	日本に 1 度旅行したことがある。
5	IG	男	1927 年（昭和 2）	82	5 年	南洋拓殖株式会社[46]で働き、その後日本兵の手伝いをする。	日本人のお客を何度も泊めたことがある。ヤップに住む日本人の友人がいて、以前よく話をした。

表 2　パラオ話者

	インフォーマント	性別	生まれた年	インタビュー時の年齢	日本語による教育年数	公学校卒業後	1945 年以降の日本語との接触
1	UCH	女	1925 年（大正 14）	85	5 年	日本人家庭の手伝いをする。	配偶者が生存中は時々配偶者に日本語の単語を使った。グアムの免税店で働いていたことがあり、その時日本の観光客とよく話をした。
2	ANT	女	1929 年（昭和 4）	81	5 年	日本人家庭の手伝いをする。13 歳から 15 歳までは衛生講習生として働く。	パラオに戦没者の遺骨収集に来た人達の世話を何年もした。現在教会で日本語の聖書を見る。

3	URI	男	1928年 (昭和3)	82	3年	大工となる。	近所にパラオ人と結婚した日本人女性がいてその人と時々話をした。
4	MAR	男	1933年 (昭和8)	77	3年	戦後中学校に入学し、その後電気技師となる。	しばらく家に日本人の大工が泊まった。時々日本からの観光客と話をした。現在ラジオでよく日本の演歌を聞く。
5	FUM	女	1931年 (昭和6)	79	5年	しばらくの間教師をした後、商売をする。現在レストランを開いている。	沖縄にいる親戚を何度も訪ねた。現在自分が開いているレストランに来る日本人のお客と日本語で話す。

表3　グアム在住朝鮮語話者

	インフォーマント	性別	生まれた年	インタビュー時の年齢	日本語による教育年数	公学校卒業後	1945年以降の日本語との接触
1	PAK	女	1925年 (大正14)	85	7年	満州で小学校を卒業し、中学に入学、戦後は韓国へ戻る。	グアムに来てから教会で日本人と友達になり、この人がグアムを離れる数年前迄会うと日本語で話をした。
2	YEE	男	1929年 (昭和4)	81	8年	兄を頼って長崎に行き、中学へ入る。	グアムで飲食店を開いていたので日本人観光客とよく日本語で話をした。

4. 結果

4-1. 誤りと変異

　渋谷勝己 (2001: 189) はパラオの日本語話者に共通する特徴として、方言的な特徴がほとんど観察されない[47]、「ている」が使える、複文が使えるなど、50年間も日本語を使わなかったにしてはレベルが高く、1時間程度の会話を行うのに全く支障がないと述べている。本章のインフォーマントも、台湾人インフォーマントと同様に長時間日本語を話し続けることができる人

資料7 パラオのインフォーマントの一人が見せてくれた日本語練習帳。
現在も日本語を忘れないようにと時々書き溜めている。

が多かった。しかし、台湾人インフォーマントと同じく、大きく11の項目に誤りと変異が検出された。表4に誤りと変異の出現数を表す。

表4　誤りと変異数

インフォーマント	誤り・変異	語彙	意味不明・不自然IU	テンス	アスペクト	活用	使役	可能	受身	形態素や語の欠如	指示詞	助詞
ヤップ話者	MON	23	10	31		2		7				5
	MIK	16	3	17	2						1	5
	EL	34	9	30	1	5		7				7
	GIL	15	7	11				1	1	2	1	6
	IG	15	5	15	1			3			2	5
パラオ話者	UCH	27	9	19	1	3				2	7	7
	ANT	37	18	59		2		5			11	2
	URI	21	17	13	3				1	1	4	2
	MAR	41	25	14	2	2				3	1	4
	FUM	2	1		1				1			1
朝鮮語話者	PAK	22	12	22	2	5	2	3	4		1	3
	YEE	48	22	10	1	5	1			11		3

　結果を見ると、台湾人高齢層と同じく出現数の多い誤り・変異は語彙、意味不明・不自然なIU、テンスである。ただパラオのインフォーマント、FUMは父親が日本人で、沖縄の親戚や自分の開いているお店に来る日本人客と日常的に日本語で話をしていることもあり、誤りや変異が少なかった。

4-2. 語彙の誤りと特殊な用法

まず語彙の誤りから考察する。第2章で、台湾人高齢層の語彙の誤りには五つのタイプがあると述べた。それらは(a)言語間転移、(b)基本語彙の意味拡張的使用、(c)近似語の使用(ペア／グループになった語の誤った選択、意味の類似した語、上位語、総称語の使用、意味又は発音に関係して引き出された、或いは誤って覚えた語の使用など)、(d)過剰一般化、(e)台湾特有の用法、である。この内本章のインフォーマントに見られた主な誤りは(b)と(c)であり、台湾人高齢層と同じく「安い」を「易しい」の意味で用いる例、「いる」ではなく「ある」を使用する例等が見られた。意味の拡張的使用は、ヤップを調査した渋谷勝己(1995b)においても「年上の人」の意味で「大きい人」を用いる例が、同じくヤップを調査した由井紀久子(1996: 80)では「話」を「言語」の意味に使っている例が挙げられている。由井はこれを語彙数が少ないピジン化言語の特徴の一つと考えられるとし、語の外延を増やし事実上多義化させることを「シンボル化」と呼んでいる。(d)過剰一般化は「嘘する」(ANT)のように、台湾人インフォーマントと同じく名詞に「する」を付けて動詞化する用法が僅かに見られた。(e)地域特有の用法としては、ヤップ、パラオのインフォーマントに「ある時」「ある人」といった「ある＋名詞」の使用、三人称を指すのに「自分」を用いる例、親族を含む三人称を「男／女」で指示する用法が見られた。また2人のインフォーマントに第三者を「おじさん／おばさん」で指示する例が見られた。出現頻度数は表5の通りである。

表5 地域特有の用法

	ヤップ話者					パラオ話者					朝鮮語話者	
	MON	MIK	EL	GIL	IG	UCH	ANT	URI	MAR	FUM	PAK	YEE
ある＋N		1	7		18					1		
自分(一人称)		5	3									
自分(三人称)	4	17	4	4	9	2						
男(男の子)	1		6(*1)									
女(女の人)	2(*1)		1				5	1				
おじさん／おばさん		1										1

「*」印は「女の人」(MONの2例中1例)、「男の子」(ELの6例中1例)。

「ある＋名詞」の名詞部分には「人、時、日本人、男」などの総称名詞が使われた。「男、女」による三人称指示は親族に対しても使われ、MONの2例はともに自分の姉妹を「女」「女の人」、ELの1例は自分の弟を「男の子」で指示した。他には「日本の女」「パラオの女」といった使われ方が見られた。渋谷勝己（1995b）のヤップにおける調査でも、「女」の使用が見られたことが報告されているので、南洋群島で広範囲に使われていると考えられる。「男、女」の使用はヤップ、パラオの話者のみで、本書の朝鮮語話者には見られなかった。しかし「おじさん、おばさん」の使用は、2例のみであったが、朝鮮語話者にも見られた。MIKはある日本人の友人を「おじさん」、YEEは大統領を「おじさん」で指示した。次の(1)(2)は「ある＋名詞」、(3)(4)は「男、女」、(5)(6)は「自分」の例である。

(1)〈戦後、日本人は皆いなくなったと言うので〉
  1 KAI: dett% demo=,.. ano=,.. tokidoki=,.. sono ato de=,.. Nihon kara=, shiriai no= o-tomodachi ga asobi ni ki-ta-n desu ka?
       でっ%でも=,..あの=,..時々=,..その後で=,日本から=,知り合いの=お友達が遊びに来たんですか？
→ 2 IG: hai **aru= toki**,.. ano=,.. katsudoo-shashin,.. toru= hito-tachi ga,.. a=,.. watashi no shima ni ki-te,.. watashi to= watashi no otooto to ishhoni,.. ano= katsudoo-shashin toru,.. hito to= tetsudat-te,
       はい**ある=時**,..あの=,..活動写真,..撮る=人達が,..あ=,..私の島に来て,..私と=私の弟と一緒に,..あの=活動写真撮る,..人と=手伝って,
  3 KAI: <P>hai</P>.
       <P>はい</P>.
  4 IG: katsudoo-shashin torimashi-ta.
       活動写真撮りました.

(2)〈MARは生活の中で日本語とパラオ語が混じっていると言うので〉
  1 KAI: demo,.. ko=%,.. ano= nanajus-sai ika no hito wa moo zenzen Nihon-go wa wakara-nai [desho/].
       でも,..こ=%,..あの=七十歳以下の人はもう全然日本語は分からない[でしょ/].
→ 2 MAR: [aru] hito,.. a wakaru.. <P>**aru** wa ano= wakara-nai</P>.
       【ある】人,..あ分かる..<P>**ある**はあの=分からない</P>.

第 4 章　その他の植民地における日本語との比較　243

(3)〈公学校時代の教師は日本人だったか聞くと〉

 1　EL：　.. hitori wa,
　　　　　.. 一人は,

 2　KAI：　un.
　　　　　うん.

→3　EL：　a Yappu no **otoko**.. ano= ichi-nensee no=,.. sensee. kott% ano= kodomo-tachi wa mada= Nihon-go shabera-nai kara, a sono hito ga oshie-teru.
　　　　　あヤップの<u>男</u>.. あの = 一年生の =,.. 先生. こっ%あの = 子供達はまだ = 日本語喋らないから, あその人が教えてる.

 4　KAI：　<PP>hu=[n</PP>].
　　　　　<PP>ふ=[ん</PP>].

→5　EL：　　　　　[<CRK>e]=</CRK> ano, ■■ to iu **otoko**,.. to koochoo-sensee to isshoni, (H) a ichi-nensee no,.. sens% a no=,.. sensee o yat-te-ta.
　　　　　　　　　[<CRK>え]=</CRK>あの, ■■という<u>男</u>,.. と校長先生と一緒に, (H) あ一年生の=,.. せん%あの=,.. 先生をやってた.

(4)〈戦争が酷くなり、多くの女の子が看護婦助手をしたという話をして〉

 1　KAI：　u==[n].
　　　　　う==[ん].

 2　ANT：　　[de]mo, a% sensoo ga anmari hido-katta node=,
　　　　　　[で]も, あ%戦争があんまり酷かったので=,

 3　KAI：　un.
　　　　　うん.

→4　ANT：　a=n, yappari sono <E>hospital</E> ni Parao no **onna** mo=, o% watashi
→　　　　　kurai no=,.. **onna** mo sono hatarai-tei-ta= # kangofu-san.
　　　　　あ=ん, やっぱりその<E>hospital</E>にパラオの<u>女</u>も=, お%私位の=,.. <u>女</u>もその働いていた=# 看護婦さん.

 5　KAI：　un.
　　　　　うん.

 6　ANT：　kako%, kakkofu-san no shigoto shi-tei-ta=.
　　　　　かこ%, 看護婦さんの仕事していた=.

(5)〈姉妹がいると言うので〉

 1　KAI：　ha\=. sono=, futari no= imooto-san wa Nihon-go ga wakarimasu ka?
　　　　　は\=. その=, 二人の=妹さんは日本語が分かりますか?

 2　MIK：　wakari-masen desu.
　　　　　分かりませんです.

```
  3  KAI:  a= dooshite/?
            あ=どうして/?
→ 4  MIK:  jibun-ra gakoo ika-na-katta-n desu.
            自分ら学校行かなかったんです.
```

(6)〈戦後日本語が禁止されていた時期の大統領について〉
```
  1  KAI:  <P>u=[n</P>].
            <P>う=[ん</P>].
  2  LEE:       [so]no toki, no= taitooryoo wa, sono yubi o <#>suma-re-
            ta</#>, Iisunman, [2dai2]tooryoo to it-te,
                 [その]時,の=大統領は,その指を<#>すまれた</#>,李承晩,[2大2]統領といっ
            て,
  3  KAI:                          [2<PP>un</PP>2].
            [2<PP>うん</PP>2].
→ 4  LEE:  .. sono ojisan dat-ta-n desu yo.
            .. そのおじさんだったんですよ.
```

　もう一つ地域特有の特徴として、ヤップのインフォーマントもパラオのインフォーマントも人数や値段など日本語で言えるのに、西暦（誕生日や出来事が起こった年）と年齢を日本語で言えなかった人が多かった。日本語で言えない場合は英語にコードスイッチするインフォーマントと（表6「×」で表示）、「言えない」「（高齢の為に）もう分からない」と言って答えなかったインフォーマントとがいた（表6「-」で表示）[48]。また西暦は英語でしか言えないが、昭和を使うと日本語で言えるというインフォーマントもいた。例えばIGは誕生年を英語の西暦でしか答えなかったが、公学校入学の年を昭和で言った。Berko-Gleason (1982: 22) は曜日や数字、決まり文句などは他のものに代え難く自動化されているので、第二言語が流暢な人が数字を数えたり、掛け算をする時になると母語に頼ることがよく見られると述べている。台湾人のグループ1のインフォーマントにも、出来事の年を「いち、くう、よん、ぜろ、ねん（1940年）」のように台湾語式に言う例が見られた。年表現は、Berko-Gleasonも示唆するように、日常よく使っている言語へのコードスイッチが起こりやすいようである。

表6　誕生日と年齢の答え方

	ヤップ話者					パラオ話者				朝鮮語話者	
	MON	MIK	EL	GIL	IG	UCH	ANT	URI	MAR	FUM	PAK	YEE
誕生日	―	×	× 昭和 OK	―	×	× 昭和 OK	×	×	× 昭和 OK	OK	OK	OK
年齢	×	―	OK	OK	OK	OK	×	OK	OK	OK	OK	OK

　年月の他、ヤップ1人、パラオ1人に共通して見られたコードスイッチに「government」という語彙がある。由井紀久子（1996: 78）もヤップのインフォーマントが「ガバメント」を使用したと記しているが、日常よく聞く単語や西暦はコードスイッチしやすいようである。ただ、ヤップとパラオの話者には英語へのコードスイッチが多く見られたものの、台湾人インフォーマントとは異なり、日本語の外来語の使用はあまり見られなかった。また会話の中で使用された語彙は基本的語彙が多く、台湾人インフォーマントの中のグループ1の人々が使うような豊富な語彙や高度な語彙は見られなかった。パラオのFUMは日本人母語話者のような日本語を操っていたが、それでもグループ1の台湾人が使うような高度な語彙は現れなかった。またグループ1の台湾人インフォーマントは日本語の本や雑誌を読み、日本語で文章を書く。FUMは日本語で書くことはできないと言っていた。

　語彙の逸脱としては、「ただ」を「それのみ、単に」という意味で用いる用法がヤップとパラオのインフォーマントに多く見られた。表7は「ただ」の出現数である。

表7　「ただ」の出現

	ヤップ話者					パラオ話者				朝鮮語話者	
	MON	MIK	EL	GIL	IG	UCH	ANT	URI	MAR	FUM	PAK	YEE
正用	1	1	5		1		5	4	1			1
不自然	2	12	2		3	2	7		4			

　次は「ただ」の使用例である。

(7)〈離島の人達はそこに留まっていて日本語を学ばなかったので、日本語が分からないという話をして〉

→1　MIK:　de= watashi-tachi, a= ritoo no hiti wa,.. **tada** ritoo de= tomat-teru kara jibun-ra wa waka% wakari-masen. [ano]= oto% otoosan okasan yara,.. wakari-masen desu.
　　　　で＝私達，あ＝離島の人は，..ただ離島で＝泊ってるから自分らはわか％分かりません．[あの]＝おと％お父さんお母さんやら，..　分かりませんです．

2　KAI:　　　　　　　　　　　　　　　　　　　　　　　　[<P>u=n</P>].
　　　　　　　　　　　　　　　　　　　　　　　　　　　[<P>う＝ん</P>].

(8)〈昔の服装について〉

1　MIK:　... mi-tegoran/ ima ano=, jenbu no hito ano fuku hai-teru-n desho/?
　　　　...見てごらん／今あの＝，全部の人あの服はいてるんでしょ／？

2　KAI:　un.
　　　　うん．

→3　MIK:　de mukashi wa **tada=** a,.. ano= Nihon-jin dake.
　　　　で昔はただ＝あ，..あの＝日本人だけ．

(9)〈戦後みんな英語を話すようになったと言って〉

1　ANT:　datte moo minna no hito ga mo ano Nihon no kotoba hanasa-nai kara=.
　　　　だってもう皆の人がもあの日本の言葉話さないから＝．

2　KAI:　<P>u=n</P>.
　　　　<P>う＝ん</P>．

→3　ANT:　**tada** eego hanasu <@>kara</@> [@H=] (H)=,
　　　　ただ英語話す<@>から</@>[@H=](H)=,

4　KAI:　　　　　　　　　　　　　　　　　　[fu=n].
　　　　　　　　　　　　　　　　　　　　　[ふ＝ん].

5　ANT:　sorede= watashi wa moo nandaka=,.. <E>sometime</E> Nihon-go hanasu kedo <E>sometime</E> wasurete-shimau.
　　　　それで＝私はもうなんだか＝，..<E>sometimes</E>日本語話すけど<E>sometimes</E>忘れてしまう．

　誤りではないが、一人称代名詞は、台湾同様「わたくし」の使用が見られた。台湾人インフォーマントと同じく、常に「わたくし」を使用するのではなく、「わたし」と併用され、出現数は「わたし」の方が多かった。そして台湾同様「あたし」の使用も見られた。

表 8　一人称代名詞の使用

	ヤップ話者					パラオ話者					朝鮮語話者	
	MON(女)	MIK(男)	EL(女)	GIL(女)	IG(男)	UCH(女)	ANT(女)	URI(男)	MAR(男)	FUM(女)	PAK(女)	YEE(男)
わたくし	2		9	6		1	1					2
わたし	2	13	18	22	22	42	27		4	10	33	23
あたし				15		3	3			2	12	
僕		1						1	9			

　第2章でも述べたが「わたくし」の用法は、1898年(明治31)の国語教授研究会で自称「わたくし」を使用することが決められ、学校教育で「わたくし」を学んだ結果であろう。「ある＋名詞」「自分」は台湾語話者にも朝鮮語話者にも見られない、パラオとヤップの地域特有の用法であった。

　方言形についてであるが、渋谷勝己(2001: 189)にはパラオの日本語話者に共通する特徴の一つとして方言的な特徴がほとんど観察されないと記されている。しかし、本章のインフォーマントには数例であるが方言形が見られた。出現した方言形は、アスペクト形式の「〜とる」、否定の「ん」、存在の「おる」、「ベラベラじゃった」のように使われた「〜じゃった」である。

表 9　方言形

	ヤップ話者					パラオ話者					朝鮮語話者	
	MON	MIK	EL	GIL	IG	UCH	ANT	URI	MAR	FUM	PAK	YEE
〜とる				1								
否定「ん」		1								1	1	
おる				2		3						8
〜じゃった										1		

　最も使用頻度が多いのは台湾人高齢層と同じく、存在の意味の「おる」である。また一貫して同じ形態素に方言形を使うのではなく、会話の中で方言形が時々使用されるという現れ方をしたのも台湾人インフォーマントと同じである。次に方言使用の例を挙げる。

(10)〈お金が無くて公学校へ行けなかった人はいるか尋ねる〉
```
  1  KAI:  <PP>a=</PP>.. de,.. okane ga na-kute i%, ika-nai hito wa, i-na-
            katta-n desu ka?
            <PP>あ=</PP>.. で,..お金がなくてい行%,行かない人は,いなかったんですか？
→ 2  MIK:  .. okane wa yappari ano=,... dareka= ano= harat-ta, ta-mo shira-n
            [kedo],
            ..お金はやっぱりあの=,...誰か=あの=払った,たもしらん[けど],
  3  KAI:  [un].
            [うん].
  4  MIK:  .. okane wa= anmari tsukawa-nai-n desu.
            ..お金は=あんまり使わないんです.
```

(11)〈自分の故郷ペレリューには日本兵が沢山いたという話をして〉
```
     ANT:  .. <E>soldier</E> heetai-san.
            .. <E>soldier</E> 兵隊さん.
     KAI:  heetai-san/. u[=n].
            兵隊さん/. う[=ん].
→    ANT:               [ta]kusan Pereryuu ni ot-ta=.
                        [た]くさんペレリューにおった=.
```

　以上本章のインフォーマントの語彙については、台湾人インフォーマントと同じく基本語彙の意味拡張的使用や近似語、過剰一般化などを用いた誤りの他に、地域特有の用法と表現形式、「わたくし」や方言形の使用、コードスイッチが見られた。

4-3. 意味不明又は不自然な IU
　先に台湾人話者の意味不明又は不自然な IU には次のタイプがあることを考察した。

　ⅰ）重要概念の単純構造組み込み型：話者が発したい概念の中で重要な情報を「X + Y」構文に組み込む。
　ⅱ）近似語の単純構造組み込み型：意味の似ている語彙、上位語、総称的語彙を単純な「X + Y」構文に組み込む。
　ⅲ）複数語彙誤り型：一つの IU の中に語彙選択の誤りが複数個所あり、

語彙の選択の誤りは名詞や動詞などの内容語だけでなく機能語（接続語、補助動詞など）もある。

iv）構造変化型：IU 内で語彙項目のかき混ぜや二つ以上の句を一つに統合する。

v）複合型：語彙選択誤り、かき混ぜ、文型の単純化などが一つの IU 内に発生する。

本章のインフォーマントにも多くの意味不明又は不自然な IU（I・F 文）が見られた。不自然な IU よりも意味不明な IU の方が多かったが、その内訳は、iv）以外の全てのタイプが見られた。iv）は台湾人インフォーマントのデータにも多くなかったが、二つの句を一つに統合するよりも、形態素や語が抜ける、複数の単語が誤って用いられる、というケースが多かった。次の例（12）（13）は i）重要概念の単純構造組み込み型、例（14）（15）は ii）近似語の単純構造組み込み型、例（16）（17）は iii）複数語彙誤り型、例（18）は v）複合型の例である。

(12)〈MAR は日本人と会った時に日本語を使うと言うので〉
　1　KAI:　Nihon no hito ni wa doko de aimasu ka/?
　　　　　日本の人にはどこで会いますか /?
→2　MAR:　(H), **Parao wa,.. minna Nihon no hito**.
　　　　　(H), パラオは,.. 皆日本の人.
　3　KAI:　<PP>n=</PP>.
　　　　　<PP>ん=</PP>.
　4　MAR:　a=, <P>sorya= ii\</P>. sanzen-nin. Nihon no hito ga,.. (H)= Parao ni sun-da.
　　　　　あ=,<P>そりゃ=いい\</P>. 三千人. 日本の人が,..(H)=パラオに住んだ.

(13)〈URI がパラオには雨期があるが、何月から何月まで降るかは決まっていないと言うので〉
　1　KAI:　.. itsu demo furu\.
　　　　　.. いつでも降る \.
　2　URI:　(0) u un.
　　　　　(0) ううん.
　3　KAI:　a soo de[su%]--

```
           あそうで [ す % ] --
→4  URI:           [aru] toki wa tenki aru toki wa ame.
           [ある]時は天気ある時は雨.
```

　例(12)は「パラオには大勢日本の人がいた」、例(13)は「天気の時もあるし、雨の時もある」という意味だが、重要概念を「X + Y」の単純な構造に組み込んでいる。

(14)〈戦時中、他の地域へ避難していた時の話をして〉
```
  1  ANT:  .. min=na, un ano hinanshi-te sono= <E>one place</E> sun-dei-ta=.
           .. みん=な, うんあの避難してその=<E>one place</E>住んでいた=.
  2  KAI:  u=n.
           う==ん.
  3  ANT:  u=n de do% datte shima ga mo koware-teru desho/=.
           う=んでど%だって島がも壊れてるでしょ/=.
  4  KAI:  [<P>un</P>].
           [<P>うん</P>].
→5  ANT:  [do]ko demo=,.. warui.. ie mo nai ki mo nai.
           [ど]こでも=,..悪い..家もない木もない.
```

(15)〈日本時代と今とどちらがパラオ式の生活か尋ねると〉
```
  1  URI:  Nihon no=, Nihon to Amerika no,
           日本の=,日本とアメリカの,
  2  KAI:  <P>un</P>.
           <P>うん</P>.
  3  URI:  seekatsu nat-teru yo\.
           生活なってるよ\.
  4  KAI:  <PP>u u u=n. fu=[n</PP>].
           <PP>ううう=ん. ふ=[ん</PP>].
→5  URI:           [Pa]rao wa moo usui.
           [パ]ラオはもう薄い.
```

　例(14)の「どこでも」は「至る所」、「悪い」は「破壊されていた」の意味で使われている。例(15)の「パラオ」は「パラオの伝統的な生活様式」、「薄い」は「なくなってきている」の意味で使われいる。そしてこれらの近似語が単純構造に組み込まれている。

(16)〈どうやって日本語をまだ覚えているのか尋ねると〉
```
  1  MAR:  ... de= itsumo= o Nihon no= hito ni at-te=,
           ... で＝いつも＝お日本の＝人に会って＝,
  2  KAI:  [<PP>un</PP>].
           [<PP>うん</PP>].
  3  MAR:  [<P>ha]nasu-n #</P>.
           [<P>は]なすん#</P>.
  4  KAI:  <PP>fu=n</PP>.
           <PP>ふ＝ん</PP>.
→ 5  MAR:  ha% hanasa-nai toki ni, a soshitara=,.. wasureru-n da Nihon no
           <PP>koto</PP>.
           は%話さない時に,あそしたら＝,..忘れるんだ日本の<PP>こと</PP>.
```

(17)〈どうやって日本語をまだ覚えているのか尋ねると〉
```
  1  MAR:  nanajus-sai, ue wa,
           七十歳,上は,
  2  KAI:  hai.
           はい.
  3  MAR:  .. boku mitai ni= <P>hanasu</P>.
           ..僕みたいに＝<P>話す</P>.
  4  KAI:  <P>fu=[n</P>].
           <P>ふ＝[ん</P>].
→ 5  MAR:       [de]= aru hito wa= sukoshi sukoshi sukoshi# hanasu boku wa,
           (H) # minna hanasu kara\= Nihon to isshoni= tomat-te kara=,
           [で]＝ある人は＝少し少し少し#話す僕は,(H)#皆話すから\＝日本と一緒に＝泊まっ
           てから＝,
  6  KAI:  <PP>un</PP>.
           <PP>うん</PP>.
→ 7  MAR:  .. dakara= hanasu-n <P>##</P>.
           ..だから＝話すん<P>##</P>.
```

　例(16)は「話さなかったら、忘れるんだ日本語を」という意味、例(17)は「人によっては少ししか日本語を話さない。僕は全部日本語で話せる。日本人と一緒に住んでいたから、だから(日本語で)話せる」という意味だろうが、一つのIUの中に機能語や語彙の誤りが複数含まれている。

(18)〈LEE は韓国でも最近若い人に礼儀がないと言って〉
→1　LEE:　naze= <E>TV</E> de=,.. ano=, **kyooiku-teki-ni mo shakai-teki-ni mo yoz% yoku=, (H) o%, o= o wakareru yoo na= e,.. a= yuumeena= ano= hakase-tachi ga**,
　　　　　なぜ=<E>TV</E>で=,..あの=,教育的にも社会的にもよず%よく=,(H)お%,お=お分かれるよう な=え,..あ=有名な=あの=博士達が,

2　KAI:　[<PP>un</PP>].
　　　　　[<PP>うん</PP>].

→3　LEE:　[(H)] **soo yuu kotoba o tsukat-te kodomo o soo yuu, hoo ni tsukuru no ka sore ga**,... su% sore ga watashi-tachi no, (TSK), so nanika=,.. chotto yu%, ano=, <#>yuusure-ta</#> no ja-nai ka to koo yuu fuu ni omot-te (H), soo yuu no wa,.. bubun-teki-ni= sono mama (H),. ano= kyooiku-teki-ni, seekatsu-teki-ni minna, <#>tooyoo</#> **suru no ni** (H), so ii tokoro ga ii-n desu keredo, ii no wa sute-te,.. warui tokoro o su% ano=,.. e <#>suide</#>-iku to yuu koto wa, sore wa (H), watashi-tachi ni wa, ma seedai-sa# wa aru aru aru## ma shira-nai keredo (H), reegi-teki-ni wa, amari moo,.. ii koto dewa-nai to omoimasu.
　　　　　[(H)]そう言う言葉を使って子供をそう言う,方に作るのかそれが,...す%それが私達の,(TSK),何か=,..ちょっとゆ%,あの=,<#>ゆうすれた</#>のじゃないかとこう言う風に思って(H),そう言うのは,..部分的に=そのまま(H),..あの=教育的に,生活的に皆,<#>とうよう</#>するのに(H),そ良い所が良いんですけれど,良いのは捨てて,..悪い所をす%あの=,..え<#>すいで</#>行くと言う事は,それは(H),私達には,ま世代差#はあるあるある##ま知らないけど(H),礼儀的には,あまりもう,..良い事ではないと思います.

　　LEE は１回の発話ターンで IU が長く、様々な語彙を駆使していたが、意味不明の長い IU が時々見られた。I・F 文は台湾人インフォーマントの場合、出現数が30〜50以上の話者もいて数的に多かったが(本章のインフォーマントは3〜25)、これは発話数とも関係がある。発話数、即ち IU 数の多い話者は I・F 文数も多いことがある。ただ台湾人グループ１のインフォーマントやパラオの FUM のように、I・F 文数が０や１というのは、日本語熟達度を反映している。

4-4. テンスとアスペクト

　　台湾人インフォーマントと同じく、テンスは過去形を使用すべきところで現在形を使用する誤りが多く見られた。現在形を使うべきところで過去形を使うという誤りは全く見られなかった。次の表はテンスの正用数(タ形使用)と正用数の内訳(主節末及び複文・重文内のタ形使用数)、誤り数(タ形非使

用)を示し、グラフ1は誤り数と正用数の比較を表す。

表10 テンスの正用(タ形使用)と誤り(タ形非使用)

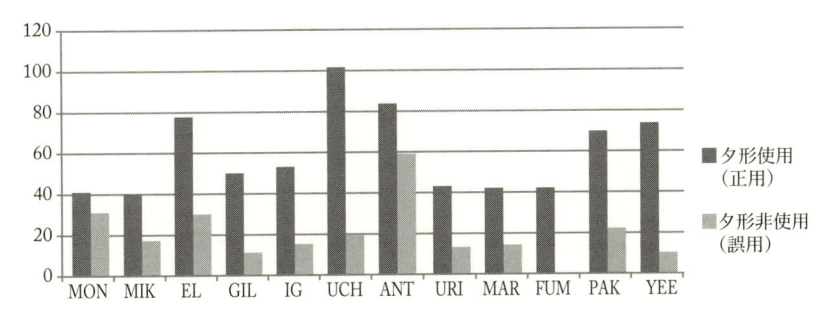

		ヤップ話者					パラオ話者					朝鮮語話者	
		MON	MIK	EL	GIL	IG	UCH	ANT	URI	MAR	FUM	PAK	YEE
テンス正用	タ形正用数合計	41	40	78	50	53	102	84	43	42	42	70	74
	うち主節	35	38	70	43	43	77	69	38	35	28	57	46
	うち複重文内	6	2	8	7	10	25	15	5	7	14	13	28
テンス誤り数		31	17	30	11	15	19	59	13	14	0	22	10

グラフ1 タ形の正用数(主節と複文・重文内合計)とタ形非使用誤り数の比較

　台湾人の場合、タ形非使用の誤りが正用数を上回るインフォーマントが17人中5人おり、語彙が豊富で長いIUを駆使しても、ル形を多用する話者がいた。表10とグラフ1の結果を見ると、パラオ、ヤップ、朝鮮語話者は、誤りはあるものの、タ形非使用の誤りが正用数を上回るインフォーマントはいない。ただ台湾人のグループ1の話者の場合、正用数に対し誤りの割合が非常に少なかったが[49]、それに匹敵するのはここではFUMである。
　次にアスペクトの正用数と誤り数を見てみる。アスペクト形式には「〜とる」という方言形が2例(ともにGIL)、「〜ておる」が11例(全てYEE)、縮約形「〜ちゃう」が5例(ELが4例、FUMが1例)含まれている。

表11　アスペクトの誤りと正用

		ヤップ話者					パラオ話者					朝鮮語話者	
		MON	MIK	EL	GIL	IG	UCH	ANT	URI	MAR	FUM	PAK	YEE
	アスペクト正用数	36	23	23	50	38	28	26	16	6	39	8	20
誤り	アスペクト誤り数合計	—	2	1	—	1	1	—	3	2	1	2	1
	うち不使用			1		1	1		2	2		2	1
	うち使用		2						1		1		

　結果を見ると、全体的に台湾人話者と同様アスペクトの誤り数は多くない。この結果からも第2章で述べたように、アスペクトの習得はテンスに比べると容易である、あるいは／かつ習得が早い、ということが予想される。また第2章で述べたように、アスペクト形式は塊として記憶されている可能性があり、それがテンスに比べると誤りが少ない理由かもしれない。

　MARとPAKの二人は正用に対する誤り数の比率が高いが（MARは正用6例に対し誤り2例、PAKは正用8例に対し誤り2例）、アスペクト使用数自体も少ない。MARは発話が名詞述語で終わることが多かった。MARはインタビュー時の年齢が77歳とインフォーマントの中では最も若く、日本語に接した年数が短いことが関係するかもしれない。PAKについては発話数が多い話者であったが、インタビューの中でアスペクト形式を使わなければならない話が少なかった。

4-5. 可能、使役、受身

　次にインフォーマントの可能表現、使役形、受身形の使用について考察する。夫々の形式の出現数を見てみよう。なお可能表現には動詞語幹に「-eる／られる」を付加した可能形、「～ことができる」「できる」などを含む。

表12　可能表現、使役形、受身形の使用

		ヤップ話者					パラオ話者					朝鮮語話者	
		MON	MIK	EL	GIL	IG	UCH	ANT	URI	MAR	FUM	PAK	YEE
可能	正用	8	2	12	10	13	3	1	8	4	11	36	8
	誤り・逸脱	7		7	1	3		5				2	1

使役	正用		1			1					2
	誤り										
受身	正用						1			6	1	8
	誤り				1			1		1		3

　結果を見ると、台湾人インフォーマントと同じく、これら三つのうち可能表現の出現数が最も多い[50]。ではまず可能表現について考察する。

4-5-1. 可能表現

　南洋群島の人々が使う可能表現の特徴を考察した研究に渋谷勝己（1995a, 2003）がある。渋谷（1995a）はヤップのインフォーマントの特徴として、五段動詞について可能動詞（例「書ける」）よりも助動詞レルを付加した可能形（例「書かれる」）を使用する、「することができる」を使用するか否かがインフォーマントの可能表現能力を測る一つの尺度となり、日本語能力が高いと思われるインフォーマントは「することができる」を多用するが、低いと思われるインフォーマントは「できる」の汎用が多い（例「（そこへ行く道を）教えてやるよ、デキルよ」）、と分析している。また渋谷（2003）ではパラオのインフォーマントの可能文を考察し、五段動詞について可能動詞だけでなく助動詞レルが使われ（例：書かれない、取られます）、最も多いのは「行く」のレル形である、しかし助動詞レル形よりも可能動詞（例：書けない）の使用数の方が多い、としている。渋谷は、パラオの人達は基本的に可能動詞を習得したが、長い間日本語を使用することがなかった為、一般動詞・カ変動詞と同様に、受身・尊敬と同じ形式を使用する方法に移行するといったパラダイムの単純化が進行しつつあるのではないかと述べている。そしてインタビューの中で出現した形態素の数を根拠に、日本語可能文の体系に単純化が起こる順序として、次を想定している（上から順に単純化が進む）。

(i)　助動詞レルへの統合
(ii)　スルコトガデキルの多用
(iii)　デキルの汎用

渋谷は、ヤップと比べてパラオのインフォーマントの方が日本語可能表現能力が総じて高く、ヤップの場合、最も高い人でも (ii) の段階まで単純化が進行していると述べている。

では本章のインフォーマントが使用した可能表現について見てみよう。表13に可能表現の正用数と誤り・変異数、またその内訳を示す。

表 13　可能表現の正用数と誤り・変異数そしてその内訳

		ヤップ話者					パラオ話者					朝鮮語話者	
		MON	MIK	EL	GIL	IG	UCH	ANT	URI	MAR	FUM	PAK	YEE
正用		8	2	12	10	13	3	1	8	4	11	36	8
内訳	可能形	3	2	9	1	6	1	1	5	4	5	4	2
	「-aれる」付加	5		1				1			1		1
	「〜ことができる」			1	3	1					1	9	2
	「〜のができる」			1	1	1							
	能力／「する」の可能形「できる」			5	5	2		2			4	23	3
誤り・変異		7	—	7	1	3	—	5	—	—	—	2	1
内訳	不使用	3						1					
	使用(可能形)			4				1					1
	活用誤り	1											
	二重可能	3		1		1						2	
	「できる」の汎用			2	1	2		3					

誤り・変異の中で「不使用」というのは可能形を使うべきところで使っていない誤りで、「使用(可能形)」というのは可能形を使う必要のないところで可能形を使った誤りである。「活用誤り」は「使わられない」のような活用の誤りを含んだ可能形である。二重可能というのは「使えられる」「話せれる」のように五段活用動詞の可能形に更に「(ら) れる」を付ける (MON 3例、EL 1例)、「会うことができれない」のように「ことができる」を更に可能形にする (IG 1例)、あるいは「話せることができる」のように動詞の可能形に更に「ことができる」をつける (PAK 2例) の3タイプが見られた。ただ第2章でも言及したが、「書けれる」のように「-e＋れる」の二重可能形は、日本語母語話者でもこのような可能形を使う人や、またそのような方言があるので、実際にはインフォーマントが誤った規則を適

用させたのか、日本時代に日本人がそう言うのを聞いて覚えたのか、どちらの可能性もある。「「できる」の汎用」は「船がないと<u>できない</u>」(「行けない」の意味)のように、「できる」で可能を表すものである。また正用内の「-a れる」付加は、五段動詞やカ行変格動詞に「-a れる」をつけた「話<u>される</u>」「来<u>られる</u>」のようなタイプである。

　結果を見ると、誤り・変異数が正用数を上回っているのは ANT の一人のみである。ANT の誤り・変異5例中の3例は「できる」の汎用で、その出現度は若干であるが他のインフォーマントより多い。ただ「できる」の汎用が見られたのは12人中4人であったが、全員可能形も産出している(表14)。

表14　可能形の例と「できる」の汎用例

	可能形：使用例	「できる」の汎用：使用すべき可能形
EL	9例：使える(3)、使えない(1)、話せる(3)、話せない(1)、喋れない(1)	2例：行けない(1)、行ける(1)
GIL	1例：出られない(1)	1例：立てない(1)
IG	6例：見えない(2)、言えない(3)、読めない(1)	2例：行けない(1)、使えない(1)
ANT	1例：見えない(1)	3例：行ける(2)、作れない(1)

　次は「できる」の汎用例である。この例に見るように、本章のインフォーマントによる「できる」の汎用は、「行く」の可能形が産出できずに「できる」で補う例が一番多く見られた。

(19)〈ANT は自分の故郷のペリリューは遠くて、船でないと行けないという話をして〉
　　　ANT: <E>then</E> Periryuu wa nandaka (H),.. u=n un, fune ga nai-to,..
→　　　**deki-nai**.
　　　　<E>then</E> ペリリューはなんだか (H),..う＝んうん, 船がないと,..<u>できない</u>.

　本章のインフォーマントは、誤りはあっても全員可能形を使っているので、(完全でないとしても)可能形の知識と運用力はあると言える。なおインフォーマントが産出した可能形は「使える／ない」「言える／ない」「話せる／ない」「見える／ない」「聞こえない」「読める／ない」「やれる」「喋れない」「出られない」「歩ける」「帰れない」「開けられる」の12動詞である。

渋谷勝己（1995a, 2003）はヤップとパラオ、各 5 人の可能表現について考察した結果、「することができる」を使用するか否かがインフォーマントの可能表現能力を測る一つの尺度となり、可能表現能力の高いインフォーマントは「することができる」を他の可能形式よりも多用する、と述べている。しかし表 13 の結果を見ると、本章のインフォーマントには渋谷の主張するような可能表現能力と「～ことができる」の出現頻度に相関関係は見られなかった。また「-a れる」の付加は「行く」(MON 3 例、URI 1 例、FUM 1 例)、「話す」(MON 1 例)、「来る」(MON 1 例)、「喋る」(EL 1 例)、「動く」(YEE 1 例) と、五つの動詞のうち四つが渋谷が指摘するように五段動詞であるが、表 14 で見るように、正しく産出された可能形には五段動詞が含まれるので、必ずしも五段動詞全てが「-a れる」の形になっているわけではない。ただ「行く」に関しては可能形の「行ける」が見られず、出現した場合は全て「行かれる」であったので、これは渋谷の指摘と同じである。また渋谷の述べるように、本章のインフォーマントのデータにも動名詞デキルの例は見られないが、これは動名詞が漢語であるので、可能表現能力と言うよりも語彙の豊富さと関係があるかも知れない。そして数字上では表 13 に見るように、渋谷の言及と同じく、単独もしくは名詞に後接したデキルの使用はヤップの話者の方がパラオの話者よりも若干多いが（ヤップ：GIL 5 例、IG 5 例に対してパラオ：UCH 2 例、URI 2 例、FUM 4 例)、明白な差とは言い難い。

　渋谷（2003）は日本語可能文の体系に単純化が起こる順序として、「助動詞レルへの統合→スルコトガデキルの多用→デキルの汎用」の順で簡略化が進むと主張しているが、その根拠としている可能表現の特徴は本章のインフォーマントにははっきりとは現れなかった。本章の結果から言えることは、インフォーマントは可能形を完全には習得しておらず、正用と誤り・変異が不規則に出現する、そして可能形の文法的知識はあっても長い発話の中で言葉が出てこず、「できる」で代用してしまうことがある、つまり意味の拡張ストラテジーを使い、コミュニケーションを維持し続けようとする、という傾向が見られる。

4-5-2. 使役と受身

　表12に見るように、使役形はインタビューの中であまり使われなかった（MON 1例、IG 1例、YEE 2例）が、誤りも見られなかった[51]。

　受身は使役よりは使われていた。受身の誤りは、受身を使用すべきところで使用していない（GIL の 1 例、URI の 1 例、PAK の 3 例）、受身を使用する必要がないところで使用している（FUM の 1 例）、という 2 タイプがあった。次の例(20)は受身不使用の誤りで、例(21)は受身使用の誤りである。

(20)〈GIL は公学校時代級長をしていて優秀だったという話をして〉
```
 1  GIL: (TSK)(TSK) nan= demo wakat-teru.
         (TSK)(TSK) 何＝でも分かってる．
 2  KAI: <PP>un</PP>.
         <PP> うん </PP>.
→3  GIL: tottemo= kawaigat-tei-ta sensee ni na.
         とっても＝かわいがっていた先生にな．
```

(21)〈FUM の自宅は学校から遠かったので、最初は親戚の家に住みながら学校へ通った。その後両親に自宅から学校に通いたいと頼んだという話をして〉
```
 1  FUM: mo watashi wa moo=, n moo,.. yama=-michi o aruk-eru kara,
         も私はもう＝,んもう,..山＝道を歩けるから,
 2  KAI: <PP>un</PP>.
         <PP> うん </PP>.
→3  FUM: kocchi kara kokumin-gakkoo ni iki-tai tte, soo i-ware-te, sore
         kara, (H) imooto, otooto mo isshoni,.. sono, kokumin-gakkoo ni
         it-ta-n desu.
         こっちから国民学校に行きたいって,そう言われて,それから,(H) 妹,弟も一緒に,..
         その,国民学校に行ったんです．
```

　使役と受身という形式は、談話の内容によっては現れない場合もある。ただ台湾人インフォーマントの場合、グループ 1、2 の日本語による教育歴が長い或いは日本語との接触頻度が高い話者程使用数が多く、グループ 1 の話者には使役も受身も全く誤りが見られなかった。これに対しヤップ、パラオ、朝鮮語話者のインフォーマントに受身の誤りが見られることは、日本語熟達度の差が反映されていると言えよう。

4-6. 指示詞

次に指示詞、コソアの使用について見てみる。表 15 はコソアの誤り数とその内訳である。

表 15　指示詞に関する誤り

	ヤップ話者					パラオ話者					朝鮮語話者		合計
	MON	MIK	EL	GIL	IG	UCH	ANT	URI	MAR	FUM	PAK	YEE	
誤り数合計	─	─	─	1	2	7	11	4	1	─	1	─	27
それ→*これ						1							1
それ→*あれ					1	2	1	3					7
そこ→*あそこ				1									1
そこ→*向こう						3	8						11
そんな→*あんな							1						1
あの→*その					1						1		2
あそこ→*向こう						1		1	1				3
あそこ→*そこ							1						1

　表 15 から最も多い誤りは「そこ→*向こう」、次は「それ→*あれ」である。ただし「そこ→*向こう」の誤りは 1 人の話者、ANT が繰り返し産出した誤りであり、誤りを犯したインフォーマント数が多いのは「それ→*あれ」である。「それ→*あれ」の誤りの多さは、台湾人インフォーマント及び第二言語としての日本語学習者と同じ傾向を表している。二番目に台湾人インフォーマントに多い誤りは「そこ→*あそこ」だったが、この誤りの多さは 1 人のインフォーマントが繰り返し産出した為であった。台湾人インフォーマントの三番目に多いのは「あそこ→*向こう」であったが、本章のインフォーマントもこれが三番目に多い誤りである。1 人のインフォーマントが同じ誤りを繰り返した場合を除外すると、台湾人インフォーマントも本章のインフォーマントも、最も多い誤りは「それ→*あれ」、次は「あそこ→*向こう」となる。日本語学習者が上級になっても「ソ」「ア」の使い分けに困難を示すことは多くの先行研究から指摘されているが、「向こう」も実は汎用される誤りだという可能性が指摘できる。

4–7. 助詞

では次に助詞の誤りについて見てみる。助詞の正用、省略、誤り数の比較とそれをグラフで表した結果を次に示す。

表 16　助詞の使用

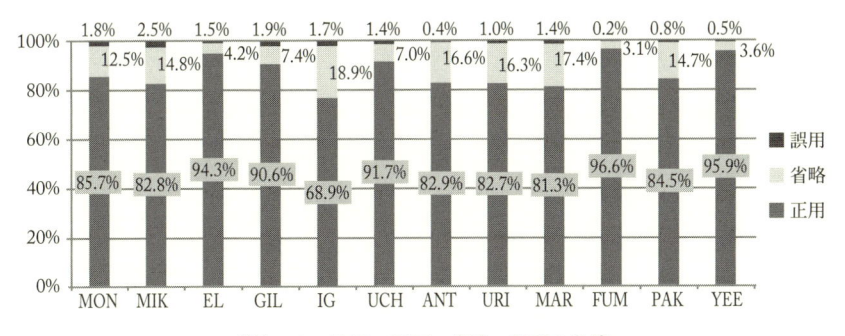

	ヤップ話者					パラオ話者					朝鮮語話者		計
	MON	MIK	EL	GIL	IG	UCH	ANT	URI	MAR	FUM	PAK	YEE	
正用	233	168	448	281	197	472	379	167	234	403	310	540	3,832
省略	34	30	20	23	54	36	76	33	50	13	54	20	443
誤り	5	5	7	6	5	7	2	2	4	1	3	3	50
計	272	203	475	310	286	515	457	202	288	417	367	563	4,325

グラフ 2　助詞の正用・省略・誤用の比率

　結果を見ると、ヤップ、パラオ、朝鮮語話者は助詞の使用に関して、台湾人インフォーマント同様正用が多いことが分かる。省略については、台湾人インフォーマントのうち日本語による教育を受けた年数の少ないグループは省略の割合が高く、最高 53.7％の割合の話者もいたが、本章のインフォーマントは省略の割合がそれ程高くない。ただ高学歴である台湾のグループ 1 と 2 の殆どの話者は、30 分の発話の中で助詞の正用出現数が 500 台から 600 以上だったのに比べると、本章のインフォーマントの助詞正用出現数は YEE を除きそれには及ばない。助詞の使用数が多いのは IU 数も多いと言うことである。

　助詞の中で出現数が多い順に主なものを挙げると、正用は「の＞は＞に＞

が(主格)」であった。そして省略は「を＞は＞へ＞が(主格)」、誤りは「が(主格)＞で＞を＞から／に」であった。誤りの内訳、各助詞の総正用数および対正用の誤り比率は次の通りである。

表17　助詞の誤りの内訳

	ヤップ話者					パラオ話者					朝鮮語話者		計
	MON	MIK	EL	GIL	IG	UCH	ANT	URI	MAR	FUM	PAK	YEE	
は		1											1
を				2	1	2						1	6
が(主格)	3	1	2	1		1			2	1	3	1	15
に			1					2	1			1	5
で	2	1	2	1	1				1				8
から		1			1	3							5
の				1	1		1						3
その他		には(1)	も(2)	へ(1)	と(1)	も(1)	へ(1)						7
計	5	5	7	6	5	7	2	2	4	1	3	3	50

表18　総正用数と対正用の誤り比率

	は	を	が(主格)	に	で	から	の	へ	も	と
正用総数	787	328	445	475	199	67	935	38	237	138
誤り比	0.1%	1.8%	3.4%	1.1%	4.0%	7.5%	0.3%	5.3%	1.3%	0.7%

　誤り自体少ないのだが、正用を100とした場合の対正用の誤り比率を見ると、多いのは「から」、続いて「へ」「で」「が(主格)」である。ただ「から」は、表17との比較から分かるように、1人の話者UCHの誤りが5例中3例であり、「へ」の誤りは2例のみである。誤り人数が多いのは「が(主格)」と「で」である。台湾人インフォーマントの場合、対正用の誤り比率が高いのは「で＞を＞に」の順であった。対正用の誤り比率、誤りを犯した人数の多さを照らし合わせると、本章のインフォーマントにとっても「で」は最も誤りやすい助詞の一つだと言えるだろう。ただ、全体としてはどの話者も助詞の誤りが少ない。日本語の習得研究では助詞の誤りに多くの関心が集まっているが、本インフォーマントは助詞をかなり正確に使用しており、

誤りがあっても誤りのパターンは見られなかった。台湾人インフォーマントも助詞の使用は正用が多いという結果を合わせると、ここでも助詞はテンスや語彙に比べて習得し易く、より早い段階で習得されると示唆できる。

4-8. 複文と重文

では次に複文と重文について見てみる。複文や重文を産出できるということは、話者がより複雑な構造の文を扱えることを意味する。本章のインフォーマントは複文や重文を産出しているのだろうか。またそうであるとしたらどのようなタイプが多く使用されているのであろうか。次の表19を見てみよう。

表19 複文・重文の内訳

	ヤップ話者					パラオ話者					朝鮮語話者		計
	MON	MIK	EL	GIL	IG	UCH	ANT	URI	MAR	FUM	PAK	YEE	
て形	8	12	43	33	37	83	49	12	35	42	18	68	440
関係節	5	4	11	10	23	25	13	4	2	30	14	33	174
引用(と、て)		1	2	1		7	3			11	8	29	62
たら	19	3	12			11	8	2	11		4	21	91
の(は、が、を、も)	2		1	1	1	5	4	2		11	4	7	38
こと(は、が、を、で、も、∅)	1		2			8				3	12	9	35
時	8	1	9	3	7	7	10	1	5	2	2	12	67
から	3	3	4	7		8	7	4	6	5	17	19	83
けど、けれど、けれども	4	2	9	6	2	14	9	2	2	9	13	17	89
と(条件)		1				2	2	1		5		6	17
か(は、も)	1	1				2	1			1	3	8	17
ば		1	1		3		1			5		2	13
ても	1			2	3	1	1	3				3	14
たり						19	4	1		1		3	28
し			2		2		7			3		8	22
後(は、に)	1			1	3	1							6
ないで、なく(て)		1			1						4	3	9

のに			1						2	2	5
が	4		3	1		1				1	10
ながら			1					3	2	4	10
頃					3			4			7
てから(は)	1		2			1	1	1	2		8
為に				2					2	2	6
前に					1				1	1	3
まで(は)					1				1	1	3
ので					5	1			1		7
連用中止形		1				1				1	3
その他(使用者一名)	なら(3)				場合(1)	間に(2)		のか(2)、たんびに(2)		とか(12)、風(に、な)(15)、様(に、な)(2)	39
計	61	31	100	69	84	202	125	34	62	139	110	289	1,306
種類数	14	12	14	11	12	17	19	12	7	17	18	26	

　結果からまず言えることは、本章のインフォーマントは、単文だけでなく、複文・重文も使いこなしており、より複雑な構文を産出できるということである。複文・重文の形式で最も出現頻度が高いのは、台湾人インフォーマントと同じく「て」形接続、次に関係節であった。ただ、複文・重文は様々な形式が使われているのだが、台湾人話者の場合20種類以上の形式を用いるインフォーマントが17人中6人いたのに対し（全員グループ1と2）、本章のインフォーマントでは一人（YEE）のみである。そして「て」形接続などは出現数が台湾人話者とほぼ近いのだが、それ以外の形式は台湾人話者の方が2倍以上の出現数のものが多くある（引用、の、こと、と、が、ば、ても、後）（第2章表44参照）。また台湾人話者の中で、グループ1、2のインフォーマントは複文・重文の中に丁寧体が現れていたが、そのような例は本章のインフォーマントには見られなかった。

4-9. 述語形式

　次に述語形式について考察する。
　ヤップとパラオのインフォーマントには述語に目立つ特徴があった。それは台湾人インフォーマントと同じく、普通体の多さ及び裸の述語形式の使用である。

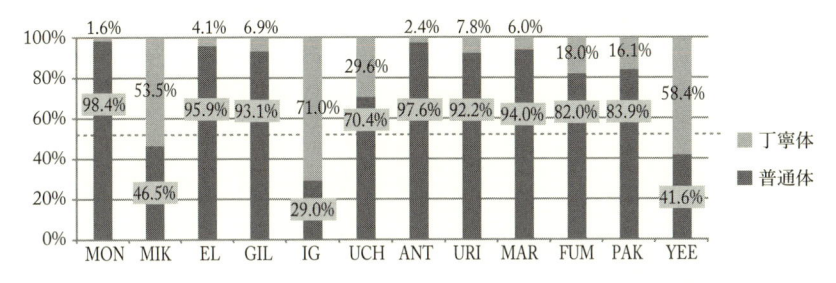

グラフ3　各インフォーマントによる普通体と丁寧体の使用比率

　台湾人インフォーマントの場合、丁寧体の比率が50%を超える話者は17人中5人おり、グループ1の話者では4人中3人が50%以上、1人が40%以上だったが、ヤップ、パラオ、朝鮮語話者の場合、丁寧体の比率が50%を超えるのは12人中3人（MIK、IG：ともにヤップ、YEE：朝鮮語話者）である。それ以外の人は普通体の使用比率が断然高く、12人中6人が90%以上、2人が80%以上である。丁寧体の比率が高い3人のインフォーマントはいずれも男性であり、彼らの背景を見ると、MIKもIGも公学校卒業後日本兵の手伝いをしている。また彼らは共に日本人の友人がヤップ島に住んでおり、戦後も日本語で話す機会があったようである。丁寧体の使用の多いもう1人のインフォーマント、YEEは、日本に住んでいたことがあり、グアムに移住した後は飲食店を開いていて、日本人観光客とよく日本語で話をしていた。このように丁寧体を使うインフォーマントは公学校卒業後も日本人との接触がある。

　渋谷勝己（2003: 43）に、パラオのインフォーマントは丁寧体を多用するグループと、ほとんど使用しないグループとに分かれ、丁寧体を多用するグループでは質問や確認要求、依頼など発話が特に聞き手志向の高い機能を持つ場合に使用が多い、と述べられている。本章のインフォーマントの中で丁寧体の使用比率が高いパラオのMIK、IG、朝鮮語話者のYEEの発話では叙述文に丁寧体がよく使われていた。これは会話の内容、インタビューの仕方が影響するのだと思われる。本インタビューでは主にインフォーマントに過去の思い出を語ってもらっており、インフォーマントからインタビューアーに質問や確認要求、依頼等の発話をすることはなかった。

次に品詞別述語形態を見ると、グラフ4のように台湾人インフォーマントと同じく、名詞述語は丁寧体よりも普通体とともに用いる方が多いという結果が得られた。一方丁寧体は、動詞述語の割合が多い。

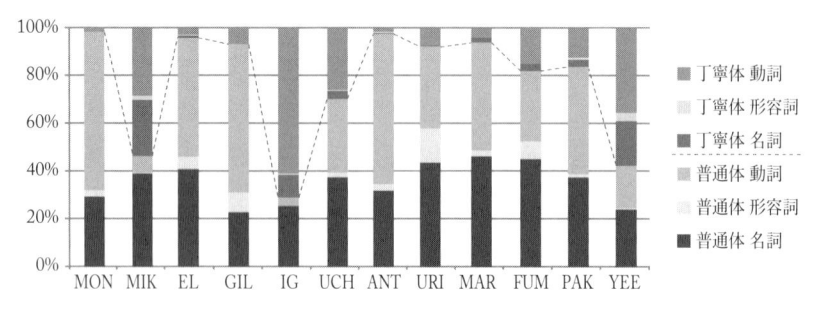

グラフ4　品詞別述語形式

インフォーマントの普通体は次のように現れた。

(22)〈日本語をどこで勉強したか聞く〉
```
  1  KAI:    doko de benkyoo shimashi-ta ka/?
             どこで勉強しましたか/?
  2  MON:    .. koko de= yaku%, gakko ni hait-ta= Yappu de.
             .. ここで=やく%,学校に入った=ヤップで.
  3  KAI:    u=[n].
             う=[ん].
→ 4  MON:    [ko]ko de= att% ano= gakko ni hait-ta.
             [こ]こで=あっ%あの=学校に入った.
```

(23)〈ANTは15歳まで衛生講習生の仕事をしていたと言うので〉
```
  1  KAI:    de sono ato wa=/?
             でその後は=/?
→ 2  ANT:    sorede=,.. kuushuu ni nat-ta kara owat-ta.
             それで=,..空襲になったから終わった.
  3  KAI:    <P>u==n</P>.
             <P>う==ん</P>.
→ 4  ANT:    ano= minna no= o, Nihon-jin mo=,.. kaette-shimat-ta\ [so]no=, n
             Nihon no hito wa mo, Korooru ni, i-nai.
             あの=皆の=お,日本人も=,..帰ってしまった\[そ]の=,ん日本の人はも,コロールに,いない.
```

第4章　その他の植民地における日本語との比較　267

```
    5  KAI:                                           [<P>un</
           P>].
           [<P> うん </P>].
```

(24)〈パラオには島が沢山あると言うので〉
```
    1  KAI:  hito ga sun-deru shima wa ikutsu desu ka?
            人が住んでる島は幾つですか？
→   2  URI:  .. juurok-ko.
            .. 十六個.
    3  KAI:  <AS>juuroku/</AS>.
            <AS>十六/</AS>.
    4  URI:  un.
            うん.
    5  KAI:  <P>he==</P> takusan [desu ne=].
            <P>へ==</P>. 沢山［ですね=］.
→   6  URI:                    [futatsu] wa= zutto mo tooi.
                        ［二つ］は=ずっとも遠い.
    7  KAI:  un.
            うん.
→   8  URI:  dakara= nanjuu-mairu ra\.
            だから=何十マイルラ\.
```

(25)〈PAKは近所に住む韓国人の女性も日本語ができると言って〉
```
    1  PAK:  .. ■ won no obaasan ga=,
            .. ■ウォン のお婆さんが=,
    2  KAI:  un.
            はい.
→   3  PAK:  Nihon-go yoku dekiru.
            日本語よく出来る.
    4  KAI:  ee go/?
            A5/?
→   5  PAK:  .. ima nai yo. Kankoku ni it-teru.
            .. 今ないよ. 韓国に行っている.
    6  KAI:  a=.
            あ=.
→   7  PAK:  un. ano obaasan ga Nihon-go yoku=,.. hanas-eru koto ga dekiru.
            うん. あのお婆さんが日本語良く=,..話せることが出来る.
```

数的には僅かであるが、一つ特筆すべき言語現象が見られた。それは、ヤップのインフォーマントが会話の中で用いる書き言葉である。次の例(26)〜(28)のように、名詞述語に「だ」「である」「ではない」という賓辞の付加、また例(29)は主節の述語ではないが、普通体に接続助詞「が」が付く例が見られた。

(26) 〈これまで沢山の日本人が自分の家に来たという話をして〉
  1 KAI: koko ni ki-te, o-tomodachi= desu ka/?
         ここに来て, お友達＝ですか/?
  2 EL: ie ano=, ano hito-tachi wa gott%, gakkoo no=,.. shitt%,.. ano=
→   seeto **da**. a sotsugyoo shi-te ne,
         いえあの＝, あの人達はごっ%, 学校の＝,..しっ%,..あの＝生徒だ．あ卒業してね,
  3 KAI: <P>hai</P>.
         <P>はい</P>.
  4 EL: ano= risaachi ka nanka no= shigoto o shi-te, koko ni ki-te,
         あの＝researchか何かの＝仕事をして, ここに来て,

(27) 〈公学校時代について〉
  1 GIL: ... atash% atashi wa, (TSK) ano=,.. jo% <#>shoosu</#> no, kyuuchoo
→   **de at-ta**.
         ...あたし%私は, (TSK) あの＝,..じょ%<#>しょうす</#>の, 級長であった．
  2 KAI: <P>hu=n</P>.
         <P>ふ＝ん</P>.
  3 GIL: (TSK)(TSK) nan= demo wakat-teru.
         (TSK)(TSK) 何＝でも分かってる．

(28) 〈EL は日本へ行ったことがあると話して〉
  1 EL: u un,.. dema=,.. ni-kaime wa= ano=,.. Oosaka ni it-ta...
         <P>Osaka</P>.
         ううん,..でま＝,..二回目は＝あの＝,..大阪に行った... <P>大阪</P>.
  2 KAI: hoo=.
         ほお＝.
  3 EL: ano= Masaru-san no toko ni. mata hitori no oto% Kyuu-san... Kyuu-
         san mo=,.. Kyuu-san mo ko% ko% Yapp% Yapp% Yappu ni itsumo kuru. #
→   Kyuu-san wa=, ano okkii otoko. gakko no seeto **dewa-nai**.
         あの＝まさるさんのとこに．また一人のおと%キュウさん...キュウさんも＝,..キュウさんもこ%こ%ヤッ%ヤッ%ヤップにいつも来る．#キュウさんは＝, あのおっきい男．学校の生徒ではない．

(29)〈最近足腰が弱って外にも行けないし、立てないという話をして〉
  1 KAI: <PP>a hontoni=. hu[=n</PP>].
            <PP>あ本当に=．ふ[=ん</PP>]．
  2 GIL: [(TSK)] tatsu koto mo deki-nai.
            [(TSK)]立つこともできない．
  3 KAI: <PP>u=n</PP>.
            <PP>う=ん</PP>．
→ 4 GIL: .. nanika tsukan-de tatsu no wa dekiru **ga**,.. <PP>a</PP>, jibun de
            tat-te,.. u de%, deki-nai.
            ..何か掴んで立つのはできる**が**,..<PP>あ</PP>,自分で立って,..うで％できない．

　このような書き言葉は、「名詞＋だ」が1例(EL)、「名詞＋ではない」が2例(EL)、「名詞＋であった」が1例(GIL)、接続詞「が」が3例(GIL)であり、ELとGILの二人に見られた。接続詞「が」については、ヤップを調査した渋谷勝己(1995b)にも文章語的な「非デス・マス体＋接続助詞『ガ』」を多用する、と言及されている。「多用」がどの程度の割合か、また何人のインフォーマントに見られたのかは詳しく述べられていないが、同じ現象が他の研究者からも指摘されているということは、ヤップでは本章のインフォーマントGIL一人だけではなく、更に多くの人が書き言葉的な「が」を使っている可能性が考えられる。南洋群島で使用された『國語讀本』は先の資料に示したように、殆どが丁寧体であるが、上級学年の巻には稀に普通体の文章がある。子供の時に覚えたことを戦後も記憶し続けたのであろうが、南洋群島の場合、戦後日本語のインプットが少なかった為、子供の時に何らかのソースから覚えた書き言葉が会話の中に出現するのではないかと考えられる。
　『國語讀本』は言文一致体を基本としており、教科書には丁寧体が使用されている。ヤップのインフォーマントに普通体の使用が多いことは渋谷勝己(1995a)でも言及されているが、なぜインフォーマント達に普通体の使用が多いのだろうか。普通体が多く使われるのには二つの理由が考えられる。一つは、普通体は日本語において無標の形式だからであろう。南不二男(1974)が挙げている従属節のうち、B類の「て、と、ので、のに、たら、なら」、C類の「から、けれど、し、て」や関係節は主節が丁寧体であっても丁寧

体になる必要はない。くだけた会話や書き言葉では普通体が使われる。すなわち、普通体は丁寧体よりも使われる頻度が高い。また聞き手目当て性がない。その意味で普通体は無標の形式であり、スピーチレベルを保つ、あるいは自己のスピーチスタイルをモニターする発話訓練を十分していなければ、無意識に普通体を使ってしまうのではなかろうかと考えられる。

　もう一つの考えられる理由は、丁寧体に接した量である。インフォーマントが日本語を学んだのは子供の時である。子供は丁寧体を使用したり、また丁寧体で話しかけられたりする頻度は少ない。大人であっても親しい関係であれば普通体を使用する。南洋群島の女児達は、公学校卒業後衛生講習生として、又は日本人の家庭でお手伝いをする中で日本語を学んでいる。このような環境では普通体の使用が多かったと予想できる。また歌も影響しているようである。インフォーマントからの談話、そしてヤップに戦前から住むある日本人の話によると、南洋群島の人々は戦後、日本の歌を歌って日本語を保ったということである。例えば、1人のインフォーマントは耳が遠くなかなか会話のやり取りができなかったのだが、インタビューアーを気の毒に思って、代わりに日本の童謡を何曲も何曲も披露してくれた[52]。童謡は普通体で作られている。これらの要因が合わさって、インフォーマントが普通体を多用するのではないかと考えられる。

　本章のインフォーマントには普通体の使用が多いことが分かったが、では主節にどの程度文末要素(SFE)が使われているのだろうか。グラフ5を見てみよう。

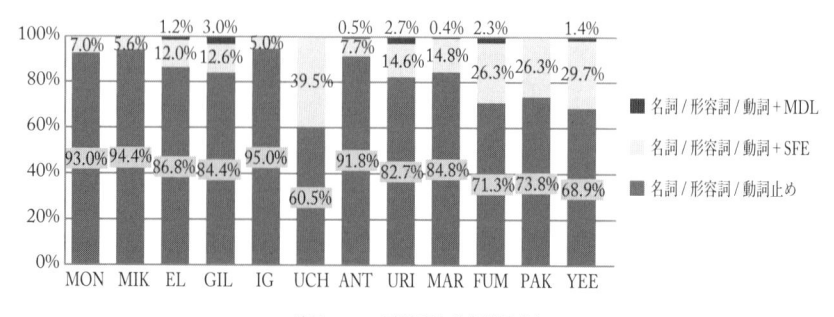

グラフ5　述語形式(普通体)

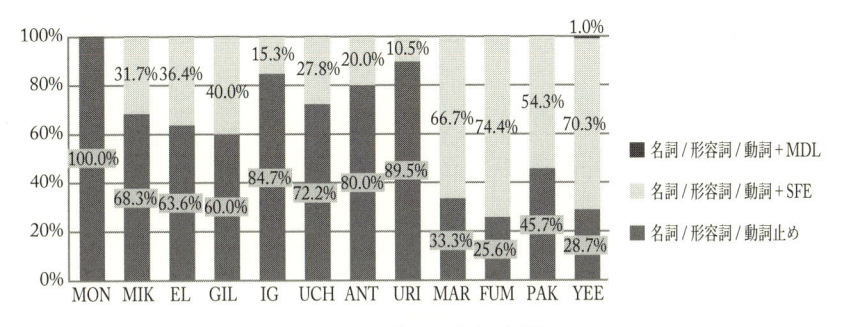

第4章　その他の植民地における日本語との比較　271

グラフ6　述語形式（丁寧体）

グラフの数値：
- MON: 名詞/形容詞/動詞止め 100.0%
- MIK: 68.3% / +SFE 31.7%
- EL: 63.6% / +SFE 36.4%
- GIL: 60.0% / +SFE 40.0%
- IG: 84.7% / +SFE 15.3%
- UCH: 72.2% / +SFE 27.8%
- ANT: 80.0% / +SFE 20.0%
- URI: 89.5% / +SFE 10.5%
- MAR: 33.3% / +SFE 66.7%
- FUM: 25.6% / +SFE 74.4%
- PAK: 45.7% / +SFE 54.3% / +MDL 1.0%
- YEE: 28.7% / +SFE 70.3%

　台湾人インフォーマントの場合、普通体における文末に何のSFEも付かない裸の形式は一番多い人で70％台が3人、一番少ない人は20％台が1人、ほとんどの人は40％〜60％台であったが（第2章グラフ5、6参照）、本章のインフォーマントの話す日本語は、文末に何のSFEも付かない普通体が多く見られた。グラフ5を見ると文末に何のSFEも付かない裸の形式が80％以上の人が12人中8人もおり、そのうち半分は90％台である。丁寧体における裸の形式は、台湾人インフォーマントの場合、一番多い人で80％が1人、次に70％台が3人、10％に満たない人も3人いた。それに比べ本章のインフォーマントは12人中8人が60％以上と、普通体でも丁寧体でも文末にSFEが付かない裸の形式を使う人が多いことが分かる。またモダリティ形式は、普通体と共に使われたのが、「らしい（EL 2例、YEE 1例）」、「かもしれない（GIL 1例）」、「みたい（MAR 1例、FUM 2例）」、「かも分からない（ANT 1例）」、「わけだ（FUM 1例）」で、丁寧体と共に使われたのは「らしい（YEE 1例）」のみであった。これは台湾人インフォーマントの使用数より少ない。

　夫々の文末にどのようなSFEが使われているのか、次に示す。なお第2章でも述べたがSFEには終助詞や文末詞の「の／ん」、接続助詞などを含めている。

表 20 SFE の項目別使用数（普通体）

			ヤップ話者					パラオ話者					朝鮮語話者		計
			MON	MIK	EL	GIL	IG	UCH	ANT	URI	MAR	FUM	PAK	YEE	
普通体	名詞	ね		2	3	4	1	7	2	2		3	3	2	29
		よ								2		1	2		5
		の／ん													—
		の／ん〜													—
		から、からね		1	2			2	2				2	2	11
		けれどね												1	1
		ra、sa						2	1		1				4
		その他		1	1	1		2	1	1	2	4	2		15
		小計	—	4	6	5	1	11	7	6	2	9	9	5	65
	形容詞	ね										1	1		2
		よ			4			2		4		2	1		13
		の／ん										1			1
		の／ん〜													—
		から、からね		1				1	1	3		2			8
		その他			1					1		3		1	6
		小計	—	1	5	—	—	3	1	8	—	9	2	1	30
	動詞	ね			1	2		6	1		1	6	6	3	26
		よ	1		8			3		7	11		11		41
		の／ん	3			4	1	34		2		12	9		65
		の／ん〜				1		1	1	3	13	1	3	7	30
		から、からね	8		4	4		9	4	5	4	2	9	1	50
		けど、けれど、けれども		1	1						1	1	14	4	22
		その他	1		1	1		1	1	1		6	1		13
		小計	13	1	15	12	1	54	7	18	30	28	55	15	247
		総計	13	6	26	17	2	68	15	32	32	46	64	21	342

表21　SFEの項目別使用数（丁寧体）

			ヤップ話者					パラオ話者					朝鮮語話者		計
			MON	MIK	EL	GIL	IG	UCH	ANT	URI	MAR	FUM	PAK	YEE	
丁寧体	名詞	ね		3			1					3	2	3	12
		よ						1				1	4	8	14
		ん												6	6
		ん〜					1					1		6	8
		から、からね		1			1					1			3
		その他												1	1
		小計	—	4	—	—	3	1	—	—	—	6	6	24	44
	形容詞	ね												1	1
		よ											3	2	5
		ん												1	1
		ん〜					1						1		2
		小計	—	—	—	—	1	—	—	—	—	—	3	5	9
	動詞	ね					3	1				11	1	3	19
		よ						14	1	1		9	8	7	40
		ん		33	1		6	1		1	10	1	3	18	74
		ん〜		2			1					3	4	11	21
		から、からね					1	1				2			4
		けど、けれど、けれども			1									3	4
		その他				1		2				1		5	9
		小計	—	35	2	1	11	19	1	2	10	27	16	47	171
		総計	—	39	2	1	15	20	1	2	10	33	25	76	224

　表中の「その他」は使用者数が少ない形式だが、普通体の場合「し、かね、な、引用て、だけ、ば」、丁寧体は「の、な」が見られた。

　結果は台湾人インフォーマントと異なり、SFEの出現頻度は丁寧体よりも普通体に多いが、これは本章のインフォーマントが普通体を多く使用していることに比例する。そして台湾人インフォーマントと同じく、SFEは動詞とともにより多く使用されている。普通体とともに最も多く出現したSFEは、名詞の場合「ね＞から／からね」、形容詞は「よ＞から／からね」、動詞は「の＞から／からね」で、どの品詞にも割合高い頻度で現れているのは「から／からね」である。丁寧体の場合、名詞は「よ＞ね」、形容詞は「よ」、動詞は「ん＞よ」で、どの品詞にも高い頻度で現れているのは「よ」

である。渋谷勝己（1997, 2003）は、5 人のパラオのインフォーマントの日本語を分析した結果、文末詞はヨ＞ネ＞ナの頻度、ムードはノダを全員が使用しているが、マス形の使用頻度が多いインフォーマントと命題のみの発話の多いインフォーマントはノダの使用例が少ない傾向がある、と報告している。本章のインフォーマントの中で終助詞「な」が現れたのはパラオの話者 URI の 1 例のみであった（普通体と共に使用）。「の／ん（～）」は本章のインフォーマントでも全員が使用しているが、渋谷の指摘するようなマス形や命題のみの発話の頻度との関連性は見られなかった。

次の表 22 は本章のインフォーマントと台湾人インフォーマントがよく使用した上位 2 つの SFE の対照表である。

表 22　使用された上位二つの SFE

	名詞		形容詞		動詞	
	普通体	丁寧体	普通体	丁寧体	普通体	丁寧体
台湾人話者	よ＞ね	ね＞ん～	ね＞の／ん～	ね＞ん～	の／ん（～）＞よ	ん（～）＞よ
ヤップ／パラオ／朝鮮語話者	ね＞から／からね	よ＞ね	よ＞から／からね	よ	の＞から／からね	ん＞よ

比較した結果を見ると、どちらのグループにも、また普通体と丁寧体のどちらにもよく現れているのは、名詞の場合「ね」、形容詞は台湾人話者は「ね」、本章の話者は「よ」、動詞は「の／ん（～）」である。本章のインフォーマントが使う SFE の種類及び総数は、台湾人話者よりも少ない。しかし台湾人話者のような SFE の転移がない、という特徴が見られる。第 2 章で言及したが、中国語やその方言は「呢、啊、吧」などの文末語気と呼ばれる要素がある。そして日本語熟達度の低い話者は、特に普通体述語と共にこうした文末語気を使用することがあった。一方、ヤップやパラオ語には日本語や中国語及びその方言の持つような文末詞はない[53]。それがヤップやパラオの話者の発話の中で SFE の種類や総数が少ないこと、転移が起こらないことの要因だと考えられる。普通体の場合、SFE の使用頻度が多いのは UCH、FUM、PAK、YEE であるが、表 20 に見るように、UCH は普通体動詞述語に「の」を付ける頻度が多い為全体的に SFE の頻度が高くなっている。

丁寧体で SFE の使用頻度が多いのは、MAR、FUM、PAK、YEE である。しかし MAR が使用した SFE は「ん」の一種類のみである。そうすると、多用な SFE を駆使しているのは、日本人を父にもつ FUM と、母語に SFE がある韓国語話者だということになる。

4-10. 転移と相づち

最後に相づちについて考察する。台湾人インフォーマントの場合、相づちに台湾語からの転移が見られた。ではパラオ、ヤップ、朝鮮語話者の場合はどうだろうか。表 23 を見てみよう。例えば「à」や「a=」など何語か判断に難しいが、「はい、ええ」といった明らかに日本語であるもの以外を「他」として分ける。

表 23　相づち使用

		日本語				他												計
		はい	ええ	うん/う＝ん	小計	à	a=	aa/aa=	a=n/an	n	hà	oi	Yeah	Yes	No	イェ=	その他	小計	
ヤップ話者	MON		1	58	59	7	5										a=a(1)	13	72
	MIK			51	51													—	51
	EL		11	80	91		3	2	6	1			13					25	116
	GIL		1	10	11		2											2	13
	IG	49		9	58		3											3	61
パラオ話者	UCH	2		18	20	3			1				18		6			28	48
	ANT	1		51	52								29		4			33	85
	URI	4		128	132		2					6	3	3			a=i(1), ò(1)	16	148
	MAR		2	68	70													—	70
	FUM	4		58	62	5	2											9	71
朝鮮語話者	PAK	13	20	227	260			2		1			9	1	9	14		36	296
	YEE	1		4	5													—	5
計		74	35	762	871	3	12	17	7	6	2	6	72	4	19	14	3	165	1,036

台湾人インフォーマントの相づち回数は最低 4 回、最高 143 回だった。そしてグループ 1 のインフォーマントは日本語の相づちの方が圧倒的に多かったが、その他のグループには明らかな台湾語からの転移（hè、hò、hà）

を用いる方が多いインフォーマントが 17 人中 2 人、日本語の相づちと台湾語の相づちがほぼ同数のインフォーマントが 1 人いた（第 2 章表 52 参照）。表 23 を見ると、本章のインフォーマントは UCH を除いて全員日本語の相づちを用いる回数の方が多い。使用頻度が高いのは「うん／う＝ん」、次は「はい」である。しかし、MIK、MAR、YEE の 3 人を除く 9 人は、はっきりとは日本語の相づちとは判断しにくいタイプの相づちも使用している。しかも英語の「Yeah（イヤ＝）」を使うインフォーマントが複数おり、また使用頻度も高い。朝鮮語話者の PAK は韓国語からの転移である「イェ＝」を 14 回使用している。この結果から、台湾人インフォーマント同様、相づちはよく使用する言語や母語からの転移があることが示される。

5. 歌と文字

　文法的特徴ではないのだが、台湾、南洋群島、そしてグアムのインフォーマントへのインタビューを通して、日本の歌の影響の強さが見い出された。台湾人高齢層が歌を通して日本語を保持し続けたことは第 3 章の社会学的調査結果からも示したが、その他の地域でも日本語の歌は戦後も歌い続けられたようである。朝鮮語話者のインフォーマントもインタビューの中で、戦後日本語や日本の歌は禁止されたが、何か歌を歌おうとすると自然に日本語の歌が出てきて怒られる人がいたという話をしていた。ヤップ島のあるインフォーマントは、子供時代非常に優秀で日本語が上手だったことが友人達から評判であったが、インタビュー当時耳を悪くしていて、ヤップ語でも日本語でもコミュニケーションを取るのが困難であった。このインフォーマントは日本語で話そうとしたが、質問が聞こえず答えられないのを心苦しく思い、代わりに日本語の童話や昔の歌を何曲も歌ってくれた。ヤップの別のインフォーマントも、毎日美空ひばりの歌をラジオで聴くと言っていた。

　本書のインフォーマントには含まれないが、グアム島で 1 人のチャモロ人をインタビューした。このインフォーマントは、第二次世界大戦終結前、グアムが日本の統治下に置かれていた時期、日本語教師になるべく約一年半日本語の教育を受けた。そして戦後は高校で数年間日本語を教えていた。イ

ンタビュー時は日本語をほとんど忘れていて、日本語で会話することはできなかったのだが、代わりに何曲も何曲も童謡や坂本九の歌などを披露してくれた。松澤員子（1999: 336）にも台湾のパイワン族の高齢者が幼少に習った歌を歌ってくれたという記述があるが、子供の頃に習った歌を、今でも懐かしく歌い続ける人が多いことが分かる。

インタビューの際、日本の雑誌や本、テレビを見るかという質問をしたが、このような媒体との接触があると答えた人は FUM 以外いなかった。例えばヤップには未だにテレビのない生活をしている高年層が多い。昔はラジオもなかったと聞く。パラオは現在独立国で、日本や台湾から支援があり、観光客も多く、ヤップよりは経済状態がいいが、南洋群島ではどの地域も最近まで、衛星放送やケーブルテレビといったメディア媒体は存在しなかった。南洋群島ではそもそも本を読むという習慣も少なかったようである。台湾との違いは、日本時代南洋群島には高等教育機関、ラジオ等のメディア媒体は一般家庭になく、日本語の活字も限られていた。戦後は雑誌や本は日本人が残していったもの程度しかなく、今はラジオから日本の演歌が聞けるものの、一般の人は日本の衛星放送を見たり、日本へ旅行する機会も少ない。台湾と比べて圧倒的に日本語のインプットは限られていた。それが台湾、朝鮮と南洋群島における日本語熟達度の違いに表れていると言える。

6. まとめ―日本語の維持と衰退

では最後に、本章のインフォーマントの日本語熟達度と言語衰退について述べる。

本章の最初に述べたように、南洋群島を調査した幾つかの先行研究には、南洋群島の人々は日本語を今でも保持している、彼らの日本語能力は高い、と記されている。また南洋群島の人々の犯す文法的誤りについては、言語衰退の観点から説明されてきた。つまり戦前は高い日本語熟達度を得ていたが、戦後日本人が引き上げ、日本人との接触も限られるようになって、日本語能力が衰えたという主張である。そして彼らの日本語はピジン化言語の特徴をもつと考えられた。しかし、第 2 章の最後に議論したように、台湾人

高齢層が使う日本語にピジン化が起きているとは考えないのと同じく、本書では南洋群島の人々の犯す誤り、特に語彙の誤りがピジン化によるものとは考えない立場に立つ。Neisser (1984) は「臨界閾」という概念に言及し、弱くあまり結合されていない情報は最初の数年で失われるが、臨界閾を超えた言語知識は、広範囲で重複する認知構造に統合されるため忘れられない、と述べている。本書のインフォーマントの中でも「よく学んだ」人達は逸脱が少ない。逸脱の出現は「よく学んでいない」、つまりもともと臨界閾に達するほど十分に学んでいないことの反映であると考えられる。

　例えば南洋群島の中でもパラオは戦前邦人人口が多く、公学校就学率は台湾や韓国をはるかに越えて 100% 近くに達した。しかし南洋群島が日本の植民地であったのは 31 年間である。南洋群島における日本語の使用状況についての研究はその多くが 1990 年代から見られるようになったが、これらの先行研究で調査対象者となった人々の親の世代は日本語教育を受けていない人が多い。その為日本時代に子供であったインフォーマントは学校で日本語を学んだが、家庭では母語を使用していた人がほとんどのようである。また南洋群島には公学校しか設置されておらず、台湾のような高校・大学進学、内地留学の道もほとんどなかった。本科 3 年、補習科 2 年、合計 5 年間の初等教育でどれ程の日本語熟達度が得られるだろうか。台湾をはじめ、南洋群島の戦前の資料には、公学校教育だけでは日本語能力は足りないとの声が記載されている。このような記述からも、南洋群島の人々の日本語能力が当時母語以上であったかは疑問である。当時、子供或いは青年であった彼らが、学校あるいは下働きとして日本人社会の中で過ごす上で必要な日本語力はあったかもしれない。しかし母語以上に日本語ができたという状況はあったとしてもかなり特殊なケースであり、またそのようなレベルの言語能力はどれだけ衰えるだろうか。第 2 章で、グループ 1 の台湾人インフォーマントが産出する日本語から、「よく学んだことは忘れない」という先行研究を支持する結果が例証されたことは前に示した通りである。

　台湾、朝鮮は日常的な会話ができるレベルから、日本語で執筆活動ができる(あるいは日本語でしかできない)超上級レベルまでの人々がいる。しかし本章で考察した人々の日本語熟達度は、父親が日本人であるパラオの FUM

を除き、第2章の台湾人インフォーマントのグループ分けで言えば、グループ3、4に属するレベルである。

　本章での結果及び台湾人インフォーマントと比較した結果を合わせて、戦前日本語を国語として学んだ人々の日本語には次の特徴があるとまとめられる。

1) 母語や地域の違いに関わらず、戦前日本語を国語として学んだ人々は、単文だけではなく様々な複文・重文を産出し、より複雑な構造の文が扱える。そして日本語熟達度が高いインフォーマントは、複文・重文の中にも丁寧体が現れるが、それは日本語で高校や大学まで学んだような人々である。
2) 日本語熟達度の違いが最も明瞭に現れるのは、語彙、意味不明なIUの産出、IUの長さと量、そして述語形式である。日本語熟達度の高いインフォーマントほど1回の発話ターンで長いIU、あるいは多くのIUが産出され、また丁寧体、普通体を駆使し、豊富な語彙やSFEが使われる。しかし日本語熟達度が低くなると、終助詞の転移や何らSFEが付かない裸の普通体の連続的産出が多くなる。戦前高等教育機関がなく、戦後は社会の中に日本語のインプットの少なかった南洋群島のインフォーマントには書き言葉の使用も見られる。
3) 使役、受身はそもそも談話で出現頻度が少ないので、一般化できる誤りの傾向は見出せないが、日本語熟達度が高いインフォーマントはこれらの形態の出現頻度が高い。可能表現はどの地域の話者にも多く使われ、正しい形態も多く産出されるが、日本語熟達度が低いと誤り・逸脱も産出される。活用の誤り、形態素の欠如も同様である。
4) 第二言語としての日本語の学習者を対象とした研究では、アスペクトの誤りがよく注目されているが、日本語を国語として学んだ人々はアスペクトの誤りは少なく、塊として覚えた可能性が考えられる。そしてアスペクトに比べてテンスの適切な使用はいつまでも問題が残る、習得が困難な項目であると考えられる。
5) 指示詞は多く産出されるが、誤りがある場合は母語や地域に関わらず、「それ→*あれ」が最も多い。これは第二言語として日本語を学習する人達

を対象とした報告と同じ結果である。次に多く見られた誤りは「あそこ→＊向こう」で、日本語学習者を対象とした先行研究ではあまり言及されていないが、「向こう」は実は習得しにくい項目である可能性がある。

6) 助詞は母語や地域に関わらず正用が多い。日本語の習得研究では助詞の誤りに多くの関心が集まっているが、本書のインフォーマントは助詞をかなり正確に使用しており、誤りがあっても誤りのパターンは見られなかった。台湾人インフォーマントは、日本語熟達度が低くなると省略の割合が高くなったが、全体的には母語や地域に関わらず助詞の使用は正用が多く、助詞はより早い段階で習得されると予測できる。

7) 地域によって特有の用法や表現形式がある。台湾では「らしい」「でしょ」などが台湾式日本語として見られる。南洋群島の場合、「男／女」「自分」による三人称指示、「ある時」「ある人」といった「ある＋名詞」による指示表現、「ただ」の汎用、といった用法が見られる。

8) 台湾だけに限らず、南洋群島でも西の方言形式が見られる。

9) 誕生年や出来事が起こった年を表す数字は言語衰退が起きやすい。ヤップとパラオのほとんどのインフォーマントは西暦を日本語で言えず英語にコードスイッチした。台湾人インフォーマントの場合、コードスイッチはないが、台湾語式の数え方で西暦を言う例が見られた。

10) 母語や地域に関わらず、日本の歌が好まれて浸透しており、戦前日本語による教育を受けた人々は歌を通して日本語を保持している人が多い。

　ここまで台湾と南洋群島を比較してきたが、本書の考察から言語習得の問題に関して次のことが言える。まず「臨界期仮説」との関係から言うと、年齢が6～8歳という思春期以前に日本語を学び始めても、全ての人が日本語を母語のようには習得できていないことが分かった。日本語で読み書きできる超上級レベルの人々は、いずれも初等教育以上の教育を受けている。つまり、例え思春期以前に第二言語を学び始めても、6年ほどの教育では、母語に近いレベルまで第二言語を習得することはできないようである。公学校高等科まで学んだ人も、グループ1の話者のような超上級レベルには達していない。本書の中での台湾人インフォーマント、南洋群島及び朝鮮語話者

のインフォーマントの日本語の分析を通して、日本語熟達度は日本語を学習し始めた年齢よりも、日本語による教育を受けた年数あるいは公学校卒業後どれ程日本語と接し続けたか、という要因に左右されることが示された。それでは何年の言語学習が必要かと言うと、それは現時点でははっきり言えないが、少なくとも公学校高等科以上の 8 年以上、つまり思春期以降まで継続して学び続ける必要があるようである。

　読み、書き、話し、聞く四技能全て、二つの言語をどちらも単一言語話者と同じレベルで習得できるかという問題については、本書の結果から言うとそれはかなり困難だと思われる。台湾人話者でグループ 1 に属する超上級レベルの人々は、日本語母語話者でも使えないような、かなり高度な語彙を駆使し、文法的誤りも非常に少ない。しかしそれでも時折不自然な語彙や IU の産出が見られる。或いは台湾語の方に自信がないというインフォーマントもいた。ただ、「よく学んだことは忘れない」ということは例証された。一方、文法的誤りや意味不明な IU などが多く見られる話者は、一旦習得した言語を長い間使わないために衰退又は喪失したと言うより、当時習得した言語熟達度のレベルを反映しており、衰退や喪失したものはよく学んでいないものだと考えられる。

注

1　本章は Kai（2011, 2012）を発展させたものである。
2　本書の考察には含めないが、日本語による教育が大規模に行われたもう一つの地域に満州がある。1905 年（明治 38）、日本は関東州及び南満州鉄道附属地の経営権を獲得し、翌 1906 年には修身、日本語、漢文などを課した関東州公学堂規則を定めた。関東州は租借地であったので日本語は強制ではなかったが、1932 年（昭和 7）満州国が成立された後、1938 年（昭和 13）からは日本語が国語の一つになった（堀敏夫 1941、多仁安代 2000a: 189 参照）。ただ三谷太一郎（1992: 191）によると、満州における日本人集団は人口比 1％にも満たなかったようである。初等教育期間は 4 年制の初級小学校と 2 年制の高級小学校があり、高級小学校の入学資格は初級小学校修了程度であった。1938 年には初級小学校は国民学校、高級小学校は国民優級学校と改称された（遠

藤織枝 2000: 189 参照）。
3 佐野正人（2007: 90）参照。
4 泉文明（2008: 205–206）参照。
5 関正昭・平高史也（1997）に朝鮮、南洋群島の教科書の一例がある。
6 ただし地域の状況によっては 5 年又は 4 年もあった。
7 弘谷多喜夫・広川淑子（1973: 74）、曺喜澈（1994: 82）参照。
8 安田敏朗（1997: 68–69, 107）、熊谷明泰（2004: 648）参照。
9 阿部宗光・阿部洋（1972: 65）参照。
10 朝鮮では 1946 年から初等教育の義務制が計画されていたが、台湾同様実現しなかった（弘谷多喜夫・広川淑子 1973: 77 参照）。
11 就学率はこの年 16％であったが、台湾では、1929 年に約 31％であった。朝鮮におけるその他の年の就学率については巻末資料 20 を参照されたし。
12 1936 年の朝鮮における学校数と生徒数は巻末資料 21 を参考のこと。
13 ちなみに 1935 年（昭和 10）における朝鮮人人口は 2,220 万 8,102 人（阿部宗光・阿部洋 1972: 68）で、1936 年の台湾人人口は 510 万 8,914 人であった。台湾の人口数は巻末資料 13、14、公学校数と就学児童数は巻末資料 2 を参照のこと。
14 弘谷多喜夫・広川淑子（1973: 68–69）参照。
15 その他の年度、また地域別の国語理解者数については熊谷明泰（2004）に詳しい資料がある。また、巻末資料 19 を参考されたし。
16 朝鮮總督府學務局（1921）参照。
17 熊谷明泰（1997: 170）参照。
18 日本語は語彙だけでなく、音韻、文法、意味、漢字、シンタクスなどの面でも朝鮮語に多くの影響を与え、戦後も韓国語の中に深く残ったと言われる（曺 1994）。
19 台湾でも 1920 年代に漢文復興運動、台湾語文運動などが起こった（第 1 章参照のこと）。
20 佐野正人（2007: 90）参照。
21 泉文明（2008: 205）参照。
22 矢内原忠雄（1935: 63–65）参照。
23 邦人中には朝鮮人も含まれる。1933 年（昭和 8）時点で全島群における朝鮮人は男 244 人、女 73 人であった（矢内原忠雄 1935: 47）。
24 『別冊 1 億人の昭和史　日本植民地史 3　台湾』（1978: 177）、矢内原忠雄（1935: 49, 53）参照。
25 『別冊 1 億人の昭和史　日本植民地史 3　台湾』（1978: 215）によると、最終的集計とし

て1942年(昭和17)時点で在留日本人7万1,647人中、沖縄県人は5万6,927人(79.2%)を占めていたようである。上原轍三郎(1940: 61–66)には1936年(昭和11)時点での出身県別人口表がある。沖縄県出身者が多い理由として上原は、内地の中でも最も人口過剰に苦しみ、早くから海外思想が発達している、また甘藷栽培に親しみを持っている為と述べている(同上: 66)。

26 宮脇弘幸(2006: 9–10)参照。
27 麻原三子雄(1942: 91)には、海軍守備隊が学校という制度に依ることなく、島民児童に日本語教育を施した期間は1ヶ月余りで、大正5年1月には守備隊司令部によって小学校規則が制定され、島民児童の小学校を4年制度とした、とある。
28 須藤健一(2003: 182, 184)には「8歳から14歳」と記されている。実際には年齢のばらつきがあったようである。
29 川村湊(1994)では何人かの当事者が朝鮮、南洋諸島、その他の植民地地域における当時の公学校の状況を描写している。
30 1927年と1931年時点の各島における就学率は巻末資料17を参照のこと。
31 由井紀久子(2002: 243)参照。
32 須藤健一(2003: 185–186)参照。
33 Yui(1998)、由井紀久子(1998b)参照。
34 『別冊1億人の昭和史　日本植民地史3　台湾』(1978: 178)、川村湊(1994: 14)、須藤健一(2003: 184)、Belau National Museum Embassy of Japan in the Republic of Palau (2005)、宮脇弘幸(2006: 14–18)参照。
35 福田須美子(1989)は南洋群島國語讀本の編纂に従事した芦田恵之助の教科書観を紹介している。この他、川村湊(1994: 11–40)、宮脇弘幸(1995: 59–60)、関正昭・平高史也(1997: 92–93)、由井紀久子(1998a: 88–91)に南洋群島で使用された『國語讀本』についての考察がある。また、由井紀久子(1998b)は公学校の修身と地理科の教授要目を紹介している。
36 ちなみに麻原三子雄(1942: 103)には、占領以前島民はローマ字を使用していたとある。
37 Matsumoto(2001a: 90)参照。
38 調査は質問表を使って行われ、対象者は1997～1998年の当時で26歳以上の人々である。また233人中92人は1929年以前の生まれで、日本の教育を受けた人々である。
39 Office of SBOC「http://www.sboc.fm/index.php?id0=Vm0xMFlWbFdTbkpQVm1SU1lrVndVbFpyVWtKUFVUMDk」より2011年の資料。

40 矢内原忠雄(1935: 396)、由井紀久子(1996、2000c、2002)参照。

41 麻原はその理由として、国語普及の努力、漢字を制限し口語を重視、邦人の増加、他島間での共通語の役割、在来の文字や印刷物がなかったことを挙げている。

42 The US Department of Commerce (2010: 23)「http://www.census.gov/prod/2011pubs/cffr-10.pdf」より。

43 「ポナペ(Ponape)」は「ポンペイ(Pohnpei)」のかつての呼び名である。

44 第二章で述べたが「バイリンガル」という用語には狭い定義と広い定義があるが、Matsumoto (2001a, b) と由井紀久子(2000c)がどちらの意味で「バイリンガル」と言及しているのかは明記されていない。

45 インフォーマントは77歳以上だが、何年が誕生日か、何度も聞かなければならなかった。ヤップの5人のうち2人は英語を用いて答えたが、英語は彼らの母語ではない。インフォーマントは出来事の起こった年やその時の年齢をよく覚えていないと言っていた。また話の中で前述の年齢とは違う年齢を言うこともあった。よってインフォーマントの誕生年と年齢は参考的に見てもらいたい。

46 大日本帝国の特殊会社で、通称「南拓」と呼ばれた。本社は南洋群島パラオ諸島コロール島にあり、南拓は業務として「燐鉱採掘、事業海運、土地経営、拓殖移民、資金供給、定期預リ金」を掲げていた。

47 この点に関して渋谷は、パラオ人は日本語学習の出発点が公学校であったと言うことが関わっているのかもしれないと述べている。

48 本章ではPoplack (1980: 583)の定義に従い、単一談話、文または構成要素内での二つの言語交代をコードスイッチと呼ぶ。

49 グループ1の話者でテンスの誤りがあったのは4人中3人で、誤り数は各々1例、6例、2例であった。

50 ちなみに可能の欄が「誤り・逸脱」となっているのは、純粋な文法的誤りではないのだが、「できる」で可能を表した出現数を含むことによる。

51 渋谷勝己(1999)はパラオの4人の高齢層が話す日本語を分析して、特徴の一つとして受身や使役など複雑な構文の回避が見られるとしている。ただそれが使われるべきところで使われていない誤りなのか、或いは発話データの中に出現しなかったのかは、明記されていない。

52 このインフォーマントは寄宿舎心得も全て復唱してくれた。由井紀久子(1998b)にも、寄宿舎心得をほとんど記憶していたインフォーマントがいたという記載がある。

53 ヤップ語とパラオ語はタガログ語、チャモロ語、台湾原住民の言語と同じオーストロネシア語族に属する。

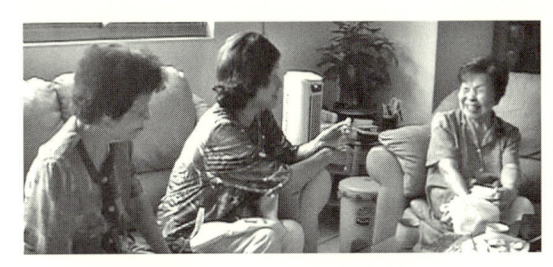

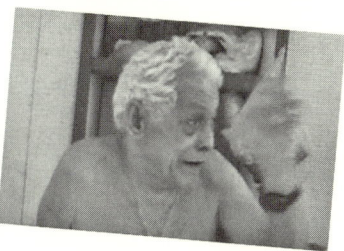

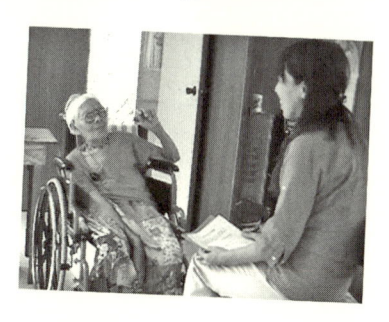

第4章　その他の植民地における日本語との比較　285

資料8　インタビュー風景

第5章
台湾人高齢層からの
意見・コメント・手紙[1]

1. はじめに

　1994年のアンケート調査を行った際、アンケートの末尾に自由に意見等を書いてもらう欄を設けたところ、多くの興味深い意見やコメントが寄せられた。また、アンケートに添えて、もしくはアンケート配布後、何本かの手紙も寄せられた。本章はこうした台湾人高齢層から寄せられた意見及び手紙の内容を紹介する。これらの意見を紹介するのは三つの理由がある。一つは、これらの意見やコメントが筆者の行った調査の結果分析において、なぜそのような結果が得られたのか解釈するための資料及び背景知識となること、二つ目は、アンケート調査の回答からは直接に得られない過去の事実もしくは記憶ともいえる資料的記述があること、そして三つ目はこれらの意見やコメントが台湾人高齢層の日本語の書き能力を表す為である。これらの意見や手紙のほとんどは筆者一人に読ませることが目的ではなく、むしろ日本人に知ってもらいたいという目的のために書かれたものが多い。よって、これらの意見を公にすることが、調査の際数多くの人に協力してもらった筆者の責任であると思われる。内容的に多少感情的なものも含まれるが、これらは台湾人高齢層の率直な意見、気持ちを表すものであるため、手を加えずにそのまま紹介する[2]。

2. 資料分類

　有効回答数845件の内[3]、アンケート用紙に直接何らかの意見が書かれてあったものは191件(22.6％)であった。その内、日本語によって書かれたも

のは 158 件(82.7%)であった[4]。得られた意見の内容は多岐にわたっているが、これらを整理すれば概ね以下の項目に分類される。

(1) 自己の日本語学習および日本語能力の保持について
(2) 日本時代の教育について
(3) 日本時代の思い出
(4) 日本語について
(5) 日本に対する評価
(6) 日本に対する要望
(7) 日本に対する批判
(8) 戦後補償等についての要望
(9) 台湾独立、台湾の国連加盟等についての支持要請
(10) 中国大陸、国民党政権、外省人に対する反感
(11) 現在の台湾に対して
(12) その他

3. 資料

以下、調査を通して得られた意見及び手紙を紹介していくが、漢語で書かれたものはできるだけ原文に忠実に日本語訳を行った[5]。日本語で書かれたものの中には、誤字、脱字、日本語の誤り、中国語の転用など判読が難しい記述箇所も含まれるが、手を加えずに、原文の通りとし、説明の必要な固有名やその他の用語については、注釈を付け加えている。なお、個人名や詳細な地名が書かれている箇所は明記を控える。

3–1. 自己の日本語学習及び日本語能力の保持について

01) 長かった戒厳令下の管制が知る自由を得られなかった時代、日本から送られて来た本等は総べて検閲を受け、疑問を持たれる本の表題又は内容は墨で黒く塗りつぶされるか没収された(警備総司令部)。でも日本教育を受けた人は専ら話をするのが日本語を使ったり手紙のやりとりも日本文を使った。

当時大陸で行れた排日運動をその終戦後の台湾で行った。日本の歌を唄えばドナラレるか注意をされた。近日来テレビでも日本語でもって歌を唄ったり片言の日本語でユーモアを含んだ場面も出て来たりします。カラオケは若きも老いも好んで集るところですが巧く上手に唄う割に唄の内容や文句の意味が分かりません。私達みたいな日本教育を受け、日本意識（好意的な）を持ち続けている人がだんだん少なくなっています。さびしい事です。日本統治時代の事は猫も杓子も悪く解釈され勝ちな現今の台湾社会、ジット我慢しつづける癖で反論を発表するのにもはばかりがあります。色々と言いたい事書きたい事多々ありますが思い出したまま…。

02) 小生は過去の日本統治時期の幼稚園二年と小学四年を修行致しました。その後は殆んど独学で以って日本語の研修に励み続けて参りました。戦時末期にイナカの疎開地で主に当時の少年倶楽部やキング等の雑誌を読み過ごし、判らない所は年輩の叔父、母等に教れたり、又は自分で辞書を引いてその答えを探る等で日本語の勉強に励みました。又、終戦後も引き継いで日文のREADER'S DIGEST及び文芸春秋等の雑誌を読み、日本語の堪能を一層努力し積み重ねたゆえんです。又1972年に日本へ渡って留学する考えでしたが、経済的の条件に欠如の為、預定の計画を見送りました。非常に残念に思います。

03) 終戦前二年に学校を卒業して約52年になります。それで日本語を忘れない様に日本の友達と切手を交換して通信してゐました。二三年前にその方が亡くなりましたので今は通信してゐません。家内が上海の女学校を卒業し、その同級生は全部日本の方。戦後日本に戻り東京■■に住んでゐます。一度アメリカからの帰りに東京へ行って会って来ました。今でも毎年年賀状を貰ってゐます。台北で一度同窓会をした事があります。

04) 日本人と台湾人を結ぶ為の調査票有難うございます。御苦労様です。私達の年頃（65才以上者）は殆ど日本語教育を受けた者であって、当然語る言葉或いは書物等は日本語又は文に対して縁を切っていません。そればかりか

もっと沢山の日本語の書物或いは種々な参考になる物を私達の為に提携してもらいたいのです。此の事だけは念の為にお願い致します。では貴方様の尊いお働きが大いに成功されます様祈って止みません。

05）私は英語がホッビーで、50数年来、旧制中学5年間の正規の学習を覗いて、英語を独学、自習してきたが、それでも英語をマスターすることなんか、とても及びもつかない事で、二生涯、三生涯かかっても、決して習得出来そうにないと諦めている。せいぜい、読み書きには余り困らないが、話すこと、聞くことになると、とても一本立ち出来ない。

英語常用の生活圏に住んでいないこと、つまり、英語の実際的生活用とは甚だ疎遠な環境にある事が主要な原因であろうが、畢竟、それはNATIVE LANGUAGEではないからである。然し、日本語の場合は、小学6年プラス中学5年、合計11年で、私は殆ど完全にそれを習得して、自由自在にこなしている。以後、特に日本語を勉強したこともなく、現在（72歳）に至るも、連綿と完璧に用を足している。云えば、日本語は、私にとっては、もはや母国語のように、完全に自分のものに消化してしまったのである。

日本語と英語の比較体験から、私は次のように簡明に結論したい。日本語は、英語に比べて、ずっと学び易く、一度、道に入ったら、色褪せずに一生、命脈が続くものである。日本語は微に入り、細に入り、表現が豊かで美しい。云葉の学習は、若い程、出来得れば幼少の頃に始めたものが、一番強く、自然に定着する。言語は、その人の人間形成に、非常に重要な役割を果たすものである。

3-2. 日本時代の教育について
01）日本人の先生について

小学校時代は北港尋常高等小学校で教育を受けました。当時クラスの人数は約30人餘で、台湾人は只男生4名、女生3名、計7名だけでした。担任の男性の先生は、とても真面目でしたが、民族差別の精神が強く、私達女生が、日本人の男生にいじめられ、訴えても全然相手にしてくれず、一寸でも宿題でミスがありますと、ちょくちょくほっぺたをねじられました。今でも

鮮かに記憶に残ってゐます。子供心にもとてもショックでした。それなのに日本人の方にはとても親切でした。ですが、先生の外の日本人のお友達はとてもなつかしいです。優しい先生も何人かをりましたが、やはり厳しかった先生の方が印象的でした。

　第二に、第二大戦時、日本統治時に普及した、郵便貯金、愛国債券、慰安婦等に対しての処理は非常に日本政府は責任がないとつくづく感じます。もっと積極的に処理して下さいましたら、嬉しいですね！

02) 日本統治時代唯一中学時代の日本教師が台湾語を地方の方言と承認したのは国文の先生一人だけ、其の他の先生は皆国粋論者で台湾語は日本の方言と認めず。

03) 公学校時代の先生に会いたい。台北市老松公学校 (昭和 16 〜 17 年 5 年生 6 年生丁組受け持ちの■■先生 (若し未だ生きていましたら) そうでなければ■■先生の家族の人と連絡したい。

04) 同窓会は日本同期会もございますので日本に毎年行っています。息子二人共日本留学ですので (二年ばかり就職してきました) ので家では日本語が多いです。

05) 私は昭和 10 年台湾人子弟の入る公学校に入学、あれからきびしい日本教育を受け、台湾人としてはせまき門、日本旧制中学に入った。（中略）[6]。宜蘭中学時代、日本人の先生方は年よりにもかかわらず私達少年と一緒にかけ足や厳寒の冷水洛もし、同じ釜の飯を食べ、きびしさの中に親以上の心を割って話せる信頼出来る人々で、同窓達も苦楽を共にし、よくはげましあった。非常になつかしい。

　終戦で何時の間にか中国人になって、北京語の特訓を受け、旧制高校から台大卒、そして高校教師、中国語で話す環境に入ったが、小さい時からの日本教育は習い性となり、中国政府の是正や、日本毒化教育の悪口も関係なく、私達はずっと日本語で話し、日本の本をさがしては読んで来た。

現在観光ガイドになっている為、日本語を使うチャンスにめぐまれ、年何回かは日本へ行く度に本は必ず買った。主な本は文芸春秋、中央公論、健康、旅行、知識###[7]プレイブックス等々。ここ数年、衛星放送で、NHK、TBS等すきな番組が有線TVで愛用出来、楽しい日々を送っています。

06) 日本の交流協会[8]主催のもとで、日本語、文化等を推行するのは非常に好い事と思います。予想以上の期待ある事を確信します。曾て領台時代第一代台湾総督樺山大将が文部省より選抜した伊沢修二先生を学務部長として全島の文化教育に着眼、六氏先生を士林、芝山巌に派遣、学生を応募したところ、只の二人（祖父はその一人）、極めて困難な時代に六名の先生方の苦労が察されます。辛苦を忘れ、身をじゅんしてまで教育文化に…[9]。その結果台湾の文化水準が高度の拡展した事は御存じの通りです。例へば恩師の礼を厚く感謝、日本にありし恩師を台湾に招き、その歓迎ぶりは想像以上のもんで臉が熱くふり頭が下がります。恩師を尊敬する懐念[10]は日本人以上です。皆々先生方の熱烈な御教鞭を期待してやみません。試みに伊沢修二先生とその令弟伊沢多喜男（大正13年台湾総督）後の大日本翼賛会会長（東京都庁）の史記資料がほしいですが、教えてもらへば幸いです。お忙しい所、誠に申し訳ありません。お返事戴ければ。 学安。

07[11]）・少年時代の級友総てが日本人であった為、面白い、良い過去も悪戯した思い出、二次大戦中の学徒兵の思い出、今でも級友達との伴は切れず、毎年同期会に出席。
・割と幸運で成績伏良、操行も良かった為か、それ程差別は無かった。今中学の先生方はもう亡くなり、小学校の先生が両人いらっしゃる。時々手紙もあるし、人間的な交際は続いてゐます。
・Wifeと話す時や、友人と話場合極く自然に日本話になる。習慣と云うか、教育と云うか、三歳子の魂100迄とは良くいうたもんだと思ってゐます。
・戦前の日本人は確かに島国的観念が強く、好くうぬぼれて世界一だと思ふが、USと欧州を廻ると、スケールのわさときめ細かさは確かだ。ハイテク

は良い。勤勉、団結心共に強い。1億以上の人口があるから、世界の21世紀のリーダにはなれるが(尚一層の努力をすればの話だが)若人はもっと頑張れと叫びたい。
・戦後中国人になった時と色々現状をみて(政治)。吾等祖先は単槍匹馬開拓民として400年前に来台(毒蛇やマラリヤと戦い乍ら、パイエニヤとして今日の台湾を築いた以上、もっと美しい台湾にするのは吾等の義務と思ふ。

08) ・小学時代は幼友達として、一応仲良く。特に政策的配慮があった為か、温室育ちの感あり。中学は軍国主義全盛の為か、植民地的偏見の者が現はれ、本島人いぢめ盛行(先生も不公平の傾向)。その対策として、特に国文の時間には先生の難問にのみ答え、全校の内地人を尻目に(小学校長の息子が大敬服)。
・一応は真面目だが、実力のあるは少し。特に戦後中学の図書整理で、教師用虎の巻を見て、之ではチョロイと。本島人の為に気を遣って呉れる先生は居たものの、一人二人と兵隊に、その内此方まで学徒兵、残った先生は隊附として特権階級、自分の身を護るのが精一杯。
・一応人を見て話す。同窓は別として、日本人には日本語、外人には英語、一般には当然北京語でと。特に北京語は最初大陸人が方言訛なので見くびった。不勉強を取り戻す為に若い者は勤めて使ふ(四声習得の為)。台湾(猪南系)語は日常用、だが北京語や日本語(外来語とも、特に同窓と)が補助となる。
・生まれた途端に日本人にされ、蘆花、漱石、特に鴎外の「即興詩人」を愛読して文言を自然(勉強なし)に身につけた。戦後否応なしに中国人にされ、元々漢文(古典)好みで、公文書も35年扱ったが、音読は無理。白話文は嫌ひで、仕方なしに書く故、日文には追ひつかぬ。
・小学二年のある日、クラス主任が突然本島人同窓に敬称をつけて呼ぶ事を規定。曰く「彼等の親は皆大学出で大金持であるから」と。恐らく議会設置、文化協会[12]、共産粛清後知識階級に対する懐柔政策の要からと思ふが、「嘘も方便」との感あり。
・小学の弁当で、おかずがキャベツの炒めや卵焼きからして作り方が違ふ。

負け目を感じてか焼き飯一点張りは宜かったが、真夏では腐敗が速いので吐き出した位。中学で上記の如く、待遇逆転で本島人になる事を自覚したものの、中国人になろうとは夢にも思はなかった。終戦で台湾が中国に返還と聞いた途端に、「そんな馬鹿な事が！」と。

09）一、どのような方法で日本語を忘れないやうにしてきたかは、小さい時に学った言葉は一生忘れる事御在いません。忘れやうとしてもだめです。二、日本時代にどのやうな思ひ出があるか。善い事は忘れやすく悪い事は一生忘れません。中学二年生の時に終戦になりましたので子供の時の思ひ出しか御在いません。小学生の時は割といたずらで日本の先生にひどく打かれ中学生の時は教官に打れ学徒兵の時終戦の消息を聞いた上官の日本兵から打たかれた悪い思ひ出しかありません。（差別待遇は勿論です）。三、今私は台湾テレビは新聞しか見ません。ほとんど NHK と日本雑誌しか見ないのです。四、どんな時に日本語を話すかは日本人と会った時、同年ぱいの人と会った時。

10）・日本語の小説や書籍を続けて読んでました。
　　・日本時代がなつかしい。
　　・今でも毎日 NHK の television を聞いています。全部聞いて分かります。

3-3. 日本時代の思い出

01）当時の内台差別は不快

02）台湾領台時代に台湾在住の日本人は我々は歓迎しない。殊に浪人出身の警察は台湾で威張り散らした。日本憲兵も怪しからん。但し学校教員は我々は恩師として尊敬している。戦後台湾へ来られた日本人は我々は歓迎する。

03）終戦 48 年の才月をすぎていますが今だに日本当時の時代が忘れられません。何れふたたび懐かしい昔にと、心の底より念願しつつ心待ちに待って

やみません。何時も日本人の皆様が羨ましくてなりませんの。すっかり筆無精故何卒悪しからず御はん読下さいませ。

04）私は今軽い中風で不便の点が有ると思ひます。どうか悪しからずに、頭昏目眩。舌先が楽に話せない。御免被下さいませ。私は子供時代から特に、画が大好きで、今でも日本時代「ヌリエ」が多少残って毎日之と楽しく、老境を送って居ります。

*05）日本が台湾を統治していた時代、生活が安定していた。

06）私の部隊は台北州の北投の所です。部隊は一七一部隊です。班長は■■上等兵、■■伍長、部隊長は■■軍曹です。一目あいたい。私は二十五年間の日本人です。

*07）日本時代台湾で弁護士だった家族の方は今沼津市に住んでいます。（中略）。現在共に通信しております。

08）日本統治時代日本人の店で店員をやって居りました（50年前）。いまでもその二代目と手紙の聯絡があります。

3-4. 日本語について

*01）台北市、もしくは台湾全土でも、日本語の幼稚園が見当たらないのは残念なことである。言語の学習は幼稚園からの開始が最も効果的だ。資本のある人が日本人教師による幼稚園を設立してくれることを希望する。

02）最近日本の技術や経営法を習得する為、日本語の学習熱が台湾の青少年に広まってきているのは喜ばしいことであり、また娘の情操教育の為に日本へ留学させる親も増えてきているのは良い傾向だと思います。

03）もうこんな年ですけれどもっと、もっと、日本語の勉強がしたいと思ひ

ます。

04) 1. 戦後から現在に至るまで、国民政府は日本語教育と日本語会話は厳しく禁じられてきました。
2. 現在の若い青少年たちは、日本語は何であるかは全然わかりませんのです。
3. 日本国へ留学する若い学生たちを励ましています。
4. 今後日本語教育に最善の努力を致しますので、貴協会のご指導、ご協力を賜わりますようお願い致します。最後にご連絡を下さい。お待ちしています。

05) リーダーズダイジェストの様な書類がほしい。

06) 日本語の各階級の教科書を指定の書店に販売して下さい。

07) (台湾人の心声) 日本語教育を受けた台湾人は皆日本精神をもっています。日本語が最優秀と感じます。台湾で日後[13]を普及して将来若者達が日語を第二の萬国語になりたいと希望しています。少しの意見で。

*08) 日本人の教育および治安が非常に成功したのは世界でも希です。私はよく日本を懐かしく思い出します。私は本当に日漢辞典が一冊ほしいのですが、どこに行っても手に入りません。

09) 台湾向きの雑誌は外来語を減少してください。

10) 時に現代の日本雑誌見ますと外来語が多くてなかなか了解しません。

11) 日本語で一番むづかしいのは外来語、台湾で外来語の本を買ひたいらけど台湾はその本はありません。

12) 戦前私達の習った日本語は主に東京弁でやさしく感情的です。戦後の日本語は大ざっぱで外来語を含み、ずいぶん変わりました。よくよく聞かないと理解できないところがたくさんあります。

13) 日本語は終戦前と比べて今では非常に西洋化しており、特に名詞などは私に聞き知らな所が沢山有ります。

14) テレビ若しくは書物、読み物が少なくて、あまり新しい事が手に入れない。以前残した書物は時々読みかえし、技術的なことがたよりわかる。

3-5. 日本に対する評価

01) 私は経済部工業局に 25 年近く在任しました。台湾の経済発展、工業のレベルアップに主に中小企業を通じて日本の貢献は真に多大でしたが、この真象が一般的に広く公認されていないのが残念でたまりません。退官後も工業日文翻訳の仕事をしておりますのは、この方面で何かの当地の者の為になると信じておるからやっています。この方面に尚補填すべき空間があるかと思っています。

02) 僕達台湾人として昔の日本文化を教育して今は日本の衛星テレビの番組を見て今の世界のニュス、また地方のスベシャルの番組を見まして世界の起事に我々台湾人としてもとても幸福であります。

03) 日本政治が正直です。

04) 優秀な日本人は製品や物の信用があり、礼儀を守りました。

*05) 日本人は優秀で、製品は信用第一、礼儀正しく、親切で公平。私は日本人が好きで、日本人と友達になりたい。

*06) 私は日本がとても好きです。

*07) 私はよく日本統治時代の政治がよかったと思い出します。現在、人民は自由がありますが、政治方面にはほとんど無関心です。

3-6. 日本に対する要望
3-6-1. 人的交流方面
01) 年数回の学会教授等の人事交流、及び意見公開会を開催して、両国間の経済、文化、政治のため、どしどし公開意見交流を発表して、若者に若干とも両国間の歴史文化を知らせる必要があります。

*02) 多くの日本人が台湾に観光に訪れ、文化交流など台湾人との接触を持つことを希望します。

3-6-2. 政治方面
01) 日本と台湾は昔から深い関係を持っています。今でも経済や人文の面で一番交流の多い国です。この交流は民間だけに止まらず、国家(政府)レベルでも行なわれるべきものと信じ、それが本当の「交流協会」のあるべき姿でありましょう。日本と台湾が良き隣人(友好国家)となり、共に合作してアジアの繁栄と平和に貢献することを切に願って居ります。

02) 日本政府／学会／新聞界に対しての希望要項：
政府：課長級以上の管吏の訪台許可解禁。台湾の貿易インバランスを正視、重視する事。
報道界：公正な報道を。中国大陸に対して怖い、台湾に対して厳しい、偏見を止めて"有りの様"の報道を。
経済界：技術移転を、そして台湾との合作を通じて"対中国大陸"の商売を。
民間の知識人：Silent Majorityの力で上記三者に影響力を行使、"官僚の改革"、"報道界の公正と研究援助"―台湾に対して、"中国大陸は恐るるに足らず、全ての善隣は大事にして"。

03）台湾は明治 27、28 年日清戦争によって清朝から日本に割譲。昭和 20 年まで 50 年間日本領土で私達は育ち、帝国臣民として喜んで国の為（日本）軍人を志願し、海外へ出征した。私達は昭和 20 年まで日本教育を受け国民学校工業高校の先生達も全く教えの庭に隔てのない教育で中国大陸の反日抗日とはどんなものかも無知であった。終戦の祈りも日本へ引揚げの先生友人の持って帰れない写真帖、本、等を預ったり、港の集中キャンプまで見送ったものだった。その人たちとは今も 2 代〜3 代とお付合いをしている。

　交流協会でも台湾の人（男女共）小学、中学の恩師が来台された折りの歓迎振りは見聞されていると思う。がしかし田中政権が中共承認後は中共の鼻息を伺ってか今迄 50 年同じ帝国臣民であった台湾人を忘れたのか、政府は台湾の人が犠牲となって戦死したり戦傷したりに対しては一つも公式的に（気持ちでよいから）お詫びや賠償もない。日本内地の人は殆ど厚生省で解決したのに…。田中政権以後の内閣総理も皆、中共の御機嫌取りみたいで東京まで 2〜3 時間で行ける曽の同国民は今では「近くて遠い国」になってしまったのは非常に残念である。

　60 才以上の親日台湾人は戦後の政府と比較して子孫に私達の祖先から台湾開拓した歴史と勤労倹約の美徳を教えてやり、かりそめにも KTV[14]、カラオケ、パチンコ、麻薬遊びは絶対しないよう、隣国日本を見習うよう呼びかけ、子孫達に留学するよう勧めているが留学は仲々規制があり困難とか。願わくば交流協会のお力添えで台湾の若い人たちから留学生台湾の為に貢献出来る道をオープンされますようお願いしたい。

04）1. 日本のマスコミと政府がもっと台湾を重視するようお願ひ致します。中国政府にこだはらないで、重視すべき義理もあると思ひます。日本人は台湾人に対して良いが、日本政府は台湾人、台湾に対してよくないのが一般の台湾人の不満、この一、二年は良くなりつつある感じ。もっと拍車をかけて、個人的に良いだけでなく、日本政府とマスコミが台湾に対して良いように、沖縄から東南亜へ行くこのルートの台湾をトバシテ行かずに、一貫して、関心と友誼の気持ちと実際の行動があって貰ひたい
2. 日本交流協会はもっと台湾の真相を日本国内に反映すべきです。台湾のマ

スコミは太平洋戦争末期の大本営の発表に近い。真相を見ることはできません。以上お願ひ致します。

05)日本が経済面での成功は、すでに経済大国の境界に達した。今後更に政治大国のターゲットに向かって邁進するならば、今から国際社会に於いて地域社会での安定と、大国の覇権拡張の企てをよくさとって、有効なる抑制策を練って、それに対抗することが、今後のアジアの平和と世界和平に対する積極的な貢献で有る事と信じて止まない次第です。

06)日本政府の対外政策は平等の原則で世界の平和の為に努力して欲しい。

07)日本が先進国としての格を発揚し、四海の人々を導き、正しき世界の平和を打ち立てんことを切望します。

08)日／台文化交流の機会を作って下さい。

09)明治・大正・昭和の時代は過ぎ行き、願わくは平成の時代も更に日本・台湾の関係が友好であらん事を祈る。

10)日本は台湾と親しくあるべき関係にありながら、何故中共[15]の顔色ばかり見ながら台湾に対しているのか？ もっと日本の自主外交を望みたい。

11)日本は台湾を50年統治した。私達は私的には日本人とよく交際している。特に昔の先生達は何回も台湾に来て我々と昔を思ひながら楽しんだ。しかし国と国との関係はあまりにも薄弱である。日本は国として昔共に苦しんだ我々台湾人(中国人ではない、大陸人等)に特に当時の日本帝国軍人の老人をある程度関心を持つべきである。

12)戦後両国の邦交[16]が断絶の為商人の交流以外一般民衆はこの故沈黙してしまう。

13) 日本は中国と台湾を平等に見る事をお願ひします。

14) 私は昭和三年生で日本政府は昔の日本人(台湾老人)に対して中国人と認めて、日本の旅行でも制限が有て残念です。僕等は昔でも日本人です。

15) 歳は73、意見があっても皆々様に届かない、出来る事あらば昔の植民地台湾助けて下さい、僕の望です。

3-6-3. 経済方面

01) 私達はとても日本物を使っていますのに、どうして日本は私達台湾の農産物を買ってくれないのですか。実に悲しいことです。その為に台湾の人もだんだんと日本に対して好感を持たなくなる傾向があるようです。私の兄弟達は皆日本教育を受けて日本の大学を出ています。父も日本語学校(今の師範を出ています)。それで今でも日本の先生、友人と連絡があります。今後とも台湾と仲良くしてください。

*02) 日本の商売人は功利主義的すぎる。理があるだけで義がない。改善を望みます。私の夫は日本の株式会社と40年間貿易をしましたが、日本人に損害を被り、借金して会社が倒産しました。

03) 台湾の日本本屋での本、高すぎます。台湾の所得水準から見て、日本での数倍の感じです。貴協会の力でやすくなることができましたら、日本理解にも役立つと思います。

*04) 台湾と日本が永遠に仲良くし、技術、経済方面で協力、発展し、世界の強国になることを望んでいます。

3-6-4. その他

01) 日本は既に自他共に認める経済大国になっています。只一言：更に「ゆとり」のある「大らか」な民族になって欲しい。

02）1. NHKのB/S番組は大陸の新聞に偏り寄りすぎはしませんか？　いくら経済的アニマルでも現実すぎるでは有りませんか。

2. 日本は国際化の為に国内市場を最と開放すべきです。日本へ旅行に行くと、物価の高いことに驚かされます。特に食物と宿泊費、大都市と田舎の格差が非常に大きいです。何とかならないでせうか？

3. 私たちは戦前派ですが、日本の若い人達のドライ差には驚いて居ます。アメリカ式の教育のせいでしょうか？　もちろん、台湾も同じですが。

4.「ジャパン　アズ　No1.」に餘り酔ってしまっていませんか？　バブル経済の後もっと反省しなければならない時だと思います。

5.「島国根性」とよく言はれますが、技術合作の場合は 'Give and Take' で Know How の技術移転が最っとほしいですね。日本だって明治維新の際は大分欧米の Know How を学んだでせう。最っと Open にして戴きたいものです。アメリカ的に智能財産権[17]の自己主張ばかりしていたら、後進国との交流は仲々難かしいと思います。大国としての風格がほしいです。

03）台湾に於いて日本の詩、俳句、和歌等の学会を開催して貰ひたい。和歌と自由詩には興味がある。どうしても忘れ得ない。

04）NHKの Bs1 or Bs2 の番組にアジアを中心にして、台湾の地位についての重要性を高めること。

05）日本良い国、美しい国、私が子供の時から先生やら絵本ではっきりと今でも覚えています。しかし今の若い日本人の世代の人は昔に比べ、明かの違いがあります。歴史、文化等に気を配はわせた方が良いと思ひます。

06）渡航証明書の有効期限を延長してもらいたい（現在1年）。特に 55 or 60 才以上の人に対して。

07）1. 日本はもっと台湾を深く了解してください。

>   2. 近来日本のマスコミはよく台湾の出来事を報道している。よい現象です。
>   3. 日本は第二次大戦で天皇陛下のために戦った障痍軍人に人道的立場から処置を考慮すべきだと思います。

08）日本ですごしたい。日本へ旅行したい。

09）もっと台湾と親しく東洋平和の為御協力をお願いします。特に日本教育を受けた者には非常に情熱的と思ひます。

10）おねがいいたします。台湾は日本人と友だち（兄弟）になります。

11）永久に仲良くしませう。

12）私は現在の日本人の青年に対して一寸意見があります。日本人の若い青年の礼儀はだんだんと劣っています。もう一つありますが、日本国は台湾人戦後の片付けにもっと力を入れて下さい。

13）N.H.K の B.S. 放送は南部では夜になると収視状態が悪くて見られなくなるので何とかして欲しい！！

3-7.　日本に対する批判

*01）私から見ると、日本の男女差別はとてもひどく、一つ一つ挙げればきりがないほどである。

02）日本語が難しいのと、日本人又は日本民族を了解するのはもっと難しい。例えば仕事上ではなかなか本音を言えない。日本人の本音と建前をいつも意識して話をしている。長い鎖国による島国根性が根強いように思います。これも教育と社会の問題ではないでしょうか。

03）戦後の台湾人も日本人も理想性、世界観に乏しく、近利的になって正義感がない。

3-8. 戦後補償等についての要望

　戦後補償については、台湾住民の戦没者遺族等に対する弔慰金についてと確定債務についての二つの問題が含まれる。1952年に日本と台湾が結んだ「日華平和条約」の第三条で「住民の請求権の処理は、日本国政府と中華民国政府との間の特別取極の主題とする」と規定されたが、その後日本は中国と国交回復の時点でこの条約は無効になった等の理由をもって、戦後補償を怠っていた。その後の1987年、戦没者遺族等に対する弔慰金に関わる法律が成立し、一人当たり最大限200万円が支給されることとなった[18]。

　確定債務に関しては、調査終了後の1995年、軍事郵便貯金、外地郵便貯金、郵便年金、簡易保険、未支給給与の5種類に対して、当時の120倍の金額で支払うことが決定され、1995年10月より、(財)交流協会台北事務所および高雄事務所で受け取り窓口が開設された。しかし、物価変動に対して120倍という比率は必ずしも台湾住民の納得のいく倍率とはなっておらず、確定債務について、調査を実施した時点でまだ決着がついていなかったため、たくさんの要望が寄せられた。

01）天皇の赤子だといわれ、"皇軍の兵士"として日本国籍のもとに戦争に狩り出され、戦後復員して帰国した途端に中華民国の国籍になってしまった。どちらの国籍も自分の意志で選んだわけではない。そして今は日本国籍ではないという理由で日本政府から何んの救済の手も差しのべられることもないまま、この41年、肩身の狭い思いをしながら棘の道をふんで生きて来た。これまさに棄民である。海兵団の結団式での訓示でもいわれた「あとは国家が面倒を見る」。しかし結果としては嘘としてしまった。戦後41年間、日本政府に放置されてきた「戦争責任」、中華民国政府は何をしているのか。

02）聞いて下さいませ。此のポイステ雑巾の如きの台湾人の心の声を。半世紀と云ふ長い歳月かけて生みの親から捨てられ拾はれの親と云ふ様な哀れな

時代に生れ会せた事を如何に汲み取って下さるでせう？ 私こと大正ひとけたの九年生まれの何国人でせうか？ （中略） 今の私は足の不自由で出歩き出来ませんがテレビの日本の車椅子を見て喉から手が出る程欲しい。私にも日本の戦友の様に年金がもらへたら何んと30万日幣とは車を手に入れて外へ出歩き度ひ昔の戦地の山々を駆けたい。還り来ぬ脚を返して下さい。おなじ台湾から出征した人達は（日本の方達）は皆年金をもらつて居るのに戦ひ終へて帰って来た台湾人の七名悲しいではありませんでせうか。納得の行きません所教へて下さい。

　心は終戦ならずせめて我が子、孫に死んでも尊厳のある様に分かつてもらひ度ひ、おばあちゃんは昔立派な大日本帝国陸軍省派遣陸軍看護婦である陸軍の備付である栄誉を返して欲しい。紙一枚で良いやあ御苦労だつたと云つて欲しい。聖徳太子に目はくれむ私ではないが私は全部の人を代表出来ません。一日でも早くケジメをつけて解決して下さい。御願致します。

3-9. 台湾独立、台湾の国連加盟等についての支持要請

01）台湾と日本は深い因縁があるにも拘らず日本は台湾に対し非常に冷淡である。最台湾の独立存在を認めるべきと思ひます。

*02）私は台湾が独立し、日本と国交回復することを願ひます。

03）意見
　1. 台湾人は中共と統一を反対し、独立して台湾共和国を建国する主張をしています。日本は台湾統治の縁故と親密関係が深いですから道義上台湾人の為に建国を協力指示するようお願ひします。
　2. 日本語の普及は日本映画を上映する事が一番好い方法と思ひます。戦後何回か日本映画が上映した時毎場満員で入場券が買えない程人気が好かったのです。政府は台湾人の日本思想を消滅する為に日本映画を禁止しました。現在は国際化民主化の時代に変わったので日本交流協会は日本映画が台湾で上演出来る様にご協力を希望致します。

04）私は小さい時から、日本の大ファンです。小学校の時、日本の先生に良く可愛いがられました。今でもその先生の素顔を良くおぼえています。小さい時良く見る日本の兵隊さん、憲兵さん達、かっこうがいい（そして勇しい）。終戦の後、日治時代と比べられない天と地の差で僕たち台湾人は非常に苦労して来ました。何が人権だ！　台湾の228事件で良く見て来ました。二次大戦で日本が負けなかったら私達台湾人はこんなに苦労はしない（47年間も）。でも独立すれば何とか成ります。どうか日本国の皆様、私たち台湾人の力になって下さい。兄弟みたいに助けて下さい。お願ひします。

05）学校で忠孝の2字を学び、そして一人前の人間として社会に出ても人様の前で恥ないようにと生きて行きました。それが終戦となり暴虐無道の蒋介石軍に会ひ暴行、逆殺、強奪等の事が起こりました。そして終に二二八事件となり、台湾人として世にもない悲惨な待遇を受けました。四十余年の戒厳令下で生活しました僕達です。今日本国の力を借りて独立するか、若しくは以前の様日本国の側で自由平等の世界に向かひたいです。

06）今日、台湾の最も重大、実質的な問題は、台湾自からをフォルモサ[19]国として、同定、確立するすること、世界メンバーの一員になる事である。政治がイニシヤティブとなって、二次的に文化、教育、産業、経済をリード、推進して行くのは、国家機能の原則に於て、自我成長、成々発展の必然的前プロチェスであろう。そうなれば、日本語も、その一環とし、過去のような制約を受けることなしに、もつと親密な理解と、広い立場に於て、自由な展開を遂げるであろう。戦後、台湾と日本の関係は、政治的な思惑に於て、遠いものに隔絶された。然し、台湾と日本の歴史の五十年は、決して夢物語りとして、バッブルのように消え去るものではない。（中略）　日本の世代に生きた、老年輩の我々の切なる願いは、この貴重な絆を、台湾と日本の若い次の世代の人々に、オリムピックの聖火の如く、何時までも大事に、友愛の明りを灯して貰いたいのである。

07）我が台湾確実は数十年にもう独立の国です。大部分の日本人はまた明っ

きりわかりませんのでそれに常に我が台湾を中国の一部分と言って考えています。なるべく其の思想を放棄してください。中国は中国、台湾は台湾、明っきり分別して下さい。

08) 日本統治から今日に至る迄栄誉ある台湾の魂で生きて来た原来台湾人は男の漢民族渡台の祖先を有するが女の原住民祖先を持っているの特色。400年前から次々に渡台したのはほとんど男だけ。中国大陸との血縁は非常に薄い。台湾此の空、此の地は我々の所有物、貴国と同じ他国の侵略にはゴメン。早々

09) 我々は台湾人、もっともっと兄弟のようにしてくれ。以前は日本の植民地宝島であった。我等台湾人は台湾共和国を築き企てる。いいか我等は台湾人、支那人は大陸だ。此れを日本人になっとくしてもらいたい。

10) 台湾共和国を建国し日本国と共に東亜を守りませよう。

11) 日本国に台湾独立を御協力して頂きたうございます。

12) 台湾の国家は日本国も責任があります。台湾の独立を協力して下さい。お願ひ致します。

13) 今の台湾人独立建国したい。聯合国[20]に入りたい。各国と仲良しする。世界人類の平和と幸福を侭力する。此の点日本人の支持を切にお願ひします。年寄り連中は昔の美しい時代を懐かしがっている。日本人と友達したい。

14) 私は日本人好き。台湾人独立建国したい、聯合国に入りたい。日本人重視して下さい。

15) 希望早く台湾独立。独立できないならば日本はもう一度台湾を統治して

下さい。

16）台湾の悪又の蒋介石に渡した事に責任が有るでせう。今後の台湾独立に協力して貰いたい（国民党のアマ湯を吸ってる者は別）。

17）日本語がなつがしい。又台湾語で世界の人々とお話し平和にくらしたい。台湾共和国の台湾人になりたい。

*18）日本国政府および日本人民は台湾人にもっと多く関心を持って、台湾独立を支援して下さい。

19）意見無し。但しお願ひ一つ。日本は台湾の国連加盟にご助力、並びに支持して下さい。

3-10.　中国大陸、国民党政権、外省人[21]に対する反感

01）私は二二八事件で■が失踪、犠牲になりました。47年来死体も見つかりません。（中略）。この様な宿命と使命をおびている私のアンケートは実際に事情を知らないと非常に理解出来ないと思います。■は■■■出身（■■大）私達を日本人として育てました。法治の国、日本の教育を受けたので接収に来た当時の政府の毒牙にかかり、その他の親友と共に殺されました。私達は二つの祖国に裏切られました。日本は廃虚の中から立ち上がり、私達台湾人は命を失い、且又私達台湾人は日本人の代わりに復しゅうされたのです。私の資料は暗闇の中で、そして二つの歴史を四人の子供に残す計画で書きましたので秘密の中に四人の子に全部日本語を習わせました。彼等も私の考え知らなかったのです。留学も含めて子供達は10年近く日本に住んでいました。私の努力が反対運動の方方の支持を得て世の中に公表できるようになりましたが政府は謝罪をしぶっています。日本の一方的行為により罪のない■は生命を、残された私達は財産を失い、私たちは白色恐怖の中で死にも勝る生活をしていました。この平和に見える豊かな台湾に私のような地獄の生活をしてきた人が多くいる事を知って頂ければ幸いです。

02）私は台湾人、中国人と分けて欲しい。台湾人を中国人と呼ばれるのは不愉快。台湾人でない人達のグループ、行為を「台湾側」とか言われるのは不満。

03）台湾人は日本統治の時、政府の政策で防卿観念が普及されて居る上に終戦後国民政府の反共思想が長期で根強く固められて来た関係上、大多数の人は共産主義を厭悪して居る事実を日本の人達に理解されて欲しいと思ひます。

04）同じ植民地の島民としても日本の政治が正しい。蒋介石は悪徳の独裁で天皇陛下よりも高圧的だから…。

05）かつては日本人並に教育され第二世界大戦では北に南に日本人同様戦ってきました。台湾本土では日本人の兵站基地として日本の軍民を援助して来ました当時植民地として大少の差別は有りました。しかし教育も道徳も守られて来ました。大陸人よりは常識も技術的にも進歩して来ました。貧汚（紅い包）といふウラ門行為は見た事はありません。二二八事件で本島人知識階級が殺され今の台湾同志もお互ひ信用出来ない世の中になりました。日本人の走狗として（ケナされ二等国民として我々台湾人を扱って居ます）。心有る日本の方々よ、道徳的に援助して下さい。

06）日本人は強い、正しい、明るい、故にあの太平洋戦争を起こす能力があった。物量不足の為に戦火をまとめて、国民一致協力して、経済復活にいそしみ、今や世界一経済大国となれり。これと比べて蒋介石政権は40年前から台湾へ移動し、反抗大陸の状態を構えて、人民から多額防衛税をしぼり、今や反抗大陸の戦争は曖昧となり、李登輝政権は三民主義で中国統一すると言う、うそ政治をしている。かわいさうな台湾人、将来どうなるやら。

07）私は思い出し日本時代の政治が本当によいです。今の中国政治が本当におくれています。但し本当に自由が有る、但し中国政治約四十七八年間私本

人対日本語あくまれもわすれない、但し今日本語も一流れなれ無いてすよ。私は昭和十五年日本の公学校 6 年卒業した今年卒業 56 年間。

08）一年一回は日本に行くこと、外来語が多いから、すべて日本に学ぶべき 49 年、大陸の悪い影響で台湾人は支那人になったらいけない。

3–11. 現在の台湾に対して

*01）台湾はアジアの中心的存在となり、国際化し、今後日本、フィリピン、インドネシア、タイ、中国と共に、アジアのために平和で安定した目標に向って協力したい。

02）意見たくさんあります。元の植民地の国民になりたい、今の国民大きらい。

03）我国は日本国のような美しい国、経済大国、司法独立の国、清潔好きの国と人民重視な国になりたい。

04）台湾を日本見た様になりたい。私の希望です。

05）私の意見は台湾の政治は日本の良い政治のようにしたい。又私の希望は日本は台湾を統治して政治してもひらたい。

3–12. その他

01）現今の日本人の皆様に一言申し上げます：現在大多数の台湾人は昔中日混血児の英雄：鄭成功[22]が悪政反抗の根拠地「台湾」を選び、中国大陸を離れ一緒に連れて来た同志たちの子孫であること。此の人達は今でもその所謂「鄭成功精神」を心の奥に秘められていること。以上二つの事実を日本のお方に認識されて頂きたいだけです。

02）台湾が輸入する日本の文化！！ 風土の類似か、50 年間植民地政策で台湾

は日本と国民性が良く似ている。特に台湾の人達は新しい日本の文化や流行を取り入れる。日本の流行歌は台湾でも大ヒットしている。カラオケも愛好されている。元来日本語を話す人も多い。最近では若い人の日本語勉強も大流行である。その点で台湾と日本のつながりは一段と高くなっている。

03）時代が違います。私は年をとりました。

04）日本へ旅行へ行きたいのです。

05）日本へ行くのは一生の望みです。できるなら日本の機関へ就職の紹介していただいてもっと日本のことをくはしく勉強したいです。

06）街長、教師、友達はほとんど死にました。住所も分かりませんでした。

07）私の座右銘 "にごり無き心の水に澄む月は波もくだけて光とぞなる"

3-13. 送られてきた手紙の一部

手紙 1

手紙 2

第 5 章　台湾人高齢層からの意見・コメント・手紙

手紙 3

手紙 4

手紙 5

手紙 6

手紙7

甲斐まき身様

拝復
謹しんで新年を賀し奉り、貴まきみ様御健勝
を程し申し上げます
　御詫び
宮内庁の総務課に元月16日お送りました
本当に御丁寧な事ありがとうございました厚く御礼を申し上げます
冬天となり御体を大事に
好り新年を迎えられて益々御健康で御活躍の程を祈り
申し上げます
　　　　では簡単ながらさよなら
平成8年元月16日

手紙8

拝復
長崎大の恩師■■先生の百歳誕生、白寿の祝いで、走日一た為に、
お返事が期日に欠くれまーとなったこと、方詫び致します。
アンケートのうえは、台湾に於ける日本語教育のより一層の勁号を
期待することでありますが、そのテーマとしておこて、
今日台湾の最も重大、実質的な問題は、台湾自らをオーエンセ国として、
同定確立すること、世界メンバーの一員たることである。
政治がイニシアテイブをとって、二次的の文化教育産業、経済セットと、推進
して行くのは、国家機能の原則に於て、自我成長、彼之発展の必然的
プロセスであろう。
そう云うのは、日本語になって観察官理的に広い立場に於て、自由な
展布を遂げるであろうに。

手紙9

お元気ですか、又
八びさになる居ります。日本語を忘れないように、口天のか、小さい時に覚えた
業務一生忘れない事、御存じはません。忘れやすいーても、二日本時代に、
どのような局があるか、善い事も悪事もありますよ、古川在さん、小学
二年生の時に、終戦をむかえた日本の先生にならく打ち叩かれました、
御授業の時放送で日本の敗戦を知った、エイの目で出口、終りの時の思い出が忘い、
打つ時の理由がわからず打たれてどうも私は忘れません。善は真面目さ中学
小さ一頃、（書物待遇は勿論ですが、今私は台湾で、テレビはほとんとと見なれ、
した、NHKと日本雑誌があるか、日本語を話すから
日本人と会えば同郷同年ばかりの人と会う時、
又気分と宵わかって、事わりまーそうあ手紙下さい
御元気ですか又

第5章　台湾人高齢層からの意見・コメント・手紙　315

手紙 10

手紙 11　　　　　　　　　　　**手紙 12**

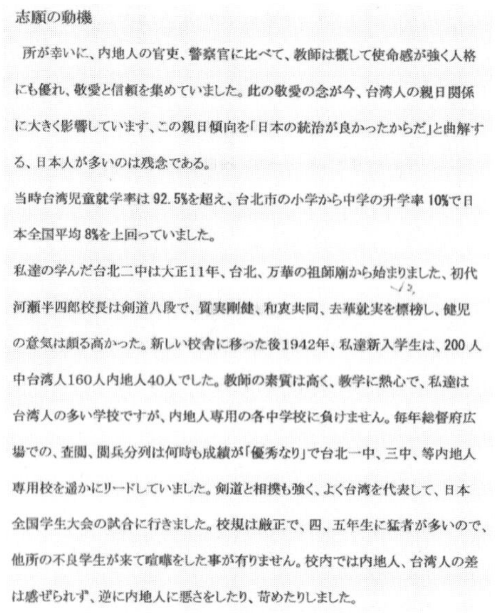

志願の動機

　所が幸いに、内地人の官吏、警察官に比べて、教師は概して使命感が強く人格にも優れ、敬愛と信頼を集めていました。此の敬愛の念が今、台湾人の親日関係に大きく影響しています、この親日傾向を「日本の統治が良かったからだ」と曲解する、日本人が多いのは残念である。

　当時台湾児童就学率は 92.5%を超え、台北市の小学から中学の升学率 10%で日本全国平均 8%を上回っていました。

　私達の学んだ台北二中は大正11年、台北、万華の祖師廟から始まりました、初代河瀬半四郎校長は剣道八段で、質実剛健、和衷共同、去華就実を標榜し、健児の意気は頗る高かった。新しい校舎に移った後1942年、私達新入学生は、200人中台湾人160人内地人40人でした。教師の素質は高く、教学に熱心で、私達は台湾人の多い学校ですが、内地人専用の各中学校に負けません。毎年総督府広場での、査閲、閲兵分列は何時も成績が「優秀なり」で台北一中、三中、等内地人専用校を遥かにリードしていました。剣道と相撲も強く、よく台湾を代表して、日本全国学生大会の試合に行きました。校規は厳正で、四、五年生に猛者が多いので、他所の不良学生が来て喧嘩をした事が有りません。校内では内地人、台湾人の差は感じられず、逆に内地人に懸さをしたり、苛めたりしました。

　　　　　手紙 13　　　　　　　　　　　　　　　手紙 14

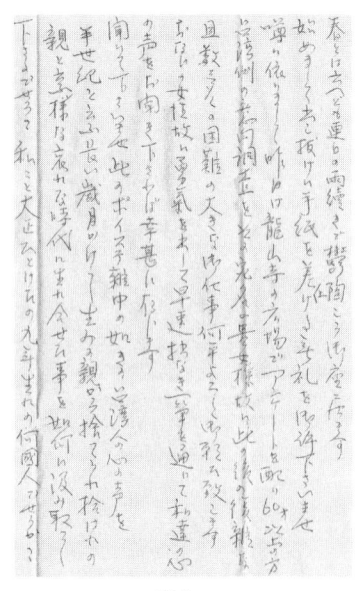

4.　まとめ

　ここで紹介した内容は、筆者が行ったアンケート調査に積極的に回答してくれた人のうち、更に積極的に意見を寄せてくれた人々のものである。従って、これらの内容が台湾人高齢層のすべてを示しているわけではない。しかし、全てではなくとも一部であることは事実である。これらの意見から戦後台湾人高齢層は苦難の道を歩いてきたことが察せらる。勿論ここで挙げた記述の中には偏りのある意見もあるかもしれない。しかし、意図的にそうした意見を選び出したわけではないし、また故意に何らかの手を加えたわけでもなく、筆者のもとに寄せられた意見のほとんどをそのままの形でここに紹介した。

　内容を見ると、数量的には日本への要望や世界における台湾の地位についての要望に関わる記述が多い。これは筆者が調査を行った当時、交流協会の職員であったことも関係しているだろうが、それ以上に、日本および日本人に台湾人高齢層、そして台湾の立場を理解し、知ってもらいたいという願い

の反映だと思われる。このような想いはこれまで自由に表現し、声に出せたわけではない。二二八事件、白色テロ、戒厳令[23]など様々な歴史を経て現在に至り、そして今やっと言論の自由を主張できるようになったのである。こうして時の流れが幸いして、台湾人高齢層の調査を可能とし、また多くの意見や手紙が得られた。この調査を行ったのは1994年であるが、それより十年前であったら、台湾の政治的理由からこのような調査は無理であった可能性が高く、また本稿で紹介したような台湾人高齢層の生の意見を寄せてもらうことも不可能であったかもしれない。

　戦後70年近くの歳月が過ぎ、かつて日本が行った国語教育を受けた人々も少数派の一歩をたどるばかりである。歴史的見地及び日本語教育の見地から、かつて日本が国語教育を行ったアジアの他の地域においても、様々な調査が行われ、より多くの資料が記録に残されることを希望する。

注

1　本章の内容は甲斐ますみ（1998）に加筆したものである。
2　ただし、判読が全く不可能な意見および調査とは全く関係のない記述箇所は省くことにする。また、中国語の繁体字を用いていて、それに相当する日本語の常用漢字がある場合は、常用漢字になおして表記する。
3　有効回答数845というのは甲斐（1996）の回答数に従う。
4　その他のものは漢語で書かれてあるが、台湾語を漢語で書いたもの、日本語式漢語など、標準の北京官話ではなく、誤りを含み、判読が難しいものが多い。
5　よって、日本語訳の自然さよりも、原文を重視する。文頭の番号の前に「*」印があるものは筆者が日本語訳を行ったものである。
6　調査内容と関係のない記述部分、もしくは調査結果を解釈する上で関係のない記述部分（例えば、人名の羅列、人探しの依頼、自己の事業紹介等）は「中略」する（以下同様）。
7　###は判読不可能部分（以下同様）。
8　筆者は台湾での調査当時、「日本語普及専門家」という職名で台北にある「交流協会」に勤務していた。交流協会は、1972年日中国交正常化により、台湾と日本が国交断

絶した後、「円滑な日台関係の維持」を目的として設置されたいわば大使館に相当する機関である。

9　「芝山巌事件」のことであろう。当時、芝山巌の寺廟で日本語を教えていた六名の日本人教師が蜂起した抗日団によって殺された。
10　「懐念」は「懐かしく思い出す」という意味。
11　以下 07)〜10)は、筆者が台湾人高齢層の集まりに同席させてもらった際、いくつかの質問を口頭で行ったが、それに対して後日、回答の手紙を送ってきてくれたものである。
12　名称「台湾文化協会」。林献堂を総理に 1921 年に創立。台湾議会の創設運動の推進、講演会の組織などの活動を行う。
13　「日後」は「日語」の誤字であろう。日語とは日本語のこと。
14　「K」は「カラオケ」。KTV はカラオケボックスのこと。
15　「中華人民共和国」のこと。
16　「国交」のこと
17　知的所有権のことと思われる。
18　この額は日本人の戦没者遺族が一年間に支給される年金にも満たない。
19　Formosa。16 世紀中頃、ポルトガル航海者が台湾を「Ila Formosa（麗しの島）」と呼んで以来、台湾の別称となっている。
20　「聯合国」とは「国連」のこと。
21　第 1 章でも説明したが、外省人とは戦後蒋介石と共に、またはそれ以後中国大陸から台湾に移ってきた人々のことである。黄宣範（1993）の推定によると、台湾約 2,100 万人の人口のうち、外省人は約 13% を占めている。
22　明朝復興の中心的人物。1661 年、約 2 万 5,000 の将兵を率いて台湾を攻略し、当時台湾を占領していたオランダの勢力を追放する。母親は日本人。
23　1949 年に施行され、約 40 年後の 1987 年 7 月に解除。戒厳令が敷かれていた間は、報道、海外旅行をはじめ、様々な制限があった。

第6章
巻末資料

1. 初等教育就学率―台湾籍児童と日本籍児童の比較―（臺灣省行政長官公署統計室（編）『臺灣省五十一年來統計提要』1946: 1241-1242 を基に作成）

	台湾籍児童			日本籍児童		
	平均	男	女	平均	男	女
1919年（大正8）	20.70%	32.40%	7.40%	95.60%	96.10%	95.00%
1922年（大正11）	29.20%	43.70%	12.30%	97.80%	98.20%	97.40%
1925年（大正14）	29.50%	44.20%	13.20%	98.30%	98.40%	98.10%
1928年（昭和3）	30.30%	45.00%	14.40%	98.40%	98.50%	98.20%
1931年（昭和6）	34.20%	49.50%	17.90%	99.00%	99.10%	98.90%
1934年（昭和9）	39.30%	54.70%	23.00%	99.10%	99.10%	99.10%
1937年（昭和12）	46.70%	62.00%	30.30%	99.50%	99.50%	99.50%
1940年（昭和15）	57.60%	70.60%	43.60%	99.60%	99.50%	99.60%
1943年（昭和18）	71.30%	80.90%	60.90%	99.60%	99.60%	99.60%

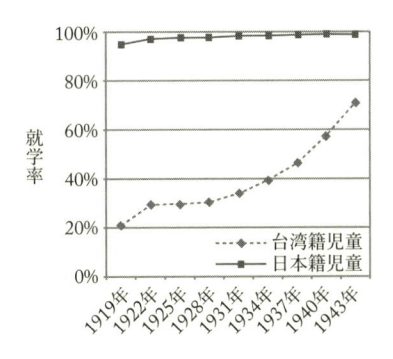

2. 小学校と公学校数および児童数の比較（『臺灣年鑑』大正十三年版上（1924）、昭和十二年版上（1937）、昭和十四年版上（1939）、昭和十六年版上

(1941)を基に作成)。

	1924年 (大正13)	1936年 (昭和11)	1938年 (昭和13)	1940年 (昭和15)
小学校数	122校	136校	144校	150校
小学校児童数	—	42,968人	44,758人	48,087人
公学校数(本校及び分教場を含む)	716校	783校	796校	824校
公学校児童数	—	414,695人	512,777人	632,782人

3. 全児童数に対する台湾人児童の割合(『臺灣年鑑』大正十三年版上(1924)、昭和十二年版上(1937)、昭和十四年版上(1939)、昭和十六年版上(1941)、矢内原忠雄(1988: 160)を基に作成[1])。

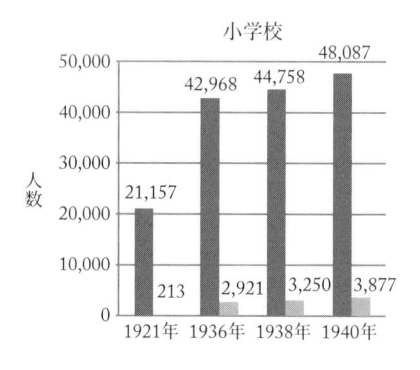

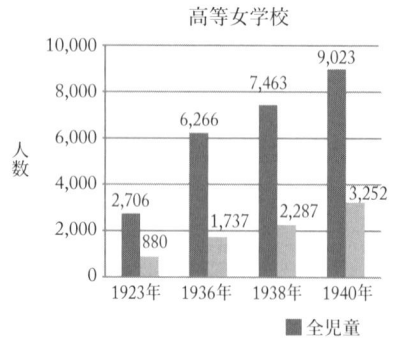

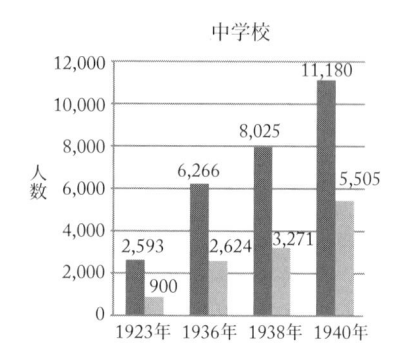

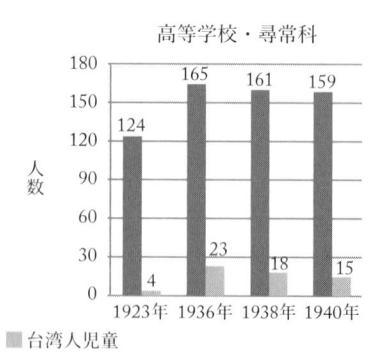

小学校

年	全児童	台湾人児童
1921年	21,157	213
1936年	42,968	2,921
1938年	44,758	3,250
1940年	48,087	3,877

中学校

年	全児童	台湾人児童
1923年	2,593	900
1936年	6,266	2,624
1938年	8,025	3,271
1940年	11,180	5,505

高等女学校

年	全児童	台湾人児童
1923年	2,706	880
1936年	6,266	1,737
1938年	7,463	2,287
1940年	9,023	3,252

高等学校・尋常科

年	全児童	台湾人児童
1923年	124	4
1936年	165	23
1938年	161	18
1940年	159	15

■ 全児童　■ 台湾人児童

高等学校・高等科

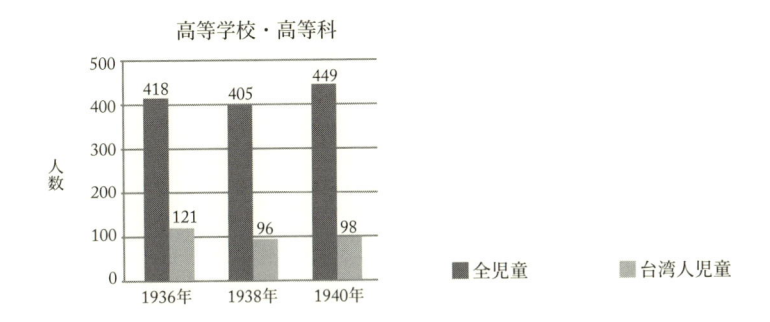

年	全児童	台湾人児童
1936年	418	121
1938年	405	96
1940年	449	98

4. 1934年～1937年の学校数、全学生数、教員数（臺灣總督府文教局（編）『學次第三十六年報』1940: 5 より）

	1934年 （昭和9年）	1935年 （昭和10年）	1936年 （昭和11年）	1937年 （昭和12年）
小学校	135	136	140	143
公学校	775	781	785	788
中学校	10	10	11	12
高等学校	1	1	1	1
高等女学校	13	13	13	13
農業学校	3	3	3	4
工業学校	1	1	1	1
商業学校	2	2	3	4
実業補習学校	34	39	41	49
高等工業学校	1	1	1	1
帝国大学付属農林専門部	1	1	1	1
帝国大学付属医学専門部	1	1	1	1
帝国大学	1	1	1	1
師範大学	4	4	4	4
盲唖学校	2	2	2	2
全学生徒数	395,486人	426,956人	463,457人	513,423人
卒業者数	52,388人	57,125人	59,153人	64,211人
教員数	8,107人	8,451人	8,965人	9,723人

5. 公学校本科卒業者及び中途退学者（鎮清漢1993: 237を基に作成）

	卒業者	中途退学者
1931 年(昭和 6)	25,718 人	27,565 人
1932 年(昭和 7)	29,373 人	28,906 人
1933 年(昭和 8)	32,127 人	29,274 人
1934 年(昭和 9)	35,615 人	29,344 人
1935 年(昭和 10)	39,427 人	30,095 人
1936 年(昭和 11)	41,222 人	32,729 人
1937 年(昭和 12)	45,363 人	29,138 人

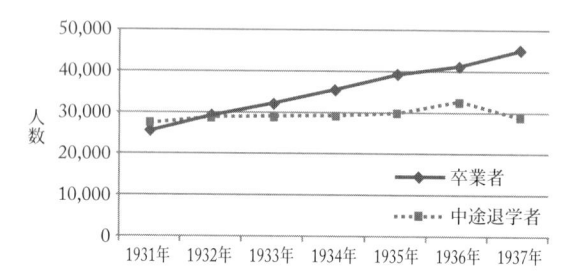

6. 公学校における日本人教員と台湾人教員の比率(臺灣省行政長官公署統計室(編)『臺灣省五十一年來統計提要』1946: 1231 を基に作成)

	日本人	台湾人	計
1899 年(明治 32)	169 人	168 人	337 人
1904 年(明治 37)	242 人	378 人	620 人
1909 年(明治 42)	378 人	643 人	1,021 人
1914 年(大正 3)	651 人	905 人	1,556 人
1919 年(大正 8)	1,165 人	2,286 人	3,451 人
1924 年(大正 13)	1,659 人	3,516 人	5,175 人
1929 年(昭和 4)	2,065 人	3,299 人	5,364 人
1934 年(昭和 9)	2,826 人	3,208 人	6,034 人
1935 年(昭和 10)	3,115 人	3,181 人	6,296 人
1936 年(昭和 11)	3,523 人	3,196 人	6,719 人
1937 年(昭和 12)	4,082 人	3,160 人	7,242 人
1938 年(昭和 13)	4,561 人	3,220 人	7,781 人
1939 年(昭和 14)	5,408 人	3,316 人	8,724 人

1940 年(昭和 15)	5,844 人	3,837 人	9,681 人
1941 年(昭和 16)	6,311 人	4,704 人	11,015 人
1942 年(昭和 17)	6,701 人	5,764 人	12,465 人
1943 年(昭和 18)	6,857 人	6,316 人	13,173 人
1944 年(昭和 19)	5,668 人	8,322 人	13,990 人

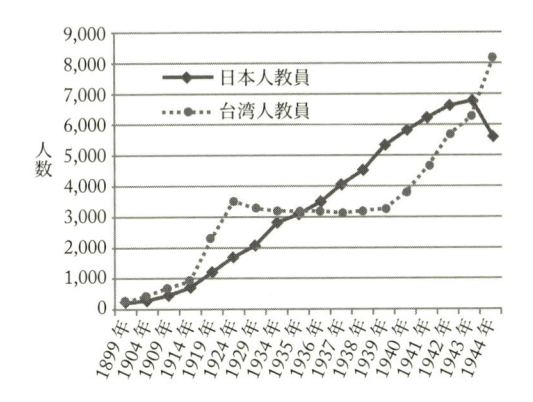

7. 書房数／生徒数と公学校数／生徒数の比較(矢内原忠雄 1988: 161 を基に作成)

	1899 年(明治 32)	1902 年(明治 35)	1904 年(明治 37)	1926 年(昭和元年)
書房数	1,421	1,623	1,080	123
生徒数	25,215 人	29,742 人	21,661 人	5,275
公学校数	96	139	153	539
生徒数	9,817 人	18,845 人	23,178 人	216,011 人

8. 先住民在学者数と就学率(臺灣教育會(編)『臺灣教育沿革誌』1939: 505-506、臺灣總督府警務局(編)『高砂族の教育』1940: 39 を基に作成)

	在学者数	就学者数	就学の始期に達したる者	就学率
1904 年(明治 37)	20 人			
1908 年(明治 41)	51 人			
1912 年(大正元)	376 人			
1916 年(大正 5)	1,452 人			

1920 年（大正 9）	1,179 人			
1924 年（大正 13）	4,424 人			
1928 年（昭和 3）	5,541 人			
1932 年（昭和 7）	7,091 人			
1935 年（昭和 10）	7,697 人	10,929 人	15,339 人	71.25%
1936 年（昭和 11）	7,971 人	11,448 人	15,212 人	75.25%
1937 年（昭和 12）	8,315 人	12,041 人	15,275 人	78.82%
1938 年（昭和 13）	8,283 人	12,207 人	15,142 人	80.61%
1939 年（昭和 14）	9,102 人	12,662 人	14,981 人	84.52%

* 1904 年～ 1932 年のデータは『臺灣教育沿革誌』、1935 年～ 1939 年のデータは『高砂族の教育』より抜粋。
* 在学者数は修業年限 4 年の教育所に通う児童数であり、就学者数には在学者と卒業者を含める。

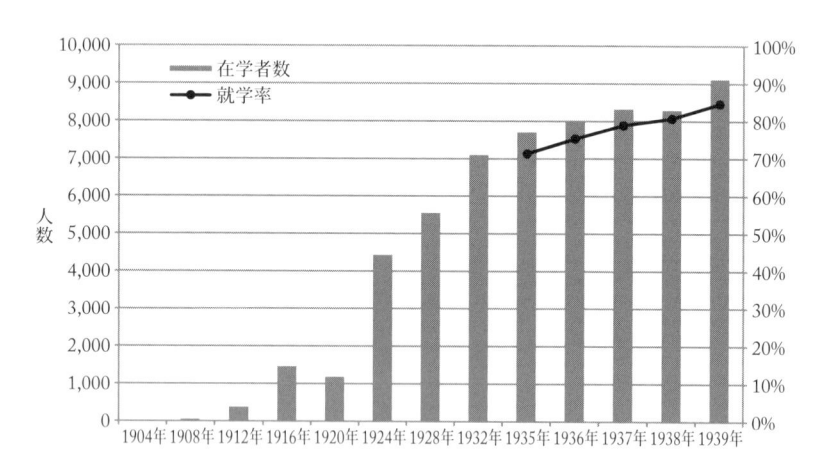

9. 1929 年（昭和 4）時点の先住民、民族別就学率（松澤員子 1999: 332 より）

民族別	学齢者 100 人中
タイヤル	45.12%
サイシャット	23.42%
ブヌン	37.65%
ツォウ	37.78%
パイワン	33.72%
アミ	59.90%
ヤミ	4.12%

* パイワンにはルカイとブヌマを含む。

10. 内地留学（臺灣教育會（編）『臺灣教育沿革誌』1939: 351、臺灣總督府文教局（編）『學次第三十六年報』1940: 47 を基に作成）

1907 年 （明治 40）	1909 年 （明治 42）	1911 年 （明治 44）	1932 年 （昭和 7）	1934 年 （昭和 9）
19 人	13 人	45 人	1,384 人	1,966 人

11. 1921 年（大正 10）の公学校教授程度及び毎週教授時間表（臺灣教育會（編）『臺灣教育沿革誌』1939: 346–347 を基に作成）

	第一学年		第二学年		第三学年		第四学年		第五学年		第六学年	
	時数	程度	時数	程度	時数	程度	時数	程度	時数	程度	時数	程度
修身	2	道徳の要旨	2	道徳の要旨	2	道徳の要旨	2	道徳の要旨	2	道徳の要旨	2	道徳の要旨
国語	14	近易な話し方、読み方、綴り方、書き方	14	近易な話し方、読み方、綴り方、書き方	14	近易な話し方、読み方、綴り方、書き方	14	普通の話し方、読み方、綴り方、書き方	10	普通の話し方、読み方、綴り方、書き方	10	普通の話し方、読み方、綴り方、書き方
算術	4	百以下の整数	5	千以下の整数	5	万以下の整数	5	整数、小数、などの数、珠算	5	整数、小数、などの数、珠算	5	分数、歩合算、珠算
漢文	1	平易な単句、単文の読み方、綴り方	2	平易な単句、単文の読み方、綴り方	2	平易な文章の読み方、綴り方	2	平易な文章の読み方、綴り方	男 2	平易な文章の読み方、綴り方	男 2	平易な文章の読み方、綴り方
地理									1	日本地理の大要		前学年の続き、台湾と直接関係ある地方の地理の大要
理科									2	天然物自然界の現象及びその利用	2	天然物自然界の現象及びその利用、衛生の大要
図画	1	簡易な描写	1	簡易な描写	1	簡易な描写	1	簡易な描写	1	簡易な描写	1	簡易な描写
実科									男 5	農業：農業の大意及び実習、商業：商業の大意及び実習、手工：簡易な製作	男 5	農業：農業の大意及び実習、商業：商業の大意及び実習、手工：簡易な製作
唱歌 体操	3	単音唱歌 体操、教練遊戯	3	単音唱歌 体操、教練遊戯	3	単音唱歌 体操、教練遊戯	3	単音唱歌 体操、教練遊戯	2	単音唱歌 体操、教練遊戯	2	単音唱歌 体操、教練遊戯

裁縫及び家事				女 3	簡易な裁縫及び手芸	女 3	簡易な裁縫及び手芸	女 7	普通の裁縫及び手芸、家事の大要及び実習	女 7	普通の裁縫及び手芸、家事の大要及び実習
計	26		27	男27女30		男27女30		30		30	

＊本表の外、州知事又は廳長に於いて実習の為、毎週6時間を増加できる。

12. 社会教育(『臺灣年鑑』昭和十二年版上(1937)、昭和十四年版上(1939)、昭和十六年版上(1941)を基に作成)

	1937年(昭和12)	1939年(昭和14)	1941年(昭和16)
国語講習所数	2,197	3,454	11,206
生徒数	131,799人	214,865人	547,469人
簡易国語講習所数	1,735	3,852	4,627
生徒数	73,415人	257,277人	215,794人
青年団数	—	1,335	1,636
団員数	—	117,706人	454,328人
青年補習教育数	545	818	720
生徒数及び受講生数	23,392人	43,022人	36,371人
青年訓練所数		31	53
生徒数	—	2,016人	3,366人
少年団数	130	500	978
団員数	5,731人	70,738人	193,912人

国語講習所[2]：昭和8年国語普及十年計画の樹立に伴い設立される。初等普通教育を受けない凡そ12歳以上25歳以下の青少年に対する簡易な国民教育を施す施設。1年又は3年間で毎年100日以上、国語、実科、体操、唱歌などを教授する。

簡易国語講習所：公学校教育を受けない者又は公学校中途退学者に対し、農閑期1ヶ月ないし6ヶ月間、国語を教授する。

青年団：国語の普及及び練磨、徳性の涵養、智識技能の修練、体育の振興、社会奉仕等の各種修養施設を講じ、毎月数回の修養的集会を行う。

青年補習教育：国語習熟、皇民精神の涵養、職業智識の向上を目的とする修養的施設で、公学校卒業生に対し卒業後2年間教育する。

青年訓練所：内地では大正15年から設立されたが、台湾では昭和7年から実施。青年の心身を鍛錬し、徳性を涵養すると共に、職業及び実生活に必須な知識技能を授ける。入所資格は普通科(2年)は尋常小学校卒業者、本科(男子は5年又は4年、女子は3年又は2年)は普通科修了者又は高等小学校卒業者、研究科(1年)は本科修了者又はこれに相当する者で、満14歳以上20歳未満。修身、公民科、普通学科、職業科、体操科、女子には家事及び裁縫科が加えらる。1週2日ないし3日、1日約3時間の訓練を実施(中越1936: 175–177)。

その他の社会教育として、ラジオ放送、国語演習会、講演会、講習会、他があった。

ラジオは 1930 年（昭和 5 年）から、毎月 2 回「国語普及の夕」が開催され、台中、台南の放送局設立後は毎週日曜日に実施される。1937 年（昭和 12 年）には部落強化が行われ、その後学校教育、家庭教育、社会教育で利用されるよう聴取機の設備を奨励し普及が図られた（『臺灣年鑑』昭和十二年版上、昭和十六年版上）。「国語普及の時間」というラジオ放送も毎月 12 回あり、夜間 1 時間ほど小公学校児童、国語講習所生徒又は青年団員等が国語会話、談話、唱歌などを組み合わせて放送した（中越榮二 1936: 91-91）。

国語演習会は、毎月 1 回主要都市で巡回的に開催され、出場者は国語講習所の生徒、公学校卒業生、公学校本科六年児童の中から国語に堪能な者を選抜して出演させた（中越榮二 1936: 91-91）。

13. 台湾島の住民（臺灣省行政長官公署統計室（編）『臺灣省五十一年來　統計提要』1946: 326 を基に作成）[3]

	1906 （明治 39 年）	1916 （大正 5 年）	1926 （昭和元年）	1936 （昭和 11 年）	1943 （昭和 18 年）
総数	3,156,706 人	3,596,109 人	4,241,759 人	5,451,863 人	6,585,841 人
本島人	3,075,375 人	3,435,034 人	4,010,485 人	5,108,914 人	6,133,867 人
日本人（総人口に対する割合）	71,040 人 (2.25%)	142,450 人 (3.96%)	195,416 人 (4.61%)	282,012 人 (5.17%)	397,090 人 (6.03%)
朝鮮人	—	2 人	353 人	1,694 人	2,775 人
その他の外国人	10,291 人	18,623 人	35,505 人	59,243 人	5,2109 人

14. 1939 年（昭和 14）末時点の主要都市人口内訳（『臺灣年鑑　昭和十六年版上』1924: 15-16 を基に作成）

	日本人	本島人	朝鮮人	外国人	合計
台北市	95,027人 (27.9%)	231,428人 (68.0%)	337人 (0.1%)	13,322人 (3.9%)	340,114
新竹市	7,971人 (13.3%)	51,484人 (85.8%)	51人 (0.1%)	477人 (0.8%)	59,983
台中市	17,508人 (21.5%)	63,083人 (77.3%)	97人 (0.1%)	926人 (1.1%)	81,614
台南市	17,309人 (13.2%)	110,515人 (84.3%)	102人 (0.2%)	3,153人 (2.4%)	131,079
高雄市	27,453人 (23.2%)	89,100人 (75.2%)	221人 (0.1%)	1,661人 (1.4%)	118,435
台東街	3,726人 (18.6%)	15,741人 (78.8%)	19人 (0.1%)	502人 (2.5%)	19,988

15. 1920年（大正9）時点の日本人出身県別人口（『臺灣年鑑　大正十三年版　上』1924: 71 を基に作成）

熊本	16,353人	大分	4,534人	石川	2,428人	長野	1,873人	埼玉	1,035人
鹿児島	16,272人	兵庫	4,456人	香川	2,401人	福井	1,786人	奈良	1,035人
福岡	8,898人	新潟	4,220人	福島	2,390人	千葉	1,749人	北海道	911人
広島	8,401人	愛知	3,825人	島根	2,317人	神奈川	1,606人	栃木	895人
山口	7,463人	愛媛	3,732人	静岡	2,295人	滋賀	1,586人	岩手	817人
佐賀	6,780人	岡山	3,134人	和歌山	2,206人	山形	1,490人	秋田	736人
東京	6,347人	宮崎	2,820人	京都	2,142人	鳥取	1,386人	青森	232人
長崎	6,038人	高知	2,789人	茨城	2,123人	富山	1,247人		
宮城	5,657人	岐阜	2,650人	徳島	1,979人	山梨	1,062人		
大阪	4,675人	沖縄	2,433人	三重	1,923人	群馬	1,053人		

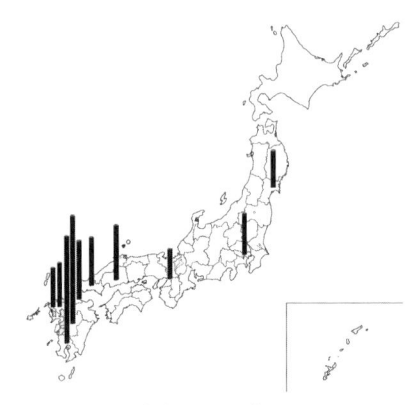

出身県トップ10

16. 本島人で中国語を理解する者（中越榮二 1936: 66 より）

	1905 （明治38年）	1915 （大正4年）	1920 （大正9年）	1930 （昭和5年）
パーセンテージ	0.38%	1.63%	2.68%	12.36%

17. 南洋群島における公学校本科の就学率（矢内原忠雄 1935: 392-393 より）[4]。

	1931年(昭和6)			1927年(昭和2)
	男	女	合計	合計
サイパン	84.47%	79.78%	82.32%	64.27%
ヤップ	73.75%	58.72%	66.93%	51.27%
パラオ	93.08%	94.27%	93.61%	86.77%
チューク	73.79%	24.31%	31.21%	14.25%
ポナペ	91.23%	92.03%	91.61%	67.27%
ヤルート	24.84%	36.98%	40.07%	34.85%
平均	61.03%	51.67%	56.63%	43.61%

＊就学可能な8歳から14歳までの児童を対象に調査。数値は調査時点で公学校を卒業、あるいは公学校在学中の児童数を基に算出。

18. 1933年（昭和8）時点のチャモロ人、カナカ人を合わせた島民人口に対する公学校本科生及び卒業生数の割合（矢内原忠雄 1935: 394 より）。

	島民人口	公学校本科生徒及び卒業生	全島民に対する割合
男	25,886人	5,073人	19.6%
女	24,228人	3,349人	13.82%
合計	50,114人	8,422人	16.81%

19. 朝鮮における国語理解者（熊谷明泰 2004: 483-484, 534-534、弘谷多喜夫・広川淑子 1973: 68 を基に作成）

	朝鮮人人口総数	国語を解する朝鮮人数	国語理解者率
1913年(大正2)末	15,169,923人	92,261人	0.61%
1918年(大正7)末	16,697,017人	302,907人	1.81%
1923年(大正12)末	17,446,913人	712,267人	4.08%
1927年(昭和2)末	18,631.494人	1,182,015人	6.34%
1928年(昭和3)末	18,667,334人	1,290,241人	6.91%
1929年(昭和4)末	18,784.437人	1,440,623人	7.67%
1930年(昭和5)末	19,685,587人	1,627,136人	8.27%
1931年(昭和6)末	19,710,168人	1,724,209人	8.75%
1932年(昭和7)末	20,037,273人	1,542,443人	7.70%

1933 年(昭和 8)末	20,205,591 人	1,578,121 人	7.81%
1934 年(昭和 9)末	20,513,804 人	1,690,880 人	8.24%
1935 年(昭和 10)末	21,248,864 人	1,878,704 人	8.84%
1936 年(昭和 11)末	21,373,572 人	2,103,962 人	9.84%
1937 年(昭和 12)末	21,682,855 人	2,397,398 人	11.06%
1938 年(昭和 13)末	21,950,716 人	2,717,807 人	12.38%
1939 年(昭和 14)末	22,093,310 人	3,069,032 人	13.89%
1940 年(昭和 15)末	22,954,563 人	3,573,338 人	15.57%
1941 年(昭和 16)末	23,913,063 人	3,972,094 人	16.61%
1942 年(昭和 17)末	25,525,409 人	5,089,214 人	19.94%
1943 年(昭和 18)末	25,827,308 人	5,722,448 人	22.15%

＊国語を理解する者の標準は国民学校 4 年修了程度以上において調査した関係上、10 歳未満の者は全て不理解者として取り扱っている。10 歳以上の人口だけの場合、1943 年(昭和 18)の国語理解者率は 33.7％となり、その内国語を僅かに理解する者は 15.1％、普通会話に支障のない者は 18.6％(熊谷明泰 2004: 534)。

20. 朝鮮における普通学校生徒数及び就学率(弘谷多喜夫・広川淑子 1973: 32, 36, 56 より)

	在学者	就学率(推定)		在学者	就学率(推定)
1910 年(明治 43)	20,194 人	1%	1926 年(昭和元)	408,928 人	14%
1911 年(明治 44)	32,384 人	1%	1927 年(昭和 2)	422,212 人	14%
1912 年(大正元)	43,562 人	2%	1928 年(昭和 3)	432,224 人	14%
1913 年(大正 2)	47,451 人	2%	1929 年(昭和 4)	443,525 人	15%
1914 年(大正 3)	53,019 人	2%	1930 年(昭和 5)	460,585 人	16%
1915 年(大正 4)	60,690 人	2%	1931 年(昭和 6)	502,107 人	16%
1916 年(大正 5)	67,628 人	3%	1932 年(昭和 7)	517,091 人	16%
1917 年(大正 6)	75,688 人	3%	1933 年(昭和 8)	564,901 人	17%
1918 年(大正 7)	80,113 人	3%	1934 年(昭和 9)	640,140 人	20%
1919 年(大正 8)	80,632 人	3%	1935 年(昭和 10)	720,757 人	21%
1920 年(大正 9)	107,365 人	4%	1936 年(昭和 11)	802,976 人	23%
1921 年(大正 10)	159,361 人	6%	1937 年(昭和 12)	901,182 人	26%
1922 年(大正 11)	238,058 人	9%	1938 年(昭和 13)	1,050,371 人	30%
1923 年(大正 12)	306,358 人	11%	1939 年(昭和 14)	1,215,340 人	34%
1924 年(大正 13)	346,048 人	12%	1940 年(昭和 15)	1,385,944 人	38%

| 1925 年（大正 14） | 385,687 人 | 13% | | |

*就学率は $\frac{在学者}{学齢児童} \times 100$ の計算による。

21. 1936 年（昭和 11）時点の日本人及び朝鮮人各学校数と生徒数（阿部宗光・阿部洋 1972: 68 より）

区分	学校数	生徒数 日本人	生徒数 朝鮮人	生徒数 計	学校段階別生徒数 日本人	学校段階別生徒数 朝鮮人
小学校	501	84,714 人	2,061 人	86,775 人	85,331 人	848,489 人
普通学校	2,498	617 人	798,224 人	798,841 人		
簡易学校	43	—	48,204 人	48,204 人		
中・高等女学校	47	17,395 人	903 人	18,298 人	17,546 人	22,248 人
男・女高等普通学校	67	151 人	21,345 人	21,496 人		
実業学校	83	5,584 人	13,180 人	18,764 人	6,392 人	18,314 人
実業補習学校	746	808 人	5,134 人	5,942 人		
計					109,269 人	889,051 人

22. 記述記号

--	IU の途切れ	(COUGH)		咳
%	単語の途切れ	(GULP)		驚いて息を呑む
.	IU の終わり	<C>	</C>	中国語
,	息継ぎ、ポーズ	<E>	</E>	英語
\	下降ピッチ	<WH>	</WH>	ささやきながら
/	上昇ピッチ	<CRK>	</CRK>	かすれ声で
?	明らかな質問	<F>	</F>	大きい声で
=	発音延ばし	<FF>	</FF>	非常に大きい声で
#	聞き取れない発音	<P>	</P>	やさしい、又は小さい声で
@	笑い	<PP>	</PP>	非常に小さい声で
@H	笑いながら息を吸う	<@>	</@>	笑いながら
@Hx	笑いながら息を出す	<CR>	</CR>	だんだん大きい声で
...(N)	3 秒以上のポーズ（秒数）	<DIM>	</DIM>	だんだん小さい声で
...	3 秒程度のポーズ	<A>	</A>	早口に
..	短いポーズ	<L>	</L>	ゆっくりしたしゃべりで

(0)	途切れなしで次の発話開始	<RH>	</RH>	リズミカルに
[　]	発話の重なり	<MRC>	</MRC>	一語一語強調して
[2　2]	次の発話の重なり	<ARH>	</ARH>	ためらいがちに
(H)	息を吸う	<AS>	</AS>	びっくりした声で
(Hx)	息を吐く	<TER>	</TER>	泣き声で
(SNIFF)	鼻をすする	<#>	</#>	聞き取れるが理解できない語
(TSK)	舌打ち	■		人名等個人情報の為削除

注

1　『臺灣省五十一年来統計提要』(1946)に記されている生徒数は若干異なる。
2　成人先住民の教育は警察官吏駐在所又は派出所に設置された国語講習所で行われ、教師はほとんどは警察官だった。1943年末には272箇所の国語講習所が設置され、講習を受けた人数は2万人を超えた(石剛 1993: 37)。
3　矢内原忠雄(1988: 141)によると、台湾在住の日本人の大部分は公務員、自由業、商工業者であった。
4　矢内原は、就学率が島によって異なるのは文化程度の差異に比例しているのではなく、主に交通の難易により、離島が多く、交通の便が悪い地域は就学率が良くないと述べている(p. 393)。

おわりに

　本書では台湾の多数派を占める台湾人を中心として、彼らの話す日本語を文法的側面、言語習得・言語衰退の側面から分析した。しかし言語は社会の中で形成される。彼らの歴史的、社会文化的背景を知らずには、彼らの日本語を説明することはできない。本書は単に言語を文法的に分析するだけではなく、「台湾」という所に住む、国語教育を受けた人々の日本語をできるだけ包括的に捉えることを目的とした。また台湾人の話す日本語とその他の地域の人の話す日本語とを比較することによって、台湾人の日本語の特徴及び言語習得状況をより明確にさせることを試みた。

　台湾の人も、南洋群島の人も、そして朝鮮語話者の人も皆、子供の時に学んだ言葉は忘れない、と言った。それはある意味事実であろう。しかし、学んだと言っても、人が話すのを聞いて覚えただけでは70年近くも保持するに耐え得る言語習得レベルには達しなかったであろう。地域による習得レベルの差が本書の考察から示されたが、それでも学校教育でしっかり学び、そしてその上に日本人との接触を通してや、読み書き、歌などを通して、初等教育機関卒業以後も日本語に接したことが約70年間の言語保持に繋がっていると言えよう。また、非常に嫌な思いをして学んだ言語であったら70年近くも覚えている筈はない。終戦と同時にきれいさっぱり忘れようと努めていたことだろう。今この時代に生き、戦後の教育を受けた我々が、その当時の政策や教育を今の価値観やメンタリティーによって分析すると、言語を奪った、日本人は酷いことをした、という話になるのだろうが、まず台湾や南洋群島の言語は文字を持たないにも拘らず、家庭内や友人同士というドメインで使用されながらしっかり保持されている。語彙の影響はあった。台湾、ヤップ、パラオ、朝鮮、どの地域の言語にも日本語の語彙が入り込んだ。しかし、音韻形態や文法が変わることはなく、日本が30年も50年も

統治したにも拘らず、全ての植民地の言語は保持されている。ある程度の人口をもった言語はそう簡単には死滅しない、言語のバイタリティを示す証拠である。

　台湾、ヤップ、パラオ、グアムでのインタビューを通じて、かつて日本の国語教育を受けた人々は、日本や日本人に親しみをもっていることが非常に強く感じられた。第二次世界大戦中の日本軍の行為と日本の統治は別のことである。日本の統治時代、教育者は（良いか悪いかは別として）いい日本人を育成しようとして子供達を教育した、そういう先生達の姿が各地のインタビューを通して浮かび上がってきた。あるインフォーマントはこれを「先生の愛の教育」と言っていた。文字をもたない言語を話す人々に、他言語であったとしても文字を与え、学ぶことを教える。衛生習慣を身につけさせ、死亡率を低める。いい人間になるように教育する。それ自体は悪ではないだろう。筆者は縁あって、かつて日本が占領した地域と関わりをもつことになった。最初は台湾、そして現在、旧南洋群島の真ん中、グアムにいる。この暖かい南の島からかつての歴史を見ると、それまで学校がない、文字がない子供達に教育を施すのは並々ならぬ愛情があってのことだろうと想像に難くない。本当に多くの教師が教育に熱情を傾け、子供達に愛情をもっていたのだろうと思われる。また台湾や南洋群島に移民した日本人達も、差別意識を前面に押し出し、搾取目的で現地の人に対して不当なむごい行いをした、という話はインタビューから聞かなかった。そういう人がいたとは考えられる。しかし多数派ではなかったことは明らかなようである。

　台湾の人々の話は涙なしには聞けない。いい日本人になりなさいと教育され、先生が言うように日本語を一生懸命学び、日本の為に戦い、そして戦後は日本に見捨てられた、それが彼らの思いである。戦後台湾は経済成長し、228事件や白色テロなど存在しなかったような勢いである。しかし「台湾人は可哀想だ」と高齢層は言う。あるインフォーマントは、読むのも書くのも日本語ということは実は悲しいことだと言っていた。戦後大陸から渡って来た新政府が台湾を永住の地と考え、台湾語の文字を整備し、台湾語で教育を行っていれば、自分達の文字によって世界の情報を得ることができていたからだ。そして台湾という国になっていたかもしれない。それは日本の統治が

終了した終戦直後、台湾人が実現すると思ったことであった。

　今、かつての日本の植民地で、日本語を国語として学んだ人々はいなくなりつつある。歴史の検証と解明は歴史家に任せるとして、言語学者ができることは、消えていく言葉を記録に残すことである。そうした点に本書が少しでも貢献できれば幸いである。

参考文献

＊台湾人の筆者名は、本人が文献で使用した名前の読み方（日本式、北京語式、台湾語式）に沿って筆者名にふりがなをつけているが、参考文献列挙の順は日本語の読み方（音読み）で並べている。また、文献名や人名に旧字体あるいは台湾の繁体字を使用している場合は、そのままの表記を使用する。韓国人筆者の場合は韓国読みに沿って並べている。当該文献に筆者名の読み方が特に明記されていなかった場合は、その他の文献で使用していた読み方を、それが見つからなかった場合は名前にふりがなをつけていない。

麻原三子雄(1942)「南洋群島に於ける國語教育」『國語文化講座第六巻　國語進出編』、朝日新聞社、89–105.

東 照二(1997)『社会言語学入門―生きた言葉のおもしろさにせまる―』、研究社.

阿部宗光・阿部洋(編)(1972)『韓国と台湾の教育開発』、アジア経済研究所.

新井芳子(2001)「日・中両言語におけるあいづちの頻度―テレビのインタビュー番組を例にして」『台灣日本語文學報』16号、台灣日本語文學會、119–139.

安 龍洙(An Yong-Su)(1999)「日本語学習者の漢語の意味の習得における母語の影響について―韓国人学習者と中国人学習者を比較して―」『第二言語としての日本語の習得研究』3号、凡人社、5–18.

生田少子・井出祥子(1983)「社会言語学に於ける談話研究」『月刊言語』12(12)号、大修館書店、77–84.

石井恵理子・柳沢好昭(監修)(1998)『日本語教育重要用語1000』、バベルプレス.

石田敏子(1991)「フランス語話者の日本語習得過程」『日本語教育』75号、日本語教育学会、64–77.

伊集院郁子(2004)「母語話者による場面に応じたスピーチスタイルの使い分け―母語場面と接触場面の相違―」『社会言語科学』6(2)号、社会言語科学会、12–26.

伊豆原英子(1993)「終助詞「よ」「よね」「ね」の総合的考察―「よね」のコミュニケーション機能の考察を軸に―」『名古屋大学留学生センター　日本語・日本文化論集』1、名古屋大学留学生センター、21–34.

泉 文明(2008)「植民地支配下および解放後の日本語教育―日本語教科書と韓国人からの聞き取りを手がかりに―」『龍谷紀要』29(2)号、龍谷大学、203–212.

板垣竜太(1999)「植民地期朝鮮における識字調査」『アジア・アフリカ文化研究』58号、東京外国語大学アジア・アフリカ言語文化研究所、277–316.

伊藤友彦(1993)「「名詞＋名詞」から「名詞＋ノ＋名詞」への移行」『静岡大学教育学部研究報告(人文・社会科学篇)』43号、静岡大学、157-163.

伊原吉之助(1988)「台湾の皇民化運動—昭和十年代の台湾(二)—」中村孝志(編)『日本の南方関与と台湾』、天理教道友社、271-386.

岩崎典子(2001)「英語母語話者は「で」と「に」をどのように捉えているのか—インタビュー調査から見えてきたこと—」『2001年度日本語教育学会春季大会予稿集』、日本語教育学会、61-72.

岩立志津夫・小椋たみ子(編)(2005)『よくわかる言語発達』、ミネルヴァ書房.

植野弘子(2005)「植民地台湾の日常生活における『日本』に関する試論—女性とその教育をめぐって—」『人文学論集』43号、茨城大学人文学部、1-17.

植野弘子(2006)「植民地台湾における高等女学校生の『日本』—生活文化の変容に関する試論—」五十嵐真子・三尾裕子(編)『戦後台湾における〈日本〉—植民地経験の連続・変貌・利用—』、風響社、121-154.

上原聡・福島悦子(2004)「自然談話における「裸の文末形式」の機能と用法」『世界の日本語教育』14号、国際交流基金、109-123.

上原轍三郎(1940)『植民地として觀たる南洋群島の研究』、南洋文化協會.

宇佐美まゆみ(1995)「談話レベルから見た敬語使用—スピーチレベルシフト生起の条件と機能—」『学苑』662号、昭和女子大学近代文学研究所、27-42.

宇佐美まゆみ(1997)「「ね」のコミュニケーション機能とディスコース・ポライトネス」『女性のことば：職場編』、ひつじ書房、241-268.

遠藤織枝(編)(2000)『概説日本語教育』、三修社.

王詩琅(編)(1980)『日本殖民地體制下的臺灣』、台北：衆文図書.

大出正篤(1941)「大陸に於ける日本語教授の概観」『日本語』1(3)号、(財)日語文化協会、22-31.

大久保愛(1967)『幼児言語の発達』、東京堂出版.

大関浩美(2007)「日本語の名詞修飾節の習得研究—SLA理論および日本語教育への貢献を考える—」『言語文化と日本語教育　2007年11月増刊特集号　第二言語習得・教育の研究最前線—2007年版—』、お茶の水女子大学日本言語文化学研究会、30-53.

大谷博美(1995)「ハとヲとø—格の助詞の省略—」宮島達夫・仁田義雄(編)『日本語類義表現の文法(上)単文編』、くろしお出版、62-66.

大塚淳子(1995)「中上級日本語学習者の視点表現の発達について—立場志向文を中心に—」『言語文化と日本語教育』9号、お茶の水女子大学日本言語文化学研究会、

281–292.

岡田久美(1997)「授受動詞の使用状況の分析―視点表現における問題点の考察―」『平成9年度日本語教育学会春季大会予稿集』、日本語教育学会、81–86.

奥野由紀子(2001)「日本語学習者の「の」の過剰使用の要因に関する一考察―縦断的な発話調査に基づいて―」『広島大学大学院教育学研究科紀要』第二部第50号、広島大学大学院教育学研究科、187–195.

小椋たみ子(2007)「日本の子どもの初期の語彙発達」『言語研究』132号、日本言語学会、29–53.

柯旗化(1992)『台湾監獄島―繁栄の裏に隠された素顔―』、台湾高雄:第一出版.

柯旗化(1993)「なぜ朝鮮人と中国人は反日的で台湾人は親日的なのか?」『ふぉるもさ』夏季号、台湾文化研究会、50–51.

何義麟(Ho I-ling)(2007)「戦後台湾における日本語使用禁止政策の変遷―活字メディアの管理政策を中心として―」古川ちかし・林珠雪・川口隆行(編)『台湾韓国沖縄で日本語は何をしたのか』、三元社、58–83.

甲斐ますみ(1991)「「は」はいかにして省略可能となるか」『日本語・日本文化』17号、大阪外国語大学留学生別科・日本語学科、113–128.

甲斐ますみ(1993)「台湾、日本、そして日本語―変貌しつつある台湾政治、そして彼らの言語と日本語教育―」『視聴覚教材と言語教育』6号、大阪外国語大学AV技法研究会、93–103.

甲斐ますみ(1995)「台湾における新しい世代の中の日本語」『日本語育』85号、日本語教育学会、135–150.

甲斐ますみ(1996)「台湾人老年層の日本語―彼らの言語生活から―」『言語探求の領域―小泉保博士古希記念論文集―』、大学書林、105–116.

甲斐ますみ(1997a)「言語的背景及び社会的環境から見た台湾人青年層の中の日本語」『岡山大学留学生センター紀要』4号、岡山大学留学生センター、21–41.

甲斐ますみ(1997b)「台湾人老年層の言語生活と日本語意識」『日本語教育』93号、日本語教育学会、3–13.

甲斐ますみ(1998)「台湾調査ノート」『岡山大学留学生センター紀要』5号、岡山大学留学生センター、83–102.

甲斐ますみ(2000)「談話における1・2人称主語の言語化・非言語化」『言語研究』117号、日本言語学会、71–96.

甲斐ますみ(2007)「台湾老年層による日本語会話の分析」『2007年台大日本語文創新国際学術検討会論文集』、国立台灣大学、117–135.

加藤影彦(1990)「教育基本語」玉村文雄編『講座　日本語と日本語教育　第7巻　日本語の語彙・意味(下)』、明治書院、106-120.

加藤春城(1941)「日本語教授に關する二三の感想」『日本語』創刊号、(財)日語文化協会、48-52.

加藤春城(1942a)「臺灣に於ける國語教授の實際問題」『日本語』2(3)号、日本語教育振興会、62-65.

加藤春城(1942b)「臺灣の國語教育」『國語文化講座第六巻　國語進出篇』、朝日新聞社、50-61.

金丸四郎(1941)「臺灣に於ける國語教育」『日本語』2(1)号、日本語教育振興会、60-64.

上水流久彦(2006)「自画像形成の道具としての『日本語』―台湾社会の『日本』を如何に考えるか―」五十嵐真子・三尾裕子(編)『戦後台湾における〈日本〉―植民地経験の連続・変貌・利用―』、風響社、187-216.

川合理恵(2006)「台湾人中級日本語学習者の談話に見られる指示詞の使用状況」『台湾日本語教育論文集』10号、台灣日語教育學會、68-90.

川見駒太郎(1942)「臺灣に於て使用される國語の複雑性」『日本語』2(3)号、日本語教育振興会、32-39.

川村湊(1994)『海を渡った日本語―植民地の「国語」の時間―』、青土社.

簡月真(2000)「台湾の日本語」『国文学　解釈と鑑賞』65(7)号、至文堂、113-121.

簡月真(2005)「共通語として生きる台湾日本語の姿」『国文学　解釈と鑑賞』70(1)号、至文堂、197-210.

簡月真(2011)『台湾に渡った日本語の現在―リンガフランカとしての姿―』真田信治(監修)、明治書院.

木村万寿夫(1966)「台湾における国語教育の思い出」『国語教育研究』12号、広島大学教育学部光葉会、11-16.

木山三佳(2003)「連用修飾説を構成する接続助詞類の使用実態―作文データベースを用いて―」『言語文化と日本語教育』25号、お茶の水女子大日本語言語文化学研究会、13-25.

許夏珮 Sheu Shiah-Pey (1997)「中・上級台湾人日本語学習者による「テイル」の習得に関する横断研究」『日本語教育』95号、日本語教育学会、37-48.

許夏珮 Sheu Shiah-Pey (2000)「自然発話における日本語学習者による「テイル」の習得研究―OPIデータの分析結果から―」『日本語教育』104号、日本語教育学会、20-29.

許夏珮 Sheu Shiah-Pey (2002)「日本語学習者によるテイタの習得に関する研究」『日本語教育』115号、日本語教育学会、41-50.

許時嘉(2008)「国語としての日本語から言語としての日本語へ―戦前から戦後に至るまでの台湾人の日本語観に関する一考察(1895～1946年)―」『言語と文化』9号、名古屋大学大学院国際言語文化研究科日本言語文化専攻、105–126.

許文欣(2003)『阿美語的日語借詞』、台湾：国立清華大學修士論文.

金智英 Kim Jee-Young (2004)「在日コリアン一世の指示詞の運用」『世界の日本語教育』14号、国際交流基金、21–34.

金田一春彦(1982)『日本語セミナー』vol. 1、筑摩書房.

久慈洋子・斉藤こづゑ(1982)「子供は世界をいかに構造化するか：deictic words の獲得」秋山高二・山口常夫・F.C.パン(編)『言語の社会性と習得』、文化評論出版、221–244.

国家順子(1982)「接続詞の発達」秋山高二・山口常夫・F.C.パン(編)『言語の社会性と習得』、文化評論出版、255–276.

熊谷明泰(1997)「朝鮮語ナショナリズムと日本語」田中克彦・山脇直司・糟谷啓介(編)『言語・国家、そして権力』、新世社、164–193.

熊谷明泰(2004)『朝鮮総督府の「国語」政策資料』、関西大学出版部.

黒崎良昭(1998)「会話を発展させる表現」『日本語学』17(3)号、明治書院、104–113.

黒野敦子(1995)「初級日本語学習者における『―テイル』の習得について」『日本語教育』87号、日本語教育学会、153–164.

阮美姝(1992a)『孤寂煎熬四十五年―尋找二二八失踪的爸爸阮朝日―』、台北：前衛出版.

阮美姝(1992b)『幽暗角落的泣聲―尋找二二八散落的遺族―』、台北：前衛出版.

阮美姝(2006a)『台湾二二八の真実　消えた父を探して』、まどか出版.

阮美姝(2006b)『漫画　台湾二二八事件』、まどか出版.

呉守禮(1946)「臺灣人語言意識的側面觀」『臺灣新生報』1期、5月21日付.

呉濁流(1946)「日文廢止に對する管見」『新新』7期10月.

呉文星(1983)『日據時期臺灣師範教育之研究』台北：国立臺灣師範大學歷史研究所.

呉文星・周婉窈・許佩賢・蔡錦堂・中田敏夫・富田哲(編)(2003)『日治時期臺灣公學校與國民學校國語讀本：解說・總目次・索引』、台北：南天書局.

小池生夫(編)(2003)『応用言語学事典』、研究社.

高革萍(2002)「指示詞把握実態調査とその誤用分析―中国人学習者を対象に―」『北條淳子教授古稀記念論集』、早稲田大学日本語研究教育センター初級教科書研究会、83–95.

黃鈺涵(2003)「日本語初級・中級教材における推量表現「ようだ・らしい・みたいだ」について―台湾人日本語学習者のための提言―」『早稲田大学日本語教育研究』2

号、早稲田大学日本語教育研究科、95–119.
黃宣範(Huang Shuan-fan)(1993)『語言、社會與族群意識―台灣語言社會學的研究―』、台北：文鶴出版.
黃文雄(こうぶんゆう)(2003)『台湾朝鮮満州　日本の植民地の真実』、扶桑社.
合津美穂(ごうづみほ)(2000)「日本統治時代における台北市在住「台湾人」の日本語使用―社会的変種の使用について―」『信州大学留学生センター紀要』1号、信州大学留学生センター、51–61.
合津美穂(ごうづみほ)(2001)「日本統治時代の台湾における日本語意識―漢族系台湾人を対象として―」『信州大学留学生センター紀要』2号、信州大学留学生センター、61–77.
合津美穂(ごうづみほ)(2002)「漢族系台湾人高年層の日本語使用―言語生活史調査を通じて―」『信州大学留学生センター紀要』3号、信州大学留学生センター、25–44.
國府種武(こくぶたねたけ)(1931)『國語教育の展開』、台北：第一教育社.
国立国語研究所(こくりつこくごけんきゅうしょ)(1951)『現代語の助詞・助動詞―用例と実例―』、国立国語研究所.
国立国語研究所(こくりつこくごけんきゅうしょ)(1980)『日本人の知識階層における話しことばの実態』、国立国語研究所.
国立国語研究所(こくりつこくごけんきゅうしょ)(2007)「第30回「ことば」フォーラム　日本語の中の外来語と外国語―新聞、雑誌、テレビ―」(http://www.ninjal.ac.jp/products-k/event/forum/30/haihu_30.pdf).
小林正一(1941)「語法と語彙の問題」『日本語』1(2)号、(財)日語文化協会、24–28.
小林典子(こばやしのりこ)(1998)「外国人日本語学習者による副用語の誤用―誤用例の分類の試み―」『筑波大学留学生センター日本語教育論集』3号、筑波大学留学生センター、29–47.
小林春美(こばやしはるみ)・佐々木正人(ささきまさと)編(1997)『子どもたちの言語獲得』、大修館書店.
小柳かおる(こやなぎ)(2004)『日本語教師のための新しい言語習得概論』、スリーエーネットワーク.
近藤正己(こんどうまさき)(1996)『総戦力と台湾―日本植民地崩壊の研究―』、刀水書房.
蔡嘉綾(2007)「日本語学習者の会話におけるフィラーの研究―中国語母語話者を中心に―」『東北大学高等教育開発推進センター紀要』2号、東北大学高等教育開発推進センター、311–314.
蔡錦雀(さいきんじゃく)(1999)「『臺灣教科用書國民讀本』について」『國立中央圖書館臺灣分館蔵　臺灣教科用書　國民讀本』、久留米大学、871–900.
蔡錦雀(さいきんじゃく)(2002)「日本植民地時代の台湾公学校用国語読本の研究―第5期の『コクゴ』・『こくご』・『初等科國語』を中心に(1)―」『蔡茂豐教授古希記念論文集』、台北：東吳大學、75–99.
蔡錦堂(さいきんどう)(2006)「日本統治時代と国民党統治時代に跨って生きた台湾人の日本観」五十嵐真子・三尾裕子(編)『戦後台湾における〈日本〉―植民地経験の連続・変貌・利用―』、風響社、19–59.

蔡徳本(1994)『台湾のいもっ子』、集英社.
蔡培火(1936)「臺灣に於ける國字問題」『教育』4(8)号、岩波書店、1233–1239.
蔡茂豐(2003)「台湾における日本のテレビ番組の視聴とその影響」『日本語学』22(11)号、明治書院、25–35.
酒井恵美子(1996)「台湾タイヤル族の日本語―共通語形と非共通語形の使用について―」中条修(編)『論集 言葉と教育』、和泉書院、311–322.
坂根慶子(1998)「留学生教育史の視点から見た『台湾人内地留学』の実態」『東海大学紀要留学生校教育センター』18号、東海大学留学生教育センター、51–68.
坂本正(2005)「母語干渉判定基準―五つの提案―」『言語教育の新展開　牧野成一教授古希記念論集』、ひつじ書房、275–288.
坂本正・岡田久美(1996)「日本語の授受動詞の習得について」『アカデミア―文学・語学編―』61号、南山大学、157–202.
坂本正・町田延代・中窪高子(1995)「超上級日本語話者の発話における誤りについて」『Proceedings of the 6th Conference on Second Language Research in Japan』、International University of Japan、66–94.
崎山理(1995)「ミクロネシア・ベラウのピジン化日本語」『思想の科学』第8次(26)、思想の科学社、44–52.
迫田久美子(1997)「日本語学習者における指示詞ソとアの使い分けに関する研究」『第二言語としての日本語の習得研究』1号、凡人社、57–70.
迫田久美子(1998)『中間言語研究―日本語学習者による指示詞コ・ソ・アの習得』、渓水社.
迫田久美子(2001)「学習者独自の文法」「学習者の文法処理方法」「母語の習得と外国語の習得」野田尚史他『日本語学習者の文法習得』第1章、第2章、第11章、大修館書店、3–23、25–43、195–212.
迫田久美子(2002)『日本語教育に生かす第二言語習得研究』、アルク.
迫田久美子(2007)「日本語学習者によるコソアの習得―学習者はどこが難しいのか―」『言語』36(2)号、大修館書店、66–73.
佐々木恭子・川口良(1994)「日本人小学生・中学生・高校生・大学生と日本語学習者の作文における文末表現の発達過程に関する一考察」『日本語教育』84号、日本語教育学会、1–13.
佐藤圭司(1997)「《普通語》と《台湾國語》の対照研究―《台湾國語》にひそむ日本語からの借用語彙を中心に―」、台湾：東呉大學日本語文學系修士論文.
佐藤勢紀子・福島悦子(1998)「日本語学習者と母語話者における発話末表現の待遇レベル

認識の違い」『東北大学留学生センター紀要』4号、東北大学留学生センター、31–40.

佐藤武義(2002)「語と語彙構造」飛田良文・佐藤武義(編)『現代日本語講座　第4巻　語彙』、明治書院、1–19.

真田信治・簡月真(2008a)「台湾における日本語クレオールについて」『日本語の研究』4(2)号、日本語学会、69–76.

真田信治・簡月真(2008b)「私のフィールドノートから　(18)台湾の日本語クレオール」『言語』37(6)号、大修館書店、94–99.

佐野正人(2007)「日本語との抗争から和解へ―韓国での日本語をめぐる言語編成史・概説―」古川ちかし・林珠雪・川口隆行(編)『台湾韓国沖縄で日本語は何をしたのか』、三元社、86–102.

産経新聞「TAIPEI」1994年4月16日夕刊.

史明(1962)『台湾人四百年史』、音羽書房.

篠原正巳(1999)『続台湾語雑考　日本人と台湾語』、台北：到良出版社.

篠原利逸(1942)「ある日の日本語教室(二)」『日本語』2(5)号、日本語教育振興会、105–120.

司馬遼太郎(1994)「街道をゆく　台湾紀行」『週刊朝日』5月6–13日号.

柴原智代(2002)「「ね」の習得― 2000/2001長期研修OPIデータの分析―」『国際交流基金日本語国際センター紀要』12号、国際交流基金、19–34.

渋谷勝己(1995a)「旧南洋群島に残存する日本語の可能表現」『無差』2号、京都外国語大学日本語学科、81–96.

渋谷勝己(1995b)「多くの借用語と高い日本語能力を保ち続ける人々」『月刊日本語』22(5)、アルク、22–25.

渋谷勝己(1997)「旧南洋群島に残存する日本語の動詞の文法カテゴリー」『阪大日本語研究』9号、大阪大学文学部日本語学講座、61–76.

渋谷勝己(1999)「ミクロネシアに残る日本語②―パラオの場合」『言語』28(7)、大修館書、76–79.

渋谷勝己(2001)「教室での習得と自然な習得」野田尚史他『日本語学習者の文法習得』、大修館書店、177–194.

渋谷勝己(2003)「消滅の危機に瀕した第二言語―パラオに残存する日本語を中心に―」崎山理(編)『消滅の危機に瀕した言語の研究の状況と課題　国立民族学博物館調査報告』39号、国立民族学博物館、31–50.

志村明彦(1989)「日本語のForeigner Talkと日本語教育」『日本語教育』68号、日本語教育

学会、204–214.

鍾清漢(Chung Ching-han)(1993)『日本植民地下における台湾教育史』、多賀出版.

白川博之(しらかわひろゆき)(1992)「終助詞「よ」の機能」『日本語教育』77号、日本語教育学会、36–48.

白畑知彦(しらはたともひこ)(1993)「幼児の第2言語としての日本語獲得と「ノ」の過剰生成―韓国人幼児の縦断研究―」『日本語教育』81号、日本語教育学会、104–115.

徐汶宗(2006)『台湾における日系借形語の一考察』、台湾:銘傳大學應用日語學系修士論文.

『新臺灣』「燕京台灣國語普及會創辨意見書」1946年2月15日付、新台灣社.

菅谷奈津恵(すがやなつえ)(2002)「第二言語としての日本語のアスペクト習得研究概観―「動作の持続」と「結果の状態」のテイルを中心に―」『言語文化と日本語教育』2002年5月特集号、日本言語文化学研究会、70–86.

菅谷奈津恵(すがやなつえ)(2003)「日本語学習者のアスペクト習得に関する縦断研究―「動作の持続」と「結果の状態」のテイルを中心に―」、『日本語教育』119号、日本語教育学会、65–74.

菅谷奈津恵(すがやなつえ)(2004)「第二言語の生産的言語能力獲得におけるかたまりの役割―日本語の動詞活用を中心に―」『言語文化と日本語教育』増刊特集号、日本言語文化学研究会、111–122.

杉谷實穂(2005)『台湾語のシラブルと日本語からの借用語』、台北:東吳大学日本語文学系修士論文.

須藤健一(すどうけんいち)(2003)「日本の南洋群島統治のあらまし」倉田洋二・稲本博(編)『パラオ共和国―過去と現在そして21世紀へ―』、おりじん書房、182–192.

石剛(Shi Gang)(1993)『植民地支配と日本語』、三元社.

関正昭(せきまさあき)(1990)『日本語教育史』、私家版.

関正昭(せきまさあき)・平高史也(ひらたかふみや)編(1997)『日本語教育史』、アルク.

染川清美(そめかわきよみ)(2009)「日本残留孤児の居場所―日本統治後の台湾日本語俳句の空間から―」『大阪大学日本学報』28号、大阪大学大学院文学研究科日本学研究室、89–114.

孫愛維(そんあいい)(2007)「第二言語としての日本語の支持し習得の研究概観―非現場指示の場合―」『言語文化と日本語教育』2007年11月増刊特集号、お茶の水女子大学に本言語文化学研究会、55–89.

SLA研究会編集(1994)『第二言語習得研究に基づく最新の英語教育』、大修館書店.

戴國輝(タイコオフェイ)(1979)『台湾と台湾人―アイデンティティを求めて』、研文出版.

臺灣教育會(編)(1939)『臺灣教育沿革誌』、臺灣教育會.

臺灣省行政長官公署統計室(編)(1946)『臺灣省五十一年來統計提要』.

臺湾總督府(1936)『臺灣事情　昭和十一年版上』台北：成文出版社.

臺灣總督府警務局(編)(1940)『高砂族の教育』.

臺灣總督府文教局(1940)『學次第三十六年報』.

『臺灣年鑑　大正十三年版上』(1924)、台北：成文出版社.

『臺灣年鑑　昭和十二年版上』(1937)、台北：成文出版社.

『臺灣年鑑　昭和十四年版上』(1939)、台北：成文出版社.

『臺灣年鑑　昭和十六年版上』(1941)、台北：成文出版社.

高木眞美(2001)「「助詞の習得と誤用」に関する調査」『昭和女子大学大学院日本語教育研究紀要』1号、昭和女子大学大学院日本語教育研究会、50–56.

高橋織恵(2004)「連体修飾構造の習得過程に関する研究概観―「の」の過剰使用と脱落を中心に―」『言語文化と日本語教育』2004年11月増刊特集号、お茶の水女子大学日本言語文化額研究会、147–167.

田中真理(1997)「日本語学習者の視点・ヴォイスの習得―「受益文」と「視点の統一」を中心に―」『Proceedings of the 8th conference on second language research in Japan』、国際大学、107–134.

多仁安代(2000a)「日本語教育の歩んできた道」遠藤織枝(編)『概説日本語教育』、三修社、180–200.

多仁安代(2000b)『大東亜共栄圏と日本語』、勁草書房.

『中國時報』「第四台合法後第一次剪線」1994年1月8日付、中國時報文化事業股份有限公司.

『中國時報』「母語教學・城郷有別」1994年9月29日付、中國時報文化事業股份有限公司.

曹喜澈(1994)「韓国における『国語醇化運動』と日本語」『日本語学』13(12)号、明治書院、82–90.

張　良澤(1983)「台湾に生き残った日本語―「国語」教育より論ずる―」『中国語研究』22号、白帝社、1–35.

朝鮮總督府學務局(1921)『朝鮮の教育』.

陳逸雄(1988)『台湾抗日小説選』、研文出版.

陳姿菁(2005)「「話者の移行期」に現れるあいづち―日本語、台湾の「国語」と台湾語を中心に―」『日本語科学』18号、国書刊行会、25–46.

Chen Wen-min
陳文敏(1998)「台湾人日本語学習者と日本語母語話者の発話末に見られるスピーチレベルシフト」『平成10年度日本語教育学会春季大会予稿集』、日本語教育学会、57–62.

Chen Wen-min
陳文敏(2003)「同年代の初対面同士による会話に見られる「ダ体発話」へのシフト―生起

しやすい状況とその頻度をめぐって―」『日本語科学』14号、国書刊行会、7–28.

陳文敏(Chen Wen-min)(2005)「「デス・マス発話」を基本とする初対面同士会話に見られる"「ダ体発話」＋終助詞"」『台灣日本語文學報』創刊20號記念號、台灣日本語文學會、456–478.

陳培豐(Chen Pei-feng)(2001)『「同化」の同床異夢』、三元社.

陳培豐(Chen Pei-feng)(2007)「反植民地主義と近代化―国語「同化」教育の再検討―」古川ちかし・林珠雪・川口隆行(編)『台湾韓国沖縄で日本語は何をしたのか』、三元社、20–39.

陳麗君(2004)「台湾閩南語における日本語からの借用語」『南台應用日語學報』、南台科技大學應用日語系、73–90.

寺尾康(2002)『いい間違いはどうして起こる？』、岩波書店.

土居利幸・吉岡薫(1990)「助詞の習得における言語運用上の制約―ピーネマン・ジョンストンモデルの日本語習得研究への応用―」『Proceeding of the 1st Conference of Second Language Acquisition and Teaching』、International University of Japan、23–33.

富山一郎(1993)「ミクロネシアの「日本人」―沖縄からの南洋移民をめぐって―」『歴史評論』513号、校倉書房、54–65.

中越榮二(1936)『臺灣の社會教育』、台北：「臺灣の社會教育」刊行所.

中島和子(1999)「国際社会におけるバイリンガル育成と日本語教育」『日本語学』18(4)号、明治書院、48–58.

中田敏夫(2003)「『台湾教科用書国民読本』の国語学的研究」呉文星、周婉窈、許佩賢、蔡錦堂、中田敏夫、富田哲(編)『日治時期臺灣公學校與國民學校國語讀本：解説・總目次・索引』、台北：南天書局、96–141.

中野裕也(1998)「―台湾原住民村落内に残存する日本語―世代ごとの日本語能力の推移と村民の使用する日本語の特色―」『藝文研究』74号、慶應義塾大学、184–167(175–192).

永野賢(1960)「幼児の言語発達―とくに助詞「の」の習得過程について」『関西大学国文学会　島田教授古希記念国文学論集』、関西大学国文学会、405–418.

西村一之(2003)「台湾社会における「日本」の存在に対する試論：日本語の位置づけ」『日本女子大学紀要　人間社会学部』第14号、日本女子大学、21–34.

西村一之(2006)「台湾先住民アミの出稼ぎと日本語―遠洋漁業を例として―」五十嵐真子・三尾裕子(編)『戦後台湾における〈日本〉―植民地経験の連続・変貌・利用―』、風響社、155–186.

野田尚史(2001)「学習者独自の文法の背景」「文法項目の難易度」「文法の理解と運用」野田他『日本語学習者の文法習得』第3章、第6章、第7章、大修館書店、45–62、101–120、121–138.

野田尚史(1998)「「ていねいさ」からみた文章・談話の構造」『国語学』194集、日本語学会、1–14.

野本菊雄他(1980)『日本人の知識階層における話しことばの実態』、国立国語研究所.

林 大(監修)(1982)『図説日本語』、角川書店.

林 正寛(1987)「ピジン・クレオール研究略史」『一橋論叢』98(1)号、一橋大学、97–114.

林 正寛(1997a)「台湾の言語状況と近代日本」田中克彦・山脇直司・糟谷啓介(編)『言語・国家、そして権力』、新世社、131–144.

林 正寛(1997b)「言語接触と多言語島「台湾」」『現代思想』25巻、青土社、146–157.

春山行夫(1942)「臺灣の國語教育參觀記」『日本語』2(2)号、(財)日本語教育振興会、49–57.

比嘉正範(1974)「ハワイの日本語」『現代のエスプリ85 ことばと心理学』、至文堂、178–197.

久松潜一(1941)「國語教育と日本語教育」『日本語』1(3)号、(財)日語文化協会、4–8.

日野成美(1942)「對譯法の論據」『日本語』2(6)号、日本語教育振興会、64–73.

弘谷多喜夫・広川淑子(1973)「日本統治下の台湾・朝鮮における植民地教育政策の比較史的研究」『北海道大学教育学部紀要』22号、北海道大学教育学部、19–92.

ピーティー, マーク R.(1992)「日本植民地支配下のミクロネシア」『岩波講座 近代日本と植民地1 植民地帝国日本』、岩波書店、189–296.

福田須美子(1989)「芦田恵之助の南洋群島国語讀本」『成城文藝』126号、成城大学文藝学部、213–226.

藤原与一(1977)『幼児の言語表現能力の発達』、文化評論出版.

堀敏夫(1941)「満州國における日本語教育の動向」『日本語』創刊号、(財)日語文化協会、52–29.

堀口純子(1979)「年少児の受給表現」『ことばの発達』F.C.パン・堀(編)、文化評論出版、51–76.

堀口純子(1983)「授受表現にかかわる誤りの分析」『日本語教育』52号、日本語教育学会、91–103.

毎日新聞社(1978)『別冊1億人の昭和史 日本植民地史3 台湾』、毎日新聞社.

前田均(1989)「アミ語(高砂諸語)の中の日本語」『山辺道』33号、天理大学国文学研究室、134–143.

前田均(1993)「日本統治下台湾の教師たち」『南方文化』20輯、天理南方文化研究会、154–169.

前田均(2000)「在日朝鮮人の日本語教育―戦前の日本語教科書―」『国文学解釈と鑑賞』

65(7)号、至文社、94–101.

益田信夫(1942)「直接法と教材(一)」『日本語』2(6)号、日本語教育振興会、57–63.

松尾慎(2006)『台湾における言語選択と言語意識の実態』、台北：群學出版.

松澤員子(1999)「日本の台湾支配と原住民の日本語教育―パイワン社会におけるカタカナの受容―」栗本・井野瀬(編)『植民地経験―人類学と歴史学からのアプローチ―』、人文書院、326–345.

松田由美子・斎藤俊一(1992)「第2言語としての日本語学習に関する縦断的事例研究」『世界の日本語教育』2号、国際交流基金、129–156.

松田吉郎(2004a)『台湾原住民と日本語教育―日本統治時代台湾原住民教育史研究―』、晃洋書房.

松田吉郎(2004b)「台湾先住民と日本語教育―阿里山ツオウ族の戦前・戦後―」水野直樹(編)、『生活の中の植民地主義』、人文書院、131–160.

松永正義(2007)「台湾言語事情札記」『言語社会』1号、一橋大学大学院言語社会研究科、89–103.

松本恭子(1999)「ある中国人児童の来日2年目の語彙習得―『取り出し授業』での発話と作文の縦断調査(形態素レベルの分析)―」『第二言語としての日本語の習得研究』3号、第二言語習得研究会、36–56.

三尾砂(1942)『話し言葉の文法(言葉遣篇)』帝国教育会出版、復刻版(1995)、くろしお出版.

水谷信子(1983)「あいづちと応答」『話しことばの表現』、筑摩書房、37–44.

水谷信子(1984)「日本語教育と話しことばの実態―あいづちの分析―」『金田一春彦博士古希記念論文集　第二巻言語学編』、三省堂、261–279.

水谷信子(1985)『日英比較　話しことばの文法』、くろしお出版.

水谷信子(1988)「あいづち論」『日本語学』7(12)号、明治書院、4–11.

水野義道(1988)「中国語のあいづち」『日本語学』7(12)号、明治書院、18–23.

三谷太一郎(1992)「満州国国家体制と日本の国内政治」『岩波講座　近代日本と植民地2　帝国統治の構造』、岩波書店、179–214.

南不二男(1974)『現代日本語の構造』、大修館書店.

三牧陽子(1993)「談話の展開標識としての待遇レベル・シフト」『大阪教育大学紀要　第Ⅰ部門』42(1)号、大阪教育大学、39–51.

三牧陽子(2007)「文体差と日本語教育」『日本語教育』134号、日本語教育学会、58–67.

宮城紀美(1999)「ミクロネシアに残る日本語①―ポンペイ島からのレポート」『言語』28(7)、大修館書店、38–41.

宮武かおり(2009)「日本語会話のスピーチレベルを扱う研究の概観」『コーパスに基づく言語学教育研究報告』1号、305–322.（http://cblle.tufs.ac.jp/assets/files/publications/working_papers_01/section/305-322.pdf#search=%27%E6%97%A5%E6%9C%AC%E8%AA%9E%E4%BC%9A%E8%A9%B1%E3%81%AE%E3%82%B9%E3%83%94%E3%83%BC%E3%83%81%E3%83%AC%E3%83%99%E3%83%AB%E3%82%92%E6%89%B1%E3%81%86%E7%A0%94%E7%A9%B6%E3%81%AE%E6%A6%82%E8%A6%B3%27）.

宮本孝(1995)『長期滞在者のための最新情報55 台湾』、三修社.

宮脇弘幸(1994)「旧南洋群島における皇民化教育の実態調査―マジュロ・ポナペ・トラックにおける聞き取り調査」『教育研究所 研究年報』17集、成城学園教育研究所、167–210.

宮脇弘幸(1995)「旧南洋群島における日本化教育の構造と実態及び残存形態」、『人文社会科学論叢』4号、宮城学院女子大学人文社会科学研究所、53–105.

宮脇弘幸(監修)(2006)『南洋群島 國語讀本』第一巻、大空社.

村上嘉英(1979)「閩南語における日本語語彙の受容様態」『天理大学学報』119号、天理大学学術研究会、27–43.

メイナード・泉子(1987)「日米会話におけるあいづち表現」『言語』16(2)号、大修館書店、88–92.

メイナード・K・泉子(1991)「文体の意味―ダ体とデスマス体の混用について―」『言語』20(2)号、大修館書店、75–80.

メイナード・K・泉子(1993)『会話分析』、くろしお出版.

森岡純子(2006)「パラオにおける戦前日本語教育とその影響―戦前日本語教育を受けたパラオ人の聞きとり調査から―」『山口幸二教授退職記念論文集』、立命館大学法学会、331–397.

森本順子(1998)「助詞「は」と「が」の習得過程―オーストラリア日本語学習者の作文から―」『京都教育大学紀要』93号、京都教育大学、113–128.

八木公子(1996)「初級学習者の作文にみられる日本語の助詞の正用順序―助詞別、助詞の機能別、機能グループ別に―」『世界の日本語教育』6号、国際交流基金、65–81.

八木公子(1998)「中間言語における主題の普遍的卓越―「は」と「が」の習得研究からの考察―」『第二言語としての日本語の習得研究』2号、第二言語習得研究会、57–67.

安田敏朗(1997)『植民地のなかの「国語学」』、三元社.

矢内原忠雄(1935)『南洋群島の研究』、岩波書店.

矢内原忠雄(1929/1988)『帝国主義下の台湾』、岩波書店1929年復刻版.

山岡俊比古(1999)「第2言語習得と語彙的成句」『言語表現研究』15号、兵庫教育大学言語表現学会、5-16.

山口喜一郎(1941)「華北に於ける日本語教育」『日本語』1(7)号、日本語教育振興会、38-50.

山田真理・中村透子(2000)「連体修飾の『の』に関する中級学習者の習得状況とストラテジー」『2000年度日本語教育学会春季大会予稿集』、日本語教育学会、93-98.

山本雅代(1996)『バイリンガルはどのようにして言語を習得するのか』明石書店.

山本禮子(1999)『植民地台湾の高等女学校研究』多賀出版.

由井紀久子(1996)「旧ヤップ公学校卒業生の日本語談話能力―訂正過程についての一考察―」『阪大日本語研究』8号、大阪大学、73-85.

由井紀久子(1998a)「パラオ語に受容された日本語を起点とする借用語」『研究論叢』51号、京都外国語大学、310-330.

由井紀久子(1998b)「旧南洋群島公学校における日本語教育の諸問題」『無差』5号、京都外国語大学日本語学科、77-98.

由井紀久子(1999a)「ミクロネシア諸語に取り込まれた借用語対照表(1)」『京都外国語大学研究論叢』52号、京都外国語大学国際言語平和研究所、137-163.

由井紀久子(1999b)「ミクロネシア諸語に取り込まれた借用語対照表(2)」『京都外国語大学研究論叢』53号、京都外国語大学国際言語平和研究所、147-167.

由井紀久子(1999c)「ミクロネシア諸語に取り込まれた借用語対照表(3)」『京都外国語大学研究論叢』54号、京都外国語大学国際言語平和研究所、171-191.

由井紀久子(2000a)「ミクロネシア諸語に取り込まれた借用語対照表(4)」『京都外国語大学研究論叢』55号、京都外国語大学国際言語平和研究所、321-335.

由井紀久子(2000b)「ミクロネシア諸語に取り込まれた借用語対照表(5)」『京都外国語大学研究論叢』56号、京都外国語大学国際言語平和研究所、327-331.

由井紀久子(2000c)「ミクロネシアの日本語―形成と機能」『国文学解釈と鑑賞』65号(7)、至文堂、133-138.

由井紀久子(2002)「「日本語」から「国語」へ―旧南洋群島でのことばによる統合力の構築―」『京都外国語大学研究論叢』59号、京都外国語大学、239-246.

尹喜貞(2004)「第二言語としての日本語の授受動詞習得研究概観―習得順序の結果と研究方法との対応に焦点をあてて―」『言語文化と日本語教育』2004年11月増刊特集号、日本言語文化学研究会、168-181.

横山正幸(1990)「幼児の連体修飾発話における助詞「ノ」の誤用」『発達心理学研究』1(1)号、日本発達心理学会、2-9.

吉田妙子(1994)「「て」形接続の誤用例分析―「て」と類似の機能を持つ接続語との異同

―」『台灣日本語文學報』6号、台灣日本語文學會、149–173.

李園會（2005a）『日據時期　臺灣初等教育制度』、台北：鼎文書局.

李園會（2005b）『日據時期　臺灣教育史』、台北：復文書局.

李幸禧（2005）「台湾人日本語学習者のモダリティ表現習得の一考察―初級文型の「だろう」「でしょう」を中心に―」『銘傳日本語教育』第 8 期、銘傳大學應用語文學院應用日語學系、224–245.

李承機 (Lee Cheng-chi)（2005）「1930 年代台湾における「読者大衆」の出現―新聞紙上の競争化から考える植民地のモダニティ―」呉密察・黄英哲・垂水千恵（編）『記憶する台湾―帝国との相剋』、東京大学出版会、245–279.

李承機 (Lee Cheng-chi)（2007）「植民地期台湾人の「知」的体系―日本語に「横領」された「知」の回路―」古川ちかし・林珠雪・川口隆行（編）『台湾韓国沖縄で日本語は何をしたのか』、三元社、40–57.

李寛子（1993）「台湾の言語生活の背景と実態について」『台湾日本語文學報』5 号、台湾日本語文學會、99–133.

劉　建　華（リューチェンホウ）（1987）「電話でのアイヅチ頻度の中日比較」『言語』16(12) 号、大修館書店、93–97.

劉　志明（りゅうしめい）（1999）「中国・台湾における日本語観」『日本語学』18(4) 号、明治書院、41–47.

廖　英助（りょうえいすけ）（1994）「台湾原住民の社会における日本語の使用状況―タイヤル族を中心にして―」『日本語学』13(12) 号、明治書院、91–100.

臨時南洋群島防衛隊司令部（りんじなんようぐんとうえいたいしれいぶ）（1917）『南洋群島國語讀本』巻一、秀英舎.

臨時南洋群島防衛隊司令部（りんじなんようぐんとうえいたいしれいぶ）（1917）『南洋群島國語讀本』巻二、秀英舎.

若　林　正丈（わかばやしまさひろ）（1997）『台湾の台湾語人・中国語人・日本語人―台湾人の夢と現実―』、朝日新聞社.

若　林　正丈（わかばやしまさひろ）（2001）『台湾―変容し躊躇するアイデンティティ』、ちくま新書.

若　林　正丈・劉進慶・松永正義編（わかばやしまさひろ・りゅうしんけい・まつながまさよし）（1990）『台湾百科』、大修館書店.

Bahrick, P. Harry (1984). Fifty years of second language attrition: Implications for programming research. *The Modern Language Journal*, 68, 105–111.

Belau National Museum and Embassy of Japan in the Republic of Palau (2005). *Exhibit of history and culture during Japanese administration period*.

Berko-Gleason, Jean (1982). Insights from child language acquisition for second language loss. In R. D. Lambert & B. F. Freed (Eds.), *The loss of language skills* (pp. 13–23). Rowley, London, Tokyo: Newbury House.

Berman, Ruth A. & Olshtain, Elite (1983). Features of first language transfer in second language attrition. *Applied Linguistics*, 4, 222–234.

Bialystok, Ellen & Hakuta, Kenji (1999). Confounded age: Linguistic and cognitive factors in age differences for second language acquisition. In D. Birdsong (Ed.), *Second language acquisition and the critical period hypothesis* (pp. 162–181). NJ: Lawrence Erlbaum.

Bowerman, Melissa (1982). Starting to talk worse: Clues to language acquisition from children's late speech errors. In S. Strauss (Ed.), *U-shaped behavioral growth* (pp. 101–145). NY: Academic Press.

Burstall, Clare (1975). Primary French in the balance. *Educational Research, 17*, 193–198.

Burt, Marina K. & Kiparsky, Carol (1974). Global and local mistakes. In J. H. Schumann & N. Stenson (Eds.), *New frontiers in second language learning* (pp. 71–80). Rowley, MA: Newbury House.

Chafe, Wallace L. (1987). Cognitive constraints on information flow. In R. Tomlin (Ed.), *Coherence and grounding in discourse* (pp. 21-51). Amsterdam: John Benjamins

Chafe, Wallace L. (1994). *Discourse, consciousness, and time: The flow and displacement of conscious experience in speaking and writing.* Chicago: University of Chicago Press.

Clancy, Patricia (1985). The acquisition of Japanese. In D. I. (Ed.), *The crosslinguistic study of language acquisition -vol. 1: The data-* (pp. 373–524). Hillsdale, NJ: Lawrence Erlbaum.

Clyne, Michael G. (Ed.) (1981). *Foreigner talk.* The Haque: Mouton.

Cohen, Andrew D. (1975). Forgetting a second language. *Language Learning, 25*(1), 127–138.

Cohen, Andrew D. (1989). Attrition in the productive lexicon of two Portuguese third language speakers. *Studies in Second Language Acquisition, 11*, 135–149.

Corder, Stephen P. (1967). The significance of learners' errors. *International Review of Applied Linguistics, 4*, 161–170.

Cummins, Jim (1980). Cross-linguistic dimensions of language proficiency: Implications for bilingual education and the optimal age issue. *TESOL Quarterly, 14*(2), 175–187.

Cummins, Jim (1981). *Bilingualism and minority language children.* Toronto: Ontario Institute for Studies in Education.

Cummins, Jim (2000). *Language, power and pedagogy: Bilingual children in the crossfire.* Clevedon, UK: Multilingual Matters.Ltd.

Chaudron, Craig (1988). *Second language classroom: Research on teaching and learning.* Cambridge, UK: Cambridge University Press.

De Villiers, Jill G. & De Villiers, Peter A. (1973). A cross-sectional study of the acquisition of grammatical morphemes in child speech. *Journal of Psycholinguistic Research, 2*(3), 267–278.

Di Biase, Bruno & Kawaguchi, Satomi (2002). Exploring the typological plausibility of processability theory: Language development in Italian second language and Japanese second language. *Second Language Research. 18*, 274–302.

Diessel, Holger & Tomasello, Michael (2000). The development of relative clauses in spontaneous child speech, *Cognitive Linguistics, 11*, 131–151.

Du Bois, John, Cumming, Susanna, Schvetze-Coburn, Stephan, & Paolino, Danae (1992). *Discourse transcription: Santa Barbara Papers in Linguistics. vol. 4*. Santa Barbara Department of Linguistics, University of California, Santa Barbara.

Du Bois, John, Schuetze-Coburn, Stephan, Cumming, Susanna, & Paolino, Danae (1993). Outline of discourse transcription. In J. A. Edwards and M. D. Lampert (Eds.), *Talking data* (pp. 45–90). New Jersey: Lawrence Erlbaum.

Du Bois, Jon & Bucholtz, Mary (n.d.). *Transcription in action*. Retrieved from http://www.linguistics.ucsb.edu/projects/transcription/representing

Dulay, Heidi C. & Burt, Maria K. (1974). Errors and strategies in child second language acquisition. *TESOL Quarterly, 8*(2), 129–136.

Duncan, Sharon E. & De Avila, Edward A. (1979). Bilingualism and cognition: Some recent findings. *NABE Journal, 4*(1), 15–50.

Ellis, Nick C. (1995). The psychology of foreign language vocabulary acquisition: Implications for CALL. *Computer Assisted Language Learning, 8*(2–3), 103–128.

Ervin, Susan (1964). Imitation and structural change in children's language. In E. H. Lenneberg (Ed.), *New directions in the study of language* (pp. 163–189). Cambridge, Massachusetts: MIT Press.

Fathman, Ann (1975). The relationship between age and second language learning productive ability. *Language Learning, 25*(2), 245–253.

Fishman, A. Joshua (1971). *Sociolinguistics: a brief introduction*. Rowley, MA: Newbury House.

Genesee, Fred, Paradis, Johanne, & Crago, Martha B. (Eds.). (2004). Second language acquisition in children. *Dual language development and disorders: A handbook on bilingualism and second language learning* (pp. 117–153). Baltimore, MD: Brookes Publishing Co.

Harada, Kazuko (2006). Japanese relative clauses in spontaneous child speech. *Kinjogakuindaigaku Ronshu Jinbun-kagaku-hen, 3*(2), 66–79.

Harley, Birgit & Wang, Wenxia (1997). The critical period hypothesis: Where are we now? In A. M. B. de Groot & J. F. Kroll (Eds.), *Tutorials in bilingualism: Psycholinguistic perspectives* (pp. 19–51). London, UK: Lawrence Erlbaum.

Hayashi, Brenda (1995). Second language maintenance: The case of Japanese negation in Pohnpei. *Jinbun-shakai-kagaku Ronsou, 4*, 107–123. Miyagi gakuin joshi daigaku jinbun shakai kagaku kenkyusho.

Huckin, Thomas & Coady, James (1999). Incidental vocabulary acquisition in a second language. *Studies in Second Language Acquisition, 21*, 181–193.

Ito, Takehiko & Tahara, Shunji (1985). A psycholinguistic approach to the acquisition of multifuncionality in Japanese particle wa and ga. *Descriptive and Applied Linguistics: Bulletin of the ICU Summer Institute in Linguistics, 18*, 121–131. Tokyo: International Christian University.

Jaspaert, Koen & Kroon, Sjaak (1989). Social determinants of language loss. *Review of Applied Linguistics (ITL), 83*(4), 75–98. Retrieved from http://arno.uvt.nl/show.cgi?fid=47754

Jakobson, Roman (1941/1968). *Child language, aphasia, and phonological universals.* The Hague: Mouton. (Original work published 1941 in German).

Johnson, Jacqueline S. & Newport, Elissa L. (1989). Critical period effects in second language learning: The influence of maturational state on the acquisition of English as a second language. *Cognitive Psychology, 21*, 60–99.

Kai, Masumi (2008). Analysis of Japanese spoken by elderly Taiwanese: Word Usages, Particle Usages, and Predicate Forms. *Questioning linguistics* (pp. 242–257). UK: Cambridge Scholars Publishing.

Kai, Masumi (2011). The Japanese language spoken by elderly Yap people -Oral proficiency and grammatical aspects-. *Language and Linguistics in Oceania, 3*, 23–39.

Kai, Masumi (2012). Elderly Palauans'Japanese competence -Observations from their predicate forms-. *Language and Linguistics in Oceania, 4*, 59–90.

Kawaguchi, Satomi (1999). The acquisition of syntax and nominal ellipsis in JSL discourse. In P. Robinson (Ed.), *Representation and Processes: Proceedings of the 3rd Pacific Second Language Research Forum, 1*, 85–94. Tokyo: Aoyama Gakuin University.

Kawaguchi, Satomi (2005). Argument structure & syntactic development in Japanese as a second language. In M. Pienemann (Ed.), *Cross-linguistic aspects of processability theory* (pp. 253–298). Amsterdam, The Netherland, Philadelphia: John Benjamin.

Kellerman, Eric (1985). If at first you do succeed. In S. Gass & C. Madden (Eds.), *Input in second language acquisition* (pp. 345–353). Rowley, MA: Newbury House.

Krashen, Stephen (1977). Some issues relating to the monitor model. In H. D. Brown, C. Yorio, & R. Crymes (Eds.) *On TESOL 77: Teaching and learning English as a second language:*

Trends in research and practice (pp. 144–158). Washington: TESOL.

Krashen, Stephen (1982). Accounting for child-adult differences in second language rate and attainment. In S. Krashen, R. Scarcella, & M. Long (Eds.), *Child-adult differences in second language acquisition* (pp. 202–226). Rowley, MA: Newbury House.

Krashen, Stephen & Scarcella, Robin (1978). On routines and patterns in language acquisition and performance. *Language Learning*, *28*, 283–300.

Krashen, Stephen D., Long, Michael A., & Scarcella, Robin (1979). Age, rate, and eventual attainment in second language acquisition. *TESOL Quarterly*, *13*, 573–582.

Kuhl, Patricia (2004). Early language acquisition: Cracking the speech code. *Nature Reviews Neurosciences*, *5*, 831–843.

Lenneberg, Eric. H. (1967/1984). *Biological foundations of language.* Florida: Robert E. Krieger Publishing Co. (Original work published 1967 by Wiley).

Long, Michael H. (1990). Maturational constraints on language development. *Studies in Second Language Acquisition*, *12*, 151–285.

Matsumoto, Kazuko (2001a). Multilingualism in Palau: Language Contact with Japanese and English. In Thomas E. McAuley (Ed), *Language change in East Asia* (pp. 87–142). Richmond, Surrey: Curzon.

Matsumoto, Kazuko (2001b). *Language contact and change in Micronesia: Evidence from the multilingual Republic of Palau.* PhD dissertation. University of Essex.

Maynard, Senko (1992). Toward the pedagogy of style: Choosing between abrupt and formal verb forms in Japanese, *Sekai no Nihongo Kyoiku*, *2*, 27–43.

Morita, Makiko (2004). The acquisition of Japanese intransitive and transitive paired verbs by English-speaking learners: Cross study at the Australian National University. *Sekai no Nihongo Kyoiku*, *14*, 167–192.

Myles, Florence, Mitchell, Rosamond, & Hooper, Janet (1999). Interrogative chunks in French L2: A basis for creative construction? *Studies in Second Language Acquisition*, *21*(1), 49–80.

Nakamura, Kei (1990). Referential structure in Japanese children's narratives: The acquisition of *wa* and *ga*. *Japanese/ Korean Linguistics*, *3*, 84–99.

Nagy, W., Herman, P., & Anderson, R. (1985). Learning word from context, *Reading Research Quarterly*, *20*, 233–253.

Neisser, Ulric (1984). Interpreting Harry Bahrick's discovery: What confers immunity against forgetting? *Journal of Experimental Psychology: General*, *113*, 32–35.

Olshtain, Elite (1986). The attrition of English as a second language with speakers of Hebrew. In B. Weltens, K. De Bot & E. Theo Van (Eds.), *Language attrition in progress* (pp. 185–204). Dordrecht: Foris Publications.

Olshtain, Elite (1989). Is second language attrition the reversal of second language acquisition? *Studies in Second Language Acquisition, 11*, 151–165.

Ozeki, Hiromi & Shirai, Yasuhiro (2007). The acquisition of noun-modifying clauses in Japanese: A comparison with Korean. In N. McGloin & J. Mori (Eds.), *Japanese/Korean Linguistics, 15,* 263–274.

Penfield, Wilder & Roberts, Lamar (1959). *Speech and brain mechanisms.* Princeton, New Jersey: Princeton University Press.

Pica, Teresa (1983). Adult acquisition of English as a second language under different conditions of exposure. *Language Learning, 33,* 465–497.

Pienemann, Manfred (1998). *Language processing and second language development: Processability theory.* Amsterdam: John Benjamins.

Pienemann, Manfred (2005). An introduction to processability theory. In Manfred Pienemann (Ed.), *Cross-linguistic aspects of processability theory* (pp. 1–60). Amsterdam, The Netherlands, Philadelphia: John Benjamin.

Pienemann, Manfred, Di Biase, Bruno, Kawaguchi, Satomi, & Håkansson, Gisela (2005). Processability, typological distance and L1 transfer. In M. Pienemann (Ed.), *Cross-linguistic aspects of processability theory* (pp. 85–116). Amsterdam, The Netherlands, Phlladelphia: John Benjamin.

Poplac, Shana (1980). Sometimes I'll start a sentence in Spanish Y TERMINO EN ESPAÑOL: Toward a typology of codeswitching. *Linguistics, 18,* 581–618.

Russell, Robert. A (1985). An analysis of student errors in the use of Japanese –WA and GA–. *Papers in Linguistics, 18*(2), 197–221.

Ravem, Roar (1968). Language acquisition in a second language environment. *International Review of Applied Linguistics in Language Teaching, 6*(2), 175–185. Available from http://www.deepdyve.com/lp/de-gruyter/language-acquisition-in-a-second-language-environment-naekCqP0vL

Read, John (2000). *Assessing vocabulary.* Cambridge: Cambridge University Press.

Rounds, Patricia L. & Kanagy, Ruth (1998). Acquiring linguistic cues to identify AGENT: Evidence from children learning Japanese as a second language. *Studies in Second Language Acquisition, 20,* 509–542.

Ribort, Théodule A. (1895). *Les maladies de la mémoire.* Paris: Félix Alcan. Retrieved from http://www.archive.org/stream/lesmaladiesdela02ribogoog#page/n0/mode/2up

Richards, Jack (1971). A non-contrastive approach to error analysis. *English Language Teaching Journal, 25*, 204–219.

Sakata, Minako (1991). The acquisition of Japanese 'gender' particles. *Language and Communication, 11*, 117–125.

Sakamoto, Tadashi (1993). On acquisition order: Japanese particle wa and ga. *Proceedings of the 4th conference on second language research in Japan* (pp. 105–122). International University of Japan.

Schachter, Jacquelyn (1974). An error in error analysis. *Language Learning, 24*(2), 205–214.

Schmid, Monika S. & De Bot, Kees (2006). Language Attrition. In: Alan Davies & Catherine Elder (Eds.), *The Handbook of Applied Linguistics.* Oxford: Blackwell Publishing. 210–234.

Schumann, John H. (1975). Affective factors and the problem of age in second language acquisition. *Language Learning, 25*(2), 209–235.

Schumann, John H. (1976). Second language acquisition: The pidginization hypothesis. *Language Learning, 26*, 391–408.

Schumann, John H. (1978). *The pidginization process: A model for second language acquisition.* Rowley, MA: Newbury House.

Selinger, Herlert W. (1978). Implications of a multiple critical periods hypothesis for second language learning. In W. Ritchie (Ed.), *Second language acquisition research* (pp. 11–19). New York: Academic Press.

Selinker, Larry (1972). Interlanguage. *IRAL: International Review of Applied Linguistics in Language Teaching, 10*(3), 209–231.

Snow, Catherine E. & Hoefnagel-Hohle, Marian (1978). The critical period for language acquisition: evidence from second language acquisition. *Child Development, 49*, 1114–1128.

Shirai, Yasuhiro & Kurono, Atsuko (1998). The acquisition of tense-aspect marking in Japanese as a second language. *Language Learning, 48*, 245–279. Available from http://onlinelibrary.wiley.com/doi/10.1111/lang.1998.48.issue-2/issuetoc

Skutnabb-Kangas, Tove (1981). *Bilingualism or not: The education of minorities.* UK: Multilingual Matters.

Spada, Nina & Lightbown, Patsy M. (1999). Instruction, first language influence, and developmental readiness in second language acquisition. *Modern Language Journal, 83*, 1–22.

Sternberg, Robert J. (1987). Most vocabulary is learned from context. In M. G. McKeown & E. C. Mary (Eds.), *The nature of vocabulary acquisition* (pp. 89–106). Hillsdale: Lawrence Erlbaum Associates.

Stewart, William A. (1968). A socilinguistic typology for describing national multilingualism. In J. A. Fishman (Ed.), *Readings in the sociology of language* (pp. 531–545). Mounton, the Hague.

Tanaka, Shigenori & Abe, Hajime (1984). Condition on interlanguage semantic transfer. In P. Larson, E. Judd, & D. S. Messerschmitt (Eds.), ON TESOL '84 *-A brave new world for TESOL* (pp. 101–120). Washington, DC: Teachers of English to Speakers of Other Languages. Retrieved from http://www.eric.ed.gov/PDFS/ED274166.pdf

Traphagan, Tomoko W. (1997). Interviews with Japanese FLES students: Descriptive analysis. *Foreign Language Annals, 30*(1), 98–110.

Tsurumi, E. Patricia (1977). *Japanese colonial education in Taiwan 1895–1945.* Cambridge, London: Harvard University Press.

US Department of Commerce (2009). *Consolidated federal funds report for fiscal year 2008.* Retrieved from http://www.census.gov/prod/2009pubs/cffr-08.pdf

Yagi, Kimiko (1992). The accuracy order of Japanese particles. *Nihongo-kyoiku Ronshu -Sekai no Nihongo-kyoiku, 2,* 15–25.

Yoshioka, Kaoru (1991). Elicited imitation test for oral production assessment. *Working Papers, 2,* 127–140. International University of Japan.

Yui, Kikuko (1998). The formation of Micronesian Japanese: Teaching Japanese at public schools in Nan'yogunto. *Memoirs of the Faculty of Literature, Osaka University, 38,* 7–14. Retrieved from http://ci.nii.ac.jp/naid/110004721623

Werker, Janet F. & Tess, Richard C. (1984). Cross-language speech perception: Evidence for perceptual reorganization during the first year of life. *Infant Behavior and Development, 7,* 49–63.

Wode, Henning (1981). Language-acquisition universals: S unified view of language acquisition. In H. Winitz (Ed.), *Native language and foreign language acquisition: Annals of the New York academy of sciences, 379,* 218–234.

Wray, Alison (2002). *Formulaic language and the lexicon.* Cambridge UK: Cambridge University Press.

Weltens, Bert & Cohen, Andrew. D. (1989). Language attrition research: An introduction. *SSLA, 11,* 127–133.

索引

A–Z
ACTFL　183
Intonation Unit（IU）　42
NHK　207, 208, 209, 210
OPI　183, 184
U字型振る舞い（U-shaped behavior）　142, 143

あ
相づち　165, 166, 167, 168, 169, 186, 275, 276
アスペクト　88, 89, 90, 91, 92, 253, 254, 279
誤り（error）　47, 48, 49
「ある＋名詞」　241, 242
「あんた」　159, 163, 165
言い間違い　48
異言語間誤り（interlingual error）　47, 50
伊沢修二　3, 5
逸脱　46, 47
意味拡張的使用　50, 53, 56, 184, 241
意味不明又は不自然なIU（I・F文）　48, 72, 73, 81, 248, 249, 252
医療　4, 5, 230
受身　81, 82, 83, 84, 186, 254, 255, 259, 279
歌　208, 209, 210, 270, 276, 277, 280
衛生講習生　234
「おじさん／おばさん」　241, 242
「男／女」　241, 242
音韻習得　45, 46

か
戒厳令　19, 211
外省人　1, 2
外来語　70, 71, 185, 186, 203, 245
書き言葉　268, 269, 279
過剰一般化　47, 63, 65, 186
塊　91, 100, 109, 110, 254, 279
可能表現　81, 82, 84, 85, 86, 254, 255, 256, 257, 258, 279
カラオケ　208, 210
関係節　146, 147, 149
干渉　46, 179
完全バイリンガル（proficient bilingual）　37, 38, 180
漢文　14, 21
「聞いて分かる」　66
記述方法　41
教育勅語　16, 17
教育レベルの影響　178
局所的誤り（local mistake）　49
近似語　57, 62, 184, 186, 241, 248, 250
グアン式教授法　13
クレオール　170, 171, 172, 173
形態素や語の欠如　86
ケーブルテレビ　21, 207, 208, 209
言語間転移　50, 51, 53, 177, 241
言語衰退（language attrition）　175, 176, 177, 178, 179, 180, 277
言語喪失（language loss）　175, 178
言語内誤り（intralingual error）　47, 50
語彙数　67, 69
語彙の誤り　49, 50, 241

語彙の習得　67, 69, 70
語彙の喪失（lexical loss）　177
公学校　9, 10, 11, 12, 231, 232
抗日行動　3, 4
皇民化　16, 17, 232
皇民化運動　6
コードスイッチ　244, 245, 279, 280
国語学校　9, 10
国語講習所　6
国語伝習所　5, 9, 10
國語讀本　14, 15, 227, 232, 233, 269
国語練習所　232
国民学校　12, 13
国民党　18, 19, 21
國民讀本　13, 14, 15
コソア　108, 110, 114, 260
誤用　47

さ

使役　81, 82, 83, 84, 186, 254, 255, 259, 279
識字率　229
芝山巌事件　3
指示詞　108, 109, 110, 111, 113, 114, 115, 260, 279
「自分」　241, 244
社会的距離（social distance）　23, 24
就学率　5, 6, 228, 232, 235
終助詞　132, 133, 134, 141
習得順序　180, 181, 183, 185
重文　145, 146, 147, 148, 149, 150, 184, 185, 263, 264, 279
熟達度（proficiency）　37, 44, 173, 174, 175, 178, 184, 185, 186, 187, 252, 259, 277, 278, 279, 280, 281
授受表現　115, 116, 117, 182

授受補助動詞　116, 117, 118
小学校　10, 11, 12, 228, 232
省略　97, 98, 100, 107, 261, 262, 280
助詞　97, 98, 99, 100, 101, 102, 103, 106, 107, 261, 262, 263, 280
助詞の誤り　99, 100, 101, 103, 106, 261, 280
助詞の習得　98, 100, 102
処理可能性理論（Processability Theory）　181
人口比　2, 18
スピーチレベル・シフト　119, 121, 122, 133, 134
制限的バイリンガル（limited bilingual）　37, 38, 180
戦後補償　304
先住民　1, 39
全体的誤り（global mistake）　48, 72

た

第一言語　38, 39
対訳法　13
台湾語　2, 7, 8, 9
台湾式日本語　153, 157, 159, 165, 185, 187, 280
台湾人　2
台湾特有の用法　50, 66, 184
「ただ」　245, 246
単純構造　76, 77, 248, 249, 250
地域特有の用法　241, 247
中間言語（interlanguage）　47
朝鮮語　228, 229
直接法　13
ティーチャー・トーク　148
丁寧体　118, 119, 120, 121, 122, 124, 125, 126, 127, 128, 129, 130, 131, 133,

134, 137, 138, 142, 144, 145, 148, 149, 185, 265, 266, 269, 270, 271, 272, 273, 274, 275, 279
「でしょ（う）」　153, 154, 155, 156, 157
転移　47, 106, 142, 153, 166, 169, 177, 179, 184, 185, 186, 274, 275, 276
テンス　93, 94, 252, 279
同化　16, 17, 232

な
「なんか／なにか」　159, 160, 161
二二八事件　19
日本教育　iv
日本語人　iii
日本語族　iii
日本語の発達段階　186
日本語理解率　6, 8, 228, 229
「ね」　133, 134, 140, 141
年齢　45, 173, 174, 175, 177, 178
「の」の過剰使用　107

は
バイリンガル　37, 38, 237
白色テロ　19
裸の形式　130, 131, 133, 134, 271
発音　45, 46
発達上の誤り（developmental error）　47, 50
「話し合う」　66
ピジン　170, 171, 172, 173, 277, 278
敏感期（sensitive period）　45
閩南語　2, 23, 170, 171, 207
フィラー　159, 160, 161
フォーリナー・トーク　147
複文　145, 146, 147, 148, 149, 150, 184, 185, 263, 264, 279

普通体　118, 119, 120, 121, 122, 124, 125, 126, 127, 128, 129, 130, 131, 133, 134, 135, 136, 138, 141, 142, 144, 145, 164, 165, 184, 264, 265, 266, 269, 270, 271, 272, 273, 274, 279
普通体と丁寧体の混用　118, 121, 122
部分的バイリンガル（partial bilingual）　37, 38, 180
文の区切り　42
文末要素（Sentence Final Element: SFE）　128, 129, 130, 131, 132, 136, 137, 169, 184, 185, 186, 270, 272, 273, 274, 275, 279
変異（variation）　48,
方言　151, 152, 186, 187, 239, 247, 280
邦人人口　230
母語　38, 39
母語教育　19, 20
母語の影響　46, 52, 107
母語の干渉　46, 47, 106, 142
補習科　232, 234
本省人　1

ま
間違い（mistake）　47
民主化　19
「〜名」　159
モダリティ　128, 130, 143, 144, 145, 271

や
「やっぱり／やっぱし／やはり」　159, 160
「よ」　133, 134, 140, 141
読み　70, 177, 178, 219, 220

ら

「らしい」 157, 158
臨界期 173, 175
臨界期仮説（Critical Period Hypothesis） 173, 280

わ

「わたくし」 164, 165, 246, 247

【著者紹介】

甲斐ますみ（かい ますみ）

〈略歴〉

宮崎県出身。大阪外国語大学大学院言語社会専攻博士後期課程修了。博士（言語文化）。（財）交流協会台北事務所日本語普及専門家、岡山大学留学生センター、日本学術振興会海外特別研究員（カリフォルニア大学サンタバーバラ校、ハーバード大学）を経て、現在グアム大学人文社会科学学部・准教授及びハーバード大学ライシャワー日本研究所客員研究員。

〈主な著書〉

『日文作文正誤用法分析』（共著、台北：旺文社、1997）、*Let's learn Japanese with Hiragana and Katakana*（UK: Cambridge Scholars Publishing、近刊）。

台湾における国語としての日本語習得
台湾人の言語習得と言語保持、そしてその他の植民地との比較から

発行	2013 年 3 月 29 日　初版 1 刷
定価	9000 円＋税
著者	Ⓒ 甲斐ますみ
発行者	松本 功
印刷所	三美印刷株式会社
製本所	株式会社 星共社
発行所	株式会社 ひつじ書房

〒112-0011 東京都文京区千石 2-1-2 大和ビル 2 階
Tel.03-5319-4916 Fax.03-5319-4917
郵便振替 00120-8-142852
toiawase@hituzi.co.jp　http://www.hituzi.co.jp
ISBN978-4-89476-647-1

造本には充分注意しておりますが、落丁・乱丁などがございましたら、小社かお買上げ書店にておとりかえいたします。ご意見、ご感想など、小社までお寄せ下されば幸いです。

付属 CD-ROM について

　付属 CD-ROM は、本書で使用した例文の実際のインタビュー音声を収録している。音声データを付ける目的は、戦前国語として日本語を学んだ方々の発話データを公に残す為である。これらの人々は今や少数派となっている。こうした発話データは、歴史的資料としても価値のあるものであろうし、また貴重な言語データを記録して残すことは、言語学者の役割でもあると考える。そして収録した発話データが公に残されることによって、筆者一人だけではなく、他の研究者にも共有され、今後の言語研究に役立ててもらえばと思う。

　なお、音声は出来る限りいい状態で録音することを目指したが、録音機材による音質の違いや、野外での録音は雑音が入っている場合がある点、ご了承いただきたい。